JN485147

이슬람문화사

김정위

圖書出版 探求堂

저자서문

현재 이슬람을 신봉하는 무슬림은 세계의 총인구 가운데 약 5분의 1에 해당하는 10억으로 추산되고 있다. 이들의 생활신조인 이슬람은 우리들의 종교개념보다 훨씬 넓고 깊다. 즉 모든 개개인의 사생활과 인간집단의 공동 생활을 관장 · 통제하는 삶의 질서체계인 것이다. 이 체계의 생성 · 발전 과정을 소개하고 또 다른 문화권과의 문화교류 관계도 살펴보는 것이 본서의 목적이다. 이슬람과 무슬림의 역사는 아직도 우리에게 생소하므로 본서를 통하여 이 틈을 조금이라도 메웠으면 하는 것이 저자의 바램이다.

본서는 1981년에 초판, 1985년에 재판을 간행했으나 수정 보완할 기회가 없었는데 이번에 탐구당의 호의로 상당한 부분을 다듬어서 다시 내놓게 되었다. 이 책을 내는데 도움을 준 탐구당 출판사의 관계자 여러분께 감사의 뜻을 표하는 바이다.

2002년 2월

이문동 연구실에서 미네르바 동산을 바라보며

김 정 위

차 례

Ⅳ. 아랍왕국

Ⅴ. 이슬람 제국帝國

Ⅵ. 이슬람 문명

Ⅶ. 이슬람 종파宗派와 신학파

Ⅷ. 할리파의 권위 실추와 압바시야제국의 분열

Ⅸ. 스페인과 북서 아프리카

Ⅹ. 몽고족의 중동 등장과 맘룩시대

XI. 오스만제국帝國

XII. 오스만 치하治下의 아랍민족

XIII. 16세기 이후의 이란

XIV. 민족주의 등장

부 록

Ⅰ. 이슬람 이전의 아라비아

위치와 지형
통상로通商路와 옛 역사
아랍인과 언어言語
남부 아리비아반도의 고대사
북부 및 중아 아라비아반도의 고대사
베드윈
유목민의 종교
정착민의 생활과 역사
메카의 등장

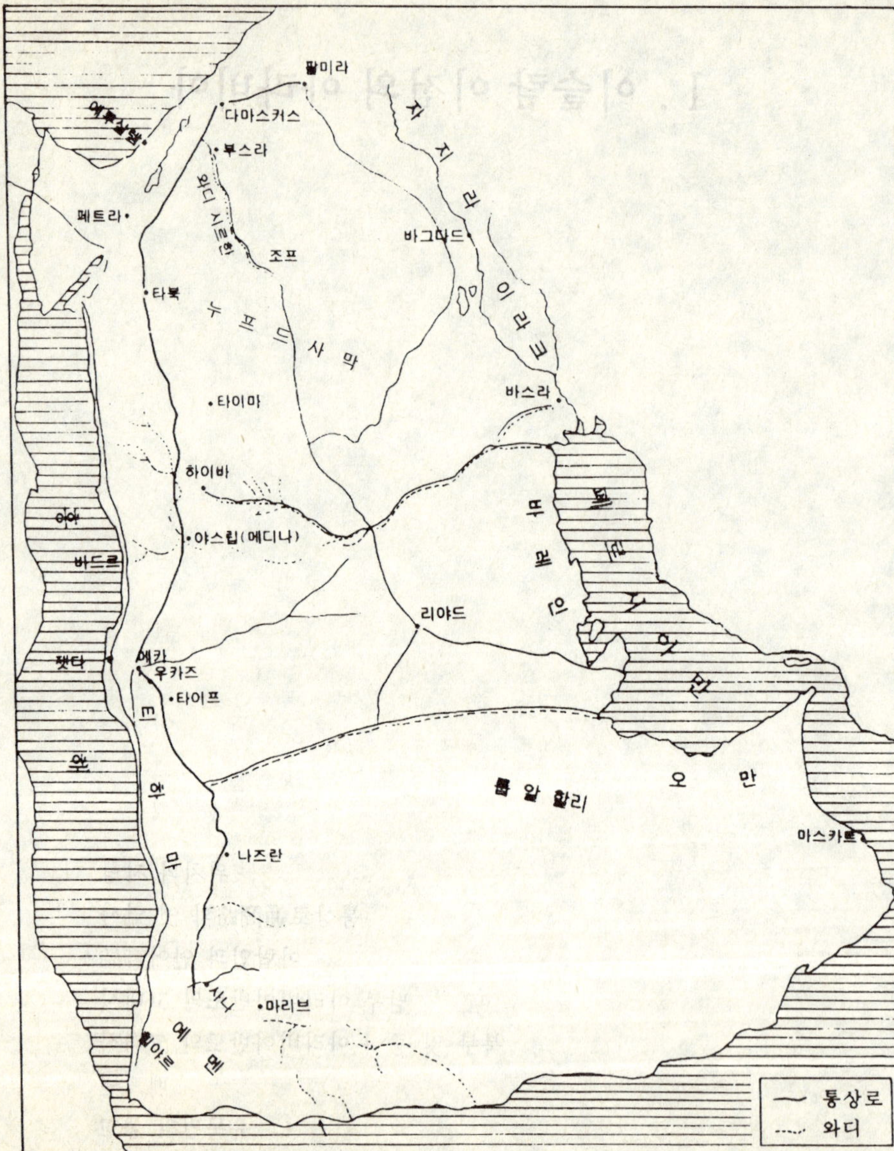

이슬람 이전의 아라비아반도

위치와 지형

아라비아반도의 생김새는 거대한 직사각형을 이루고 있는데 그 넓이는 약 300만㎢이다. 이 반도의 북쪽에는 "비옥한 초생달 지역" Fertile Crescent, 메소포타미아, 시리아 및 팔레스타인과 이에 부속된 사막이 있다. 동쪽과 남쪽에는 각각 페르시아만과 인도양이 있으며 서쪽에는 홍해가 있다. 반도의 서남쪽 모퉁이에 위치한 예멘은 물이 많은 산악 지방이어서 일찍부터 농업이 발달되어 정착생활을 할 수 있었다. 반면에 반도의 나머지 부분은 물 없는 스테프 Steppes나 사막으로 형성되어 있으며 간혹 그 속에 오아시스가 있을 뿐이다. 거주민의 대다수는 유목민이어서 목축을 하거나 주변의 오아시스나 경작 지역의 정주민을 습격하여 생계를 꾸렸다.

아라비안반도에는 4가지 종류의 사막이 있다. 아랍인의 분류에 따르면 가장 중요한 것은 북부의 중앙에 있는 누프드 Nufud사막이다. 이곳의 지형은 바람에 따라 항상 변하여 그 모양이 일정하지 않다. 하마드 Hamad지역은 시리아와 이라크와의 국경지대에 있으며 그 표면이 단단하여 지형이 고정된 곳이다. 스테프 지역의 지면은 더욱 단단하며 때때로 비도 내려서 초목이 일시적으로 생긴다. 마지막으로 동남쪽의 거대한 사막은 룹 알 할리 Rub' al-khali라 부르는데 생명체가 전혀 없는 죽음의 지역이어서 사람이 횡단하기 힘들다. 이 네 사막지역간 또는 지역 내의 교통은 제한되어 있거나 불편하여 각 지역의 주민들은 서로 거의 접촉이 적었으나 홍해안이나 일부 지역에는 대상들의 통상로가 드문드문 있었다.

반도의 중앙 지역과 북쪽을 아랍사람들은 전통적으로 세 지역으로 나눈다. 첫째는 티하마 Tihama 연안 지방으로 이 말은 셈어로 낮은 지역이란 뜻을 가지고 있고 홍해 연안의 높낮이가 심한 평지와 경사지를 말한다. 둘째가 내륙쪽에 있는 히자즈 Hijaz, 즉 경계선 지역이다. 이 말은 본래 나즈드 Najd 고원 지역과 연안 지방을 갈라놓는 산맥 지역에만 적용되었으나 후에 티하마 지역도 이에 포함되어 오늘날 이 이름으로 알려졌으며 메카와 메디나 지역을 말한다. 히자즈의 동쪽에는 내지內地 고원인 나즈드가 있으며 누푸드사막의 대부분을 차지하고 있다.

통상로通商路와 옛 역사

아득한 옛날부터 아라비아는 지중해 지역과 동쪽의 여러 나라를 연결하는 경유 지대였다. 이 반도의 역사는 대체로 동서교통의 성쇠에 따라 커다란 영향을 받았다. 아라비아반도를 경유하는 통상로는 물론 그 안의 교통로도 이 반도의 지형에 따라 발달되었다. 먼저 히자즈 통상로는 팔레스타인과 요르단의 국경지역에서 홍해안을 따라 여러 항구를 거쳐 예멘에 이르는 것이다. 이 통상로는 알렉산더와 그 후계자가 중근동에 세운 그리스제국과 동부 아시아 사이의 대상隊商 길이었다. 이 길을 따라 히자즈 철로가 20세기 초에 부설되었다. 또 다른 통상로는 예멘의 북서쪽으로부터 중앙 아라비아를 통하여 이라크 지역에 이르는 길이다. 이것은 고대에 예멘과 앗시리아와 바빌론 등의 고대문명을 연결시켜 주는 주된 도로였다. 이 두 길 사이에 중앙 아라비아와 동남부 시리아를 연결하는 통상로가 있었는데 조프 Jawf 오아시스와 와디 시르한 Wadi Sirhan(와디는 우기에는 江, 건조기에는 메마른 계곡으로 변함)을 경유했다.

아라비아의 고대사는 아직 정립되지 않고 있는 상태이지만 셈족의 기원과 본고장이 어디인지에 대해서는 윈클러 Winckler-카에타니 Caetani의 설명이 가장 잘 알려져 있다. 이 두 유명한 학자에 따르면 아라비아반도는 원래 비옥한 땅이었고 또 셈족의 본고향이었다. 그러나 수천 년의 세월이 흘러감에 따라 이 반도는 점차 건조현상 desiccat- ion 을 일으켜 수자원이 메말라 경작지는 사막으로 변하여 갔다. 따라서 거주민수의 증가에도 불구하고 농업 생산성이 감퇴되어 인구과잉의 위기를 겪게 되었다. 그 결과 반도의 셈족은 성난 파도처럼 여러 번 이웃나라를 침략하게 된 것이다. 그래서 시리아인, 아람인 Arameans(메소포타미아 및 시리아의 옛 거주민), 가나안인 Ganaanites(페니키아인과 히부리), 그리고 마지막으로 아랍인이 "비옥한 초생달 지역"으로 이주하게 된 것이다.

아라비아반도에 대한 철저한 지리적 탐사가 행해지지 않았지만 옛날의 비옥했던 사실을 입증하는 증거로 메마른 수로의 형태가 나타나 있어 이 설명을 뒷받침하여 주고 있다. 그러나 이러한 건조현상은 인간이 이 반도에 정착한 이후에 일어났다는 아무런 증거도 없으며 설사 일어났다 해도 위의 민족 대이동을 가져올 정도로 대규모였는지 알 수가 없다. 그럼에도 불구하고 이 이론의 뒷받침으로써 아랍어가 있다. 이 언어는 셈어 중에서 문화언어로 등장한 순서로 볼 때 가장 어린 언어지만 문법구조의 여러 측면에서 볼 때 가장 오래된 것다. 따라서 원시 셈어에 가장 가까운 것이다. 다른 학설로는 이태리 학자 이그나치오 가이디 Ignazio Guide의 남부 메소포타미아를 셈족의 원고향으로 보는 설이 있다. 그 이유로써 셈어는 "강과 바다"라는 말이 같은 반면 "산과 언덕"이란 뜻의 공통된 단어는 없기 때문이라고 주장한다. 또 다른 학자들은 셈족의 고향을 아프리카 또는 아르메니아로 추정한다.

아랍인과 언어

아랍 전통에 따르면 아랍사람을 두 갈래, 즉 북부와 남부 아랍인으로 나눈다. 이러한 구분은 구약성서의 창세기 10장에서도 볼 수 있다. 즉 셈 Shem의 자손은 서남 아라비아 사람과 중앙 및 북부 아라비아 사람으로 구분하고 후자는 히브리인에 더 가깝다고 말하고 있다. 그러나 이러한 구분은 인류학적으로 볼 때 아무런 의미가 없는 것이다. 이 구분이 역사상에 처음 나타난 것은 언어와 문화면에서였다. 남부 아라비아어는 고전 아랍어로 발달한 북부 아라비아어와 달랐다. 비문碑文에 남아 있는 남부 아라비아어는 그 자모字母가 다르며 또 에치오피아어와 더 유사하다. 에치오피아어는 남부 아라비아인이 아비시니아 Abyssinia를 식민화하여 에치오피아 문명을 만든 데서 나왔다. 또 한 가지 중요한 차이점은 남부 아라비아인은 정착민인 반면 북부 아라비아인은 유목민이었다.

남부 아라비아반도의 고대사

고대 남부 아라비아의 역사는 불투명하다. 기록에 나타난 가장 오래된 왕조는 사바Saba이다. 이것은 구약성서의 쉬바 Sheba와 동일한 것 같으며 또 이 왕조의 여왕은 솔로몬 Solomon 왕과 사랑에 빠졌다고 한다. 사바왕조는 기원전 10세기경에 이미 존재한 것 같다. 기원전 8세기부터 이 왕조는 때때로 언급되었으며 6세기경에 아주 번성했다는 증거가 남아 있다. 기원전 750년경에 이 왕조의 한 왕은 유명한 마리브 댐 Ma'rib을 만들었고 그 후, 농업이 번성하였다. 이 나라는 반대편의 아프리카 연안과 또 먼 나라들과도 상업관계를 맺었다. 사바 사람은 아프리카에 이주하여 아비시니아왕국을 건설했다. 아비시니아라는 말은 서남 아라비아인이라는 뜻의 합바샤 Habashat에서 나온 것이다.

알렉산더 대왕의 중근동 정복으로 지중해세계와 동부 서남아시아 사이에 새로운 접촉이 일어났을 때부터 그리스 문헌에는 점차 남부 아라비아에 대한 기록이 늘어났다. 이집트의 프톨레미조 Ptolemy朝(310~30 B.C.)는 홍해를 통해 무역선을 인도에까지 보냈으며, 도중에 아라비아 연안도 탐험하게 하였다. 또 그 뒤를 이은 이집트의 왕조도 남부 아라비아에 대한 관심을 계속 갖고 있었다. 서기 5세기 말경에 사바왕조는 기울었다. 이슬람과 그리스도교 문헌은 이 왕조가 다른 남부 아라비아인인 힘야르조 Himyar朝(B.C. 115~A.D. 525)에 의하여 망한 것으로 기록하고 있다. 힘야르조의 마지막 왕인 두 누와스 Dhu Nuwas는 유대교로 개종했다.

비잔틴제국(=동로마제국, 395~1453)이 유대교도를 학대한 보복 조치로 그는 남부 아라비아 내에 살고 있는 그리스도교를 탄압하였다. 이것은 또 그리스도교국인 비잔틴제국과 에치오피아의 분노를 일으켰고 더구나 후자는 탄압 받고 있는 기독교도의 원한을 갚아주자는 구실 아래 이곳을 점령하여 인도와의 무역을 스스로 관할하고자 하였다. 결국 에치오피아는 예멘 내의 기독교도의 도움으로 6세기 초엽에 힘야르조를 멸망시켰다. 그러나 에치오피아의 식민통치는 오래 지속되지 않았다. 575년에 페르시아의 원정대가 침략하여 어려움 없이 이 나라를 주州Satrapy로 만들었으나 그 통치도 길지 않았다. 후에 아랍무슬림의 정복이 시작되었을 때 이곳에는 페르시아제국의 식민통치 흔적은 거의 남아 있지 않았다.

남부 아라비아 사회의 경제적 바탕은 농업이었다. 댐, 운하, 국경문제 및 토지소유권에 대하여 자주 언급한 비문을 보면 사회는 상당한 정도로 발전한 것 같다. 남부 아라비아에는 곡식류의 재배 뿐만 아니라 향료, 양념류 및 향수류가 많이 생산되었으며 주요 수출품이 되었다. 따라서 지중해 지역에 남부 아라비아의 향료는 널리 알려졌다. 물론 이 향료 가운데는 아프리카와 인도 등 다른 곳에서 수입한 것도 많았다. 이 때문에 남부 아라비아는 향료의 나라로서 부유하고 번성한 곳으로 알려져 그리스와 로마 문헌에 "축복받은 아라비아" Arabia Felix로 불리었다. 근세에 들어와서도 셰익스피어나 밀턴 같은 대문호의 작품에 아라비아의 향수와 향료가 언급될 정도이다.

남부 아라비아의 정치 구조는 세습적인 군주제였지만 왕은 신성불가침한 존재는 아니었다. 왕의 권위는 초기에는 귀족들의 충고에 의하여 제한받았고 나중에는 봉건주의가 발달됨에 따라 지방 영주의 입김도 받게 되었다.

남부 아라비아의 종교는 다신교多神教였고 다른 고대 셈족의 종교와 대체로 비슷하였다. 사원寺院은 공중생활의 중요한 기관이었으며 또 거대한 주州를 소유하고 있었다. 승려장이 이 재산을 관리하였다. 특히 향료는 그 자체가 신성한 것이기 때문에 수확량의 3분의 1 정도를 신, 즉 승려를 위하여 바쳤다. 문자가 존재하여 비문도 세워졌으나 책이나 문헌을 만든 것 같지는 않다.

북부 및 중앙 아라비아반도의 고대사

눈길을 중앙이나 북부 아라비아로 돌리면 이 지역의 고대사에 대한 자료는 더욱 빈약하고 그 생활 상태가 남부와는 너무나 다르다는 것을 알 수 있다. 구약성서나 혹은 아시리아와 페르시아의 자료에는 가끔 중앙과 북부 아라비아의 유목민에 대한 언급이 있다. 남부 아라비아 사람도 북부에 아마 장사관계로 조그마한 정착촌을 이루고 있었던 것 같다. 그러나 시리아가 알렉산더 대왕에게 정복 당한 후 그리스화 되어 이곳에서 그 영향이 반도쪽으로 뻗쳐 나갔다. 또 서아라비아의 통상로를 이용하여 정기적인 통상활동을 할 목적으로 시라아와 북부 아라비아 사막 지역에 여러 군소국가가 수립되었을 때부터 보다 소상한 자료가 나오게 되었다.

이들 군소국가들의 바탕은 아랍인이지만 그리스화 된 아람문화에 깊은 영향을 받았으므로 그들의 아랍적인 특성은 오직 고유명사에만 나타났다. 이 군소국가 중에 가장 오래되고 또 중요한 것은 나바트족 Nabateans의 국가였다. 이 국가는 전성기에 아카바만에서 북으로 사해死海에 이르기까지 그 세력을 떨쳤으며 북부 히자즈도 이들의 영향 아래 있었다.

비문에서 보면 이 왕조의 시조는 아레타스 Aretas(아랍어 Haritha)이며 그의 이름은 기원전 169년에 언급되었다. 이 왕조의 수도는 오늘날 요르단의 페트라 Petra였다. 나바트왕국이 로마제국과 처음으로 접촉을 가진 것은 폼페이 Pompey가 페트라를 방문했던 기원전 65년이었다. 로마제국은 나바트왕국과 우호적인 관계를 유지했다. 이 왕국이 로마제국의 동부 영토와 다루기 힘든 사막의 유목민 사이에서 완충국의 역할을 했기 때문이다.

기원전 25~24년에 이 왕국은 엘리우스 갈루스 Aelius gallus 장군이 이끈 원정의 전초기지로서 사용되었다. 이 원정은 아우구스투스 Augustus 황제가 예멘을 정복하기 위해 보낸 것이며, 또 로마제국 역사상 아라비아반도에 침투하려는 유일한 시도였다. 이 원정의 목적은 인도에 이르는 무역로의 출구를 장악, 지배하는 데 있었다. 홍해안에 있는 나바트왕국의 항구에서 출발한 엘리우스 갈루스 장군은 서아라비아에 상륙하는 데 성공하여 아라비아반도 깊이 침투했으나, 결국 이 원정은 수포로 돌아가 수치스럽게도 로마군은 철수하게 되었다.

기원후 1세기경에는 로마제국과 나바트왕국과의 관계가 악화되어서 105년에 트라얀 Trajan 황제는 북부 나바트를 로마제국의 주州로 만들었다. 이 주가 팔레스티나 테르티아 Palaes- tina Tertia로 알려졌다. 그 결과 로마제국의 변방이 된 아랍 주 출신의 아랍인이 로마제국의 황제가 되었으니 그의 이름은 필립 Philip이었으며 244년부터 249년까지 통치하였다. 그가 죽은 후 곧 아람화 된 아랍인이 시리아의 동남부에 제2의 아랍완충국을 설립했다. 이것이 유명한 팔미라 Palmyra 왕국이며 시리아-아라비아 사막, 즉 홍해안으로 나가는 무역통로의 출발점이었다.

이 왕국의 첫 통치자는 오데나투스 Odenathus(아랍어 Udhaina)이며 그는 페르시아제국과의 전쟁에서 공헌한 바 컸으므로 기원후 265년에 갈리에누스 Gallienus 황제에 의하여 265년에 왕으로 인정받았다. 그가 죽은 후 왕위는 그의 아내 제노비아 Zenobia(아랍어 Zainab)가 이어 받았다.

여왕은 한동안 중근동의 통치자라 주장하고 그녀의 아들을 로마 황제 케사르 아우구스투스Caesar Augustus라 선언했다. 이에 화가 난 아우렐리안 Aurelian 황제는 273년에 팔미라를 정복하고 왕국을 붕괴시켰다. 더구나 로마의 승리를 상징시키기 위해서 금으로 만든 쇠사슬에 제노비아 여왕을 묶어 로마로 데리고 왔다.

위의 두 완충국은 로마제국의 연대기年代記에 짧으나마 영광스럽게 기록되어 있지만 과도기적인 국가였다. 남부 아라비아 왕국이 안정성이나 영속성이 있는 데 비하여 이 두 왕국은 주로 이동성이 강한 유목민이나 반유목민에 바탕을 두어서 매우 허약하였다. 이 두 왕국의 중요성은 그 위치가 로마에서 서부 아라비아를 통하여 더욱 동쪽으로 향하는 통상로의 중간에 자리잡고 또 완충국 내지 조공국가로서의 기능밖에 없었다. 완충국으로서 이 국가의 역할은 로마제국이 사막국경에 스스로 군사기지를 유지해야 하는 어렵고 값비싼 일을 덜어주는데 있었다.

좀 덜 알려졌지만 그리스 시대에 나온 두 아랍국가가 있었다. 모두 나바트 왕국에서 보면 내륙內陸쪽에 있었다. 이 두 국가의 이름은 리흐얀 Lihyan과 타무드 Thamud이다. 이 두 국가는 그들의 언어로 씌어진 비문 때문에 알려졌다. 후자는 쿠란에서도 몇 번 언급되었다. 두 국가는 모두 나바트국의 종주권을 인정하였으나 후에 독립하였다.

4세기 중에 무역로는 서아라비아로부터 다른 곳으로 옮겨진 것 같이 보인다. 즉 이집트와 홍해를 경유하거나 페르시아만과 유우프라테스강을 통하는 방법이었다. 4세기와 6세기의 기간 동안 서부 아라비아 통상로는 쇠퇴하고 악화되었다. 서남 아라비아의 예멘 문명도 6세기에는 쇠퇴하여 외국의 지배 아래 떨어졌다. 때문에 경제는 쇠퇴하여 남부 아랍부족이 북쪽으로 대거 이동한 사실은 아랍 민족의 전승 속에는 예멘의 마리브댐의 붕괴와 그에 따른 농토의 황폐화와 연결되었다. 또 6세기경에는 북부의 아랍완충국도 로마제국의 직속령이 되거나 유목민들이 활개치는 무정부 상태에 빠졌다. 또 전 반도를 통하여 보면 도시는 축소되거나 쇠퇴하였고 유목생활이 상업활동과 경작생활을 압도하는 추세였다.

베드윈

이슬람 발생 직전에 북부 아라비아의 거주민에게 지배적인 사회제도는 베드윈 Bedouin(사막의 유목민)의 부족주의였다. 베드윈 사회에 있어서 최소 구성 단위는 개인이 아니고 집단이다. 개인은 자기가 속한 집단의 구성원으로서 권리와 의무를 가지고 있었다. 개인이 혼자서 살아가기에는 주위 환경, 즉 사막생활이 어렵고 위험하기에 자기 방위의 본능에서 집단으로 뭉쳐졌다.

이 집단의 결속력은 가부장적인 혈족 관계에서 생성한 것이다. 유목부족은 양이나 낙타를 방목하여 생계를 이어가거나 또 이웃에 있는 정착민을 습격하거나 아라비아반도를 가로 질러가는 대상을 약탈하여서 삶을 꾸려갔다. 유목부족은 정착민을 습격하여 뺏은 그들의 일상용품을 다시 주변의 다른 유목부족에게 약탈당하는 식으로 문명은 전달되어 갔다. 부족은 보통 사유재산을 인정하지 않았으나 방목지나 수자원水資源 등을 공동재산으로 보았으며 간단한 필수품 정도가 개인의 소유로 인정되었다.

부족의 정치 조직은 아주 미숙하였다. 부족장은 사이드 sayyid 혹은 세이흐 shaikh라 불렀으며 선출되었다. 그러나 그는 단순히 동등한 사람 가운데 일인자, 즉 오늘날 대학의 학생회장 정도의 권위를 가졌다. 그는 부족의 여론을 이끌었다기 보다는 따랐을 뿐이다. 그는 구성원 각자에게 임무를 부과하지도 못했으며 벌을 주지도 못했다. 권리와 의무는 부족 내의 가족단위에 관련되는 것이지 부족 외부와는 전혀 상관이 없었다. 즉 부족장의 통제 기능이라는 것은 중재에 불과한 것이지 결코 지휘하는 것이 아니었다. 그는 남을 부릴 수 있는 권한이 없었다. 권위, 왕위 등은 아랍 유목사회에는 놀랄 만큼 생소한 개념이었다.

부족장은 부족의 장로長老들에 의하여 대체로 특정한 가족의 구성원 가운데 선출되었다. 이 가족은 일종의 부족장 가문이 되어서 일반적으로 "그 집안 사람들" ahl al-bait로 알려졌다. 부족장은 마즐리스 majlis라 부르는 장로회의의 충고를 받았으며 장로회의는 부족 내의 가족의 장이나 씨족의 대표들로 구성되었다. 마즐리스는 공중 의견의 대변 기관이었다. 부족 속에서 때때로 귀족인 씨족과 일반 평민적인 씨족으로 구분되는 수도 있었다. 부족장외에도 예배나 명절의 축하 등과 같은 종교적 기능을 맡은 제사장, 구성원간의 분규를 해결하는 중재인 및 다른 부족장과의 전쟁시에 지휘봉을 잡는 전시 사령관 등의 직책이 아랍부족사회에는 지배적이었다.

유목민의 종교

부족의 일상생활은 관습, 즉 선조들의 관행인 순나 Sunna에 의하여 규제되었다. 이 순나는 그 근거가 선례에 대한 일반적인 존경심과 공중여론이 이를 인정해 준 데 있었다. 부족의 마즐리스는 밖으로는 부족의 상징이고 또 유일한 대표기관이었다. 이러한 사회제도 아래서 무정부상태에 빠지는 것을 방지하는 유일한 힘은 복수의 의무였다. 만약에 한 부족원이나 가족이 살해되면 그의 친족은 살해자나 또는 살해자가 속한 부족원 가운데 어느 누구라도 죽여서 복수를 해 줄 의무가 있었다.

유목민의 종교는 고대 셈족의 우상숭배와 비슷하여 각 부족이 섬기는 수호신을 믿었다. 신앙의 대상은 나무나 샘물이나 혹은 바위 같은 것을 보호하는 신령이었다. 그러나 부족의 한계를 넘어 아랍족 모두가 어느 정도 숭앙하는 신들이 있었다. 그 가운데 가장 유명한 세 신은 마나트 Manat, 웃자 'Uzza와 알라트 Allat 등이고 기원전 425년에 죽은 그리스 역사가歷史家 헤로도트 Herodot도 알라트를 언급했다. 이 세 신은 또

최상의 신인 알라 Allah에 예속되어 있었다. 아랍부족에게는 종교에만 전념하는 성직자가 없었다. 더구나 떠돌아 다녀야하는 유목민이라 붉은 보자기에다 그들의 신상神像을 모시고 다녔으며 심지어 전쟁터에까지 가지고 나갔다.

그들의 종교는 개인적이 아니고 집단적이었다. 부족신앙의 초점은 돌과 같은 대상이 상징하는 부족신神에 있었다. 부족장은 자기 집에 이 상징물을 보관하고 있기 때문에 종교적인 위신을 갖게 되었다. 부족신과 종교의식은 곧 부족원의 신분을 나타내는 표시이고, 또 부족의 단결과 연대의식의 사상적인 표현이었다. 부족의 종교의식에 순종하는 행동은 곧 정치적 충성심을 표현하는 셈이며 또 신앙을 배신하는 것은 곧 반역에 해당하였다.

유목부족은 목축떼의 방목을 위해 항상 초원을 찾아 다녔기 때문에 서로 부딪치는 일이 많아 끊임없이 싸웠으므로 이 시대를 후대의 무슬림 사가史家는 "그날의 아랍인" ayyam al-'arab 혹은 "무지無知의 세대" jahiliya라 불렀다.

정착민의 생활과 역사

이러한 유목민의 생활양식과는 다른 곳이 오아시스였다. 이곳에는 규모는 적지만 정착민의 공동체가 있어서 단순하지만 정치적 조직을 이루고 있었다. 또 오아시스의 부족 중에서 뛰어난 가문은 때때로 그곳의 거주민 위에 군림하는 수도 있었다. 즉 커다란 마을 공동체를 이루었다. 이 경우에 오아시스의 통치자는 주변에 거주하는 부족들에 대하여 일종의 종주권을 주장하기도 했다. 또한 그는 이웃의 오아시스를 지배하여 하루살이지만 연합체를 이루기도 하였다. 이러한 공동체의 대표적인 예가 킨다 Kinda왕국이다. 이 왕국의 발생과 확장은 곧 후에 나타나는 이슬람의 발생과 번성을 예측하게 하는 징조였다.

이 왕국은 5세기 말엽부터 6세기 초엽까지 북부 아라비아에서 번성하였다. 이 왕국은 처음에 매우 강력하여 심지어 접경한 국가의 영역에까지

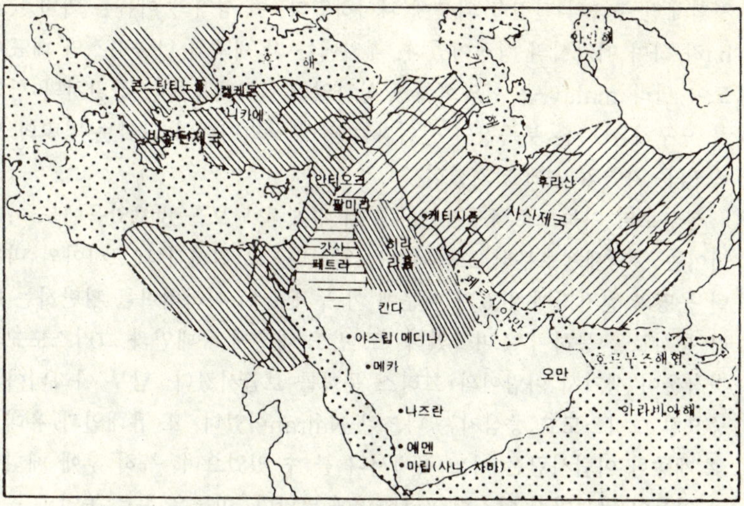

600년 경의 비잔틴과 사산제국

세력을 뻗쳤으나 후에 비잔틴제국과 페르시아제국이 설치한 방어선을 뚫지 못하고 또 부족의 연대의식과 단결력이 느슨하여져 몰락하였다. 당시 이 두 제국帝國은 몇십 년 뒤의 아랍무슬림 팽창 때 보다는 그 국력이 훨씬 강하였다. 킨다국은 아랍인의 시詩에 영원한 추억으로 자리잡고 있다. 6세기경에 이르러 반도의 모든 아랍 부족은 각 부족 방언과는 다른 공통의 표준 아랍어를 지니게 되었다. 이 표준어는 시詩를 통하여 발전되어 아랍 부족 모두를 단결시켜 단일의 전통과 구전口傳문화를 이루었다. 이러한 공동의 언어와 문학은 그 발생 계기와 발전이 킨다국의 역사적 발전에 크게 힘입었다. 공통적 언어를 생성하여 아랍문학으로 발전시킨 것이 킨다국의 공헌이었다. 이 때문에 이 나라에 대한 추억이 동기가 되어 당시 문학의 주류였던 시가 발전되어 6세기경에 아랍 고전시는 성숙기에 도달했다.

이곳 저곳의 오아시스에 정착한 유목민은 도시를 이루어 보다 앞선 사회를 건설했다. 이 가운데 가장 중요한 것이 히자즈의 메카였다. 메카의 부족은 쿠라이쉬 Quraish라 불리었고 그 수가 컸으므로 여러 씨족으로 나누어져 있었다. 각 씨족은 자신의 마즐리스와 씨족을 상징하는 돌을 가지고 있었다. 그러나 그들은 이 돌을 한자리에 모아서 성역을 만들어 씨족의 연합체인 부족의 단결을 외부에 과시하였다. 이 성역의 이름은 카바 Ka'ba라 하며 메카시의 상징이었다. 메카에는 각 씨족의 마즐리스의 대표가 모여 말라 mala라는 협의회를 구성하였다. 이 때문에 만장일치의 합의를 요구하는 다른 부족장의 권위와는 달리 쿠라이쉬의 권위는 몇몇의 씨족 명문 가족의 손에 맡겨졌다.

통상로의 이동으로 4세기 이후부터 경제적 퇴보를 맛보았음에도 아라비아는 문명세계로부터 고립되지는 않았다. 그 위치가 페르시아와 비잔틴 문명의 언저리에 있었기 때문에 이 두 문명이 아라비아를 횡단하는 여러 통상로를 통하여 스며들었다. 또 반도 내부에 유대인과 그리스도교의 정착촌이 생겨서 아람어와 그리스 문화를 보급시켰다. 남부 아라비아의 중요한 그리스도교 중심지는 나즈란 Najran이었다. 또 유대인과 유대교로 개종한 아랍사람은 어느 곳에서나 볼 수 있었으며, 특히 후에 메디나로 이름이 바뀌어진 야스립 Yathrib에 많았다. 이들은 주로 농업과 공예업에 종사하였다. 그들이 어디서 들어왔는지 확실치 않으나 그들의 근원에 대해서는 여러 가지 설이 있다.

문명이 침투하는 또 다른 경로는 완충국가를 통한 것이었다. 로마제국이 나바트와 팔미라왕국 등의 존재 가치를 인정하여 보호해 준 것처럼 비잔틴제국과 페르시아의 사산제국 Sasan(226~651)도 오늘날 시리아와 이라크 양국과 사우디 아라비아와의 국경지역에 아랍완충국의 발전을 허용할 필요성이 있었다. 두 완충국의 이름은 갓산Ghassan과 히라Hira이며 둘 다 그리스도교 국가였다. 갓산국은 그리스도교의 단성론자單性論者 monophysite[1]이며 히라는 경교도景教徒 Nestorian[2] 였다. 둘 다 아람어

1) 단성론자들의 주장에 따르면 예수의 人性은 大洋과 같은 그의 神性속에 들어 있는 한 방울의 우유에 불과한 것이라 했다. 이것은 정통교회에서 예수는 완전한 人性과 완전한 神性갖추었다는 教理와는 어긋남. 단성론자는 451년 Chalkedon 에서, 또 553년 콘스탄티노플에서 열린 聖公論議에서 이단으로 규탄받았음. 현재 아르메니아 교회, 시리아 교회 및 이집트와 이디오피아의 곱트 copt교회가 이에 속함.

2) 경교도는 단성론자와는 반대로 신神이 인간인 성모 마리아의 몸에서 태어날 수 없다고 주장하여 예수의 인성人性을 강조함. 콘스탄티노플의 대주교 Nestorius(431년 직위 잃음)의 추종자들임. 431년 Ephesus 성공회의에서 이단으로 규정됨.

와 그리스 문화의 빛이 짙었으며, 또 내륙內陸으로 그 빛을 흘러보냈다.

갓산국의 초창기 역사는 애매모호하며 오직 아랍 전설 속에서만 알 수 있다. 확실한 역사적 사실은 하리스 이븐 자발라 Harith ibn Jabala(그리스어 Aretas)왕부터 시작된다. 그가 페르시아제국에 예속한 아랍부족과의 전쟁에 진 뒤에 비잔틴 황제 유스티니안 Justinian(527~565 재위)이 그를 격려할 목적으로 529년 새로운 작위를 그에게 수여한 사실이 기록에 남아 있다. 갓산국은 현 시리아 남부의 야르무크 Yarmuk강 근처에 자리잡고 있었으며, 그 왕은 비잔틴 황제가 임명한 것이 아니라 당시 비잔틴제국은영역 밖에서 스스로 누구나 세력을 굳히면 작위를 주고 인정하였다. 이슬람이 등장하기 직전에 비잔틴제국은 여태까지 갓산국에 지불하여 오던 보조금을 중단시켰다. 페르시아제국과의 전쟁으로 재정이 핍박하여 헤라클리우스 Heraclius 황제(610~641)가 긴축재정을 단행하였기 때문이었다. 나중에 이슬람군이 이곳에 들어왔을 때, 갓산측은 비잔틴에 대하여 분개하였기 때문에 협조적이었다.

한편 페르시아의 통치 아래 있었던 이라크와 아라비아의 국경에는 히라국이 있었다. 이 나라는 페르시아가 강할 때는 복종하고 약할 때는 독자적인 행동을 취하는 완충국이었다. 페르시아제국에 대한 히라국의 역할은 비잔틴제국에 대한 갓산국의 역할과 비슷했다. 비잔틴과의 전쟁에서 히라의 아랍군은 페르시아군의 응원군 역할을 담당하였다. 이 왕국이 독자적으로 번성할 시기는 알 문디르 al-Mundhir 3세(505~554)치하였으며 그는 갓산국의 하리스왕과는 동시대에 살았던 적수였다. 히라는 아랍 전설에 따르면 아랍 공동체의 핵심 부분으로 간주되어 항상 아라비아반도와 접촉하고 있었다. 비록 페르시아의 종속 국가였지만 문화는 시리아의 그리스도교적 및 그리스적 문명에 영향을 받았다. 본래는 우상을 숭배하였으나 나중에 경교파 그리스도교에 개종하였다.

이 히라의 라흠 Lakhm 왕조가 페르시아에 대하여 반란을 일으킨 후 황제 쵸스로우 Chosroes 2세(590~628)는 이 나라를 제거했고 그 대신에 페르시아 총독을 보내어 허수아비 아랍왕을 통하여 통치하였다. 604년에 이 지역에 정착하려고 들어오는 아랍부족에 의하여 페르시아군이 패주하자 히라국도 종말을 고했고, 그와 함께 페르시아의 북부 아라비아 지역에 대한 지배도 끝이 났다. 외부세력의 직접적인 통치는 그 영향이 대단치는 않았다. 그 좋은 예가 예멘에 대한 에치오피아와 페르시아의 통치 기간이 짧았고, 북부 아리비아에 있었던 비잔틴과 페르시아의 후견을 받는 완충국들도 그 예속기간이 길지 않았다. 그 후 이 양대국의 직접적인 통치를 통하여 당시 더 발달된 군사기술이 아랍인에게 전하여졌으며 또한 정신적, 물질적 영향도 스며들어 왔다.

이러한 외부적인 자극에 대한 아랍인의 반응은 여러 면에서 볼 수 있다. 물질적으로 우선 아랍인들은 무기를 획득하여 그 사용법과 군사조직의 원칙 및 전략을 배웠다. 북부 아라비아의 완충국이나 페르시아 및 비잔틴제국의 변경 주州에는 아랍 보조병이 보조금을 받고 대규모로 훈련을 받았기 때문이었다. 옷감, 음식류, 포도주 및 글씨 쓰는 법까지도 같은 방법을 통해 아랍인에게 전수된 것 같다. 지적인 분야에 있어서도 유일신의 원리를 가진 중동의 종교와 도덕 이념을 통하여 아랍인은 문화와 문자를 접촉하였으며 후에 예언자 무함마드의 성공을 위한 배경이 마련되어 있었다. 이 반응은 주로 일부 지역 특히 남부 아라비아와 히자즈의 정착민에 국한되었다.

메카의 등장

유목민의 수가 정착민에 비하여 훨씬 많고 그 활동 거주 지역도 넓었지만 아라비아의 역사를 실지로 창조한 주역은 아라비아의 통상로 연변에 살고 있었던 정착민들이었다. 이 통상로의 변경과 성쇠는 아라비아 역사에 변화와 혁명을 불러 온 것이다. 6세기 후반기에 장기간 영향을 미칠 변화가 일어났다. 페르시아만과 유우프라테스강을 잇는 통상로가 지중해와 동아시아 지역을 연결하는 가장 중요한 역할을 담당하여 왔는데 페르시아와 비잔틴 양 제국 사이의 끊임없는 전쟁으로 마비되었다. 이 때문에 양 제국의 정치적인 경쟁관계는 악화되고 관세의 벽이 높아져 이 지역의 상업활동이 크게 위축되었다.

이집트도 지배세력인 그리스 정교도의 비잔틴제국의 통치 아래 있었지만 주민의 절대다수는 단성론자였기 때문에 역시 불안한 상태여서 나일 강과 홍해를 연결하는 통상로는 제구실을 못하였다. 따라서 무역상들은 시리아에서 인도의 무역선이 드나드는 예멘에 이르는 서부 아라비아의 향료 길을 택하지 않을 수 없었다. 당시 이 길은 험난했지만 조용한 편이었다. 예멘 자체는 외국의 지배 아래 있었고, 북부의 팔미라와 나바트 왕국의 번영도 오래 전에 사라지고 그 뒤를 이은 갓산국과 히라국의 번영도 비잔틴과 페르시아제국의 관여로 사라졌다. 이 상황에서 아랍족의 번영을 이끌 기회가 메카시에 떨어진 것이다.

메카시의 발생에 관해서는 알려진 것이 별로 없다. 알렉산드리아 출신의 그리스 지리학자 프톨레미 Ptolemy(100~178 생존)가 언급한 막코라바 Macoraba는 메카와 일치하는 것 같다. 이 도시는 북으로 가는 향료길의 통상로에 위치하고 있었으므로 대상들이 쉬어가는 데서 발전된 것 같다. 이 도시의 위치는 남으로는 예멘, 북으로는 지중해, 동으로는 페르시아만, 서쪽으로는 홍해의 항구 젯다 Jedda와 아프리카로 건너가는 길목이어서 향료길의 요충이었다.

이슬람이 발생하기 수백 년 전에 메카는 북부 아라비아의 쿠라이쉬부족에 의하여 점령당했다. 그 후 이 부족은 상업상 중요한 공동체로 발전하였다. 쿠라이쉬 부족 출신의 상인들은 비잔틴, 페르시아 및 아비시니아 국경 당국과 무역 협정을 맺어 대대적인 장사를 하였다. 그들은 일 년에 두 번 북쪽과 남쪽에 규모가 큰 대상隊商 Caravan을 보냈다. 이 대상은 메카에 있는 여러 상인 조합에 의하여 운영되었으므로 매우 협조적이었고 조직적이었다. 그러나 규모가 적은 대상은 수시로 보내졌으며 또 아프리카와의 해상 무역이 존재한 증거도 있다.

메카의 주변에 있는 마을에는 장이 서고 있었다. 그 중에서 가장 큰 것이 우카즈 Ukaz의 장이었다. 이들 장은 메카의 경제생활과 밀접히 연결되어 있어서 주변의 유목민에게 메카의 영향력과 위신을 높여 주었다. 메카의 거주민은 다양하였다. 핵심을 이루며 지배적인 원주민은 "내부 쿠라이쉬"로 알려졌으며, 대상 귀족층을 이루어 중개무역을 담당하는 주역으로 행세하였다. 그들 외에 소위 "외부 쿠라이쉬"라 불리는 층이 있었다. 이들은 장사의 규모가 보다 적고 또 메카에 정착한 지 오래 되지 않았으며 그 신분이 한층 서민적이었다. 그 다음에 외국인과 베드윈 출신 일꾼이 있었다. 메카 주변에는 이 도시에 의존하여 사는 베드윈 부족이 살았는데 쿠라이쉬족의 추종 아랍인, 즉 예속민으로 알려졌다.

메카시는 상인조합의 조합원이나 주식회사의 이사같은 신분이 부유한 상인 출신의 몇몇 유력자에 의해 다스려졌다. 그러나 이것은 결코 현대적인 의미의 조합은 아니었다. 쿠라이쉬 부족도 유목생활에서 탈피한 지 오래지 않았으며 그들의 의식 구조도 여전히 유목민과 비슷해서 최대한의 행동 자유와 최소한의 집권적 권위를 이상으로 삼았다. 즉 베드윈적 의식 구조와 이윤을 추구하는 상업적 활동 사이에는 갈등이 일어나 부유한 상인층과 고용된 계층 간에도 불안한 관계가 잠재하고 있었다. 이러한 집권적 권위는 말라 mala에 의하여 행하여졌으며, 이것의 기능은 부족의 마즐리스와 비슷하였다.

그 구성원은 고귀한 신분을 가졌거나 또는 부유하고 사회적 지위가 높아서 구성원의 동의에 의하여 선출되는 사람, 즉 대체로 씨족장에 의하여 구성되었다. 이 기구의 권위는 도덕적이어서 설득하는 것이 주무기였다. 단합의 실질적 바탕은 공동의 이해관계에 있었던 상인층의 연대 의식이었다. 이 연대 의식은 예언자 무함마드가 이끄는 신흥세력에 대항하는 투쟁 과정 속에서 두드러지게 나타났다. 메카 상류층의 상업적인 경험과 의식구조의 덕분으로 메카인은 협동력, 조직력 및 자제력을 구사할 수 있게 되었다. 이것은 아랍인들에게는 드물게 볼 수 있는 요소였으며 후에 그들이 창설한 광대한 아랍제국을 관리하는 데 커다란 도움이 되었다. 이슬람의 예언자인 무함마드가 탄생한 것은 바로 이러한 상황이었다.

Ⅱ. 예언자 무함마드

Muhammad, 570~632

무함마드연구 자료
메카에서의 무함마드
메디나에서의 무함마드
무함마드의 가르침

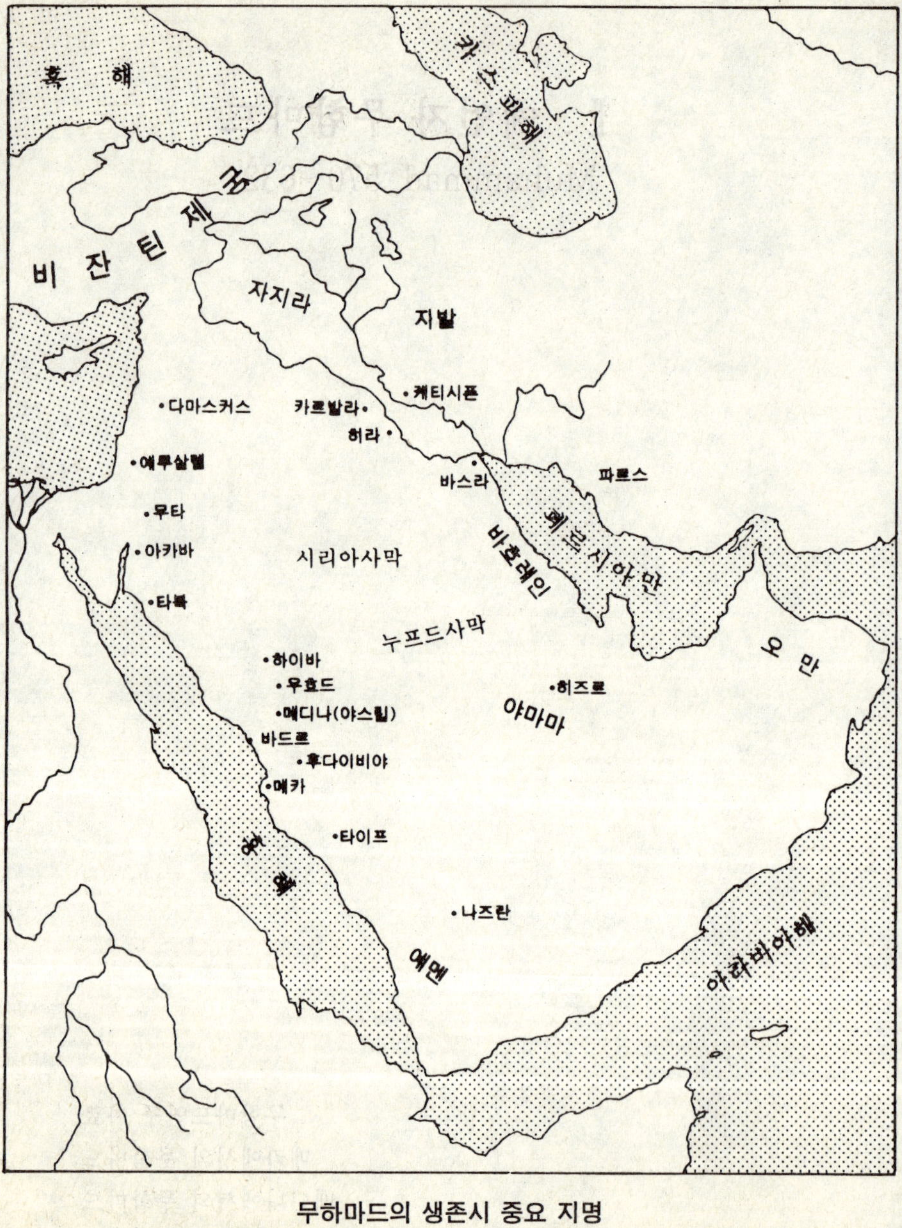

무하마드의 생존시 중요 지명

무함마드연구 자료

종교의 창시자 가운데 무함마드 만큼 그 행적이 소상히 역사에 기록된 사람도 없을 것이다. 그렇지만 무함마드연구에 가장 중요한 문헌은 쿠란 Qur'an과 하디스 Hadith이다. 무슬림들은 쿠란을 예언자 무함마드를 통하여 내려온 알라 Allah의 계시로 본다. 쿠란은 무함마드가 죽은 지 20년 후에 편집되었으므로 그가 직접 받은 계시와는 근소하지만 차이점이 있는 것으로 보인다.

쿠란에는 이슬람의 가르침이 담겨 있으나 그의 생애에 대해서는 거의 아무 것도 언급되어 있지 않다. 하지만 쿠란이 완성된 후에 나온 해설가들은 각 구절 옆에 그 구절이 내릴때의 자상한 상황설명을 첨가하였기 때문에 오늘날의 연구에 도움이 된다. 하디스는 예언자의 행적과 언행을 기록한 것이므로 그의 교우敎友인 사하바 sahaba들에 의하여 전승傳承되었다. 하디스에는 쿠란의 가르침을 자상하게 설명 또는 보완하는 구절과 예언자의 생애에 일어난 중요한 일들에 관한 귀절이 있다. 여기서 유명한 이븐 아샤크 Ibn Ishaq(768년 죽음)의 무함마드 전기가 나왔다. 하디스는 이슬람의 형성기에 해당하는 초기 200년 사이에 점진적으로 편찬되었고 이 기간 중에 정치 · 종교투쟁에서 많은 하디스 구절이 변조 및 날조되었으므로 그 원형을 찾기가 무척 힘들다. 이런 점을 감안할 때 무함마드에 관한 기록에는 비역사적인 사실도 숨어들어 있는 것이다.

메카에서의 무함마드

무함마드는 570년경에 메카의 쿠라이쉬 Quraish 부족에 속하는 하쉼 씨족의 가문에서 태어났다. 그의 아버지는 그가 태어나기 직전에 여행 도중에 사망한 것으로 알려졌다. 6살 때 어머니를 여의었고 8살에 할아버지를 잃었으므로 삼촌 아부 탈립 AbuTalib의 손에서 자라게 되었다. 그는 성년이 되자 시리아와 관계하는 대상隊商 활동에 종사하였고 후에 부유한 과부인 하디자 Khadija 소유의 대상을 이끌었다. 그녀는 무함마드

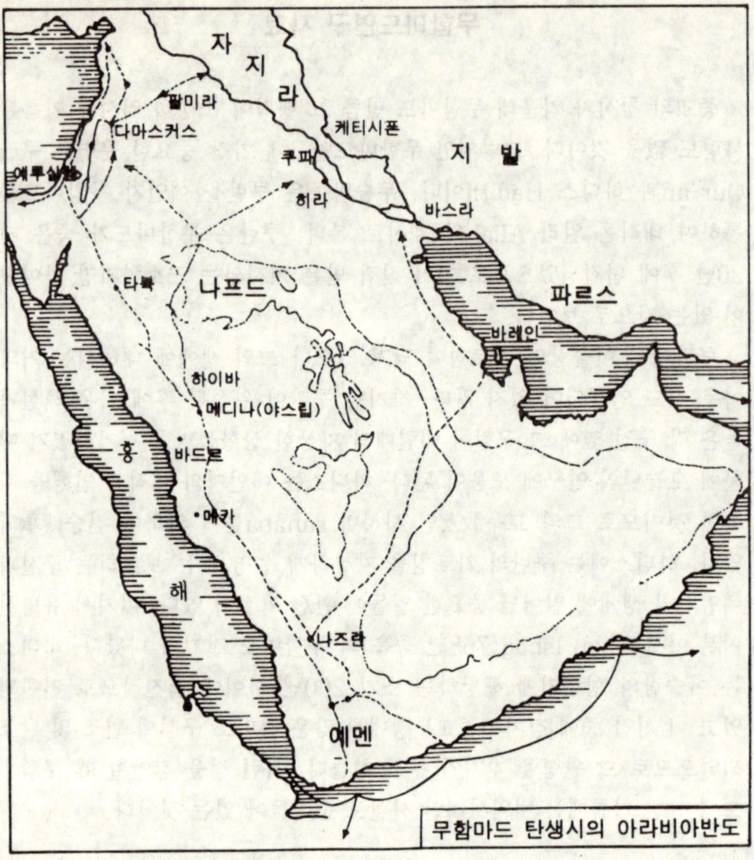

무함마드 탄생시의 아라비아반도

보다 훨씬 나이가 많았으나 나중에 둘은 결혼하여 일곱 자식을 두었다. 그중에 딸인 파티마 Fatima만이 성장하여 아버지보다 더 오래 살았으며 후손을 두었다. 무함마드는 하디자에 대한 사랑이 지극하여 그녀가 살아 있는 동안 다른 부인을 두지 않았다.

무함마드의 나이가 40에 가까왔을 때, 즉 610년경에 그는 처음으로 알라의 목소리를 듣게 되었다. 처음에는 악마의 장난으로 생각하고 자제했으나 차차 계시가 진실이라고 확신하였다. 즉 알라는 계시를 인간들에게 전달하기 위해 그를 예언자로 삼았음을 믿게 되었다. 613년경에 사명을 수행하지 않으면 하나님의 노여움을 살 것으로 생각하고 포교하기 시작하였다. 최후의 심판이 가까이 옴을 알리고 세상을 경고하는 말로 그는 가까운 가족 가운데서 추종자를 만들었다. 즉 그의 아내 하디자, 사촌 알리 등이다. 또 메카 밖에서 온 해방된 노예들, 젊은층 및 생활 환경에 불만을 품은 층의 열렬한 추종을 받게 되었다. 쿠라이쉬 상류층은 무함마드가 그들의 종교적 권위와 상업적 질서를 위협한다고 느껴 무함마드와 추종자를 탄압하기 시작하였다. 따라서 소수의 이슬람 교도들의 생활은 어려워져서 약간은 에치오피아로 이민하기도 했다.

메디나에서의 무함마드

622년에 무함마드는 야스립(후에 메디나툰 나비 madinatun nabi, 즉 예언자의 도시)의 유대 및 아랍 부족들이 서로 오랜 불화 끝에 협상과 평화의 조정자로 그를 부름에 따라 이주하게 되었다. 이 이주는 히즈라 hijra로 불리고 이슬람력曆의 시발점이 되었다. 무함마드는 부족간에 일어나는 분쟁의 조정자로서 또 메카에서 따라온 이주자, 즉 무하지룬 muhajirun의 우두머리로서 점차 세력을 길렀다. 더구나 메카의 쿠라이쉬족의 지배층인 상인들은 그들의 북부 통상로 한가운데 위치한 메디나에 무함마드가 도사리고 있었으므로 매우 못 마땅하게 여겼다. 결국 두 세력은 623년 바드르 Badr, 625년 우후드 Uhud에서 전쟁을 치르게 되었다. 이 두 전쟁에서 무함마드는 수적으로 열세인 메디나군을 이끌어 승리하게 되었고, 또 627년 한닥 Khandaq[1] 전쟁이라고 불리는 결전에서 침입해 온 메카군을 물리쳤으므로 메디나에서 무함마드의 권위는 확립되었다.

메디나에서 받은 무함마드의 계시는 메카의 그것과는 달리 세속적인 문제에 직면하였기 때문에 점차 길어갔다. 그곳에서 무함마드의 과제는 종교적인 것 외에도 무하지룬과 현지 거주자, 즉 안사르 ansar(돕는자)를 융화 단결시켜 동질적인 이슬람공동체, 즉 움마 umma를 창조하는

1) Khandaq은 아랍어로 참호인데 메디나군이 참호를 판 데서 유래.

것이었다. 그래서 믿음의 단일성이 필요했다. 이 공동체는 개개인이 결합하여 구성된 공동체는 아니고 이미 존재해 있는 씨족들의 연합체였다(Watt, Muhammad at Medina, 238~241). 하지만 혈연에 바탕을 둔 부족공동체와는 달리 이슬람이란 종교에 근거한 일종의 이념공동체였다.

그는 모세 Mose나 아브라함 Abraham등의 예언자들처럼 유일신에게서 계시를 받으며 또 그가 받은 게시는 마지막이며 완전한 것으로 믿었다. 특히 아랍인과 유대인의 공동선조인 아브라함을 강조함으로써 메디나에 살던 유대인을 이슬람에 개종시키려 하였다. 그러나 이 노력이 실패하자 외교와 힘을 사용하여 메디나 공동체의 동질성을 확립하였다. 그 결과 저항하는 유대[1] 인은 일부 죽게 되거나 추방당했다. 또 아랍 부족원 가운데서 예언자를 겉으로는 지지하는 체 했으나 실제로 반대한 이를 무나피쿤 munafiqun(위선자)이라 하여 냉대하였다.

예언자가 해결해야 할 두번째 과제는 이 무하지룬의 생계를 보장하여 메카와의 투쟁에 있어 사기를 높이는 것이었다. 또 메카의 쿠라이쉬 부족의 상인층에게는 메디나는 시리아로 가는 통상로의 길목에 있었기 때문에 커다란 위협이 되었다. 메디나의 무슬림군은 부족간의 전쟁에서 약탈을 행하는 아랍전통도 이어 받았지만 여기에다 성전 jihad이라는 개념을 도입하였다. 따라서 무슬림군은 비신자들과 싸우기 위해서는 아랍의 전통적인 성스러운 평화의 달도 존중하지 않았다[2].

627년의 한닥 전쟁 이후 메카의 쿠라이쉬 부족은 무함마드를 무찌를 수 없다는 사실을 알았고, 또 그들의 주된 상업활동인 무역은 계속되어야 하므로 무함마드와의 정전상태가 필요하였다. 이 정전 기간동안에 무함마드는 주변에 있는 수많은 부족들과 우호조약을 체결하고 또 중요한 오아시스인 북쪽의 유대인 지역 하이바 Khaibar와 남쪽의 그리스도교 지역 나즈란 Najran을 병합하였다. 이때에 두 지역의 주민과 맺은 병합조약은 그 후의 정복시대에 비이슬람 교도와의 조약을 체결할 때에 모범이 되었다. 또 여러 아랍 부족과의 우호조약 체결에서 이슬람적인 사회체제와 국가체제의 발전에 관한 윤곽이 나타났다.

1),2) 고대 아랍 풍속에 따르면 1년 중 1월, 7월, 11월, 12월은 신성한 달이라 하여 일체의 전투 행위나 피흘림을 금지함.

630년경에 드디어 무함마드는 메카에 무혈 입성하는 데 성공하였다. 이와 더불어 옛날의 우상숭배는 금지되었고, 쿠라이쉬 부족은 굴복하였으나 보복 행위는 없었거나 아주 미미했던 것으로 알려졌다. 632년에 무함마드가 타계地界했을 때 아라비아반도의 모든 지역에 그의 추종자는 급격히 늘어났다. 현시점에서 세계 3대종교 가운데 하나인 이슬람의 창시자 무하마드가 어떻게 당시 아랍 사회에 뿌리를 내렸는지 판단하기는 힘들다.

이슬람교 신자에게 있어서 그는 계시를 인간에게 전달한 알라의 사성使聖(필자의 造語. 유일신이 보낸 성인의 뜻)이다. 또 중세 그리스도교 신자들은 그를 미친 사람으로 보았다. 그러나 역사학자의 눈에 비친 무함마드는 뛰어난 인물이며 불타는 정열과 흠잡을 데 없는 강직성을 가지고 자기 주변 인간들의 도덕적, 정신적 수준을 향상시키려 애써서 성공한 인물이다. 그는 깊은 인간성의 이해력과 정치적인 역량으로 사회 여건에 알맞게 적응하여 종교 이념국가를 이룩하였다. 그 결과 그의 가르침은 생명력을 가지고 지금까지 전해온 것이다.

커다란 종교적 영감을 가지고 개인적인 어려움과 주위의 반항을 극복한 그의 인간성은 우리들을 감동시키고 또 매력을 끌기에 충분하다. 물론 그의 생애를 보면 우리 현대인들의 눈을 놀라게 하는 점도 있다. 본처 하디자가 죽은 후 그가 맺은 아홉 번의 결혼은 많은 논쟁을 일으키고 있다. 그러나 당시의 아랍 풍속에는 이것이 별로 문제시되지 않았으며 또 이 결혼은 전쟁미망인의 구제나 다른 부족과의 유대를 굳건히 하려는 사회적, 정치적 동기에서 나온 것으로 생각된다.

무함마드의 가르침

무함마드가 예언자로서 생활한 20여년 동안의 행적에서 그의 가르침과 업적을 대략이나마 명확히 종합하는 것은 쉽지 않다. 쿠란은 수라(sura章)의 길이가 긴 것에서 짧은 것의 순서로 배열되어서 체계적이지 않기 때문에 옛날이나 지금이나 해설자들은 많은 구절의 풀이에 의견의 일치를 보지 못하고 있다. 유일신의 사성使聖 무함마드가 전한 계시는 종전까지의 예언자가 전한 복음과 적어도 그 자신에게 있어서는 본질적으로 같은 것이다.

예수는 많은 예언자 가운데 한사람으로 간주된다. 예언자의 출현순위는 아담에서 시작하여 예수를 거쳐 무함마드에 이른다고 본다. 그래서 이슬람은 더 먼저 나온 두 종교인 유대교와 그리스도교와 같이 유일신교에 속한다. 성경과 쿠란의 구절 가운데 서로 엇비슷한 얘기 속에 나타나는 내용상의 차이점은 이슬람의 입장에서 보면 유대인과 그리스도교인이 유일신의 말씀을 수정, 가필, 삭제한 것으로 믿는 것이다. 무함마드는 마지막 예언자이고 또 그가 받은 계시는 완벽하기 때문에 이 세상의 종말이 올 때까지 아무도 그 뒤를 이을 수 없다고 이슬람교도는 믿는다.

알라라는 이름은 이슬람의 등장 이전에는 메카 지역의 주신主神으로 알려졌던 것이 드디어 유일신, 즉 절대신으로서 전지전능하시고 또 절대 공정하신 것으로 되었다. 유일신은 우주와 인간을 창조하였으며 또 인간의 역사는 유일신의 어떤 계획에 따라 진행된다는 것은 성경과 비슷한 것이다. 인간은 일생 동안 유일신의 심판에 대한 두려움과 축복을 받으려는 걱정 속에 보내게 된다. 유일신은 인간에게 율법을 알리고 이를 준수할 의무를 지운다. 이 율법은 종교적이며 동시에 사회적인 성격을 띠고 있다. 유일신에 대한 인간의 주된 의무는 그에 대한 믿음이며 그의 뜻에 절대 복종하는 사람이 무슬림 Muslim 즉 이슬람교도이다. 유일신은 인간에게서 일정한 행동을 요구한다. 이 행동을 실천으로 옮길 때에 그에 상당하는 의지意志가 갖추어져 있어야 한다.

이슬람 신학자는 종교 din를 믿음 iman, 종교적 수신修身 'ibadat 및 사회적 헌신 ihsan으로 구분한다. "이만"에는 유일신, 천사, 성서, 예언자, 최후의 심판 및 정명定命을 믿어야 하는 것이다. "이바다트"는 이슬람의 다섯 기둥 arkan으로 밑받침된다. 이것은 쿠란에 구체적으로 계시되어 있지 않으나 예언자의 생존시에 확정되었다. 즉 신앙의 고백 shahadat, 기도 salat, 종교세 zakat, 단식 saum 및 순례 hajj로 나눌 수 있다. 이외에도 성전 jihad에 참전할 의무가 있다.

흔히 무함마드를 원시적인 사회주의자로 보기도 하나 이것은 지나치다. 모든 종교의 창시자처럼 무함마드는 체계적인 사회 사상가라기보다 도덕적인 욕구를 알린 사람인 것이다. 이 때문에 그의 주변에 이미 존재하고 있는 사회적 여건에 대하여 부득이 싸워야만 했다. 이 싸움에서 그는 당시 사회구조 때문에 피해를 보고 있다고 느끼는 층의 관심을 얻게 되었다. 무함마드가 진심으로 원했던 것은 강력한 연대의식 속에서 서로서로에 대한 책임감을 느끼면서 단결하여 일하는 조합공동체 Gemeinshaft였다. 그래서 오늘날까지 이슬람교도는 이 공동체와 불화를 빚으면 곧 죄의식을 가지게 된다. 그러나 그가 실제로 직면한 사회는 이익공동체 Gesellschaft였기 때문에 그의 가르침은 비록 혁명적인 수단에 호소하지는 않았지만 매우 개혁적이다. 즉 가족관계, 여성의 지위, 노예제도 및 경제생활 문제에 있어서 그는 기존질서의 나쁜점을 제거하여 보다 공정한 질서를 수립하려고 애썼다.

무함마드는 예수나 다른 종교의 창시자와는 달리 신앙의 창시자인 동시에 이슬람 공동체, 즉 움마라는 조직체를 건설한 사람이다. 물론 이 조직체는 초기에 있어서 특히 재정財政면에서 볼 때 신자의 헌금이나 전리품戰利品으로 메꾸어진 부유한 집의 가계家計에 불과했다. 그러나 결정적인 것은 아라비아반도 역사에서는 처음으로 한 사람이 자기의 권위를 모든 거주민에게 받아들이게 했다는 사실이다. 국가 생활을 전혀 경험하지 못한 아랍 부족 사회에서 성장한 무함마드는 종교와 국가를 시로 분리될 수 없는 결합체結合體로 만든 것이다. 그래서 이슬람 역사를 통하여 이슬람 공동체는 단일 개념체이냐 혹은 종교와 국가라는 두 개념의 결합체이냐 하는 문제가 대두함을 볼 수 있다. 기존의 부족적 공동체는 그대로 존속했지만 그 위에 이 새로운 국가의 원칙, 즉 종교적 공통성이 우위를 차지하게 되었다.

이것은 무슬림들의 비이슬람교도에 대한 태도에서 잘 나타난다. 우상숭배자에 대해서는 오직 죽음과 개종의 선택만이 있었다. 그 반면에 유대교도와 그리스도교도는 계시된 성서를 가지고 있었으므로 반드시 이슬람에 개종할 필요는 없었지만 비개종자는 이슬람 공동체의 굴레 밑에 있어야 하고 또 재정적인 의무를 이행해야 한다. 즉 인두세 jizya를 지불해야 하는 것이다. 예언자의 역사적 공헌은 종래의 혈연에 바탕을 둔 부족공동체를 보다 폭이 넓은 종교 이념에 근거를 둔 이슬람공동체 umma로 승화, 발전시켜 아랍민족의 통일국가를 처음으로 창설하였고 나아가서 통일된 세력으로 메소포타미아, "비옥한 초생달지역"및 북아프리카 연안을 그의 후계자가 정복할 밑바탕을 아라비아반도에 마련한 데 있는 것이다.

Ⅲ. 이슬람 제국帝國의 건설

Al-Khulfa-Rashidun, 632~661

할리파제制의 등장

제국의 건설

이슬람제국帝國의 행정

정통正統 할리파 시대의 종말

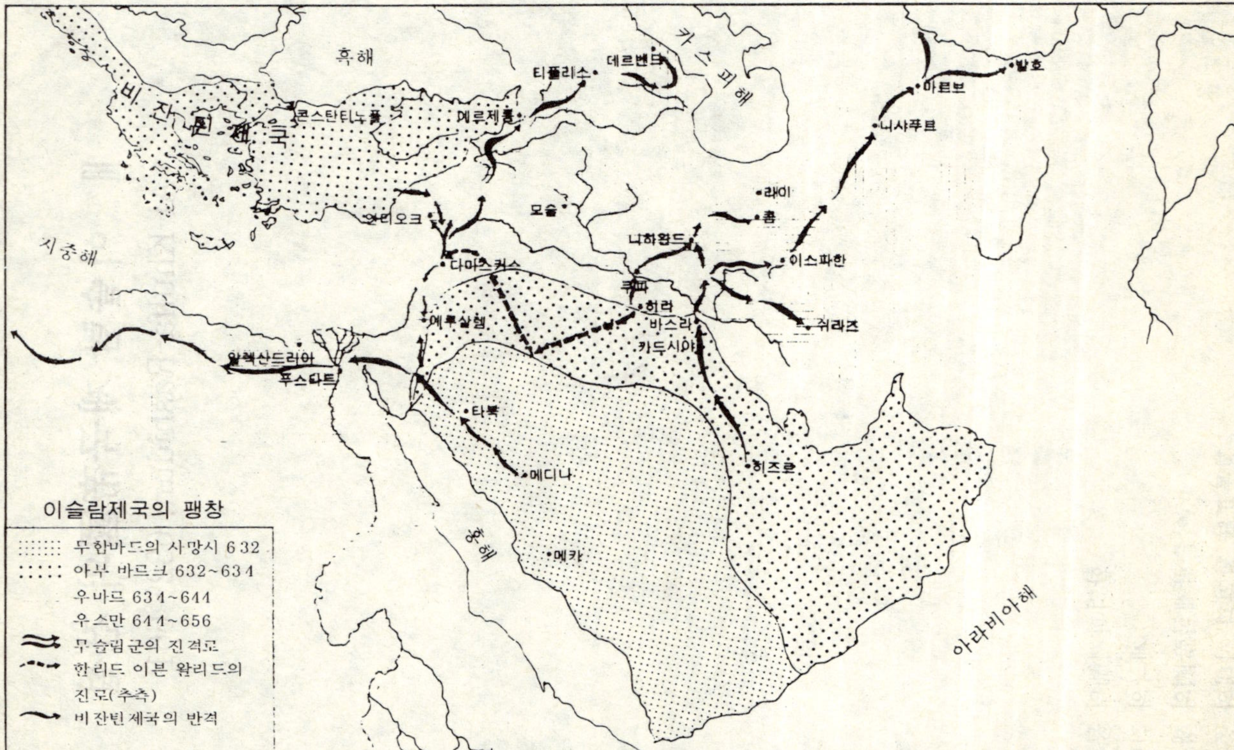
흑해
카스피해
지중해
홍해
아라비아해
비잔틴제국
콘스탄티노플
에르제룸
티플리스
데르벤트
마르브
발흐
니샤푸르
래이
콤
모술
안티오크
니하완드
이스파한
다마스커스
쿠파
히라
바스라
카두시아
쉬라즈
예루살렘
알렉산드리아
푸스타트
타북
메디나
히즈르
메카
이슬람제국의 팽창
무함마드의 사망시 632
아부 바크르 632~634
우마르 634~644
우스만 644~656
무슬림군의 진격로
칼리드 이븐 왈리드의 진로(추측)
비잔틴제국의 반격

할리파제制의 등장

교조敎祖의 죽음과 더불어 그의 평생 사업은 거의 수포로 돌아가는 듯 하였다. 그는 자기의 후계자 문제에 관하여 한 마디의 유언도 남기지 않고 세상을 떠났다. 그러나 그의 교우敎友들은 커다란 어려움 없이 아랍부족장의 선출 방법에 따라 아부 바크르 Abu Bakr(632~634)를 그의 후계자 즉 할리파 Khalifa로 선정하였다. 이 용어는 그 뜻이 대리인 또는 후계자였다. 아부 바크르가 634년에 죽었을 때는 우마르 'Umar(634~644)가 그의 후임이 되었다.

이 두 사람은 교조와는 막연한 사이였으며 교조의 선교사업과 이슬람 공동체 건설에 적극 협력하였을 뿐만 아니라 또한 교조의 장인이었다. 아부 바크르는 교조의 애처 아이샤 'A'isha의 아버지였고, 전쟁 미망인인 합사 Hafsah는 후에 교조와 재혼하였는데 그녀는 우마르의 딸이었다. 그러나 이 두사람이 교조의 후계자가 되는 데 이러한 인척관계는 별 도움이 되지 않았다. 이들은 정치문제를 다루는 솜씨가 뛰어난 덕택으로 할리파가 된 것이다. 그러나 그들의 권좌는 교조의 지위와는 다른 것이었다. 그들은 교조의 대리인에 불과했으며 결코 예언자는 아니어서 계시를 받을 수 없었다. 즉 율법은 이미 주어져 있어서 단지 이 율법을 어떻게 운용運用하는가 하는 방법상의 문제 해결이 그들의 주임무였다. 그러니 할리파는 다른 이보다 더 훌륭하게 이 법률을 해석할 수 있는 권위조차 당시에는 가지지 못하였다.

이 두 대리인의 당면 문제는 수많은 부족들을 이슬람의 권위 아래 묶어 두는 일이었다. 그들은 이슬람에 개종한 지 얼마 되지 않아서 겉으로만 순종하고 있었다. 더구나 그들이 행한 충성의 선서는 무함마드 개인에게 한 것이어서 교조의 죽음과 함께 효력을 잃으며 그들은 전날의 자유롭던 상태로 돌아간다는 견해를 내세웠다. 이것은 당시 아랍인의 관습이었다. 또 사이비 예언자가 출현하여 이 상황을 이용하였다. 이들의 반란은 릿다 ridda(反動)라 하였으나 아부 바크르와 군 지도자들의 단호한 조치와 능수능란한 대처 수단으로 불과 몇 달 내에 진압되었다.

그 후 아부 바크르와 우마르가 아라비아반도 밖으로 정복의 길을 개척

함으로써 반도 내의 불안은 근절시킬 수 있었다. 즉 부족들은 서로간의 분쟁을 접어두고 모두 엄청난 이윤을 가져오는 정복사업에 참여했기 때문이었다. 교조는 임종에 앞서 비신자를 정복하여 개종시키는 것이 신자의 임무라는 것을 분명히 하였다. 그러나 최초의 무슬림 원정대는 아라비아반도의 경계선을 넘어서지 못했다. 아부 바크르와 우마르는 이 경계선 밖에 서로 자웅을 다투는 비잔틴(一名 동로마)제국과 페르시아의 사산제국의 존재는 알았지만 두 제국을 괴롭힐 수 있다고 애초에는 생각조차 못하였다.

제국의 건설

이 두 제국의 약점이 드러나고 몇 번의 충동에서 승리를 거두게 되자 무슬림은 야심에 넘쳐서 알려진 세계의 끝까지 밀어 부치겠다는 야망에 불탔다. 이 약점 가운데 하나는 두 제국이 서로 오랜 기간 동안 싸워 지쳐 있었고 또 두 제국의 영토는 너무나 거대하여 동시에 여러 전선으로 응급 구원대를 보낼 수 없는 데 있었다. 여기에다 또 양 제국은 종전까지는 아라비아반도의 경계선에 군대를 주둔시킬 필요성이 없었기 때문에 아랍인의 점증하는 대규모 공격은 전연 새로운 것이었다. 그러나 근본적 요인은 양 제국의 지배하에 있던 예속민족이 점차 그 지배가 너무 억압적이라고 본 데 있었다.

비자틴제국은 그 통치 아래 서남 아시아 지역의 셈계 민족과 이집트의 고프트 Copts인을 두고 있었으나 그들을 동화시켜 헬렌문화 Hellenism에 융화시킬 수 없었다. 그들은 5세기경에 민족적 요소를 관용하는 그리스도교가 널리 파급되자 한층 더 자기들의 고유문화와 언어에 집착하였다. 국가의 조세와 그리스 출신 지주들의 소작료 정수가 가혹하여지자 토착민의 자치에 대한 욕구는 점차 종파의 형태로 발전하였다.

시리아의 아람인 Aramean과 이집트의 고프트인 Copts은 예수를 육신으로 보는 단성론자單性論者 monophysiten였기 때문에 억압과 박해를 받았다. 더구나 경교도景教徒 Nestorians들은 추방당하여 사산조의 페르시아제국에 피난하지 않으면 안되었다. 사산조도 또한 종교분쟁 때문에 내분의 위기에 처해 있었다. 이 분쟁은 이단적인 마즈닥 Mazdak (531년 사망 추정)의 종교적 공산주의 때문에 5세기부터 6세기까지 그 극에 이르렀다. 그럼에도 불구하고 사산조는 비잔틴제국에서 추방당한 경교도와 유대교도를 받아들여 동맹군으로 만들었다. 그러나 이들은 배화교 국가인 이란에서는 이방인異邦人에 지나지 않았다. 사산조의 중앙 권력이 종교분쟁으로 약화되자 지방 영주들의 자치 욕구는 더욱 강렬하였다. 또 메소포타미아와 시리아 등 양 제국의 변경지방에 거주하는 아랍 부족은 이미 무슬림에게 잘 알려져 있었다. 이 근처에 단성론자 국가인 갓산 Ghassan과 경교도 국가인 히라 Hira 등의 아랍 종속국이 존재하였기 때문이다.

또 오래 전부터 아랍 부족들은 이 지역으로 많이 이주하여 왔다. 따라서 이 지역의 셈족 계통의 거주민들은 아리안 Aryan계의 페르시아 중앙 정부의 관료들보다도 같은 셈족인 아랍인을 더 친근하게 느꼈다. 또 각 민족마다 유일신의 계시가 내린다는 일반적인 생각 때문에 아랍인에게 새로운 예언자가 나타났다고 하여 아무런 놀라움도 주지 못하였다. 새로운 신앙인 이슬람이 아직도 자리를 잡지 못했기 때문에 기성종교에 어떤 위협이 될 것인지 아무도 예상하지 못하였다. 교회의 장로들도 이 새로운 종교에 대하여 아는 것이 적고 관심도 없어서 다른 이단에 대하는 만큼 반론을 펴지도 못했다.

무슬림 아랍인들의 무기나 전술도 별로 특수한 것은 아니었다. 낙타는 전투행위 자체에는 별 소용이 없지만 군부대나 군수물자의 수송에는 커다란 역할을 하였다. 또 아랍말은 아주 훌륭하였으므로 기동력이 있었다. 아랍인들의 강점은 그 지리적 위치였다. 아라비아반도의 북부는 비잔틴과 페르시아제국의 경계선에 위치하여 쉽게 양국을 침입할 수 있었고 불리할 때는 사막으로 물러 나와 다음 기회를 엿볼 수 있었다. 더구나 아랍군은 이슬람 정신으로 무장되어 굳게 뭉쳐 있었다. 전투에서 승리와 함께 노획물이 증가함에 따라 신앙심도 더욱 깊어갔다. 이에 대항한 비잔틴군과 페르시아군은 내부의 분쟁으로 서로 시기 및 비방하는 형편이었고 또 거주민의 적개심까지 받고 있는 처지인 데다가 꼭 승리해야겠다는 결심

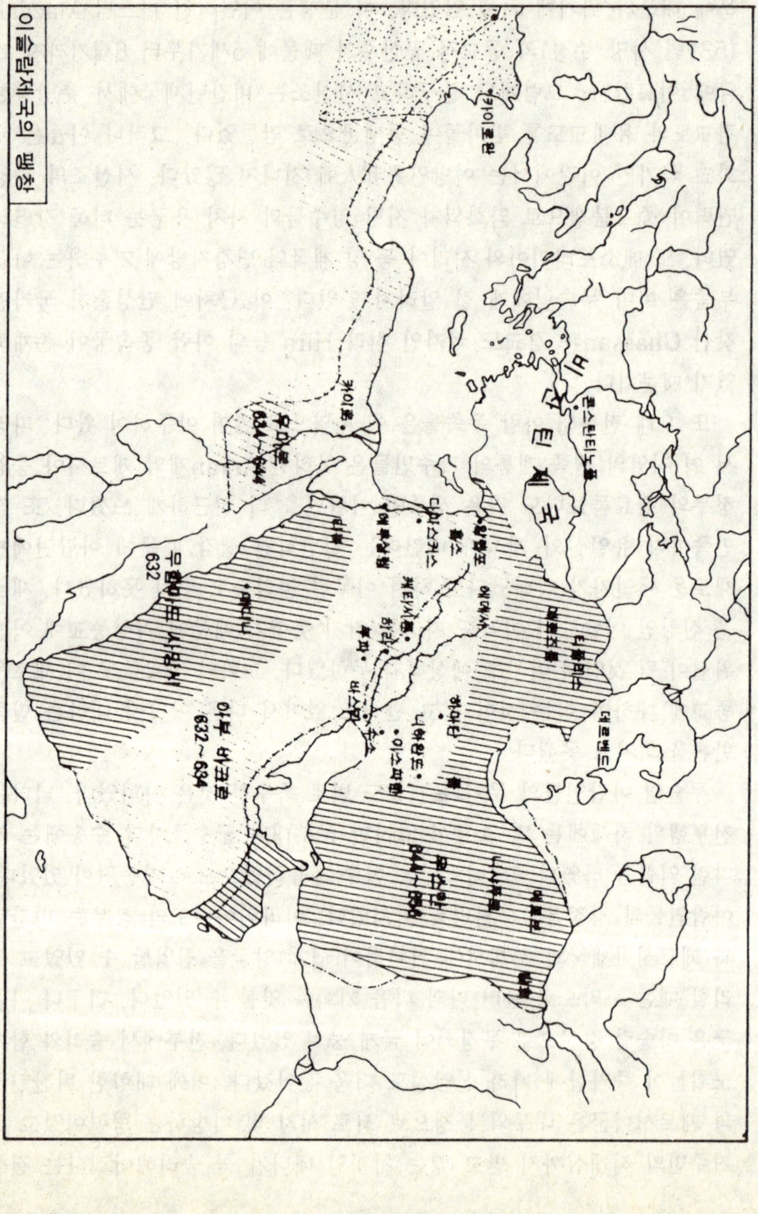
콘스탄티노플
비잔틴 제국
트레비존드
티플리스
에데사
홈스
다마스쿠스
예루살렘
카디시야
히라
쿠파
바스라
수스
하마단
니하완드
이스파한
니샤푸르
메르브
발흐
우스만 644~656
메카
메디나
무함마드 사망시 632
아부 바크르 632~634
우마르 634~644
카이로
카이로완

이슬람제국의 팽창

이 적었다.

이러한 여건 아래서 정복의 규모와 신속함이 결코 경이적이라고 볼 수는 없다. 그러나 이 정복이 좋은 기회를 포착하여 달성된 우연의 결과라면 몇 세대 지난 후에 사라져 버렸을 것이다. 처음으로 공격받아 정복된 나라는 예루살렘을 포함한 시리아 전역이다. 주요 전쟁은 다마스커스를 점유하기 위한 전쟁이었다. 이 도시는 635년에 실질적인 전투도 없이 항복했다. 그러나 아랍군은 비잔틴제국의 헤라클리우스 Heraclius 황제가 보낸 대군大軍을 야르무크 Yarmuk강 연안에서 격파한 뒤에 이 도시를 정식 접수했다. 이 강은 요르단강의 지류이다.

암르 이븐 알 아스 'Amr ibn al-'As 장군이 다음 달에 팔레스티나의 정복을 완료하자 할리파 우마르는 성지聖地 예루살렘에 와서 그곳의 대주교와 협약을 맺었는데 이것이 후대에 항복조건의 전형이 되었다. 한편 아부 우바이다 Abu 'Ubaida 장군은 시리아의 중심 지역의 정복을 끝냈으며 할리드 이븐 알 왈리드 Khalid ibn al-Walid 장군은 이라크 전선에서 이끌고 온 그의 군대를 팔레스티나 전선에 투입하여 비잔틴군의 마지막 보루인 케사레아 Caesarea를 640년에 함락했다.

한편 이라크 지역의 탐사작업은 국경 지역의 아랍 부족장들이 제안하여 시작되었다. 이들 부족장은 남쪽의 무슬림군과 북쪽의 페르시아군 사이에 끼어 난처했으나, 결국 동족인 아랍편을 들어 공동으로 페르시아를 공격하기로 결의했다. 633년에 할리드 이븐 알 왈리드는 소규모의 군대를 이끌고 페르시아의 종속국인 히라를 기습하였다. 이 기습이 예상외로 성공하자 히라는 물론 페르시아의 본토에까지 계속 몇 번이나 기습하였다. 이에 페르시아 황제 야즈다지르드 Shahanshah Yazdajird는 반격 준비를 하여 634년 11월에 아랍군을 패퇴시켰다. 아랍군은 사막 안으로 도주하여 휴식을 취했다. 이 전쟁은 유우프라테스강을 가로지르는 다리 근처에는 싸웠기 때문에 "다리의 전쟁"이라 불린다.

이러한 초기의 국경 분쟁 후에 신임 아랍군 사령관 사드 이븐 아비 와카스 Sa'd ibn Abi Waqqas는 만 명의 병력을 이끌고 3만에 달하는 페르시아 군대를 637년 5월 말에 히라 근방의 카드시야 Qadisiya에서 섬멸시켜 결정적인 승리를 거두고 그 여세로 수도 마다인 Mada'in(영어로는 Ctesiphon)을 점령하였다. 여기서 아랍군은 엄청난 전리품戰利品을 얻었으며 그 가격이 90억 디르함 dirham(1디르함은 銀 2.97g)에 이르렀다고 한다. 야즈다지르드는 황급히 이란 쪽으로 피했으나 이미 이라크의 바스라와 쿠파에 군사기지를 확립한 아랍군은 이란으로 바로 진격하였다. 642년 페르시아 황제는 다시 한번 군대를 집결시켜 알 부르즈산 기슭의 니하완드 Nihawand에서 아랍군에 대항하였으나 패퇴하였다. 그 후 보잘 것 없는 국부적인 저항이 있었고 또 국토가 광대하여 정복이 지연되었으나 조직적으로 단합된 저항은 없었다. 그 결과 이란인의 거주 지역은 651년 페르시아 황제가 중앙 아시아의 마르브 Marv주에서 불행히 피살되었을 때까지 거의 모두 평정되었다. 한편 시리아와 이라크를 정복한 아랍군은 합류하여 북부 메소포타미아와 아르메니아의 일부도 점령하였다.

팔레스티나에서 암르 이븐 알 아스 장군은 이집트를 노리고 있었다. 그러나 할리파 우마르는 이집트의 정복을 주저하였다. 만약에 장군이 패할 경우에 이집트와 같은 먼 나라에 신속히 구원군을 보내는 것이 어려웠기 때문이었다. 그래서 팔레스티나의 기지가 확보되고 난 뒤에 나일강의 범람이 멈춘 639년 말경에 공격이 개시되었다. 결전은 나일 삼각지의 강어구에 있는 요새 바빌론(이라크의 도시와 혼동하지 말 것)을 포위한 데서 시작되었다. 결국 일 년 반 동안을 포위한 끝에 641년 5월 요새는 함락되었다. 그 후 아랍인은 이 곳을 푸스타트 Fustat로 개명하니 곧 오늘의 카이로 지역이었다.

이제 이집트의 당시 수도 알렉산드리아로 가는 길이 열렸다. 이곳에는 주교이며 이집트의 최고권력자인 시루스 Cyrus가 살고 있었다. 이 도시는 정치와 종교분쟁으로 분열되어 있었고 또 그리스정교의 비잔틴은 단성론자인 이집트의 거주민에게는 인기가 적었다. 결국 이 도시는 헤라클리우스 황제가 641년 2월에 죽은 후 거의 일년이 지난 642년 9월에 함락되었다. 그 후 비옥한 이집트를 도로 찾으려는 비잔틴의 노력은 수포로 돌아갔으며 아랍군은 이곳에서 자리를 굳히고 나일강의 상류와 리비아 쪽으로 진격할 채비를 서둘렀다.

이슬람제국帝國의 행정

위에서 본 정복의 세세한 전투과정보다 정복의 배경과 또 정복 후 점령지역의 행정 조직상의 문제점을 이해하는 것이 더욱 중요할 것이다. 이 대정복은 아라비아반도에 인구과잉 압력 때문에 그 출구를 이웃에서 구한 아랍족의 팽창이었지 이슬람의 선교가 그 목적은 아니었다. 하지만 점령지 주민의 통치에 종교적 접근 정책은 결과적으로 보면 효과적이었다. 전통적 이슬람 사가史家의 설명에 따르면 할리파 우마르는 이슬람 세계에 있는 거의 대부분의 제도를 창조한 장본인으로 알려져 있다. 비록 이 말은 정확하지는 않지만 그의 통치시절에 정복이 시작되었고 또 새로운 사회질서가 발생되기 시작했음은 명백하다.

정복지의 주민에게는 새로운 질서가 기존 질서의 중단이 아니고 연속으로 나타났다. 즉 옛 권력층이 무너져 무력화되었으나 일반거주민의 일상생활에는 아무런 격변도 일어나지 않았다. 후대의 사료史料에는 전투를 통하여 무력으로 점령한 지역 anwatan과 협상으로 점령한 지역 sulhan을 뚜렷이 구분하였다. 후자의 경우에는 거주민의 권리와 의무가 협약에 명확히 규정되었다. 그러나 실질적으로는 이러한 두가지 종류의 항복 조건이 있었던 것은 아니다. 아랍 정복자는 정복지가 낯설고 또 행정 기술이 없었기 때문에, 그곳 출신의 기존 관료와 행징기구를 갈아치울 수가 없었다. 물론 점령군이 최고 권력기관으로서 종전까지 귀족에게 바친 세금이나 용역이 그들의 손에 들어간 것은 당연한 일이다. 이것이 점령 초기에 일어난 유일한 변화이며 또 세계사의 대변혁을 가져온 아랍의 정복이었지만 당시의 거주민은 처음부터 바로 그 변혁 과정을 느끼지 못했다.

도대체 점령지 주민에게 점령군은 무엇을 요구했으며 또 무엇을 강요했는가? 아라비아반도 내에서 릿다 ridda 반란이 진압된 후 모두가 이슬람교도가 되어야 했고 또 심지어 개종을 거부한 모든 유대교인과 그리스도교인은 반도를 떠나야 했다. 이와 비슷한 조치는 교조 자신이 행하였다. 그 당시는 단지 메디나시에 국한되었다. 즉 메디나시에는 이슬람교도만 남아 있게 하였다. 이 정책을 우마르는 반도 전역에 확대했는데 이 전통은 지금까지 준수되고 있다. 그러나 점령지에서 그들이 요구한 것은 오직 예속화 뿐이었으며 또 이 예속화는 동시에 보호를 의미하였다. 즉 이슬람교도가 지배하는 점령지에서 피정복자는 한정된 신앙의 자유를 느낄 수 있었다. 비이슬람교도는 그들의 종교를 행하는 모임에서 시위 같은 것은 금지되었지만 그들의 종교법과 의식은 그대로 지닐 수가 있었다.

예속화는 오직 세금이 새로운 주인에게 가는 것 뿐이어서 예속민의 일상생활 조건에는 뚜렷한 변화가 없었다. 세금을 받는 데서 이슬람점령군은 그들의 권력행사를 인정받고 있다고 보았기에 현지 주민에게 토지의 소유권을 인정하여 주었다. 그래서 아랍사람은 오직 이러한 현지 주민의 소유지를 제외한 지역에 정착하였고 또 재산을 구입하였다. 소유자가 도망을 가서 없어진 토지나 종래의 국유재산은 자동적으로 이슬람 공동체의 몫이 되었다. 피정복민은 또 충성의 의무가 있었다 아랍 정복자에게 전시에는 거주처를 마련하고 또 정보를 제공할 의무가 있으며 반대로 적에게는 이런 것이 허용되지 않았다. 여기다 피정복민은 아랍 의상을 입을 수 없었다. 이것이 선례先例가 되어서 계층에 따라 의상의 차이가 발전되었다. 현지 주민의 지도층 인사 가운데 점령군에 협조한 사람은 옛 제도 아래서보다 더 많은 권력을 행사하였다. 즉 점령군은 행정에 어두웠기 때문이었다.

아랍인의 관심을 보다 더 끄는 곳이 있었다. 당시는 전쟁과 영토의 확장으로 그들 자신의 생활여건도 크게 바뀌었다. 즉 전리품은 신앙과 함께 커다란 매력을 주었으며 신앙심을 더욱 굳게 하였다. 전리품은 대체로 두 가지로 분류하였다. 즉 "가니마" ghanima와 "파이" fai' 이다. 가니마는 동산 형태의 전리품과 가축 등으로 전투에 참여한 사람들끼리 나누어 가진다. 그러나 이 가운데 5분의 1은 교조의 선례에 따라 국가, 즉 할리파의 몫이 되었다. 파이는 동산을 제외한 모든 것, 즉 농토와 그 소득을 말하는 것이다. 그들은 베드윈적 사고방식에 따라 전쟁에서 얻은 전리품은 모든 참전용사 개개인에게 분배하는 것이었다. 그러나 파이 재산은 분배할 수 없는 성질이므로 할리파 우마르와 그의 보좌관은 이것을 전 이슬람 공동체의 공유재산으로 만들어서 그것에서 나오는 소득, 즉 세금을 공동체를 위하여 지출하였다. 그래서 주로 군대를 유지하고 병사에게 주는 급

료로 사용하였다

물론 참전 요원과 비참전 요원 사이에 명백한 구분은 없었다. 비록 전쟁에 직접 무기를 가지고 싸우지 않은 사람이라도 참전요원으로 간주될 수도 있었다. 그래서 명단에는 참전용사와 이슬람 공동체 내에 고위 직책을 가지고 있는 모든 인사의 이름이 기입되었다. 그 결과 아랍어에 이미 도입되었던 페르시아어의 디완 diwan이란 말은 이 명단을 지칭했다. 이 디완은 급료의 액수와 더불어 급료를 받을 자격이 있는 사람의 이름이 기록된 인명부人名簿에 지나지 않았다. 이 명부는 군사활동에 바친 공헌도에 따라서가 아니고 이슬람 공동체 내의 직위에 따라 작성되었다. 그래서 교조의 가족이 가장 우대를 받았고 그 다음이 그의 교우敎友, 유력자 및 일반 신자 순으로 되어 있었다.

정복이 진행되는 동안에는 이랍인들과 현지 거주민이 섞여 살지 말라는 당부는 없었다. 그러나 아랍인들은 주로 병영兵營을 세웠다. 이것은 대체로 기존 도시의 근교나 또는 강과 바다 가까이 있는 사막의 언저리에 세워졌다. 이것이 점차 병영도시 amsar(단수 misr)로 발전하였다. 이 도시에 곧 현지 거주민 출신의 장사꾼, 막일꾼 등이 몰려들었지만 아랍적인 특질은 바래지지 않았다. 이렇게 생겨 난 도시가 이라크의 바스라 Basra와 쿠파 Kufa 및 이집트의 푸스타트 Fustat이다. 이 병영도시는 주변의 농촌에서 생산한 농산물 시장의 역할도 하였으며 아랍통치의 실질적 핵이 되었다. 시리아에서는 정치적 및 재정적 면을 고려하고 군대를 잘 관리하기 위해서 4지역 jund으로 분산시켰다. 이 4지역은 비잔틴의 4주에 해당하였다. 그러나 이러한 분할은 이라크나 이집트 또는 이란에서는 없었다.

아랍인은 이 새로운 제국의 근간을 이루었다. 각 주에는 총독이 있어서 피정복 주민의 동태를 살폈으며 아랍정복군은 또 정복과 예배가 교차되는 생활을 계속하였다. 새로운 성원을 세웠으며 또 성원이 세워지기까지는 그리스도교와 유대교 교회의 사정에 따라 예배시간을 교대로 정하여 기도를 올리기도 하였다. 우라파 'urafa(단수 'arif)는 군대를 관리하는 책임을 지고 있었으며 분쟁을 해결하는 재판관인 카디 qadi도 두었다. 쿠란 낭송자는 신자에게 알라와 예언자의 말씀을 가슴에 새기도록 활동하여 신앙심을 돋구었다. 할리파는 전리품과 세금에 대한 자기의 몫이 엄청나지만 단순한 생활을 하였으며 누구나 그를 만날 수 있었다. 할리파 우마르는 잠깐 예루살렘을 방문했지만 교조의 도시 메디나에 머물러 제국 전체를 다스렸다.

정통正統 할리파 시대의 종말

비록 이 제국의 조직은 단순했으나 예언자의 생존시에 비하여 커다란 변천을 겪었으므로 수많은 문제가 대두하였다. 이 상황에서 우마르는 한 페르시아 노예의 원한으로 암살되었지만 산적한 문제는 위기로 발전하여 그의 후계자 우스만 'Uthman(644~656)의 통치시에 폭발하게 되었다. 또 우스만은 비록 위대한 사람은 못되었지만 그의 선출은 온당한 것 같다. 그는 일찍부터 신자가 되었으며 교조의 딸과 결혼하였으므로 인척관계에 있었다. 그의 출신가문은 비록 이슬람의 대성공으로 정치 무대의 뒤에 묻혀 있지만 여전히 메카와 전 아라비아의 경제를 좌우하고 있는 강력한 쿠라이쉬 부족의 우마이야 Umayya씨족에 속했다. 교조 무함마드도 이 부족의 하쉼 씨족 출신이었으므로 이들이 이슬람에 합류한 이후 그들의 협력이 필요했다.

우스만이 할리파가 된 이후 쿠라이쉬 부족과 이슬람의 결합은 더욱 공고하게 되었다. 우스만의 큰 업적은 당시까지 부분적으로 산재하여 있던 쿠란 구절을 모아서 한 권의 책으로 공식화시킨 것이다. 비록 일부 반대파는 그가 쿠란 구절을 부분적으로 바꾸었거나 빠뜨렸다고 비난하나 예언자의 고명한 동료들이 편찬하였으므로 이러한 비난은 타당치 못한 것 같다. 쿠란의 공식적인 편집은 무슬림의 단합을 위해서 절대 필요한 것이었으며 이때에 편집한 책이 오늘날까지 쿠란의 원본이 되고 있다.

그러나 우스만은 많은 문제에 직면하였다. 정복을 통하여 얻은 수많은 재물은 문제로 등장하였다. 즉 중앙과 지방 사이에 세금의 분배문제가 가장 심각하였다. 더구나 정복지에 사는 아랍인들은 국가세입의 지출이 그들에게 유리하게 집행될 것을 요구하였다. 또 거의 자주적인 지방의 총독을 다스리는 문제였다. 그래서 우스만은 이집트 총독이며 정복자인 유명한 암르를 해임시켜 자기가 믿을 수 있는 가까운 친척으로 바꾸었다. 또 시리아에도 가까운 친척인 무아위야 Mu'awiya를 총독에 임명하였다. 이것은 곧 친척은 비록 먼 곳에 있더라도 그가 더 손쉽게 다룰 수 있을 것으로 믿었기 때문이다. 그래서 그는 족벌주의적 편견을 가졌다는 비난을 받게 되었다. 한편 자신의 지위보전에 위협을 느끼고 있는 사람들이 합세하여 그의 반대파는 강력하게 되었다.

그의 정적으로는 교조의 미망인 아이샤 'A'isha와 교조의 사위이며 사촌인 알리 'Ali가 메디나에, 암르 이븐 알 아스는 이집트에 있었다. 이러한 대립 속에서 할라파 우스만이 새벽기도 중에 잘 알려지지 않은 상황 속에서 피살되었다. 우스만이 사망한 직후 반대파는 새로운 할리파로 알리 'Ali(656~661)를 추대하였다. 그러나 그는 선임자보다 더 어려운 처지에 놓이게 되었다. 알리는 교조의 가까운 친척이었고 또 최초의 추종자에 속했다. 그는 용맹스러웠고 또 아랍 관습을 잘 아는 학자였지만 훌륭한 정치가는 못된다는 것이 중평衆評이다. 그는 실지로 우스만의 살해는 원하지도 참여하지도 않았다. 그러나 이 상황 속에서 그의 위치는 공범자로 나타났다.

그는 선임자 우스만과는 달리 일부지지 세력의 추대로 할리파가 되었으므로 모든 세력의 인정을 받지 못하였다. 그래서 제 1차 내란 fitna이 불가피하였다. 즉 한편으로는 알리를 미워하는 교조의 미망인 아이샤를 등에 업은 탈하 Talha와 주바이르 Zubair 등 쿠라이쉬 부족 출신의 교우敎友들이 바스라시의 지원을 받아 봉기하였고 또 아랍전통에 따라 피살된 할리파의 복수를 요구하는 세력이 우스만의 친척이며 시리아 총독인 유능한 무아위야를 중심으로 뭉쳐 있었다. 전자의 반란은 바스라 근처에서 일어났다. 알리는 656년 10월에 메디나를 떠나 쿠파에 진입하였다. 여기서 그는 지지세력을 규합하여 바스라로 진격하여 반란을 분쇄했다. 이 최초의 무슬림 형제싸움은 "낙타전쟁" hard al-jamal이라 불린다. 즉 "신자의 어머니" umm al-muminin란 칭호를 가진 아이샤가 낙타를 타고 참전하였기 때문이다. 이 전투에서 예언자의 막역한 교유였던 탈하와 주바이르는 전사하고 아이샤는 포로가 되었으나 곧 메카의 집으로 돌려보냈다.

그러나 후자의 반란은 더욱 어려웠다. 이들은 아랍의 복수전통과 양심의 문제를 명분으로 내세웠지만 실제로는 이 보다 이라크, 시리아 및 아라비아반도 사이에 주도권 경쟁이라는 이해 관계에 얽혀 있었다. 657년 5월에 시리아와 메소포타미아 사이에 있는 유우프라테스강 근처의 시핀 Siffin이란 곳에서 양군이 충돌하였다. 무아위야는 전세가 불리해지자 쿠란 구절을 창 끝에 매어 달고 나옴으로써 이 형제싸움에 대한 혐오를 표시하여 평화적 해결을 호소했다. 이러한 호소는 문제해결에 아무런 도움이 되지 못함을 알리는 간파하였으나, 그의 편에서 싸우고 있는 독실한 신자들이 이 제의를 환영하였으므로 부득이 받아들였다. 즉 양파는 각각 자기편 중재인을 임명하고 이 중재인이 결정하는대로 따르기로 합의하였다.

무아위야는 대리인으로 자신에게 충실한 이집트의 정복자이며 유능한 협상가인 암르를 임명하였다. 한편 알리의 추종자는 전통적인 아랍의 중재인 선정 양식에 따라 중립적인 아부 무사 Abu Musa를 택하였다. 이 술책으로 무아위야는 도덕적인 승리를 거두게 되었다. 즉 알리는 통치자인 할리파의 신분에서 지방 총독과 협상하는 대등한 상대역으로 떨어진 느낌을 주었다. 이 협상은 알리를 더욱 곤란한 입장으로 몰아 넣었다. 그의 추종자들 가운데 일부는 이 협상에 불만을 품고 그에게 반기를 들었으므로 무력으로 진압하지 않을 수 없었다. 이들 반란자를 하와리즈 Khawarij 즉, 이탈자離脫者라 부른다. 이들은 이탈하여 최초의 종파를 만들어서 이슬람 역사에 자주 그 면모를 드러내었다. 이 최초의 내란은 누가 무슬림이며 누가 이교도인가 또 누가 정당한 할리파인가 하는 문제를 제기하였다. 또 나아가서 결속력을 생명으로 하는 이슬람 공동체를 분열 시켜서 오늘에 이르기까지 독실한 신자의 심금을 울리고 있다.

659년 1월에 양측 중재자가 오늘날 요르단의 페트라 근처에 있는 아드루후 Adhruh에서 만났다. 이 협상과정에 관한 이슬람 사료史料는 너무나 편파적이지만 명백한 것은 이 판결이 알리에게 불리하였다는 것이다. 그의 퇴위도 포함된 것 같다. 그가 이 판결에 불복하자 사태는 원상으로 환원되었다. 그러나 알리는 하와리즈의 반란으로 그의 지지세력이 약화되어서 사기가 매우 떨어졌다. 더구나 무아위야는 암르를 시켜 이집트를 장악하자 알리는 부富의 원천을 잃은 셈이었다. 양자는 결전은 피했으나 이라크와 시리아의 경계선에서 소규모의 충돌은 지속되었다.

알리의 말년은 잘 알려져 있지 않으나 아마도 무아위야와 휴전을 체결했든지 또는 새로운 결전을 준비했을 것으로 보인다. 그러나 그는 661년 1월에 이븐 물잠 Ibn Muljam이라 부르는 한 하와리즈에 의해서 살해당했다. 그의 장남 하산 Hasan은 투쟁을 포기하고 그의 계승권을 무아위야에게 넘겼다. 그는 시리아에서 할리파로 추대되어 곧 전 영역에서 인정되었다.

순니 Sunni파의 믿음에 따르면 알리의 죽음과 함께 아부 바크르에서 시작된 "올바르게 이끈 할리파(正統 할리파)" al-Khulafa al-Rashidun 시대는 끝이 났다. 순니파는 이 네 명의 할리파에게 어떠한 비난도 금기시한다. 반면에 쉬아 Shia' a파는 아부 바크르, 우마르 및 오스만을 정당한 계승자 알리에 대한 찬탈자로 보고 인정하지 않는다. 이러한 아랍인 상호간의 견해차이는 점령지에까지 불화의 요소로 확산되어서 이슬람 역사에 순니파와 쉬아파란 커다란 분류를 이루어 오늘날까지 지속되고 있다.

Ⅳ. 아랍왕국

우마이야조 Umayya朝, 661~750

무아위야
제2차 내란과 압둘 말리크의 등장
아랍인의 지위
비非아랍인의 지위
쉬아파의 움직임
하와리즈운동
부족간의 분쟁
압둘 말리크의 개혁
정복사업 재개
세제와 급료 개혁
우마이야조朝의 멸망

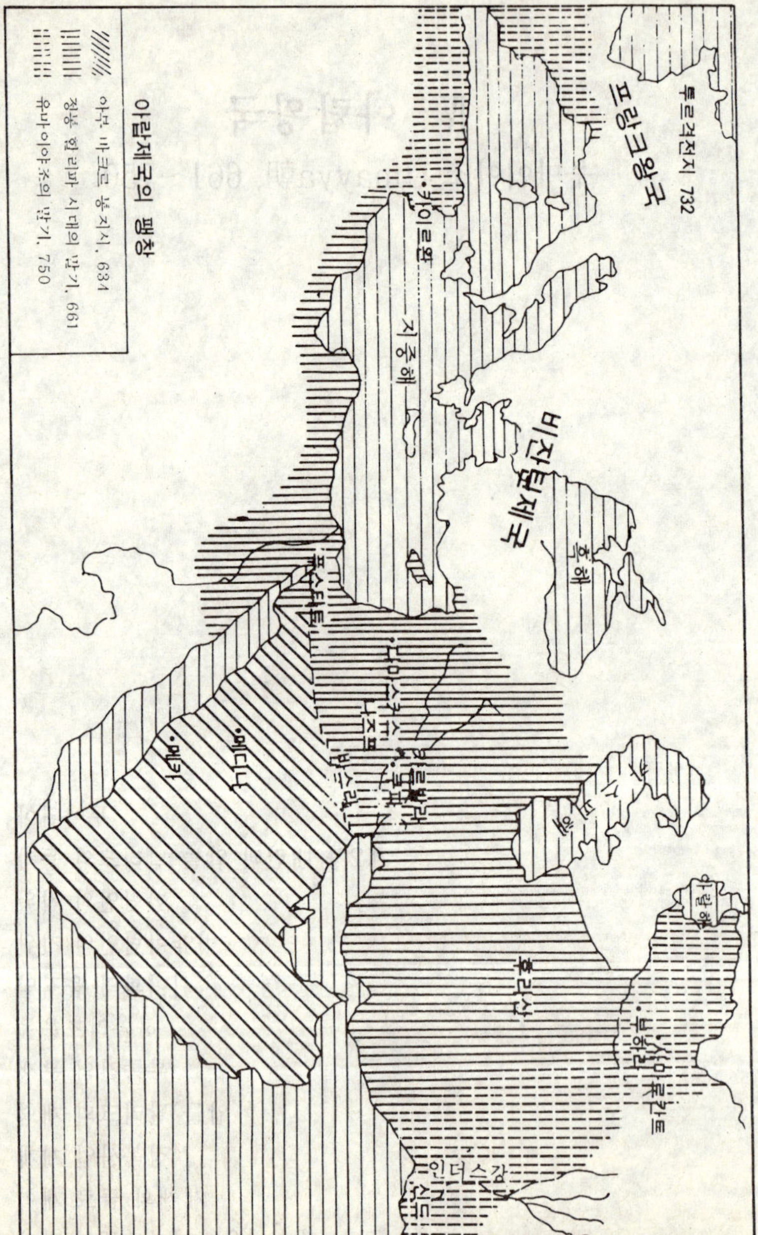
아랍제국의 팽창
아부 바크르 통치시, 634
정통 칼리파 시대의 말기, 661
우마이야조의 말기, 750
투르격전지 732
프랑크왕국
비잔틴제국
흑해
지중해
카이르완
푸스타트
다마스쿠스
메디나
메카
바스라
카스피해
아랄해
호라산
부하라
사마르칸트
인더스강
신드

무아위야 Mu'awiya, 661~680

무아위야가 할리파위位에 올랐을 때 정세는 평탄치 않았다. 제국의 행정기구가 마비되어 세상이 어지럽게 되니 도처에 무정부적, 유목민적 질서가 다시 살아나 종교적 유대의식이 약화되어 세상은 불안정한 상태에 빠졌다. 초창기의 할리파 체제에 결부되었던 신정적神政的 결속은 우스만의 죽음, 그에 뒤따른 내란 및 메디나에서 다마스커스로의 천도 등으로 돌이킬 수 없이 파괴되었다.

예언자의 교우敎友로서 그 권위를 누리고 있었던 탈하, 주바이르등 소수 아랍 상류층은 제1차 내란 중에 몰락하여 그 위신이 떨어졌다. 무아위야의 당면과제는 제국의 융합을 위해서 새로운 바탕을 발견하는 것이었다. 이슬람의 신정체제를 중단시키고 아랍 부족공동체의 부족장체제를 한층 발전시켜 새로운 도약을 시도했다. 즉 아랍전통에 생소한 세습 군주제로 출발하는 데서 그는 이 문제의 해답을 찾았다.

우마이야조를 뒤엎은 압바시야 'Abbasiyya朝(750~1258) 시대에 집필한 후대의 이슬람 역사학자들은 무아위야와 그 후계자에게 할리파라는 칭호를 붙여 주지 않았다. 그들은 한결같이 할리파 알리가 죽은 후에는 무아위야와 그 후계자의 왕제王制 mulk가 있었을 따름이라 언급했다. 그러나 우마르 2세(717~720)만은 독실한 신지였기 때문에 유일한 예외였다. 할리파 체제는 750년에 압바시야조가 등장할 때까지 중단된 상태에 있었다고 그들은 믿었다. 물론 우마이야조에 세속화의 죄를 씌우는 데도 일리는 있으나 결코 과장되어서는 안된다. 무아위야와 그 후계자들은 실로 정치적, 경제적 측면을 강조하고 종교적 요소를 비록 부차적副次的으로 취급했지만 그래도 깊은 관심을 두었다. 무아위야는 비잔틴제국과의 끊임없는 전쟁을 통하여 이슬람의 용사, 성전聖戰의 지도자로서 자처하며 교묘하게 무슬림의 충성심을 유도했다.

아랍제국이 생존하기 위해서는 중앙집권화가 절실히 필요하였다. 이 중앙집권화의 과정에는 몇 가지 조치가 요구되었다. 그 첫째가 수도를 시리아로 옮기는 것이었다. 그 결과 시리아는 우마이야조 90년간 제국의 중심부로 남게 되었다. 시리아를 정복할 때 전위부대로 들어와서 사막에다 근거를 잡은 우마이야 씨족은 안전을 위주로 했기 때문에 그 언저리에 그들의 요새를 세웠다. 그들이 세우고 꾸민 수많은 건축물은 지금도 그들의 정책과 문화에 대한 귀중한 자료를 제공하고 있다. 무아위야는 비잔틴 제국의 동부 수도였던 다마스커스에 터전을 잡았다. 이 도시는 시리아의 중심부에 위치해 있고 또 오랜 기간 문화적, 행정적 전통을 가지고 있어서 거창한 제국의 수도로서 뿐만 아니라 광대한 지역을 통제할 입지적 조건도 구비하고 있었다.

약화된 종교적 유대 관계를 대신할 새로운 도덕적 유대는 아랍족이 받아들인 국가 원수元首에 대한 충성심이다. 무아위야가 행사하는 권력은 본질적으로 아랍적이었다. 이 권력은 종교에서 나온 것도 아니고 또 아직까지는 군주적인 것도 아니었다. 그것은 이슬람이 등장하기 전에 존재한 부족장의 권위가 재생되어 확대 · 강화된 것이다. 비잔틴의 역사가 테오파네스 Theophanes(817년 죽음)는 무아위야를 왕이나 황제로 기술하지 않고 제일통령 Proto Symboulos으로 표현했다. 이것은 무아위야가 행사한 권력의 성격을 볼 때 결코 부적절한 표현이 아니다. 그의 정부에 있어서 주된 기관은 부족장의 협의체인 슈라 Shura였다. 이 슈라는 할리파나 지방 총독에 의하여 소집되며 상의역相議役과 권력 집행의 두 가지 기능을 맡고 있었다. 각 부족의 협의체와 결합되어 있는 기관으로 우프드 wufud가 있었다. 이 기관은 각 부족이 중앙협의체나 지방 총독의 협의체에 보내는 대표자로서 구성되었으며, 또 각 부족의 자발적인 동의와 충성심을 바탕으로 형성된 것이다.

무아위야는 통수권을 거의 지니고 있지 않았으나 그의 개인적인 위신과 능력을 통하여 설득함으로써 그의 의사를 관철시키는 데 매우 능란하였다. 지방에서 그의 권위는 임명된 총독을 통하여 행사되었다. 총독 가운데 이라크총독이 가장 중요한 요직이었다. 오늘날의 이란도 다스렸는데 그 영역이 말썽 많고 통치하기 힘든 곳이었다. 당시 무아위야가 보낸 이 지역 총독의 이름은 지야드 이븐 아비히 Ziyad ibn Abihi(그 아비의 아들 지야드)라고 하는데 그것은 아버지가 누군지 알려지지 않을 때 사용하는 아랍식의 명명법이다. 그는 이슬람 역사에서 잔학하기로 소문난 인물이다.

우마이야 할리파조는 그 행정면에 있어서 페르시아와 비잔틴제국의 계승 국가로서의 면모를 그대로 유지하고 있었다. 옛 행정체제는 변함 없이 그냥 남아 있었고 무아위야 자신은 시리아 출신의 기독교도인 비서실장을 거느리고 있었다. 정권의 계승 발전을 도모하기 위해서 이슬람 역사에서 무아위야가 택할 수 있는 선례先例란 오직 선거와 내란뿐이었다. 그러나 전자는 이미 기능이 마비되었고 후자는 피해야 했다. 또 세습제에 따른 계승 방법은 아직도 아랍인의 의식구조에는 너무나 생소한 것이기 때문에 받아들일 태세가 되어 있지 않았다. 무아위야는 그의 특색있는 사교수단으로 절충안을 찾았다. 즉 그와 다마스커스 슈라 shura가 함께 의논하여 아들 야지드Yazid를 후계자로 지명한 것이다. 이 과정은 부족적인 상의 과정이 그 기능을 발휘하는 좋은 본보기였다. 이 결정은 또 우프드를 통하여 각 부족의 협의체인 슈라에 의하여 인준되고 난 후에 공포되었다. 이에 대한 반대는 설득과 뇌물로 주로 무마시켰고 부득이 한 경우에는 무력으로 극복했다.

무아위야의 통치 시기에도 영토는 점차 확대되어 갔다. 중앙 아시아 방면에서 아랍군은 해라트 Herat, 카불 및 부하라 Bukhara를 점령하였고 북아프리카에서는 꾸준히 서진하여 대서양 연안에 도달했다. 비잔틴제국에 대한 전쟁은 수그러지지 않고 계속되었다. 더구나 아랍 해군도 급속히 성장하여 무아위야가 아직 시리아 주지사로 있었던 시기인 655년에 벌어진 "돛대전쟁"에서 비잔틴 해군을 격퇴시켜 최초의 승리를 거두었다.

그의 재위 기간 중에 감행된 가장 큰 군사작전은 670년에 일어난 콘스탄티노플 공격이었다. 비록 아랍군이 이 수도의 남부 지역을 수년간 장악하는 데 성공하였으나 결국 무아위야의 죽음과 함께 포기되었다. 비잔틴제국과의 전쟁은 무아위야의 종교적 위신을 높여주었고 또 아랍군의 훈련, 사기 및 경험을 쌓는 효과가 있었다.

제 2차 내란과 압둘 말리크의 등장

680년에 무아위야의 아들 야지드 Yazid 1세(680~683)는 별다른 어려움없이 할리파가 되었다. 그는 아버지를 닮아 유능하고 재치있는 통치자였다. 그러나 그의 불행은 이라크에서 일어난 사건 때문에 시작되었다. 이라크 총독인 지야드와 그의 아들이며 후계자인 우바이둘라 'Ubaidullah의 난폭한 통치 때문에 가뜩이나 시리아 우위 정책에 불만을 품고 있는 이라크 내의 아랍인은 그 감정이 악화되어 알리의 둘째 아들인 후세인에게 지지를 보냈다. 680년에 후세인과 그의 추종자들이 카르발라 Kabala'에서 우마이야군에 패하여 학살당했다. 이 사건으로 인한 즉각적인 정치적 반응은 심각하지 않았으나 시간의 흐름과 함께 점차 엄청난 결과를 초래하였다. 즉 할리파위位에 대한 알리파의 계승권 주창자가 극적으로 죽게 되자 곧 그의 죽음은 순교로 떠받들어졌다. 그 결과 우마이야조에 대한 반대 세력은 그 구심점으로 알리의 자손 가운데서 할리파를 내세워 정당한 계승자라 주장하게 되었고 쉬아파가 종파로 등장하는 계기가 되었다.

683년에 야지드가 어린 아들 무아위야 Mu'awiya 2세를 후계자로 남기고 죽자 불안과 위기의 시기가 뒤따르고 심지어 아랍 부족간의 대규모 분쟁이 일어날 기미조차 보이기 시작했다. 더구나 즉위 6개월만에 무아위야 2세가 후계자도 책봉하지 않고 사망하자 할리파의 공백기空白期가 나타났고 그에 따라 제2차 내란이 일어났다. 아라비아에서는 한때 할리파 알리에 반대해서 싸운 주바이르 Zubair의 아들 압둘라 'Abdullah가 스스로 할리파라고 주장하였다. 그는 막강한 지지세력에도 불구하고 제국의 수부首府인 시리아에 자신의 세력을 확립하지 않고 계속 메카에 머물러 있을 정도로 고지식하여 결국 좋은 기회를 놓쳤다. 시리아 자체 내에서는 아랍 부족들 사이에 공공연한 무력대결이 일어났다. 684년에 일어난 마르즈 라히트 Marj Rahit전쟁에서 우마이야족이 그 반대세력에 승리를 거두어 부족 전쟁은 시리아에서 끝이 났다.

마르완 Marwan(684~685)은 우마이야족 가운데 무아위야 가문과는 다른 계통에 속했지만 할리파로 선포되어 시리아와 이집트를 장악했다. 그는 죽기 전에 자기 아들 압둘 말리크 'Abdal-Malik(685~7050)를 후계자로 삼는 데 성공하였다. 이 할리파 말리크의 어깨에 제국을 다시 통일하여 중앙정부의 권위를 회복할 책임이 떨어졌다. 더구나 그에게 무아위야 1세의 부족장적 질서가 무너짐과 아울러 새로운 국가기구를 창조할 의무마저 지워졌다.

제2차 내란의 양상은 제1차 내란 때보다 더 복잡하게 얽혀 있었고 더욱 위험스러웠다. 제국帝國의 분열경향이 뚜렷이 나타났고 또 심화되어 갔다. 이 원인이 주로 경제적 문제 때문으로 보이나 우마이야 시절의 경제 상황은 많이 알려져 있지 않다. 아랍 사료史料는 대부분 시대적으로 훨씬 늦게 나왔고 또 후대後代의 상황을 전대前代로 떠넘기는 경향이 있는 데다 우마이야조와 그 업적에 대한 노골적인 반감 때문에 문제의 핵심이 너무나 흐려져 있는 것 같다. 우마이야조의 경제 정책을 체계적으로 설명하기는 그들 자신이 너무나 선례先例와 제도를 경시輕視하여 시행했기 때문에 더욱 이해하기 힘들다.

아랍인의 지위

우마이야 사회는 아랍족 우위에 바탕을 두고 있었다. 아랍족은 단순히 인종적 관점에서 민족이라기 보다 오히려 출생에 의해서만 결정되는 세습적인 계급 caste을 형성하였다. 그들은 개인적인 종교세, 즉 소득의 10분의 1외에 아무런 세금도 지불하지 않았다. 자기 소유의 토지에 대한 세금도 없었다. 그들만이 병영兵營도시인 암사르 amsar에 살 수 있는 특권이 있었다. 또 아랍족은 재정의 실무담당 기관인 디완 diwan의 인명부人名簿에 기재된 전사戰士의 대부분을 차지하고 있어서 전쟁에서 나오는 약탈물이나 정복된 지역에서 나오는 세입 가운데서 연금이나 수당을 물자나 현금의 형태로 지급 받았다. 이 디완제도는 우마르 1세(634~644)때부터 시작되었다고 이슬람 호교론자는 주장한다.

우마이야조의 등장 전에 이미 아랍 사람들은 아라비아반도 밖의 토지를 소유하기 시작했다. 무아위야 1세의 통치 시기부터 이러한 아랍지주의 수는 꾸준히 늘어났다. 이들은 非아랍인 지주로부터 토지를 구매하거나 또는 할리파나 총독으로부터 하사 받는 방법으로 토지를 획득했다. 이 아랍제국 정부는 비잔틴과 페르시아제국으로부터 광대한 왕토王土를 물려받았다. 여기다 양 제국의 귀족이나 지주들이 땅을 버리고 피난을 갔으므로 엄청난 토지가 아랍 정부의 재량 아래 떨어졌다. 소유주가 없는 토지, 황무지 및 未경작지는 이슬람법에 따르면 마와트 mawat(無主地)로 취급되었다.

할리파는 이러한 토지의 경작과 여기서 나오는 세금징수를 도모하기 위해서 친척이나 저명한 아랍인에게 위탁하기 시작했다. 이것이 카타이 Qata'i로 알려졌다. 이 대여제도는 비잔틴에서 본받았다. 이 토지를 대여 받은 사람은 일정한 기간 내에 토지를 경작하고 세금을 징수하여 정부에 바칠 의무가 있었다. 비아랍지주나 농민들은 페르시아나 비잔틴 통치 아래서 내는 세금을 지불했으나 이들 아랍-무슬림지주는 10분의 1세, 즉 우스르 'ushr만을 지불했다. 이 카타이는 그 수가 급속히 증가하여 옥토의 대부분이 이에 해당하였다. 이 토지는 점차 사고 파는 것이 자유롭게 되어 실질적으로는 사유私有재산으로 변하였다. 이 카타이의 소유자는 대체로 이 토지에 살지 않고 암사르나 수도首都에 살면서 관리인을 통하여 현지의 소작인이나 半 노예 노동으로 이를 경작하였다.

정복된 지역에 정착한 아랍인의 수는 정확히 알려져 있지 않으나 현지 거주민의 수에 비하여 얼마 되지 않는 소수를 이룬 것이 확실하다. 시리아와 팔레스타인의 아랍인 정착자 수는 730년경에 약 25만명으로 추정되고 있다. 이들의 대다수는 군인, 관료들이었다. 그러나 이슬람의 정복 이전에 아랍인들이 침투한 지역에는 그 수가 비교적 높은 편이었다. 이집트의 사료史料에 의하면 우마이야조의 말기에 이집트에 정착한 아랍농민의 수를 3천 명으로 추산했다. 우마이야조의 왕자는 대부분이 대지주였고 그 중의 몇몇은 이러한 토지의 개발에 열의를 보여서 크게 성공하였다. 이븐 아미르 Ibn Amir라는 유명한 지주는 "자기 재산을 방어하다 죽은 사람도 순교자"라는 하디스 hadith를 전하기도 하였다. 이러한 하디스의 신빙성은 매우 의심스러우나 아랍상류 계급 내에서도 지주라는 새로운 계층이 형성되어 지배층의 한구성 요소로 등장했음을 여기서 엿볼 수 있다.

아랍정복자가 모은 거대한 자산資産은 투자나 무역에서 나온 것 같지는 않다. 더구나 메카의 거상巨商들도 자기 직업을 버리고 상급전사上級

戰士로 활약했음이 두드러지게 나타나고 있다. 우마이야조의 할리파와 부유한 상류인사들은 도시에서 호화롭게 살게 되었고, 또 건물, 장식품 및 의류에 많은 돈을 소비했다. 당시는 화폐경제가 지배적이었으나 물물 교환도 상당히 활발하였다. 군인과 관료들의 봉급은 현금과 물품으로 지급되었다. 세금도 역시 현금과 물품으로 납부되었다. 우마이야조의 동전은 오늘날까지 상당한 양이 남아 있는 것으로 미루어 보아 우마이야 할리파는 페르시아와 비잔틴제국 시대의 주조공장을 인수하여 금화와 은화를 대량으로 주조했음이 분명하다.

비非아랍인의 지위

아랍 지배 계급이 막대한 경제력을 가지게 됨으로써 새로운 사회계층이 나타나게 되었다. 이 계층은 아랍 상류층을 상대로 생계를 유지하는 비아랍계 이슬람교도였다. 이들은 마왈리 mawali(단수 mawla 고객, 보살핌 받는이)라고 불렸다. 이들은 페르시아, 아르메니아, 이집트, 베르베르 Berber 및 다른 비아랍계 출신의 개종자였다. 아랍 계통이지만 그리스도교도나 유대교도였기 때문에 이슬람에 늦게 개종하여 아랍 지배계급에 포함되지 않는 사람들도 이 개념에 포함되었다. 이 개념에는 딤미(dhimmi 보호 받는자)로 알려진 비이슬람교도는 포함되지 않았다.

딤미는 인두세人頭稅 jizya와 고율의 토지세를 내는 모든 비이슬람교도를 말한다. 원래 이 딤미는 "성서聖書의 추종자"인 아흘 알 키잡 ahl al-kitab과 동일한 개념이었다. 이 개념에는 본래 그리스도교도와 유대교도 등이었고 이들은 이슬람법에 따라 고율의 인두세를 몰고 이슬람교도의 집단행사에 방해만 하지 않으면 보호되어야 한다(쿠란 9장 29절). 배화교도 Zoroaster들인 이란인은 여기에 포함되지 않지만 관용되어 편의상 딤미로 취급받았다.

마왈리는 아랍인의 암사르 근처에 몰려와 외곽도시를 이루어 상류층인 아랍인의 필요에 따라 날품꾼, 상인, 가구 수리 및 세공인細工人 등으로 생계를 꾸려나갔다. 같은 이슬람교도로서 그들은 이론상으로는 아랍인과 동등했으므로 경제적, 사회적 평등을 요구했다. 이 평등권은 우마이야조 아래서 결코 완전히 달성되지 않았다. 일부 마왈리 토지 소유자는 이슬람 국가에 바친 공헌 때문에 이슬람교도로서의 세율만 지불했으나 대부분은 딤미와 같은 세율을 납부했다.

압둘 말리크의 통치 때까지 정부는 실지로 비아랍인이 이슬람에 개종하는 것을 권장하지 않았음은 물론이고 오히려 말리는 편이었다. 또 국가의 세입이 줄어들므로 이를 회복하기 위해 마왈리들을 도시에서 쫓아내어 그들의 옛 농토로 돌려보내려고 애썼다. 마왈리는 이슬람군에 편성되어 아랍사람과 함께 전투에 참가했다. 이 현상은 주로 후라산 Khurasan과 아프리카 서북부와 같은 제국의 변경 지방에 흔히 있었다. 그들은 주로 보병으로서 싸웠고 그 대우는 기병騎兵으로 복무하는 아랍인에 비하여 훨씬 떨어졌다. 마왈리들이 품고 있는 열등감과 불만은 당시의 아랍문헌 속에서도 명백히 드러나고 있다. 예를 들면 아랍여인과 마왈리의 결혼은 생각하기 힘들 정도의 품위손상으로 간주되었다.

마왈리의 수는 급속히 증가하여 아랍인의 수를 능가했다. 그들은 주로 암사르의 외곽지대에 대규모로 정착하여 아랍인과의 접촉이 증가함에 따라 점차 자기들의 정치적 중요성, 문화적인 우월성 및 군사적 분야에의 참여도를 인식하게 되어 위험스러운 세력으로 발전하였다. 그들의 주된 불만은 경제적인 것이었다. 우마이야 국가의 구조는 소수의 아랍인이 세금을 내는 다수의 비이슬람교도를 지배한다는 전제 위에 바탕을 두고 있었다. 마왈리에게 동등권을 부여하는 것은 곧 세입의 감소와 동시에 세출의 증가를 의미하였다. 이것은 곧 전체 국가구조의 종말을 의미하였다. 비록 마왈리와 아랍인의 구분이 아랍과 비아랍이란 인종적 구분과 일치되지만 이것은 본질적으로 경제적, 사회적인 대립이지 결코 민족적인 대립은 아니었다. 디완에 등록되어 있지 않는 이라크와 바레인의 아랍 하류층도 본의 아니게 마왈리 신분으로 떨어졌기 때문에 그들의 불만도 마찬가지였다.

쉬아파의 움직임

마왈리들의 불만은 쉬아 Shi'a 또는 쉬아 알리 Shi'a Ali(알리의 당)로 알려진 종교 운동과 밀접히 결합되어 나타났다. 쉬아파는 알리와 그의 후손들만이 할리파位를 계승할 수 있다고 주장함에 따라 뭉쳐진 파당이었다. 따라서 이것은 최초에는 순전히 아랍인이 일으킨 운동이었으며 또 순수한 정치활동이었다. 할리파 알리가 수도를 메디나에서 이라크의 쿠파로 옮겼고 후에 우마이야조는 권력의 기반을 시리아로 이동했기 때문에 쉬아파는 이라크 남부 애향愛鄕주의자의 지지를 받게 되었다. 후세인이 카르발라에서 학살되자 쉬아파는 아랍인의 파당으로서는 정권장악이 불가능함을 인식하여 이슬람의 종파宗派로서의 지위를 다지게 되었다. 쉬아파의 선전요원은 일반 대중, 특히 마왈리의 불만을 불러일으키는 데 커다란 성공을 거두었다. 특히 세습제의 관행에 젖은 비아랍계의 이슬람 교도에게는 예언자의 후손이 정당한 후계자, 즉 할리파가 되어야 마땅하다는 논리가 아랍인에게서보다 훨씬 더 설득력이 있었다.

쉬아주의는 본질적으로 국가와 기성질서에 대하 반대를 종교적인 용어로 표현한 것이다. 즉 국가의 기성질서에 영합하는 것은 곧 이슬람의 주류파, 즉 순니 Sunni(관행추종자)로 간주되었기 때문이었다. 기성질서에 대한 반대는 비아랍인에 국한되지 않았다. 알리의 지지파가 많았던 병영도시이며 혁명적 쉬아파의 발생지인 쿠파의 아랍인들이 시초에는 쉬아운동에 중요한 역할을 하였다. 쉬아교리를 처음 이란에 가져온 사람도 이곳의 아랍인이었다. 이 나라에 세운 병영도시인 콤 Qumm은 원래 쿠파시의 영향 아래 있었기 때문에 쉬아파의 근거지가 된 것이다. 쉬아파가 이끄는 저항은 곧 아랍인에 대한 민족적 반항이라기 보다 오히려 교리상의 논점論點과 국가관을 지닌 세력의 아랍 지배층에 대한 사회적인 반항이었다.

우마이야조의 지지 세력도 오직 아랍인에 국한되지 않았다. 도망가지 않고 남아 있었던 이란의 봉건 귀족들 가운데 약간은 이슬람에 개종하여 정복자와 협력한 대가로 경제적, 사회적 특권과 지위를 그대로 누리고 있었다. 더욱이 그들은 정치적 권력이 일시적으로 쇠퇴한데 대해서는 체념

하였으므로 비교적 아랍국가에 협조적이었다. 그들은 개종할 때에도 배화교에서 정통 이슬람을 택하였다. 그러나 이슬람화된 이란의 일반 서민, 특히 농민들 가운데 상당한 소수는 아직도 똑같은 상대와 싸우고 있었으므로 배화교 대신에 이슬람의 재야세력인 쉬아파를 택하였다. 그들의 반대는 아랍이거나 이란인이거나 관계없이 지배층인 귀족에게 향했다.

비아랍계인 마왈리는 쉬아교리가 순니교리와 타협이 불가능하고 또 그들의 옛 종교적 요소를 수용할 수 있는 측면을 가졌기 때문에 이에 끌렸다. 그들은 이 쉬아교리에 그들의 옛 종교인 그리스도교, 유대교 및 배화교적인 배경에서 나온 여러 관념을 첨가하였다. 이 관념 중에 하나는 마흐디 mahdi(올바르게 인도된 사람)사상이다. 이 마흐디는 순수한 정치적 지도자로 시작했으나 급속히 구세주적인 종교지도자로 발전하였다. 이 독특한 현상이 처음으로 나타난 사건은 묵타르 Mukhtar의 반란이었다. 그는 685~687년 사이에 할리파 알리가 하나피 부족의 딸과 결혼하여 낳은 아들 무함마드 이븐 알 하나피야 Muhammad ibn al-Hanafiya를 위하여 반란을 일으켰다. 이때 묵타르는 주로 마왈리에게 호소하였다. 당시의 아랍기록에 따르면 아랍인들은 유일신께서 토지와 더불어 물려준 약탈물인 마왈리를 묵타르가 선동하고 있다고 비난했다. 무함마드 이븐 알 하나피야가 죽은 후에도 그이 추종자들은 그가 실제로 죽지 않고 메카 근처의 산속에 숨어살고 있으며 언제가 좋은 시절이 오면 다시 속세로 돌아와서 지상에 정의를 실현시킬 새로운 국가를 건설할 것이라고 믿었다. 묵타르의 반란은 결국 유혈극流血劇으로 끝났지만 그가 남긴 구세주 사상은 뿌리를 내려 자리잡았다.

우마이야조가 망할 때까지 알리의 자손은 파티마 계통이든지 무함마드 이븐 알 하나피야 계통이든지 구세주 messiah로 자처하면서, 또 이슬람의 정당한 군주라 주장하고 이슬람교도의 충성을 요구하였다. 이러한 여러 구세주의 반란도 실패하여 차례로 죽었으나 세상의 종말이 올 때까지 은신하고 있다고 믿게 되었다. 이 믿음은 자칭 구세주가 반란에 실패하여 죽게됨에 따라 더욱 꽃을 피웠다. 대체로 보면 파티마 계통의 자칭 구세주는 쉬아파 중에서도 온건파를 대표하여 불만을 품은 아랍인의 지지도 어느 정도 받았다. 반면에 무함마드 이븐 알 하나피야 계통의 자칭 구세주는 믿음과 행동에 있어서 극단적인 요소와 결합하여 마왈리의 폭발적인 불만을 대표하였다.

우마이야조에 대한 불만이 일반 민중 사이에 점차 높아짐에도 불구하고 이 할리파조는 아랍인들의 단결된 지지에 의존할 수도 없었다. 부족적인 독자성이 아랍유목민 사이에 아직도 작용하고 있었고 또 반우마이야 운동을 반국가적인 것으로 보지 않았기 때문에 수많은 모임 속에서도 정치적, 종교적 색채가 나타났다. 무아위야가 할리파位에 결부시킨 아랍주의와 중앙집권주의를 결코 받아들이지 않았던 메카와 메디나의 독실한 신자들은 가부장적인 할리파체제를 이상국가의 형태로 믿고 종교적, 헌신적 측면을 강조하면서 신정神政을 요구하여 우마이야조에 반대하였다. 이들 독실한 신학자가 지닌 우마이야조에 대한 혐오감은 초창기 이슬람의 밑거름이 된 종교와 역사에 관한 그들의 저서속에 채색되어 있었다. 우마이야조에 대한 그들의 반대는 거의 무장반란의 형식은 띠지 않았지만 그들의 견해를 계속하여 주장함으로써 중앙정부의 권위를 손상시키는데 큰 몫을 담당하였다.

하와리즈 Khawarij 운동

더욱 위험한 것은 중앙 정부의 권위를 인정하지 않고 이슬람의 형식 아래 본질적으로는 이슬람 이전의 부족지상주의로 돌아가려는 하와리즈(Khawarij, 단수 Khariji) 운동이었다. 이미 언급한 바와 같이 이들은 시핀 Siffin에서 협상에 반대하여 유일신의 심판, 즉 무력에 의하여 승패를 결정짓기를 요구한 할리파 알리의 추종자였다. 1만 2천 명의 하와리즈 추종 세력이 알리군軍에서 이탈하였다. 알리는 한동안 이들 이탈 세력을 설득하여 화합시켰으나 약 4천 명은 다시 이탈하였기 때문에 부득이 658년에 이들을 나흐라완 Nahrawan에서 공격하여 상당한 수를 죽였다. 하와리즈 운동은 발생 초기에는 순수한 종교운동이었으나 점차 그들 스스로가 선출하고 또 언제나 폐위할 수 있는 할리파의 권위 외에는 어떤 권위도 인정할 수 없다는 무정부 운동으로 발전하여 그 저항이 매우 날카로웠다.

알리가 죽은 뒤 20년 동안에 사소하지만 수많은 하와리즈의 소동이 이라크에 일어났으며 할리파 야지드 1세의 사망에 즈음하여 그 절정에 이르렀다. 그러나 하와리즈 운동은 너무나 노골적으로 제국의 분열을 도모했던 점과 그 내부의 갈등과 무질서 때문에 실패로 돌아갔다. 할리파 압둘 말리크의 통치 아래 하와리즈는 이라크에서 진압되었고 점차 이란 쪽으로 쫓겨갔다. 이들은 8세기 초에 이르러 거의 제거되었다. 그들은 이슬람 이전의 부족단위에서 시행된 "합의에 의한 정부"와 "개인적 판단의 자율성"을 극단적인 형태로 표현하였다. 하와리즈의 교의敎義는 현실의 불합리성에 격분하여 광신화된 아랍인 고유의 권위에 복종치 않는 성격을 합리화 내지 조직화하여 종교적으로 표현한 것이다.

부족간의 분쟁

우마이야조 권력 구조의 내적인 취약점은 아랍 부족 자체의 반복되는 불화 관계에 있었다. 결국 이 때문에 할리파조가 망하였다. 아랍의 민족적 전통에 따르면 부족은 크게 남부와 북부 계통으로 구분된다. 한층 더 나아가서 각 계통에 속하는 부족간의 관계를 밝히는 자상한 족보가 있었다. 이슬람 등장 이전의 아라비아반도에서도 부족간의 불화는 있었으나 그것은 주로 이웃 부족간의 충돌이었고 그들은 흔히 서로 먼 인척 관계에 있었다. 그러나 정복의 결과로 점차 정복 지역에 이주한 아랍인은 부족간의 연합을 만들어 불화를 일으켰으므로 그 영향이 심대하였다.

암사르에 이주한 아랍인은 각 부족별로 일정한 구역區城에 정착하였다. 이들 부족은 상호 이해관계에 따라서 서로 연합하여 불화를 일으켰다. 비록 각 부족의 족보는 인위적으로 만들어 낸 것이 대부분이었지만, 역사적으로 볼 때 이것은 우마이야조 시대에 아랍인의 일반생활을 지배할 정도로 중대한 것이었다. 남부와 북부 부족 사이의 불화가 처음으로 희미하게 나타난 것은 무아위야의 통치시였으나 그 후 급속히 발전되어 중앙 정부의 권위가 허약한 지역에서는 곧 노골적인 충돌로 악화되었다.

야지드의 사망에 즈음하여 시리아에서는 북부 부족인 카이스 Qais가 그의 후계자 무아위야 2세를 거절하고 메카에서 반란을 일으킨 이븐 주바이르를 지지하였다. 우마이야조는 남부 부족인 칼브 Kalb의 도움으로 마르즈 라히트 Marj Rahit에서 카이스를 패퇴시키고 승리했다. 그러나 우마이야조는 이 때문에 중립성을 잃고 불화의 소용돌이 속에 빠졌다. 압둘 말리크의 뒤를 이은 할리파들은 대체로 부족간의 분쟁에 의한 파당적인 지명에 의해서 즉위할 정도로 그 권위가 떨어졌다. 이와 같이 집요하고 깊이 뿌리박힌 분쟁의 원인은 주로 아랍 부족간의 이해 관계의 대립에서 찾아볼 수 있다. 즉 정복이 시작되기 전에 정복지에 이주한 아랍 부족은 주로 남부 부족이었다. 이들은 후에 이슬람군의 승승장구와 더불어 들어와서 우위를 차지한 북부 아랍 부족과의 이해관계가 대립되었다. 이와 같은 분석은 남부 아랍 부족들이 쉬아파의 선전에 호의적이고 마왈리와 이해관계를 같이 하는 데서 찾아 볼 수 있다.

압둘 말리크의 개혁

제2차 내란 중에 분쟁이 극심한 지역은 이라크였다. 이곳에는 이슬람의 여러 종파와 많은 아랍 부족이 섞여 살았으며 또 그 활동이 매우 활발하였다. 쿠파는 점차 확장되어 이라크의 중요한 도시로 발전한 결과 그 중심지가 되었으므로 격변의 소용돌이가 줄을 이었다. 압둘 말리크는 그의 통치 기간 중에 최초의 수년간을 주로 아랍 부족 사이에 일어나고 있는 혼란을 진압하여 질서를 회복하고, 또 북쪽의 비잔틴 황제와 국경 분쟁을 조정하여 평화를 확립하는데 소모하였다. 시리아 내의 문제가 일단 정비되자 그는 690년경에 타지역에 관심을 기울여 그곳의 반란 세력을 분쇄하는 작업에 착수하여, 3년 이내에 전반적으로 그의 권위를 확립하는 데 성공하였다. 그의 과업은 새로운 행정조직을 창안하는 것이었다. 이에 대한 해결책은 중앙집권화를 강화하여 모든 권한을 통치자의 손에 집중하는 것이었다. 이 통치자의 권한 확대의 바탕은 시리아의 군사력이었다. 그러나 압둘 말리크의 할리파체제는 아직도 전제 군주체제는 아니었으며, 아랍 부족의 전통과 신정神政체제의 요소가 가미加味된 군주체제였다.

새로운 권력체제의 확립과 더불어 대부분의 주州에서 지속되고 있는 구태의연한 비잔틴과 페르시아식의 행정기구를 아랍식으로 개편하였다. 즉 그리스어와 페르시아어를 폐지하고 아랍어를 행정과 회계상의 공용어로 만들었다. 나아가서 696년에는 여태까지 사용되어 온 비잔틴과 페르시아제국의 주화鑄貨의 모방을 중지하고 새로운 아랍 주화를 만들어 냈다. 그의 통치기간 중에는 또 세제稅制를 개혁하여 이슬람 성법 shari' a에 맞도록 하였다. 그의 후계자는 이를 계승 발전시켜 독특한 이슬람 세제로 구체화시켰다. 그는 공공사업과 건축에 국가 경비를 적절히 지출하여 부강하고 평화로운 제국을 후계자에게 물려주었으나 이것은 결코 주요 문제가 해결된 것을 의미하지 않고 유보되었을 뿐이었다.

정복사업 재개

그의 후계자 왈리드 Walid(705~715 재위)의 통치기간에 우마이야조의 세력이 절정에 도달한 감이 있다. 이 기간 중에 관심은 다시 정복에 쏠려 제국의 확장이 3대 지역으로 뻗어나갔다. 이라크주의 총독인 알 핫자즈 al-Hajjaj는 쿠타이바 이븐 무슬림Qutaiba ibn Muslim 장군에게 중앙 아시아 원정의 임무를 맡겼다. 그는 705년부터 713년까지 활동하여 현재 아프가니스탄과 나아가서 부하라 Bukhara와 사마르칸드 Samarqand를 점령하여 처음으로 옥수스 Oxus강(이란명 Amu Darya)의 건너편 땅에 아랍세력을 확고히 뿌리내려 승전勝戰의 명성을 떨쳤다. 총독은 또한 무함마드 이븐 알 카심 Muhammad ibn al-Qasim 장군을 710년에 인더스강에 파견하여 인도의 신드Sind주를 점령함으로써 오늘날 파키스탄의 모태母胎가 되었다. 이 작전은 더 추구되지 않아 이슬람 세력에 의한 전체 인도의 점령은 몇 세기 뒤로 미루어졌다. 더욱 중요한 것은 710년에 아프리카 총독 무사 이븐 누사이르Musa ibn Nusair가 베르베르족Berber 출신 타릭 Tariq 장군을 스페인에 보내어 이베리아반도의 대부분을 점령한 것이다. 아랍족과 베르베르인의 혼성부대는 계속 진격하여 파리 동남방에 있는 쁘와티에 Poitier와 투르 Tour 사이의 중간 지점에서 732년에 샤를르 마르텔 Charles Marter[1] 이 이끈 프랑크군에 저지 당했다.

술래이만 Sulaiman의 통치기간(715~717) 중에는 비잔틴 수도 콘스탄티노플에 대한 대원정이 있었으나 성공하지 못하였다. 이 원정이 비잔틴 수도에 대한 우마이야조의 마지막 대공격이었다. 이러한 대원정의 준비와 지속과정에서 경비가 무척 소모되었으므로 재정이 약화되어 난관에 봉착하였다. 더구나 콘스탄티노플의 해협에서 우마이야조의 육군과 함대가 완전히 분쇄되어 제국의 바탕인 군사력의 손실은 지대하였다. 이러한 위기에서 술래이만은 임종에 즈음하여 그의 사촌인 우마르 이븐 압둘 아지즈 'Umar ibn 'Abdal 'Aziz를 후계자로 지명하였다. 후자는 독실한 신자로서 평판이 났으므로 우마이야조를 구하는데 필요한 유화 정책을 수행할 수 있는 유일한 왕자였다.

세제와 급료 개혁

우마르 'Umar 2세(717~720)의 임무는 마왈리의 처지에 영합함으로써 아랍부족과 아랍제국의 통일성을 시속하는 데 있었다. 그래서 그는 연달아 재정조치를 취함으로써 이를 시행하려고 애썼다. 비록 조치는 실패로 끝났지만 위기를 다소 지연시키는 데 성공하였다. 실패의 근본 이유는 이 조치로 말미암아 헤아릴 수 없을 정도로 많은 딤미가 이슬람에 개종하고 또 무슬림 지주의 수가 점차 증가하여 신자로서의 낮은 세율을 지불했으므로 국고의 세입이 크게 떨어졌다. 이에 세입의 증가를 위하여 이라크 총독 핫자즈는 마왈리를 본래 일하던 농촌으로 돌려보내고 또 모든 무슬림 지주로부터 비이슬람교도가 지불해야 하는 고액의 세금을 징수하는 구제책을 마련했으나 분노만 사고 시행이 불가능하였다.

우마르 2세는 이 어려움을 극복하기 위해서 무슬림 지주에게 오직 십

1) 프랑켄 국가 Frankenreich의 통치자(689~741 생존)

일조十一條만 납부케 하고 고율의 세율인 하라즈 kharaz(土地稅)는 부과하지 않았다. 또 이슬람력曆 100년(서기 729) 이후부터 하라즈를 납부하는 토지가 무슬림에게 양도되는 것을 금하였다. 이때부터 비록 무슬림이 법을 교묘히 이용하여 이러한 땅을 관리하게 되더라도 하라즈(토지세)를 납부하지 않을 수 없었다. 마왈리의 마음을 가라앉히기 위해서 우마르 2세는 그들이 아무런 제약 없이 병영도시에 정착하는 것을 허용하고 비무슬림만이 응당 내야 하는 인두세人頭稅인 지즈야 jizya와 하라즈를 마왈리가 납부하는 것을 중지시켜 면제해 주었다. 그러나 후라산 Khurasan을 제외한 모든 지역에서 마왈리 출신 전사戰士는 아직도 아랍전사보다 적은 급료를 받고 있었다. 또 지방에 주둔하고 있는 아랍전사에게는 모두 시리아 수준으로 급료액을 평준화하여 실질적으로 상승시켜 주었으며 또 그들의 가족에 대한 수당도 지급하였다. 이 조치로 세입이 줄어들고 지출은 늘어나자 이를 보완하기 위해서 딤미에 대한 부과세금은 더욱 무거워졌고, 이슬람에 개종하지 않으면 여태까지 근무해 오던 행정직을 떠나야 했으므로 그들은 사회적, 경제적 악조건에 시달려야 했다.

이러한 우마르 2세의 세제稅制와 급료개혁으로 세출은 늘어났고 세입은 줄어들었다. 또 행정기구에 딤미를 채용하지 않고 해고시킨 그의 정책은 혼란과 무질서만 초래하였으므로 그의 후계자인 야지드 Yazid 2세(720~743 재위) 히샴Hisham (724-743 재위)의 치하治下에서는 새로운 재정체제가 마련되었으며, 이 체제는 우마이야조가 멸망한 후에도 사소한 수정은 있었지만 골격은 그대로 오래 존속하였다. 중동의 구전口傳과 대부분의 사료史料는 한결같이 히샴을 인색하고 욕심이 많아 무엇보다 조세租稅의 징수에만 관심을 기울인 통치자로 묘사하고 있다.

현재 우리가 활용할 수 있는 사료나 증거물로써 당시 히샴의 재정정책을 일괄하여 논할 수 있는 정도는 아니다. 그러나 히샴의 통치 아래서 우마이야제국의 중요한 지역인 이집트, 이라크 및 후라산주州의 총독의 재정정책에 대한 정보 자료는 어느 정도 남아 있다. 여기서 후기 우마이야조의 정책에 대한 전면 상황을 재현再現시켜 볼 수가 있다. 새로운 세제의 바탕은 토지가 하라즈를 납부하는 것이지 결코 그 소유자가 아니라는 법의 전제였다. 여태까지 십일조만을 내던 토지는 계속하여 그대로 남아 있었으나 증가되지 않았다. 종래까지 하라즈만을 지불한 딤미들은 인두세人頭稅도 납부해야 했다. 이슬람성법 shari'a의 법체계가 된 이 새로운 세제는 과세의 근거 자료로 인구와 재산을 조사하여 세금의 징수 임무를 가진 재정관財政官을 총독직職과는 별도로 임명함으로써 더욱 큰 성과를 올렸다.

우마이야조朝의 멸망

히샴의 사망 후 우마이야조는 내부 분열을 일으켜 1년 사이에 할리파가 4번이나 바뀌어서 급속히 쇠퇴하였다. 부족간의 분쟁은 더욱 격심하여졌고, 쉬아파와 하와리즈파의 반정부활동은 더욱 활발하게 되어서 744년에는 중앙 정부의 권위가 시리아 내에서조차 도전을 받았으며 다른 지역에서는 존경되지 않았다. 마지막 할리파 마르완 2세(744~750)는 총명하고 유능한 통치자였으나 너무 늦게 정권을 잡아서 우마이야조의 운명을 구할 수 없었다.

우마이야조 종말의 선고는 자칭 하심미야당 Hashimiya黨(이 명칭은 예언자 무함마드의 증조부 하심 Hashim에서 유래했는데 오늘날까지 예언자의 가문을 지칭하고 있다.)에서 왔다. 무함마드 이븐 알 하나피야의의 아들인 아부 하심 Abu Hashim은 극단적인 쉬아파로 일부 마왈리의 지지를 받았다. 그가 716년에 아들이 없이 죽자 교조敎祖의 삼촌의 후손인 무함마드 이븐 알리 이븐 알 압바스Muhammad ibn 'Ali ibn al-'Abbas가 계승했다. 이 종파가 그를 지도자로 받아들이자 그는 이 종파의 혁명적 조직 기구를 지배할 수 있었다. 그들의 거점은 후라산에 있었다. 이 주의 아랍인들은 주로 바스라 Basra 출신이고 670년경에 정착하였다. 그들은 이곳에까지 부족 분쟁의 씨를 가지고 왔으며 점차 이 씨는 자라 새로운 환경에 뻗어나갔다. 그러나 아랍인들은 원주민인 페르시아 사람들 가운데 사는 소수에 불과했다. 후라산 사람은 호전적 기질이 강한 편이었고 아랍인의 사회적, 경제적인 차별 대우에 불만을 가지고 있었다.

718년경에 하심미야당의 홍보활동이 쿠파에서 시작되었다. 이 활동은 교조의 가문 사람만이 무슬림의 정당한 지도자가 될 것이며, 또 새로운 정의의 시대가 올 것이라고 믿는 사람들 사이에서는 그 호소력이 강했다. 즉 예언자 가문의 추종자 ahl al-bait라는 구호를 내세움으로써 일반 신자의 지지를 받을 수 있었고 또 우마이야조의 감시의 눈길을 예언자의 사위인 알리의 후손에게 돌릴 수 있는 일석이조一石二鳥의 효과를 얻게된 것이다. 그러나 일반 무슬림 대중들은 예언자 가문의 추종자 운동이 누구에 의해서 또 어느 종파에 의해 추진되는지도 몰랐으며 막연히 예언자의 가문사람들이 추진하는 것으로 보았다. 또 하심미야당의 주역을 맡은 압바스의 후손들은 예언자의 가문사람이란 막연한 이름아래 자신들의 종파적 입장을 감출 수 있었다. 처음에는 이 하심미야당의 선교 활동은 아랍인들 사이에 뻗어 나갔지만 곧 마왈리의 관심을 끌었다. 무함마드 이븐 알리 이븐 알 압바스는 남부 아랍 부족 출신의 술레이만 이븐 카티르 Sulaiman ibn Kathir와 12인의 위원회에 후라산의 선교활동을 위임했다. 그 후 이 선교활동은 크게 빛을 보지 못한 채 얼마 동안 세월만 보내는 사이에 그는 죽었다.

그의 뒤는 아들 이브라힘이 계승했고 또 이 종파기구도 그를 받아들였다. 745년에 이브라힘은 자기의 마왈리 가운데 한 사람인 아부 무슬림 Abu Muslim을 자신의 대리인으로 또 선교 책임자로 후라산에 보냈다. 아부 무슬림은 그곳의 아랍인과 페르시아인 가운데서 지지를 받는 데 상당한 성공을 거두었다. 온건한 쉬아파들이 그에 대해 어느 정도 의심과 불만이 있었지만 아부 무슬림의 지도권은 인정되었다. 747년 하심미야당의 반란의 시작되자 검은 깃발이 후라산에 나타났다. 검은 깃발을 사용한 것은 그 당시 불만에 찬 사람들 사이에 떠돌아 다니는 구세주적이며 말세적인 여러 예언을 충족시키려는 시도였다. 이 검은색은 당시 반란의 상징적 효과를 가지고 있었다. 이 검은 깃발이 압바스가家의 상징이 된 것은 오직 이 운동이 성공하였기 때문이다. 우마이야조와 압바시야조는 각각 중국의 당唐나라의 문헌에 백의대식白衣大食과 흑의대식黑衣大食으로 기록되고 있다.

후라산에 살던 아랍 부족들은 서로 분쟁 속에 있었기 때문에 이 압바스 가문의 무력 봉기에 효과적인 저항을 하지 못하였다. 동부에 기반을 굳히자 아부 무슬림의 군대는 서부로 진격하였다. 우마이야조의 군대는 시리아의 잡 Zab강에서 마지막으로 저항했으나 패하였다. 우마이야가家와 아랍왕국은 사라지고 그 자리에 압바스가家의 아불 압바스 Abu'l 'Abbas가 사파 Saffah(피의 복수자)라는 칭호를 가지고 할리파가 되었다. 그는 그 사이 옥중에서 죽은 그의 형 이브라힘을 계승하여 하심미야당의 우두머리가 되었기 때문이다. 이것이 곧 압바시야조의 시작이었다.

V. 이슬람제국帝國

압바시야조 'Abbasiyya朝, 750~1258

압바시야 혁명革命

바그다드 건설

할리파위位의 성격

행정조직

제국의 산물

무역

금융업

사회생활

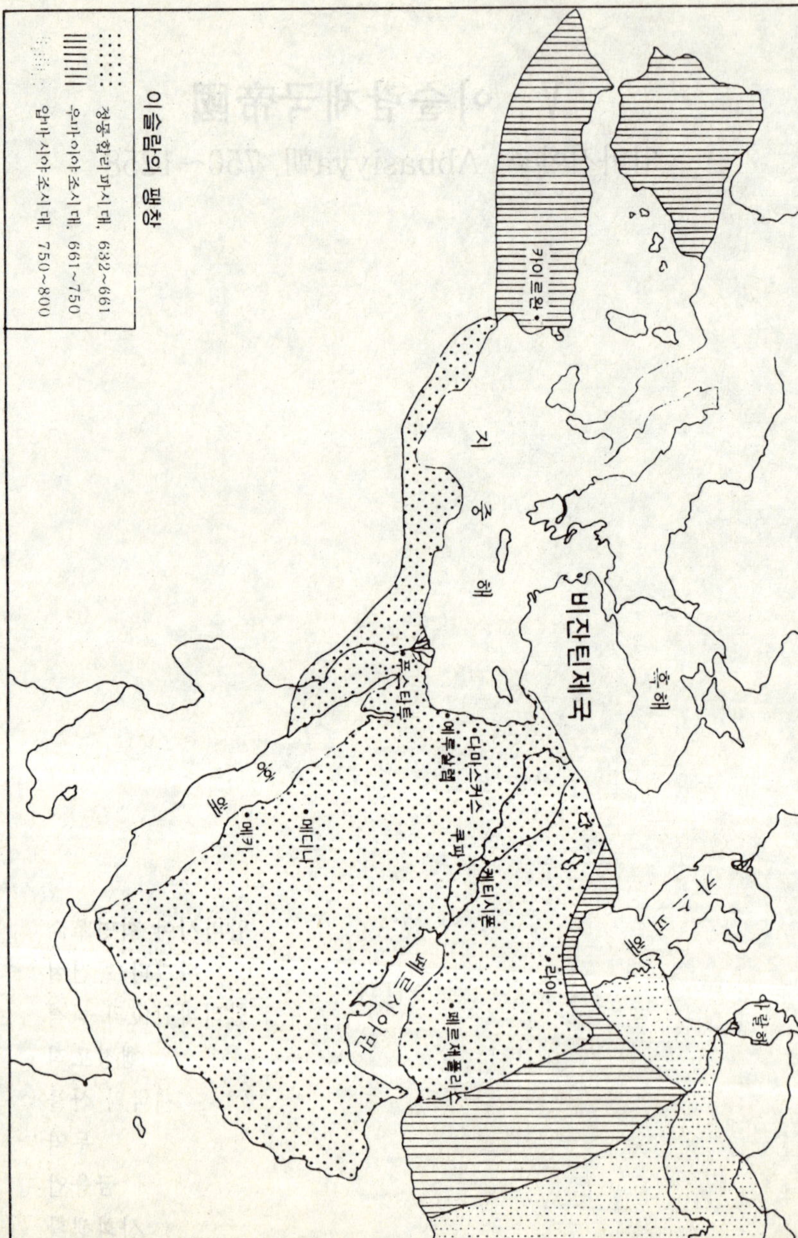
이슬람의 팽창
정통 칼리파시대, 632~661
우마이야조시대, 661~750
압바시야조시대, 750~800
카이르완
지중해
비잔틴제국
흑해
카스피해
아랄해
푸스타트
예루살렘
다마스커스
쿠파
메디나
메카
홍해
케티시폰
라이
페르시아만
페르세폴리스

압바시야 혁명革命

이슬람 공동체의 통치자가문이 우마이야조에서 압바시야조로 바뀌어진 것은 단순히 할리파조의 변화가 아니고 그 이상이었다. 이것은 유럽 역사에 있어서 1789년의 프랑스나 1917년의 러시아 혁명에 버금가는 이슬람 역사에 있어서 중요한 변혁이었다. 이 변혁은 궁정의 음모나 쿠데타에 의하여 초래된 것이 아니고 강력한 혁명적 조직과 선전에 의하여 달성된 것이다. 이 조직과 선전은 우마이야조에 불만을 품은 세력의 의사를 대변하여 오랜 기간 활동하여 온 것이다. 이 운동도 대부분의 정치적 변혁 활동과 마찬가지로 이해관계를 달리하는 여러 세력이 기존 질서를 전복시키려는 공통된 욕망 때문에 뭉친 연합세력이었다. 그러나 이 목적이 달성되자 연합세력은 다시 분열되지 않을 수 없었다. 따라서 압바시야조가 해야 할 첫번째 과업은 이 변혁에 실망한 세력을 제거하는 것이었다. 이 변혁의 주역主役을 맡았고 새로운 할리파조의 창건에 공이 큰 아부 무슬림과 그의 동료는 간교한 방법으로 처형되었고, 그의 추종자의 반란은 무자비한 수단에 의해서 진압되었다.

이 변혁의 성격은 무엇이며 각 사회 계층의 이해 관계에 어떠한 변화를 초래하였는가 하는 의문에 대해서, 19세기 유럽학자들은 근본적으로 셈족인 아랍인과 아리안족인 페르시아인의 분쟁으로 보고 우마이야조과 압바시야조 사이의 분쟁 또는 종파간의 대립은 단순히 명분상의 옷걸이에 불과하다고 생각했다. 그들은 압바시야조의 승리를 아랍인에 대한 페르시아인의 승리로 보고 몰락한 아랍왕국의 자리에 페르시아화된 이슬람의 옷을 입은 새로운 이란제국이 성립되었다고 생각했다. 이러한 견해의 근거는 아랍 사료史料에서도 부분적으로 찾아볼 수 있다. 아랍의 유명한 문호이며 해학가인 자히즈 Jahiz(869년 죽음)는 압바시야조는 페르시아와 후라산의 것이며, 우마이야조는 아랍의 것이라고 말했다.

그러나 최근의 연구는 이와 같은 인종적 분규도 우마이야조를 전복시키려는 선교활동에 상당한 역할을 하였지만, 이 변혁의 주된 원동력은 아니라는 사실을 밝히고 있다. 비록 이 변혁을 승리로 이끈 층에는 수많은 페르시아인이 포함되어 있지만, 그들의 승리가 페르시아인의 승리이고 또 아랍인의 패배로 보기는 힘들다는 것이다. 이 변혁의 지도층에는 상당한 수의 아랍인, 특히 남부 아랍 부족 출신이 많이 포함되어 있었다. 이들 아랍인은 초기의 정복에 대거 참여하였으나 정권의 핵심에 들어가지 못한 세력들이었다. 또 이 변혁의 주동 세력인 마왈리들도 오직 페르시아인들로 구성된 것이 아니고 이라크인, 시리아인, 이집트인과 심지어 이슬람에 개종을 늦게 한 아랍인도 포함되어 있는 것이다. 페르시아 계통의 토호들인 디칸 diqan은 비잔틴 제국의 전직前職 관료들과 마찬가지로 우마이야조의 행정에 적극 참여하여 중요한 역할을 하였다. 이들이 곧 각 주의 세금을 책정하여 징수한 장본인이었다. 이 과정에서 그들 자신의 세금은 면제 또는 경감시킨 것은 뻔한 일이었다.

이 변혁을 이끈 주동 세력의 온상은 아랍사람들이 세운 병영도시에 집결한 도회都會 인구, 특히 마왈리 출신의 상인과 공예인의 사회적, 경제적 불만에서 찾아야만 타당할 것이다. 우마이야조의 지배층을 구성한 아랍 상류층이 그들의 주된 활동인 정복사업이 멈추어지자 농업과 상업과 같은 평화시의 경제에 참여함으로써 새로운 사회질서가 조성되었다.

그와 함께 유력층인 고급 관료, 거상巨商, 지주 및 울라마 'ulama(원뜻은 지식인들) 등이 나타났다. 울라마는 주로 종교를 연구하는 신학자, 이슬람법을 다루는 법률가와 사법관, 종교 학교의 교사 및 종교 기구의 관료층 가운데 유력한 사람을 모두 지칭하는 것이다. 이 울라마는 타종교의 지배적인 승려층과 유사한 이슬람의 모형인 것이다. 이러한 다양한 직종職種에는 아랍사람들의 정치적 분열과 능력의 부족으로 타인종군他人種群도 대거 참여하게 되었으며, 또 이들은 압바시야조의 할리파를 정점으로 하는 정치적 변혁에 신분의 보장을 위하여 점차 가세加勢하였다.

바그다드 건설

이 변혁의 성격은 압바시야조의 승리가 완수된 이후에 더욱 뚜렷이 나타났다. 가장 명백한 것은 제국帝國의 구심점이 시리아로부터 이라크로 옮겨진 것이다. 이라크는 중근동에 세워진 다인종 국가의 전통적 중심지였다. 압바시야조의 제1대 할리파 사파(750~754 재위)는 쿠파 근처에 있는 유우프라테스강의 동안東岸에 하심미야라 이름 붙인 조그마한 도시에 수도를 정하였으나 후에 또 안바르 Anbar로 옮겼다. 그러나 영구적인 수도를 건설한 이는 제2대 할리파이며 또 신新할리파조의 실질적 창설자인 만수루 Mansur(754~775)였다.

그는 옛 페르시아의 사산제국 수도인 케티시폰 Ctesiphon 근처의 티그리스강 西岸에 있는 조그만 촌에 압바시야조의 영구적인 터전을 세웠다. 이 때에 새 수도를 건설하기 위해 케티시폰의 낡은 건물에서 많은 건축 자료를 가져와 이용하였다. 이 도시의 공식 명칭은 메디나 알 살람 Medinat al-Salam(평화의 도시)이었으나 이 촌의 페르시아어 이름인 바그다드 Baghdad(하늘이 준 곳)로 더 많이 알려졌다. 할리파 만수루는 여러 가지 실용적인 이유로 이 곳을 선택하였다. 그는 이 도시 근처에 티그리스강과 유우프라테스강을 연결하는 운하를 파게 하여 동서남북을 통하는 요지要地마다 초소를 설치하였다 이 도시의 건설에 대하여 지리학자 야쿠비 Ya'qubi(891년 후 죽음)는 만수루가 새 수도의 터전을 찾기 위해 답사하는 도중에 바그다드촌에 도착했을 때 한 말을 기록하고 있다.

> 동쪽의 티그리스강과 서쪽의 유우프라테스강 사이에 있는 이 섬은 세계를 상대로 하는 문물의 집산지이다. 와시트 Wasit, 바스라. 우불라 Ubulla, 아와즈 Ahwaz, 파르스, 오만, 야마마 Yamama, 바레인 및 더 먼 지역에서 티그리스강을 거슬러 올라오는 배들은 모두 여기서 정박할 것이며, 또 모술, 디야르 라비아 Diyar Rabi'a, 아제르바이잔 및 아르메니아로부터 화물을 실은 배는 티그리스강을 타고 내려오며 유우프라테스강을 통하여 디야르 무다르 Diyar Mudar, 락카 Raqqa, 시리아와 그 국경 지역, 이집트 및 북아프리카에서 선적船積한 화물도 이곳에 풀 것이다. 더구나 이곳은 자발 Jabal, 이스파한 및 후라산 지역 사람들이 드나드는 요지이다. 또 내앞에 온 통치자들이 모두 이곳에 관심을 두지 않게 하시고 오직 나를 위해 이곳을 보전하신 유일신께 감사합니다. 유일신께 맹세코 나는 이곳을 건설한 것입니다. 그후 나는 한 평생 여기 살 것이며 나의 후손들도 이곳에 살것입니다. 이곳은 틀림없이 세계에서 가장 번영하는 도시가 될 것입니다.

바그다드의 중심지는 직경이 약 3.3km의 성곽으로 둘러싸인 도시이며 그 속에 할리파의 궁전과 관료들의 행정부서 건물과 할리파의 근위병인 후라산 병정들의 숙소가 있다. 이 성곽 밖에는 거대한 상업 도시가 급속히 발전되었다. 천도遷都는 상당한 영향을 가져왔다. 제국의 중심이 지중해의 시리아로부터 비옥하고 관개시설이 좋은 강의 계곡 평야이며 수많은 통상로가 교차하는 메소포타미아로 옮겨진 것이다. 이 사실은 곧 비잔틴제국의 계승국가적 성격을 띤 우마이야조에서 압바시야조는 고대 중근동의 전통이 강한 전형적인 다인종 국가로 변형하였으며 특히 페르시아의 전통에 점차 물들어 갔다.

할리파위位의 성격

국가 통치체제는 우마이야조 때에 형성되기 시작하여 압바시야조에 들어와서 완성되었다. 우마이야조의 할리파는 전통적인 부족적 통치체제로부터 벗어나지 못한 데 비하여 압바시야 할리파는 그의 권위가 신神으로부터 나왔다고 주장하면서 실질적인 권력의 바탕은 정규군에 두고 권력의 행사는 봉급생활자인 관료기구를 통하여 행하는 전제군주가 되었다. 권력기관으로서의 군의 중요성은 압바시야조의 사형死刑집행인이 누리고 있는 높은 지위에서도 볼 수 있다 이 사실은 천일야화千一夜話에 잘 나타나 있다. 압바시야조의 통치 아래서는 아랍혈통과 가문家門의 중요성은 국가 요직에의 등용에 거의 고려되지 않고 오직 할리파의 총애가 결정적인 요소가 되었으므로 지배층은 종래의 아랍 상류층에서 고위급의 관료층으로 교체交替되었다.

할리파가 지닌 새로운 위엄은 우마이야조때 결코 사용하지 않았던 새로운 칭호 속에서도 볼 수 있다. 할리파는 "하나님의 사성使聖의 대리인" Khalifa Rasul Allah에서 바로 "하나님의 대리인" Khalifa Allah으로 그 일반 칭호가 바뀌었다. 즉 그의 권력은 유일신으로부터 직접 나오는 것으로 보았다. 그가 가진 비슷한 의미의 칭호는 "지상에 있는 하나님의 그림자" Zill allah ala al-ard였다. 종전의 할리파는 다른 평범한 사람과 마찬가지로 누구나 쉽게 접근하여 이름을 부르면서 얘기를 나눌 수 있었으나, 압바시야조의 할리파는 까다로운 궁전 관료층과 그 면회절차 때문에 접근하기가 힘들었다.

이론상으로 보면 할리파는 이슬람의 성법聖法인 샤리아에 제약되어 있었으나 실지로는 이 제약을 집행할 수 있는 기관이 없었으므로 거의 효과가 없었다. 압바시야조의 할리파는 그 결과 군사력에 바탕을 두고 신권神權을 주장하는 전제군주專制君主가 되었다. 즉 그는 아랍 부족의 지지에 의존하고 있지 않았으므로 그 권위가 격상되어 설득을 통하여 다스린 우마이야조의 할리파보다는 통치자로서의 지위가 훨씬 강하였다. 그러나 압바시야조의 할리파는 지위가 확고한 봉건귀족과 승려층의 지지를 바탕으로 통치한 옛 페르시아 황제보다는 그 지위가 약하다고 하겠다.

종래까지 할리파는 그 명칭도 태어날 때의 이름을 즉위한 후에도 그대로 사용했으나 압바시야조에 들어와서는 고유의 칭호를 새로 만들어 사용했다. 특히 제7대 할리파 무타심부터는 정식으로 알라라는 어휘를 붙여 칭호를 만들었다. 또 집권할리파는 금요일의 집단예배시 행하는 후트바(Khutba)에 그 통치영역내의 모든 이슬람성원에서 알라와 예언자의 이름과 함께 칭송되었으며 또 그의 이름이 새겨진 주화를 발행하는 것이 그 요식 행위가 되었다.

행정조직

압바시야조의 행정조직은 우마이야조 말기의 조직에서 발전된 것이었다. 할리파 만수루는 이것이 모두 우마이야조의 할리파 히샴 Hisham의 덕택임을 공개적으로 인정하였다. 그러나 압바시야조는 페르시아의 사산 Sasan조의 행정조직을 페르시아인 출신의 관료와 그 문헌에서 배워 그것을 의식적으로 모방하려고 애썼다. 그래서 압바시야조의 행정기구는 인종차별에 바탕을 두지 않고 관료층을 마왈리 출신으로 대폭 충원하여 그들도 상당한 사회적 지위를 누렸다. 중앙정부의 부서部署 diwan에는 문서부文書部 diwan al-tawqi', 군부軍部, 조세부租稅部 diwan al-kharaj, 우편정보부郵便情報部 diwan al-barid wa'l akhbar 등이 있었다[1].

1) 이외에도 회계감사부 diwan al-zimam, 법사부法司部 diwan al-mazar 및 경찰부 diwan al-shurta가 있다.

이들 부처에서 일하는 관료층은 지위의 고하高下를 막론하고 모두 와지르 wazir (宰相)의 지휘감독을 받았다. 이 와지르직職은 압바시야조에서 처음 도입한 것이며 그 기원은 옛 페르시아제국이었다. 이 직위는 할리파의 행정권을 담당하는 최고 집행자이며 전체 행정기구의 우두머리였기 때문에 그 권력이 막강하였다. 압바시야조의 초창기에 할리드 알 바르마크 Khalid al-Barmak라는 와지르가 있었다. 그는 중앙 아시아의 이란계 출신이었다. 그의 두 아들도 와지르가 되었으므로 와지르 가문으로 매우 명성이 높았으나 803년 할리파 하룬 알 라시드 Harun al-Rashid(786~809)에 의하여 제거되었다.

각 주의 행정은 총독 amir과 조세담당관 'amil의 공동관리 아래 있었다. 양자는 각각 자신의 군과 관료를 가지고 있었으며 바그다드의 우편정보부에서 나온 우편국장의 감시 아래 독자적인 행정을 펴고 있었다.

아랍 민병民兵의 중요성이 감소되고 그에 따라 아랍족에 지불하던 연금年金은 중단되었으며 오직 정규군만이 급료를 받게 되었다. 군은 상비군常備軍과 어떤 특수한 전투에만 참여하는 지원병으로 구성되었으며 이들은 모두 급료를 받았다. 군의 핵은 압바시야조의 창립에 공훈을 세운 후라산 출신의 근위병 haras이었다. 또한 아랍군도 아랍 알 다울라 'arab al-dawla(국가의 아랍군)란 이름 아래 신체제에 충성하는 아랍인들로 한동안 유지되었다. 그거나 그 중요성은 곧 사라졌다. 9세기 중반부터 군은 점차 특수훈련을 받은 중앙 아시아의 터키계 노예들로 구성되었다. 이들은 맘룩 mam- luk(소유된 자)으로 알려졌다.

압바시야조는 종교운동을 통하여 권력을 장악했기 때문에 할리파위位의 종교적 성격을 강조하여 대중의 지지를 계속 받으려고 하였다. 초창기 압바시야조의 할리파는 종교지도자와 율법학자들을 회유하려고 노력 했으며, 적어도 대중적인 종교행사와 의식에는 반드시 참여하여 지키려 애썼다. 그래서 후대後代에 나온 한 아랍 사학자는 "이 할리파조는 종교와 왕권의 혼합책策으로 세상을 다스리고 있다. 가장 독실한 신자는 신앙심 때문에 순종하였고 나머지는 두려워서 순종하였다."고 적고 있다. 종교기관은 아랍인의 단결이 무너져서 생긴 공백을 채워서 잡다한 인종적, 사회적 구성요원을 결합시키는 접착제로써 작용하였다. 사회공동체와 통치자의 종교적 특색을 공개적으로 강조함에 따라, 압바시야조의 할리파는 종종 위선자라는 비난을 받게 되었다. 심지어 한 시인은 "원컨대 마르완 Marwan[1] 의 후손들이 행한 횡포가 돌아와서 압바스[2]의 후손이 말하는 평등을 지옥으로 보내소서"하고 읊을 정도였다.

제국의 산물

우마이야조에서 압바시야조로 전환하는 과정에서 나타난 뚜렷한 변화는 경제생활에서도 볼 수 있다. 제국은 풍부한 자원을 가지고 있었다. 밀, 보리, 쌀은 그 순서대로 관개수리시설이 구비된 수많은 강기슭에서 생산되는 주곡主穀이었으며 대추와 올리브는 그 다음으로 중요한 생산식료품이었다. 제국은 또 금속의 생산이 풍부하였다. 은銀은 동부주州에서 특히 힌두 쿠수 Hindu Kush 지방에서 생산되었다. 10세기경의 사료에 의하면 힌두 쿠슈에서는 만 명의 광부가 고용되어 은을 캐고 있었다고 한다. 금은 서부주 특히 누비아 Nubia와 수단에서, 구리는 9세기경에 5천 디르함 dirham(1 디르함은 은 2.97g)의 세금을 내었다는 이스파한 부근에서, 철은 페르시아 · 중앙 아시아 및 시실리섬에서 산출되었다. 보석은 제국의 여러 곳에서 나왔고 산호는 페르시아만의 어장에서 구할 수 있었다. 목재木材는 서부주에서는 귀하였으나 동부주에서는 어느 정도 생산되고 있었으며 부족분은 주로 인도에서 대량 수입하였다.

압바시야조는 관개사업에 주력하여 경작 면적을 넓히고 농업 생산을 높였다. 더구나 농민의 토지 소유권을 인정 · 장려하고 토지세를 보다 공평하게 부과하였다. 특히 일정한 토지에 대한 고정세 대신에 수확량을 기초로 하여 일정한 비율을 세수稅收로 하였다. 그러나 농민의 처지는 여전히 나빴고 세월의 흐름과 함께 부유한 상인과 지주들의 투기 행위와 대규모 농장에 노예 노동의 도입 등으로 점차 악화되었다. 더구나 노예 노동의 도입은 자유로운 농업 노동자의 경제적, 사회적 지위를 더욱 떨어뜨렸

1) 우마이야조의 4대 할리파.

2)압바스 Aqqas는 예언자 무함마드의 삼촌이고 또 압바시야조의 선조

다.

중세 이슬람 세계의 백과사전에는 공예업을 포함한 산업을 두 가지로 나누었다. 즉 기본 필수품과 사치품 산업이었다. 전자는 의식주衣食住에 관한 산업이었다. 이중에도 이슬람 세계에서 가장 발달된 것은 의류산업이었다. 이 산업은 고용 인원수에 있어서나 생산량에 있어서 타의 비교가 되지 않을 정도였으며 이미 우마이야조 시대에 시작되어 더욱 확장되었다. 모든 의류 상품은 국내 및 수출 수요를 감당하기 위해 생산되었다. 그 중에는 옷감, 옷, 양탄자, 융단류 및 방석 종류 등이 있다.

아마포 linen 종류는 주로 이집트에서 생산되었으며, 알렉산드리아 지역이 대생산지였는데 고프트 Copt교도들이 주로 종사하였다. 목화는 본래 인도에서 수입했으나 곧 동부 이란에서도 재배되어 스페인에까지 전하여졌다. 비단의 제조는 비잔틴과 사산제국에서 물려 받아 주르잔 Jurjan과 시스탄 Sistan(혹은 Sijistan) 등의 옛 페르시아의 주에서 발달했다. 양탄자는 거의 모든 지역에서 생산되었으나 특히 타바리스탄과 아르메니아산産이 가장 좋은 것으로 평가되었다. 산업은 국가의 주도나 개인의 창의에 의하여 설립되었다. 우마이야조의 말기부터 정부는 할리파, 고급관료 및 군 지도자의 관복과 제복용으로 티라즈 tiraz라는 옷감을 생산하기 위해 작업장과 제조공장을 세워서 직접경영하고 있었다. 그 생산규모는 가내공업에 불과하였다. 옷감생산 기술자는 제품을 만들어 오직 국가 기관이나 또는 재정적 후원을 해준 개인 기업인에게 팔았다. 그러나 몇몇 경우에 이 기술자들은 급료를 받았으며 9세기경의 이집트에서는 하루에 반半디르함의 급료를 주었다고 한다.

종이의 기원은 105년에 중국의 채륜이 만든 것이다. 751년에 아부 무슬림 Abu Muslim 장군의 휘하에 있는 이븐 살레 Ibn Salih가 이끈 압바시야조군이 고구려 유민 출신인 당나라의 안서도호부 도독 고선지高仙芝 장군이 지휘하는 당군을 중앙 아시아의 탈라스 Talas 부근에서 대파하였다. 이때 포로로 잡힌 당군 가운데 제지법製紙法을 아는 사람이 몇 명 있어서 이 기술이 이슬람 세계에 전달되었다. 하룬 알 라쉬드의 통치 때 종이는 이라크에 도입되었다. 종이의 사용은 이슬람 세계를 휩쓸어 800년경에 이집트에, 900년경에 스페인에 이르렀으나, 그 제조는 먼저 도입된 동부주에 국한되었다. 그러나 10세기 이후에 이라크, 시리아, 이집트 및 아라비아반도에도 제지공장이 세워졌으며 곧 이어 북아프리카 및 스페인에까지 들어갔다. 제지공장이 있었던 중요한 도시는 사마르칸드, 바그다드, 다마스커스, 카이로, 모로코의 페즈 Fez 및 스페인의 발렌시아 Valencia 등이었다. 다른 산업으로는 도자기 철재鐵材, 비누 및 향수 생산 등이 있었다.

무 역

이슬람제국은 그 자원이 풍부하고 유럽과 동부 아시아 대륙 사이의 육교적陸橋的위치에 있었으므로 중개무역이 성하였다. 더구나 우마이야조는 정복 전쟁을 쉴 새 없이 진행했지만, 압바시야조는 선린善隣정책을 추구하고 국내의 안녕 질서를 도모하였으므로 국내외의 상업활동이 더욱 발전되었다. 페르시아만의 시라프 Siraf, 바스라, 우불라 Ubulla 항구를 비롯하여 아덴과 홍해안의 항구 등에서 무슬림 상인들은 인도, 스리랑카, 동남 아시아 제국諸國 및 중국까지 진출하였다. 우리 한반도에도 대식국大食國 상인의 출입이 있었다는 기록은 고려사에 나오고 있으며 중동의 문헌에는 자주 언급되고 있다[1].

이 동아시아 지역에서의 수입품에는 비단, 향료, 조미료, 목재 등이 있었다. 인도와 중국과의 무역에는 해상로海上路 뿐만 아니라 중앙 아시아를 통한 육로陸路도 있었다. 한 소식통은 중국에서의 수입품에는 향료, 비단제품, 토기류, 종이, 먹과 잉크 종류, 공작, 빠른 말, 안장, 펠트, 계피, 대황근大黃根 등이 있었다고 한다. 비잔틴제국에서는 금은 그릇, 금화, 약품, 금박이 비단, 노비奴婢, 장신구裝身具, 실타래, 수력기사水力技士, 농업경영자, 석공 및 환관을 가져왔고, 또 인도에서는 호랑이, 표범, 코끼리, 가죽제품, 루비, 백단과 흑단 향나무 및 코코넛 등을 들여왔다. 오늘날까지 잔존한 사료史料에 의하면 무슬림 상인들과 선원들은 8

1) 김정위, 韓國史 究 16, 중세중동문헌中世中東文獻에 비친 韓國像 참조 : 1997, pp. 29~50.

세기경에 이미 중국 광동에 그들의 정착지를 확보하였다고 한다.

스칸디나비아 반도, 특히 스웨덴에서 수만 개에 달하는 무슬림의 금화, 은화 및 동화가 발견되었으며, 이들은 대체로 7세기 말경에서 11세기 초에 주조鑄造된 점으로 보아 이 기간에는 그들의 해상활동이 유럽에서도 매우 활발하였음을 알 수 있다. 또 볼가강의 연안을 따라 역시 같은 주조화폐가 발견되었으므로 이슬람제국과 발틱해안 사이에도 상당한 정도의 교역이 이루어졌음을 알 수 있다. 이 교역은 주로 카스피해, 흑해 및 러시아를 통하여 이루어졌다. 이 지역으로부터 무슬림들은 주로 가죽, 털가죽 및 호박琥珀을 수입하였다. 10세기 말의 지리학자 무캇다시 Muqaddasi는 볼가강과 흐와리즘 Khwarizm을 통하여 수입되는 상품으로 검은 담비, 흰 담비, 잿빛 다람쥐, 족제비, 여우 수달피(海狸), 점있는 산토끼, 산양 등의 모피와 밀초, 화살나무, 자작나무껍질, 털모자, 생선 아교, 생선이빨, 수달피 모자, 호박, 새그린 Shagreen가죽, 꿀, 개암, 매, 칼, 갑옷, 할란지 Khalanj 나무[1], 노예, 양과소 등을 열거하고 있다.

무슬림들 자신이 스칸디나비아까지 들어갔다고는 보이지 않는다. 아마도 그들은 볼가강에서 중개자로 활동하고 있는 하자르 Khazar족과 볼가르 Bulgar족을 통하여 강변에서 남쪽으로 장사하러 온 북부사람을 만나 교역한 것 간다. 무슬림들이 북유럽사람과 교역한 결과 초기의 스웨덴 주화도 무슬림의 은화인 디르함 dirham의 무게에 바탕을 두고 있고 또 아이슬랜드의 옛 문헌에도 아랍어 단어가 몇 개 나타나게 되었다.

무슬림은 또 육로를 통하여 아프리카와도 교역이 성했는데 그 수입품은 금과 노예였다. 서유럽과의 교역은 아랍인의 정복사업 때문에 한동안 중단되었으나 유대인들이 지중해를 사이에 두고 서로 적대적인 그리스도교와 이슬람 세계를 연결시키는 중개인 역할을 하여 간접 교역이 이루어졌다. 9세기 초반기의 지리학자 이븐 후르다드비 Ibn Khurdadhbih는 프랑스 남부에서 온 유대인 상인에 대하여 기술하고 있다.

그들은 아랍어, 페르시아어, 그리스어, 프랑스어, 스페인어 및 슬라브어를 말한다. 그들은 서에서 동으로, 동에서 서로 육로와 해로를 따라 다닌다. 서쪽에서 그들은 환관, 젊은 남녀노예, 금박이

---

1) 중동에서 대들보, 기둥 및 사발의 재료로 사용되는 나무.

천, 수달피와 검은담비의 모피와 또 다른 모피 종류 및 칼을 가져왔다. 그들은 서부 지중해의 프랑크 땅에서 배를 타고 파라마 Farama[1] 에 상륙한다. 그곳에서 가져온 상품을 낙타 등에 싣고, 약 25파르상 parasang[2] 떨어진 쿨줌 Qulzum으로 간다. 그 다음 그들은 쿨줌에서 동쪽 바다(江海)를 통해 알자르 Al-Jar와 젯다로 가고 더욱 나가서 신드, 인도 및 중국에까지 항해한다. 중국으로부터 그들은 사향, 심향沈香, 녹향, 계피 및 다른 물품을 가지고 쿨줌으로 돌아온다. 그 다음 그들은 다시 이 물건을 파라마로 옮겨 서쪽 바다(地中海)에 배를 타고 운반한다. 일부는 콘스탄티노플로 가서 그리스 사람에게 팔고 또 일부는 프랑크족의 왕들에게 가지고 가서 거기서 그들에게 판다.

때때로 그들은 프랑크 땅에서 상품을 싣고 서쪽 바다를 거쳐서 안티오크 Antioch로 간다. 그후 그들은 알 자비야 Al-Jabiya까지 3일 동안 육로로 가서 그곳에서 유우프라테스강을 따라 바그다드까지 배를 타고 간다. 그 다음 티그리스강을 따라 우불라로 내려간다. 그리고는 우불라로부터 오만, 신드, 인도 및 중국으로 간다.

금 융 업

국가는 재정적인 이유 때문에 국가 독점 내지 공익산업을 어느 정도 장려하였으나 교역에 대해서는 아무런 도움도 주지 않았다. 심지어 도로의 유지와 같은 일에도 국가는 아무런 대책도 강구하지 않았다. 더구나 상인들은 관료들의 통제에 대하여 항상 적절한 대책을 세우지 않을 수 없었다. 국가의 경제적 통제는 초기에 오직 식료품의 투기 행위를 금지하는 것과 또 무흐타십 muhtasib이란 관료를 임명하여 시장을 감독하는 정도였다. 이 정책은 효과적으로는 시행되지 않았다. 무흐타십은 시장 상품의 질과 그 가격의 공정성 또는 정확한 계량기를 감독하는 것이 그들의 임무였다. 그러나 후기에는 국가가 직접 상업활동에 간섭하고 심지어 몇몇 상품의 독점을 감행하였다.

9세기경에 대규모의 교역과 산업활동이 활발하자 그 영향으로 곧 금융업도 발생하였다. 이슬람제국은 복본위復本位 화폐제도였다. 동부의 옛 페르시아 영토에서는 은화인 디르함을, 서부의 옛 비잔틴 땅에서는 금화

1) 이집트 지중해 연안의 옛 항구.
2) 1파르상은 6.42km.

인 디나르 dinar(라틴어의 denarius에서 옴)를 주로 사용하였다. 1 디르함은 은 2.97g을, 1디나르는 금 4.25g을 표준으로 하여 주조하였다. 이 두 주화의 상대적 가치를 고정화하려는 노력에도 불구하고 양 금속의 가격이 변화함에 따라 환율은 유동流動하였다. 그래서 이슬람제국의 시장에는 거의 빠짐없이 환전상換錢商 Sarraf이 등장하였다. 9세기경에는 이 환전상이 금융업자로 그 규모가 크게 발전되었으며 또 큰무역업자도 금융업에 투자하였다. 금융상은 바그다드에 본점을, 타 지방 도시에 지점을 두고 상호어음, 신용증서 같은 것도 교환하여서, 심지어 바그다드에서 발행한 어음을 모로코에서 현찰로 찾을 수도 있었다. 동부의 무역중심지인 바스라에서는 무역상마다 금융구좌를 가지고 있어서 시장bazzaar에서 지불 수단으로 현찰 아닌 어음만을 사용하였다.

10세기에는 정부도 은행을 세워서 거두어 들일 세금을 담보로 하여 미리 상당한 금액을 빌려 쓰기도 하였다. 이슬람법에 이자를 받는 것이 금지되어 있기 때문에 대부분의 금융업자는 유대인이나 그리스도교도였다. 상업활동이 번영하였으므로 당시의 문헌에는 무역업자의 이상적인 상像이 묘사되어 있다. 교조 무함마드의 언행록과 할리파 우마르1세와 해학가 자히즈 Jahiz에 관한 문헌 속에서도 무역업자에 대한 칭송의 말을 쉽게 찾아 볼 수 있다.

사회생활

이와 같이 경제생활의 발전에 발을 맞추어 사회생활에도 변화가 나타나 인구의 인종적, 계층적 구성형태에 새로운 면이 일어났다. 우마이야조에서 누리던 아랍 전사戰士층의 지위는 압바시야조에 들어와서 저하되어 국가로부터 연금이나 특권도 잃게 되었다. 압바시야조의 사가史家들은 아랍 부족간의 불화는 거의 언급하지 않고 있다. 이 사실은 결코 부족간의 충돌이 줄어졌다는 것을 의미하지 않는다. 19세기까지도 시리아에서는 북부 아랍 부족인 카이스 Qais와 남부 아랍 부족인 칼브 Kalb의 후손들이 서로 숨막히는 불화 속에 휘말려 있는 것을 볼 수 있다.

이 사실의 의미는 아랍 부족의 상류층은 정사政事와 같은 공공 문제에 관여할 힘을 잃어 그 영향력의 쇠퇴를 말하며 또 그들간의 불화나 다툼은 이미 사회적 중요성을 잃어버린 것을 뜻하는 것이다. 이때부터 많은 아랍 부족들은 암사르 즉 병영도시를 버리고 유목생활로 돌아가든지 혹은 시골로 들어가 정착생활을 하게 되었다. 이슬람 세계의 도시는 그 성격이 종래처럼 점령지를 관할하는 주둔군의 병영兵營 도시에서 무역상과 세공인들이 상호협력하고 공동 이익을 방위하기 위한 장인조합을 스스로 결성하는 곳, 즉 시장과 상품 교환의 장소로 변화하였다.

그렇다고 하여 아랍인들이 그들의 우위성을 완전히 잃은 것도 아니었다. 정부의 고관직에는 아직도 아랍인이 다수를 차지하고 있었다. 또 할리파도 여전히 아랍인이었으며 스스로 아랍인임을 자랑하였고, 아랍어는 여전히 정부 기관의 유일한 공식 용어였다. 이러한 아랍인들의 우월성이 어느정도 유지되었기 때문에 학계나 식자識者층 가운데는 비아랍계 무슬림이 아랍계와 평등하다고 주장하는 사람들이 나타나 슈우비야 shuubiya[1]운동을 일으켰다. 이러한 과정 속에서 중요한 변화가 아랍어라는 단어 자체의 의미 속에서도 일어났다.

아랍인의 자손으로 태어나야만 아랍인이 될 수 있다는 종래까지의 혈연적인 개념에서 벗어나 무슬림이 아랍어를 구사하면 곧 아랍인으로 간주되는 백성의 개념으로 바뀌어졌다. 즉 마왈리들의 사회적 해방으로 차별 정책이 철폐됨으로써 그들도 완벽한 아랍인으로 받아들여졌다. 심지어 할리파의 근위병인 후라산 병정들도 아랍화되었다. 오늘날 이란의 서부 국경 너머 있는 아랍 지역에는 암사르의 아랍인이 지방으로 흩어지고 또 도시의 교통어가 아랍어로 남아 그 주변으로 퍼져 나가 아랍화 과정은 더욱 촉진되었다. 이러한 아랍화 과정은 831년 이집트에서 일어난 아랍족과 고프트 교도들이 공동으로 무슬림 지배층에 반대하여 반란을 일으킨 사실에서도 볼 수 있다. 결국 이라크, 시리아, 이집트와 북아프리카의 그리스도교도나 유대인까지도 아랍어를 사용하게 되어 아랍이란 말 자체

1) qaba'il은 아랍 부족, shu'ub는 非아랍 부족을 뜻한 데서 유래(Cambridge history of Islam Ⅱ p. 584 참조). 이 운동은 정치성이 없고 순전히 사회문화적이었음

도 그 의미가 유목민을 뜻하는 것으로 변했다.

우마이야조의 아랍 상류층을 대신하여 이제 압바시야제국은 새로운 지배층을 가지게 되었으니 그들은 곧 부유층과 학자층이다. 부유층은 대체로 그 재산이 엄청난 규모였다. 이 재산은 급료가 높은 관료직에 있으면서 그에 따른 여러 혜택, 즉 무역과 금융의 특전特典 또는 투기할 기회의 포착 또는 토지의 소유나 토지세 징수권을 통하여 소작인 내지 농민을 수탈하여 이루어졌다. 한 사료는 관료집안 출신의 한 젊은이가 상속받은 4만 디나르의 투자 상황을 밝혀주고 있다. 즉 1천 디나르는 낡은 집을 수리하는 데, 7천 디나르는 가구 · 옷가지 · 젊은 노비 및 오락시설의 구입에 소비하고, 2천 디나르는 신용할 수 있는 무역업자에게 맡겨 자기를 위해 장사하도록 하고, 1만 디나르는 긴급시를 위해 땅에 묻어두고, 나머지 2만 디나르로 농장을 사서 그 수입으로 생계를 꾸려나가도록 했다고 밝혔다.

이슬람제국의 비무슬림 백성인 딤미 dhimmi의 지위에 대해서 한동안 논란이 있었다. 일부학자는 그들이 이슬람 정부가 베푼 관용성에 힘입어 무슬림과 대등한 지위를 누렸다고 주장했다. 딤미는 고율의 세금을 납부했으며, 또 몇몇 불리한 조건에 시달리는 2등 백성이었으나 공개적인 박해는 거의 받지 않았다. 그러나 그들의 지위는 같은 시대의 서부 유럽에 거주하고 있었던 종교적 소수파에 비하면 월등히 나았다. 그들은 자유롭게 자기들의 종교를 믿는 데 구애받지 않았으며 또 정상적인 재산권을 행사하였다. 더구나 그 일부는 국가 공직에 봉사하여 종종 최고직에 오르기도 하였다. 그들은 공예인 조합에도 가입할 수 있었고, 심지어 몇몇 조합은 그들의 손아귀에 있었다. 그들은 신앙 때문에 순교하거나 또는 망명하는 일은 없었다.

Ⅵ. 이슬람 문명

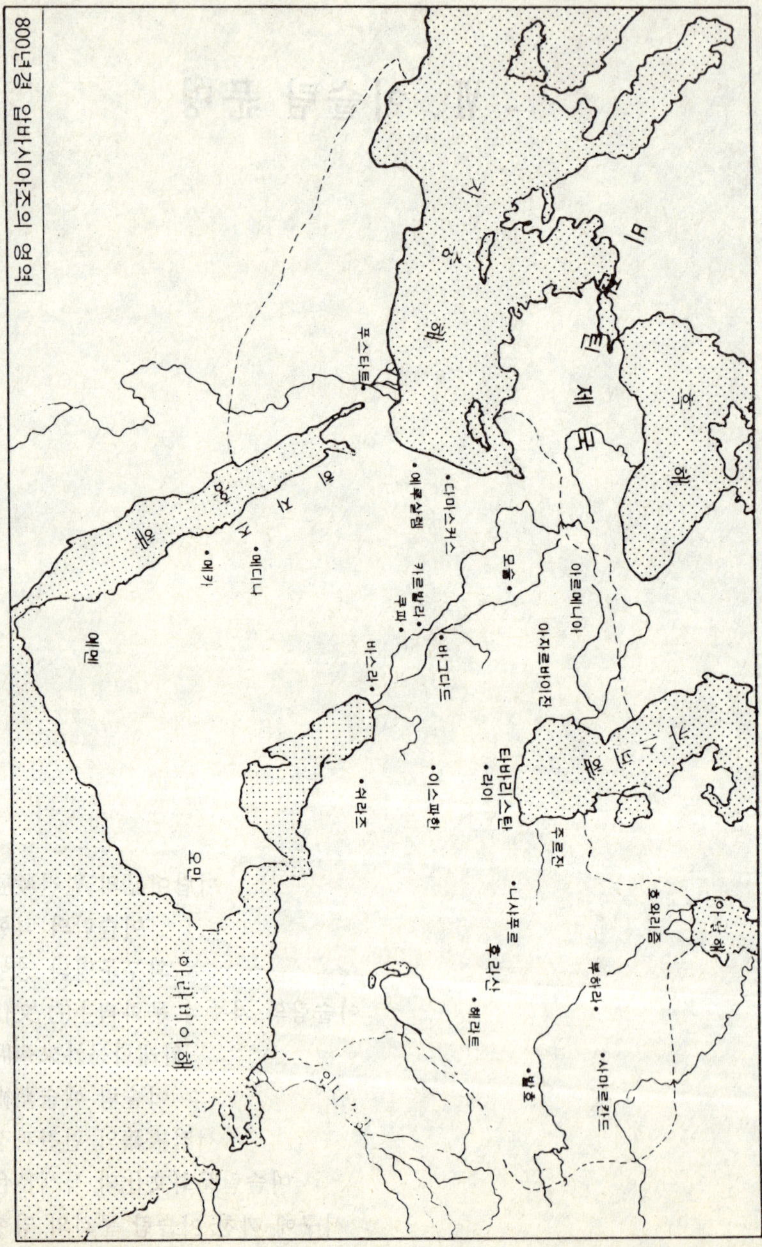

800년경 압바시야조의 영역

아랍어語의 발전發展

아랍 이슬람제국이 중근동에 번영하고 있는 기간에 일반적으로 이슬람 또는 아랍문명으로 알려진 한 문명이 생겨났다[1]. 이 문명은 아랍인이 아라비아반도의 사막에서 가져온 기성품도 아니고, 정복을 완수한 후 개종한 여러 인종 즉 아랍족, 페르시아족, 이집트족, 시리아족 등의 순수한 이슬람 교도만의 문명도 아니다. 수많은 그리스도교도, 유대교도 및 배화교도 등도 이 문명을 창조하는 데 공헌을 했기 때문이다. 그러나 이 문명은 아랍어로 표현되었고 이슬람의 인생관과 세계관으로 장식되어 있다. 이 문명의 알맹이는 곧 언어와 신앙 두 가지였다. 이 둘은 곧 아랍인이 그들의 영역 안에서 발전된 새롭고 창조적인 문명 즉 이슬람문명에 이바지한 요소이다.

아랍어는 셈어에 속하며 그 가운데 가장 뒤늦게 발달된 것이다. 이슬람 등장 이전의 아랍인은 생활양식이 원시적이고, 교육이나 문화수준이 매우 낮아서 기록의 전통은 거의 없었다. 그러나 아랍 부족은 서로 경쟁하여 시詩를 발전시켜 그것을 전통으로 만들어 운율과 문형文型을 잡아 놓았다. 그들은 단조로운 사막생활에도 불구하고, 풍부한 정열과 상상력으로 베드윈 Bedouin생활의 진면眞面을 표현했다. 즉 술, 사랑, 전쟁, 사냥, 지긋지긋한 자연 환경, 부족의 용맹, 적의 비열함을 시로 읊은 것이다.

정복에 의하여 아랍어는 궁전 용어가 되었고 곧이어 위대한 문화의 언어가 되었다. 사막에서 발생하여 자라난 아랍어는 이제 주위환경이 엄청나게 바뀐 대제국의 생활 양상을 표현하기에는 어휘의 부족이 많았다. 아랍어는 이 결함을 보충하기 위하여 외국용어도 빌었으나 주로 아랍어 어휘 내에서 스스로 발전시켜 사용하였다. 이렇게 어휘가 풍요하게 된 아랍어는 아랍족이 권좌權座에서 물러난 후에도 오랫동안 이슬람 문화의 표현 수단으로 남아 있게 되었다.

---

1) 이 문명은 유럽인에게는 사라센(Sanacen)문명으로 알려졌다. 사라센은 그리스인이 시나 이 반도의 거주민을 사라소니(Sarasoni)라고 부른데서 연유한다.

아랍인이 만든 진정한 기적은 군사적인 정복보다 오히려 정복된 지역을 아랍화 내지 이슬람화한 데 있는 것이다. 11세기까지 아랍어는 이란에서 스페인에 이르기까지 일상 생활에 있어서 가장 중요한 언어가 되었을 뿐만 아니라 중세 페르시아어, 고프트어 Coptic, 아람어 Aramaic, 그리스어 및 라틴어와 같은 전통적인 문화 언어의 지위를 뒤흔들어 이슬람 세계의 문화를 대표하는 수단으로 발전한 것이다.

아랍어가 널리 보급됨에 따라 정복자로서의 아랍인과 아랍화된 피정복자의 구별은 점차 그 중요성이 시들어지고, 아랍어로 말하고 이슬람을 믿는 자는 모두 하나의 공동체, 즉 움마에 속하는 동료로 느꼈다. 그래서 아랍이라는 말 자체가 본래의 근원지인 유목민에게 돌아가 그 뜻으로 통용되었다.

심지어 아랍어가 영원히 뿌리를 내린 거대한 지역을 넘어서도 아랍어는 다른 무슬림 언어 즉 페르시아어, 터키어, 후에는 우루두어 Urdu, 말레이어 및 스와힐리어 Swahili에도 상당한 영향을 미쳐서 이들 언어는 아랍어 자모子母로 새로 쓰여지고 또 수많은 아랍 어휘들이 들어가게 되었다. 마치 우리말이나 일본어에서 한자용어가 중요한 과학적 및 개념적인 어휘를 이루어 놓듯이 아랍 어휘가 이들 무슬림 언어의 개념적 표현을 담당하게 된 것이다

또 아랍어의 보급은 단순히 언어 자체의 보급 이상의 의미가 있다. 이 언어의 보급과 함께 아랍문학 전통과 기호도 전파되어 그 주제를 선택·취급하는 데도 나타났다. 11세기까지 페르시아인이 아랍어로 쓴 시와, 페르시아가 독자적인 이슬람문화를 발전시킬 수 있었던 後代의 페르시아어로 된 시를 비교하면 너무나 명백하게 드러난다. 페르시아인이 쓴 아랍어 시는 아랍인들 스스로의 시와 많은 점에서 다르나, 근본적으로는 아랍인의 입맛에 맞아서 지금도 아랍인들은 그들 문화의 한 부분으로 생각하며 귀중하게 취급하고 있다. 후대의 페르시아어 시에는 아랍시의 특징인 서사시의 주인공을 영웅화하는 현상과 서정시의 주관적색체가 결여되어 있다.

이슬람의 역할

한편 예언자 무함마드를 시발점으로 아라비아에서 생성되어 중근동 및 세계 각처로 전파되어간 이슬람은 단순한 믿음과 의식의 체계 이상이다. 그것은 또한 국가, 사회, 법률, 사상 및 예술의 체계이다. 즉 종교가 모든 것을 결집시키는 핵으로 작용하는 하나의 문명이다. 예언자가 메카에서 메디나로 이주hijira함과 더불어 이슬람은 곧 새로운 신앙에 대한 것은 물론이며, 또한 이슬람 공동체 umma에 대한 순종을 뜻하였다. 이것은 현실적으로 메디나와 예언자의 종주권, 후에는 제국의 할리파에 대한 종주권을 뜻하였다. 이슬람은 초기에는 아랍인과, 후에는 제국의 일등 국민의 신앙과 동일시되었다.

이슬람의 율법은 샤리아 shari'a라 하며 이것은 쿠란Quran과 예언자의 언행록 hadith에서 법학자들이 발전시킨 성법聖法인 것이다. 샤리아는 사회공동체의 표준이 되는 법규일 뿐만 아니라 개별 인간과 공동체가 다같이 추구해야 하는 이상이며, 또 행위의 표본인 것이다. 법은 신神의 계시를 통하여서만 나올 수 있으므로 이슬람은 누구에게도 입법권을 인정하지 않는다. 그러나 관습법, 민법 및 통치자의 의지 등은 법학자들이 비공식적이긴 하지만 한정된 범위 내에서 인정한다. 신이 주신 샤리아는 믿음과 의식뿐만이 아니고 헌법과 국제법 등의 공법公法과, 형법과 민법 등의 사법私法 등 인간 생활의 모든 면을 통괄한다. 샤리아의 이상은 헌법적인 측면에 그 특색이 가장 분명하다.

샤리아에 따르면 이슬람 공동체의 우두머리는 할리파이고 그는 유일신의 대리인으로 한 사람 이상의 선거권자에 의하여 선임된다. 그는 군사, 종교, 세속적인 모든 문제에 있어서 최고의 권한을 가지고 예언자가 남긴 정신적, 물질적 유산을 때묻지 않게 곱게 보존할 의무가 있다. 그는 영적靈的인 힘을 지니고 있지 않으며 교리를 바꾸거나 새로운 교리를 만들 수 없다. 또 이슬람에는 성직聖職제도가 없기 때문에 승려층의 뒷받침도 받을 수도 없으나 반半 승려에 해당하는 울라마 'ulama(원로 신학자)의 도움을 받았다. 이들은 신법神法의 학자들이지만 그들의 권한도 쿠란과 하디스의 풀이에 한정되고 있다. 즉 이슬람을 이념으로 한 이슬람 공동체는 이념국가이며 할리파는 그 우두머리였다. 그러나 할리파는 9세기 중엽부터 이슬람 세계의 실질적 지배자가 된 군사령관의 꼭두각시로 변화하였다.

11세기에 이르러 술탄Sultan이 할리파를 제치고 세속世俗계의 최고 권력자가 되었다. 그들은 무력으로 일정한 영토를 차지한 후 할리파의 형식적인 기존 사실 승인과 그에 따라 법률학자들도 내키지 않는 마음으로 술탄의 권위를 할리파로부터 위임받은 것으로 합법화하였다. 그와 더불어 성법聖法의 효율적 시행을 관장하는 카디 qadi라는 재판관 곁에 또한 세속 문제를 다루는 재판소가 있었다. 이 세속 재판소의 목적은 카디의 재판관할권에 들어가지 않는 문제를 취급하여 행정 관료들의 자의적恣意的인 권력의 남용에 의하여 일어나는 부당한 사태를 시정하는 데 있었다.

외부 문명의 영향

아랍인이 지상에서 가져온 언어와 신앙도 초창기부터 외부의 영향을 받게 마련이었다. 이슬람 이전의 시나 쿠란 속에도 외래어가 이미 들어 있었으며 특히 정복의 시기 동안에 많은 외래어가 들어왔다. 행정적 용어는 페르시아어와 그리스어에서, 신학적 · 종교적 용어는 히브리어와 시리아어에서, 과학과 철학 용어는 그리스어에서 많이 들어 온 것을 보아도 이 지역의 옛 문명이 당시 태동하고 있는 이슬람 문명에 커다란 영향을 주었음을 알 수 있다. 이슬람 사회는 맹아기부터 그 자체 내에 기원이 다른 여러 요소 즉 그리스도교, 유대교, 배화교의 예언서를 비롯해 이들 종교의 법체계, 말세론 및 신비주의적 사상 그리고 페르시아의 사산조와 비잔틴제국의 행정직 관례 등 다양한 요소를 결합하여 독특한 사회로 발전 · 승화되어 나갔다. 아마도 가장 중요한 요소는 헬레니즘 Hellenism 문화의 영향이다. 특히 과학, 철학, 예술과 건축양식 그리고 어느 정도 문학 부문에서도 그 영향은 매우 크다.

헬레니즘 문화의 영향이 너무나 크기 때문에 이슬람 문명도 그리스 문화의 유산을 이어 받은 그리스 정교 세계와 로마 카톨릭 세계와 더불어 그 계승자로 묘사되기도 한다. 그러나 이슬람 문명에 영향을 준 헬레니즘 문화는 아람어 Aramaic와 그리스도교의 영향으로 반半 중근동화된 중세 중근동의 산물로서 이것은 고대 그리스 문화에서 계속 발전된 것이다. 반면에 현대 서구문명의 형성에 영향을 준 그리스 문화는 중세 암흑시대 이후에 발전된 문예부흥 Renaissance시대에 재발견된 고대 그리스 문화이다. 이슬람 문명을 형성하는 데 밑거름이 된 다양한 요소의 영향에도 불구하고, 이 문명은 여러 문화를 단순히 기계적으로 병합한 것이 아니고 다양한 요소를 독창적인 새로운 사상의 용광로에 집어넣어 융화시켜 아랍적이고 이슬람적인 형태로 바꾸어 놓은 창조품인 것이다. 이 점은 그 문명이 발전하는 과정 속에서도 눈에 두드러질 정도로 그 특색이 명확한 것이다.

자생적自生的 문화

아랍인 자신의 평가에도 그들 자신의 첫번째 업적은 웅변과 같이 청중에 대한 호소력을 중시하는 시詩이다. 이슬람 이전의 시는 공중과 사회문제에 중대한 정치적 기능을 하여 시인은 주로 자신의 부족을 칭송하거나 그 적을 비방하는 대변인 역을 담당하였다. 우마이야조(661~750) 시대에는 구전口傳되어 온 옛 시를 편집하여 발전을 위한 모형으로 삼았다. 압바시야조(750~1258) 초기의 아랍어 시는 비아랍인, 특히 페르시아인의 참여로 더욱 풍요하게 되었다. 첫번째로 이름을 얻은 시인은 장님이나 천부적 소질을 지닌 바스샤르 이븐 부르드 Bashshar ibn Burd(784년 죽음)이다. 이들 새로운 시인들은 참신한 주제와 형식을 발굴하여 옛 시 형식과의 오랜 경쟁 끝에 잠시 동안 승리를 거두었다. 그러나 그들이 참신한 면을 발굴했음에도 불구하고 아랍 지배층의 구미에 적응하지 않을 수 없었으며 결국 신고전파의 출현을 초래했다. 이 신고전파의 대표적 시인이 무탄나비 Mutanabbi(905~965)이며 그는 아랍사람들이 가장 높이 평가하는 시인이다.

쿠란은 아랍어로 된 첫번째 책이며 그 문체는 운율이 담긴 산문체이며 그 영향으로 순수문학과 소품小品 등의 글이 많이 나왔다. 이의 대가大家가 곧 자히즈 Jahiz(왕방울 눈)란 별명을 얻은 암르 이븐 바흐르 'Amr ibn Bahr(869년 죽음)이다. 그는 바스라 태생으로 할아버지는 아프리카에서 끌려 온 흑인 노예였다. 자히즈의 해박한 지식, 창의력 및 매력 때문에 아랍문학에 있어서 독특한 지위가 주어졌다.

학문과 교육의 발전은 모두 종교에서 유래하였다. 문법과 철자법은 쿠란을 정확히 이해하려는 목적에서 발생하였다. 메디나에서는 독실한 신자들이 종교적 학문, 즉 쿠란 해설 tafsir, 신학 및 하디스 hadith 연구에 몰두하였다. 이 하디스를 법으로 응용하는 문제와 또 하디스 구절의 유래를 연구하는 과정에서 이슬람 법학과 역사학이 발생하였다. 법의 연구 과정에서 오랫동안 애쓴 결과 이슬람 성법 Shari' a으로 발전하였다. 역사학은 교조 무함마드의 생애에 대한 연구에서 시작하여 이슬람 이전의 아랍 사람들이 지닌 구전口傳 등의 편찬과 후에 페르시아인이 이슬람에 개종함과 더불어 연대기年代記 방식으로 기록함으로써 다양화되었다. 교조의 생애를 연구한 학자는 이븐 이샤크 Ibn Ishaq(767년 죽음)와 이븐 히샴 Ibn Hisham(834년 죽음) 등이며 그들의 『예언자의 생애』 sirat al-nabi는 이 분야에 유명한 저서이다 연대기年代記로서는 타바리 Tabari(838~923)의 『예언자들과 왕국들의 역사』ta' rikh al-rusul wal- muluk와 마수디 Mas' udi(957년 죽음)의 『황금 초원과 보석 광산』 muruj al- dhahab wa-ma' adin al-jawhar 등의 방대한 저서가 있다.

그러나 이러한 초기의 사서史書들은 역사적 비평정신과 사관史觀이 결여되어 있는 단순한 사실의 집합集合에 지나지 않는다. 그 기술양식도 하디스의 방법에 따라 사건이 일어난 현장 증인의 진술을 들은 권위자들의 구전을 대대로 그 이름을 밝혀 기록하였다. 여기서 대화체나 때때로 해설적인 면이 가미된 사서가 발전하여 이븐 할둔 Ibn Khaldun(1332~1406)의 『서문』 muqdaddima과 같은 역사철학서가 나온 것이다. 그는 가장 위대한 아랍 역사학자이며 아마도 중세 말에 나온 이슬람 세계의 가장 위대한 사상가로 평가되고 있다.

외래학문外來學問

종교문헌은 이슬람의 초창기에 기독교와 유대교의 영향을 받았으며 그 좋은 예는 하디스 속에 묵시록과 탈무드의 자료가 많이 잠입한 데서 볼 수 있다. 본격적인 신학 문헌은 시리아 그리스도교의 영향 아래서 발달하여 후에는 그리스 사상의 영향도 받게 되었다. 그리스의 영향은 철학의 발전에 두드러졌으며 또 과학 즉 수학, 천문학, 지리학, 화학, 물리학, 박물학 및 의학의 발달에 결정적 역할을 하였다. 그리스 서적의 원본을 번역하거나 시리아어 번역판에서 중역重譯하는 데 열의를 보여 9,10세기 학문의 발전에 획기적인 계기를 만들어 주었다.

그리스 학문은 이집트의 알렉산드리아, 시리아의 안티오크 Antioch 등의 도시와 비잔틴제국에서 사산조의 페르시아에 망명한 경교도景敎徒 Nestorian 등이 세운 준디샤푸르 Jundishapur 시市의 학원에 계속 명맥을 유지하고 있었다. 번역 활동은 우마이야조 시대에 그리스어와 고프트어로 된 화학서書에서 시작되었다. 우마르 2세(717~720 재위) 때 바스라 출신의 유대교도인 마사르자와이흐 Masarjawaih가 시리아어로 된 의서醫書를 아랍어로 번역하여 아랍의학의 바탕이 되었다. 번역자들은 주로 시리아 출신의 그리스도교도나 유대교도였다. 우마이야조 시대의 번역 작업은 개인적이어서 그리 흔하지 않았으나 압바시야조에서는 국가적인 번역기관이 설립되어 이를 장려하였다.

번역 활동이 가장 활발했던 시기는 9세기였으며 특히 할리파 마문 Mamun(813~833)의 통치시기였다. 그는 번역가의 양성을 위해서 바그다드에서 지식의 전당 bait al-hikma이라는 연구원을 세워서 그 속에 도서관과 필요한 정규 직원을 두어 운영하였다. 가장 잘 알려진 번역자는 후나인 이븐 이샤크 unain ibn Ishaq(809~877년경 생존)라는 준디샤푸르 출신의 그리스도교도로서 그의 본직은 의사였다. 그는 로마제국의 의학자 갈렌 Galen(131~201)의 『의서집』Corpus과 그리스의 의학자 히포크라테스 Hippocrates(460~377 B.C.)의 『경구警句』등 많은 다른 저서를 번역하였으며 이들은 대부분 현존하고 있다. 다른 번역가들은 천문학, 물리학, 수학 등 여러 다른 과학서를 취급하여 시리아어나 아랍어로 번역하였다. 역대의 할리파는 학자들을 여러 곳에 심지어 비잔틴제국에까지 보내어 원본을 구하게 하였다.

이들 가운데 약간은 주로 그리스 원본을 요약하거나 해설하여 자기 이름의 저서를 내놓기도 하였다. 이러한 번역의 시기가 지난 다음 독창적인 무슬림 학자들이 배출되었다. 이들은 대체로 페르시아인이었으며 그들 가운데 의학자이며 철학자인 라지 Razi(라틴명 Rhazes, 856~925)와 이븐 시나 Ibn Sina(라틴명 Avicenna, 980~1037) 및 박식한 비루니 Biruni(973~1048)등이 있다. 비루니는 중세 이슬람이 배출한 가장 위대한 학자였다. 그는 천문학, 수학, 물리학, 화학, 역사학, 지리학에 조예가 깊었고 또 여행가였다. 의학에 있어서 중세 무슬림들은 그리스의 기본 이론을 발전시키지는 못했으나 의료 경험을 통하여 그 치료법을 개발하였다.

수학, 물리학, 화학에 대한 그들의 공헌은 훨씬 크며 또 독창적이었다. 비록 "0"자는 아랍인의 창안은 아니지만 인도에서 받아들여 이를 처음으로 이론 수학의 체계 속에 도입하였으며 또 유럽에 전하였다. 그래서 아라비아 숫자로 알려지게 되었다. 대수학 기하학 특히 삼각법은 중세 무슬림이 발전시킨 것이다. 아랍 수학자로서는 영어의 아라비아 숫자라는 단어인 algorism이란 말의 어원이 된 알 흐와리즈미 Al-Khwarizim(850년경 죽음)가 가장 유명하다. 그의 저서 『적분법과 방정식 계산』hisab al-jabr wal-muqabala은 라틴어로 12세기에 번역되어 16세기까지 유럽 대학의 교과서로 남아 있었다.

철학의 발전에는 고대그리스사상의 도입이 결정적인 역할을 하였다. 그리스 사상은 할리파 마문의 통치 때 아리스토텔레스 Aristoteles(384~322 B.C.)의 저서를 번역함으로써 이슬람의 철학과 신학의 면모를 바꾸어 놓았다. 또 그리스 철학은 오랜 기간 이슬람 세계에 영향을 미쳐 독창적인 무슬림 사상가를 나오게 하였다. 그 가운데는 유일한 아랍인인 킨디 Kindi(850년경 죽음), 터키계의 파라비 Farabi(950년 죽음), 이란계의 이븐 시나 Ibn Sina(1037년 죽음) 및 스페인 출신의 이븐 루쉬드 Ibn Rushd(라틴명 aberrroes, 1198년 죽음)등이 있다. 이들의 저서는 이태리의 크레모나 Cremona 출신이나 이슬람 스페인에서 활동한 제라르드 Gerard(1187년 죽음) 등 여러 번역가에 의하여 라틴어로 번역되어 10세기에 시작된 서구의 문예부흥 발생에 상당한 영향을 미쳤다.

이슬람 예술藝術

이슬람 예술은 페르시아와 중국문물을 수용했기에 그 영향에 특히 힘입은 바 크다. 장식과 공예 분야에서 이슬람 문명의 절충적인 면과 독창적인 면을 명백히 들여다볼 수 있다. 시리아에 있는 우마이야조의 성벽에서, 이라크와 이집트에서 발굴된 세간살이와 가구에서 무슬림들은 처음에 다른 문명의 공예품을 수입하여 사용했으며 심지어 외래外來공예인까지도 받아들인 흔적을 엿볼 수 있다. 그 후 점차 모방하였고 결국에는 융화시켜 독창적인 공예품을 스스로 내놓게 되었다. 이라크의 발굴처에서 나온 9세기 도자기 가운데에는 비잔틴과 사산조의 공예 기술로 만들어진 자기, 중국에서 수입한 자기류 등을 한자리에서 볼 수 있다.

이슬람 예술이 이루어 놓은 업적 가운데서 도자기가 윤이 나고 아름다운 점이 특색이다. 이 도자기는 무슬림 통치 아래 있었던 페르시아와 스페인에 이르기까지 널리 보급되었다. 역시 같은 식으로 이슬람제국의 공예인들은 금속, 목재, 석재石材, 상아, 유리 특히 섬유와 양탄자 제품의 모형을 빌리고, 모방하고, 연마하는 순으로 발전시켜 드디어 새롭고 개성적인 형태로 창조하여 이슬람적 특색을 나타나게 하였다.

서적書籍의 편찬과정

이슬람문명은 또한 종이가 없었던 상황 아래서도 책을 만들어 내어놓은 중근동 고대 문명의 전통을 이어 받았다. 그래서 제목과 내용을 처음부터 끝까지 한 묶음으로 만들고 가능하면 그림과 도표도 넣고 겉표지에 장식도 넣는 식으로 그 제본 기술이 발전하였다. 초창기의 문학작품은 구전口傳이나 낭송 등으로 표현되었다. 이러한 상태가 한동안 계속되었으나 점차 문학작품의 폭과 길이가 늘어남에 따라 책으로 만들 필요성을 느꼈다. 그래서 저자著者들은 초안을 만들고 강의도 했으며 서사書士를 고용하여 받아쓰게 하면서 결국에는 책을 만들어 내었다. 이러한 과정은 중국으로부터 중앙 아시아를 경유하여 종이와 제지법이 도입되자 더욱 촉진되었다. 그 때문에 책은 더욱 싸게 편찬되었고 또 보급도 간편해져 책의 출간이 더욱 용이하게 되었다. 문화생활에 미친 영향도 대단하였다.

이슬람 문화文化의 특색特色

압바시야조의 무슬림사회는 그리스의 문화적 유산을 받아들였기 때문에 과학적이고 합리적인 철학사상이 대두하였다. 이 철학은 직관에 바탕을 둔 이슬람 사상과 경쟁하게 되었다. 이러한 경쟁관계가 지속되는 동안 이 두 학문에 종사하는 무슬림들은 다양하고 풍요한 문화를 창조하게 되었다. 결국 이슬람적인 견해가 이 경쟁에서 승리를 거두었다. 그래서 종교에 의해서 규범화된 무슬림 사회는 이슬람의 제원리諸原理에 저촉되는 가치 체계를 거절하게 되었다. 오직 합치되는 원리만을 받아들여서 경험과 관찰을 통하여 다듬어갔다. 이렇게 고질화된 사회체제에 대한 반항으로서 결국 이스마일 Isma'il파가 이슬람의 탈을 쓰고 헬레니즘 사상의 가치관념을 폭넓게 받아들여 전통적 이슬람의 신본적神本的 사상에서 탈피하고 인본주의人本主義의 재생을 널리 알렸다. 이 파는 쿠란이라는 장애물, 즉 샤리아 Shari'a(이슬람 聖法)라는 장벽을 전혀 과오를 범하지 않는다는 이맘 Imam(이슬람 공동체의 우두머리)의 분별력을 통하여 극복하였다. 이스마일파 세력은 9세기 말에 정치적으로는 어느 정도 성공을 거두어 파티마조 Fatima朝(909~1171)를 세웠으나 충분치 못하여 종국에는 패하였다.

이러한 이슬람 문명의 본질을 분석하는 것은 쉬운 일이 아니다. 더구나 시간상으로 보아도 현 시대와는 1천 년 이상의 간격이 있으며 또 지리적으로 보아도 우리나라와는 너무 동떨어진 지역인데다 과거에 문화적 교류도 거의 없는 형편이어서 그 상황을 이해하기 힘들다. 또 당시에 나온 문헌도 소수 특권층으로부터 나왔고 인구의 다수를 차지하고 있고 다인종으로 형성된 일반 상민의 소리는 거의 들을 수조차 없기 때문에 그 상황의 올바른 이해가 힘겹다. 이러한 점을 감안하여 중세 이슬람 문명의 전형적인 면을 살펴볼 수밖에 없다.

가장 현저한 특색은 이슬람 문화의 특유한 융화력이다. 아랍인은 정복을 통하여 역사상 최초로 오늘날의 인도와 중국의 경계선 지역에서 그리스, 이태리 및 프랑스의 변경 지역에 이르는 방대한 지역을 통합하였다. 이 방대한 지역을 한 동안은 군사적, 정치적 권력을 통하여, 그후 훨씬 오랜 기간 동안은 아랍어와 신앙을 통하여 한 덩어리로 묶어 놓았다. 그래서 서로 불화 관계에 있었던 두 문화, 즉 지중해 문화와 페르시아 문화를 융합시켰다. 전자는 그리스, 로마, 이슬라엘 및 고대 중근동의 다양한 문명의 총체이며 후자는 인도와 중국의 문화 뿐만 아니라 역시 고대 중근동의 문화를 수용한 것이다. 서로 다른 수많은 인종, 신앙 및 문화가 이슬람 영역 내에 공존共存함으로써 하나의 새로운 문명이 생성되어 아랍적인 이슬람의 독특한 옷을 걸치게 된 것이다.

이러한 이슬람 사회의 다양성에서 중세 그리스도교 세계에서도 찾아보기 힘든 상대적인 관용성이 그 두번째 특색으로 나타난다. 중세 무슬림은 그의 통치 아래 있는 모든 백성에게 자기의 신앙을 강조할 필요성을 느끼지 못하였다. 그리스도교도들이 품고 있는 생각과 똑같이 무슬림도 다른 신앙을 가진 사람은 때가 되면 지옥에서 고난을 받을 것이라는 확신을 가지고 있었다. 그러나 그리스도교도와는 다르게 무슬림은 이승에서 신의 심판을 예상하지는 않았다. 대체로 무슬림은 여러 신앙 가운데서 지배적인 신앙으로 군림하는 데 만족한 것 같다. 그래서 무슬림은 우위의 표시로서 비이슬람교도에게 일정한 사회적 및 법적인 차별정책을 시행하였고 또 그들이 신분을 잊어버린 듯이 보이면 유효 적절한 수단으로 그들의 신분을 일깨워 주었다. 그렇지 않는 경우에는 비이슬람 교도들의 종교적, 경제적 및 지적 활동의 자유를 그들 자신의 임의에 맡겨서 무슬림의 문명 창조에 눈부신 공헌을 할 수 있는 참여 기회를 가지게 하였다.

다른 모든 문명과 마찬가지로 중세 이슬람은 자신의 우월성을 선험적先驗的으로 확신하여 자부하고 있었다. 유일신이 내리신 한자락의 계시 가운데 유대교나 그리스도교의 계시는 오래 되어 낡은 것이나 무함마드의 사명은 마지막 이라는 이슬람의 예언관 때문에 무슬림은 유대교도나 그리스도교도를 오래 되어 완전치 못한 하나님의 말씀을 따르는 사람으로 간주하고 자기들만이 완전한 것을 소유하고 있다고 믿었다. 그리스도교는 로마제국의 국교가 되기 전에는 비천하고 가난한 사람의 종교로서 수세기 동안 박해를 받으면서 자라났다. 이와는 다르게 이슬람은 교조의 생존 기간 중에 신자 공동체를 형성 · 발전시키고 또 승리를 가져다 주는 지침指針이 되었다. 이슬람의 형성기에 살았던 무슬림 제1세대는 광범한 지역을 정복하는데 성공하였다. 그 결과 그들만이 유일신의 법에 따라 살아가는 유일한 공동체를 만들었기 때문에, 유일신의 은총이 이승의 그들에게 성공과 권력을 가져다 주었다는 확신을 갖게되었다. 무슬림들은 비록 현명한 이교도異教徒로부터 많은 것을 배우 수 있지만 가치 있는 인생관의 표준은 샤리아라 믿었다. 그것은 유일신의 직접적인 계시에 의하여 만들어진데다 그것을 따름으로써 거둔 정복의 성공에 의하여 확인되었기에 무슬림의 믿음은 더욱 공고하여졌다.

이슬람사회 공동체는 인생과 우주를 수직적으로는 밀접히 결속되나 평면적으로는 느슨하게 얽어매어 놓은 정도로 각각 분리된 원자체原子體의 집합체로 보는 경향이 있다. 그것은 환경이나 각 개인의 마음이 기계적으로 합처놓은 우연한 묶음이지 결코 개체가 상호작용하여 결합된 조직체는 아니라는 것이다. 비록 이러한 생각은 일반적으로 보편화된 것은 아니지만, 무슬림의 생활에도 영향을 주어 각 개인은 사회공동체를 각 부분이 상호 작용 반작용하는 전체 조직의 구성원으로 보지 않았다. 반대로 이 공동체를 분리된 여러 다른 단체 즉 각 종교, 각 민족, 각 계층으로 형성되어 있고 또 아래는 토지, 위에는 정부에 의하여 묶어져 있는 연합체로 생각했다. 그래서 자기가 살고 있는 도시는 구역, 조합, 씨족 및 가문의 혼합체여서 개인은 이 작은집단에 속하지만 각 개체 또는 전체의 유기적인 조직체의 구성분자로서 이에 대한 소속감과 충성심이 결핍되고 있는 것이다. 물론 이러한 의식 구조는 당시의 생산력이 토지에 국한되어 있고 중동의 각 민족이 부족적 조직체 속에서 살아왔기 때문일 것 같다.

이러한 사회공동체의 양상은 그대로 지식에 대한 일반 학자나 문인의 삶에 대한 입장 속에서도 나타나고 있다. 신학자들이 만들어 놓은 각 종파, 신학파 및 종단은 그들 각자가 찾은 것을 통합된 전체 속에 모아서 같은 목표를 향해 가는 여러 가지 다른 길이 아니었다. 오직 분리된 혼자만의 칸막이 방에 일정한 지식의 조각조각을 잡아서 그것을 엮는 것이 곧 배움으로 여기는 것이다. 아랍 문학도 거족적인 서사시나 극본이 결여되어 있고 관찰과 성격 묘사는 그 하나하나가 분리되어 섬세하고 생생하지만 단편적이다. 따라서 작자와 독자는 주관적인 연상聯想에 의하여 연결되어 있지만, 전반적인 흐름을 이끄는 설계도는 드문 것이었다. 아랍 음악도 음계音階적이고 음율音律적이어서 환상과 변화무쌍을 잘 표현하고 있으나 전체적인 조화미가 부족한 것 같다. 아랍 예술도 그 구성이나 전체적인 투시화법에 의하여 뛰어남이 결정되기 보다 오히려 그 섬세함과 구석구석의 완벽함을 더 중시하였다. 사학자나 전기傳記학자도 여러 역사적 사건의 연관성과 구조 분석에서 출발하지 않고, 각 사건 하나하나에 대한 기술만을 위주로 하였다.

이러한 사회 구조와 문화 생활은 후에 개인의 비인격성을 조장하여 집산주의集産主義 Collectivism[1] 적인 면모를 띠게 되었다. 이슬람 형성기에 발달했던 아랍인의 개인주의적 태도는 오직 베드윈 가운데서만 그대로 남아 있고 문명의 중심지인 도시에서는 소극적이거나 심지어 방관적인 태도로 바뀌어갔다. 심지어 저서著書도 저자의 독자적이며 개성적인 창조물로 보는 것이 아니다. 저자 자신의 개성은 옛날에 살았던 대권위자의 명성名聲이나 수 많은 전승자傳承者의 대열隊列 속에 숨겨 놓고 오직 전승을 위한 수단으로 저서를 만드는 것이므로 그것은 하나의 연결점에 불과한 것이다. 이러한 집산주의적인 방법은 이슬람 사상과 제도적기구의 구석구석에 나타나고 있다. 무슬림이 가지고 있는 "완전한 인간"은 무함마드이고 "완전한 국가"는 그가 세운 신자공동체, 즉 움마라는 것이 그들의 이상적 관념이다. 모두가 이론상으로는 이상적 모형을 모방함으로써 한치도 어긋나지 않게 적응해야 하는 것이기 때문에 스스로 자신의 개인적 잠재력을 발전시켜 새로운 이상을 창조하기가 힘들었다.

신학상의 교리를 확립했다는 것은 곧 자유로운 사색 정신의 포기를 의

1) 일명 집단주의一名 集團主義. 개인을 사회 전체의 한 구성원에 지나지 않는 것으로 보고 개인의 인격적 자립성을 인정해 주지 않는 세계관. 정부의 통제를 이상으로 하는 사상

미하는 것이다. 이러한 교리는 곧 결정론이며 권위주의적이어서 "샤리아와 계시"를 무조건 받아들일 것을 요구하고 있다. 따라서 이슬람 신학은 유일신을 원초적인 동인動人으로서 보다 오히려 만사萬事와 만물萬物의 움직임 하나하나까지 철두철미 만들어 내는 저작자著作者로 보기 때문에 다른 여러 부차적副次的인 동인을 모두 부정하는 것이다. 이렇게 인간 관계의 법칙을 부정하는 것은 자유로운 사색과 철학과 자연과학의 연구에 종말을 불러왔으며 그 결과 사료편찬도 침체하게 되었다. 이 과정은 자유로운 여러 활동을 추구하는 상업시대가 정체적인 봉건주의의 대두와 함께 서서히 몰락하는 과정과 일치하는 것이다. 합리주의적 사고 방식은 사라지고 이슬람의 새로운 각본, 즉 완고한 교리가 확립되어 19세기에 서구 문명이 동방으로 진출할 때까지 중근동 세계를 지배하여 온 것이다. 이 서구 문명은 이슬람 사회의 전통적 구조와 사교양식을 송두리째 위협하였던 것이다.

서구에 끼친 이슬람 문화의 영향

이슬람 문화는 그 특징이 시간상으로는 고古와 금今을 연결하고 공간상으로는 동東과 서西를 잇는 중개적仲介的인 역할을 수행한 데 있는 것 같다. 무슬림들은 7세기경부터 페르시아, 그리스 및 로마제국의 영역領域을 점유占有하여 그 문화를 계승, 발전시켰으며 또 인도와 중국의 문물을 받아들여서 독창적인 이슬람 문화를 생성하였다. 이 발전된 이슬람 문화는 당시 이슬람의 영역인 스페인과 시실리섬으로 퍼져나가 그곳으로부터 서구 세계에 들어갔다. 이것이 곧 서구 문예부흥의 잠재적 바탕이 되었던 것이다.

정복의 시대가 끝나고 내실內實의 시대時代에 접어든 9세기경부터 이슬람 학자들은 신학체계를 확립시키는 작업과 동시에 그리스의 철학, 지리 및 의학서를 아랍어로 번역하는 사업에 착수하였다. 이 번역의 결과, 그리스의 많은 학술용어가 아랍어로 들어오게 되었다. 그 가운데 산술 arithmatiqui(英語 arithmatic), 기하 jumatriya (geometry), 음악

musiqi(music) 등 다수가 있다. 이런 점에서 볼 때 이슬람 문화는 또한 그리스 문화의 정통 계승자로서 자처함에 있어서 서구 문화와의 자리다툼에도 손색이 없을 것 같다. 그러나 이슬람 학자들은 그리스의 철학 및 과학서에 많은 관심을 기울였으나 문학에는 소홀하였다. 그것은 그들이 페르시아 문학에 더 많은 흥미를 가졌기 때문이다.

이슬람 문화 건설에 참여한 역군들은 종교적으로는 대부분이 무슬림이지만 또한 그리스도교도 유대교도 등도 눈에 많이 뜨인다. 이슬람 문화의 서구 문예부흥에대한 기여도를 각 부문별로 살펴보면 더욱 이 문화의 우수성이 뚜렷해진다. 먼저 의학계통을 보면 저명한 의사들은 대부분이 페르시아인이었다. 그 가운데도 라지 al-Razi(라틴명 Rhazes, 865~925)와 이븐 시나 Ibn Sina(라틴명 Avicenna, 980~1037) 등이다. 이 두 학자의 초상화는 파리대학교 의과대학의 대강당에 걸려 있을 정도이다.

라지는 많은 의학서를 저술하였는데 그 대부분이 라틴어로 번역되었다. 연금술에 관한 그의 저서 『비밀의 서書』kitab al-asrar는 이태리의 저명한 번역가인 제라드 크레모나 Gerard Cremona(1187년 죽음)에 의하여 라틴어로 번역되었다. 또 그의 대표적저서인 『의학대전』 al-Hawi은 1279년부터 1542년에 다섯 번에 걸쳐 라틴어로 번역되었다. 이 서명書名이 암시하는 것처럼 이 책은 의학에 대한 백과시전이며 무슬림들이 발전시키고 물려받은 그리스, 페르시아 및 인도의 의학지식을 총망라한 것이다.

이븐 시나는 의사로서보다 철학자로서 더 많이 알려진 인물이나 그의 『의서』al-Qanun al-tibb는 그리스의 갈렌 Galen(B.C. 130~200)과 라지의 의서를 제치고 유럽의 각 의과대학 교과서로 채택되어 12세기부터 17세기에 이르기까지 500년간이나 의학도의 필독서로 간주되었다. 이 책은 15세기 후반 라틴어로 완역되어 30년 동안에 15판이나 출간되었다. 또 이 책은 다른 어떤 의서보다 장기간 군림한 의학도의 성경으로까지 평가되고 있었다.

중세에는 의학과 철학이 밀접히 연결되어 있었다. 그것은 대부분의 의사들이 동시에 철학자라는 사실에서 명백하다. 이슬람 세계의 철학자들은 고대 그리스 철학체계를 서구세계에 전달하여 주었다는 사실만으로도 그 공헌이 지대하다고 보겠다. 더구나 이슬람 철학자들은 서구의 철학자들이 안고 있는 공통된 문제인 신앙과 이성理性의 관계를 논하고, 그 타협론을 서구에 전달함으로써 그들의 독창성을 발휘하였다고 보겠다.

많은 철학자들이 있으나 그 중에 서구에 커다란 영향을 준 철학자는 이슬람 스페인의 유명한 의사인 이븐 루쉬드 Ibn Rushd(라틴명 Averroes, 1126~1198)이다. 그는 물론 의서도 저술하였지만 그의 철학서가 보다 유명하다. 그의 저서는 주로 아리스토텔레스의 철학을 논평하였다. 신곡의 저자 단테의 말을 빌리면 "아리스토텔레스는 선생이고 이븐 루쉬드는 해설가"라고 하였다[1]. 그의 저서는 아랍어로는 부분적으로 남아 있지만 히브리어와 라틴어 역본은 그대로 남아 있다. 이븐 루쉬드의 해설은 12세기 말엽부터 16세기 말엽까지 서구 철학사상의 주류를 이루었다. 그의 저서는 파리대학교의 철학교과서로 채택되었으며 현대철학이 생성될 때까지 지성세계의 기동차 역할을 하였다.

그보다 앞서 동부 이란의 가잘리 Ghazali(라틴명 Algazel, 1058~1111)는 비록 신학자이지만 그리스철학의 변증법을 이용하여 이성과 신앙이라는 두 과제를 조화시킴으로써 이슬람 신학 체계를 확립하였다. 그의 저서는 비록 부분적으로 라틴어로 번역되었지만 중세 서구의 신학자인 토마스 아퀴나스 Thomas Aquinas(1224~1274)와 현대철학의 선구자인 파스칼 Pascal(1623~1662)의 사상에도 영향을 미쳤다.

철학과 신학보다도 더 지대한 영향을 준 부문은 천문학과 수학에 있었다. 더구나 모든 자연 과학의 필수여건인 수학에 있어서 아라비아 숫자라는 이름에서 나타나듯이 그 영향은 심대하다고 보겠다. 그러나 이 아라비아 숫자는 원래 인도에 기원을 두었다고 한다. 그 중에도 "0"이라는 개념을 도입하여 서구에 전달함으로써 중세 이슬람 수학자들은 수학역사에 있어서 획기적인 역할을 하였다. "0"을 아랍어로 시피르 sifr라고 하는데 이 말은 원래 인도말의 음역音譯이고 그 뜻은 공"空"이었다. 이 시프르에서 영어의 cipher(영이라는 뜻)가 유래하였다.

1) P. K. Hitti, History of the Arabs(10th. ed.), London, 1970, p. 583 참조

유명한 수학 및 천문학자로는 알 흐와리즈미 al-Khwarizimi(780~850)를 들 수 있다. 그의 이름에서 기수법이라는 아라비아 숫자를 뜻하는 영어의 Algorism이 나왔다. 그는 중세의 어느 학자보다 수학에 카다란 영향을 미쳤으며 그의 대표작인 "미분방정식"은 12세기에 라틴어로 번역되어 유럽 각 대학의 교과서로 16세기까지 사용되어 왔다. 또 이 저서는 유럽에 기하학을 도입하는 역할도 하였다. 그는 또한 지구의 경도 위도를 이용하여 각 지역의 위치位置를 나타내는 도표를 작성하였다. 그의 저서들은 대체로 원본 그대로 보존되어 오늘에 이르고 있다.

알 흐와리즈미의 성좌도星座圖 zy는 1126년에 라틴어로 번역되었다. 이외에도 많은 무슬림 천문 학자들의 성좌도가 속속 천문학에 관심을 둔 스페인 왕 알퐁소 10세(1284년 죽음)에 의하여 번역되었다. 심지어 지동설을 제창한 코페르니쿠스 Copernicus (1473~1542)도 이슬람의 천문학자 알 자르칼리 al-Zarqali(라틴명 Arzachel, 약 1029~1087)의 태양의 원지점遠地點 solar apogee에 관한 이론을 인용할 정도였다.

현재 우리가 사용하고 있는 아라비아 숫자는 비록 아랍인들이 사용하는 숫자와는 그 모양이 다를지라도 그 기원은 아라비아 숫자이다. 이 아라비아 숫자는 이슬람 스페인에 들어와서 그 모양이 약간 변형되었으며 이 변형된 것이 오늘날 우리가 사용하고 있는 숫자이다. 이것을 최초로 도입하여 서구세계에 보편화시킨 수학자는 레오나르도 피보나지 Leonardo Fibonacci(1180~1250)이다. 그는 이슬람 수학자에게서 배웠고 또 북아프리카를 여행하였으며 이태리로 돌아와서 한권의 저서를 내니 이것이 곧 중세 유럽 수학의 실질적인 기원이다.

천문학과 밀접히 관계있는 것으로 지리학이 있다. 그리스의 프톨레미 Ptolemy (100~178)의 지리서도 이슬람 세계에 도입되었다. 이슬람 교도들은 세계의 어느 곳에 살든지 또는 여행하든지 예배의 방향 qibla을 정하여야 기도할 수 있으며 또 일생에 적어도 한 번은 메카와 메디나의 성지를 순례해야 하기 때문에 지리학은 일찍부터 크게 발달되었다. 그들은 또 지구는 어딘가 중심점이 있다는 인도의 지리학 개념을 도입하여 그리스 지리학과 조화시켜 새로운 체계를 수립하였다.

이슬람 세계는 수많은 지리학자들을 배출하였으나 가장 유럽에 많은 영향을 미친 학자는 알 이드리시 al-Idrisi(1100~1166)이다. 그는 시실리왕인 로저 Roger 2t(1139~1159 재위)의 후원 아래 지리서를 저술하였으며 또 천체의 모형과 세계의 모형을 은으로 만들었다. 비록 지리서는 라틴어로 번역되지 않았지만 이슬람 세계의 지리학 지식은 알 이드리시를 통하여 유럽세계에 소개되었음은 분명하다. 또 유럽은 태양력, 성좌표星座標 및 점성술의 연구에 관심을 많이 두었기 때문에 이와 관련된 저서에 관심을 기울였다. 따라서 유럽언어의 천문 및 점성술 용어 특히 별 이름은 대체로 아랍어의 기원을 가지고 있는 것은 숨길 수 없는 사실이다.

음악에 있어서도 이슬람의 영향은 학문에 못지 않게 유럽의 음악발전에 이바지 하였다. 특히 악기 이름 가운데 현악기의 일종인 영어의 피리 lute(아랍어 al-ud)는 스페인어의 laud에서, 기타 guitar(아랍어 gitarah)는 스페인어의 guitarra를 통해서 영어를 들어갔다. 이외에도 여러 악기 이름은 아랍어의 기원을 갖고 있다. 남부 유럽 특히 스페인의 서정음악에 있어서는 이슬람 음악의 영향이 크다. 또한 수학자이며 천문학자인 알 흐와리즈미는 그의 저서에서 부분적으로 음악을 논하였으므로 이의 번역은 유럽 음악에 새로운 활력소의 역할을 하게되었다.

조각과 건축 분야에도 그 영향은 적지 않다. 특히 도자기에 있어서는 이슬람 스페인은 오늘날의 유럽 도자기의 원조元祖나 다름이 없다. 스페인에서 도자기업은 프랑스, 이태리 및 화란으로 전파되어 갔다. 이에 못지 않게 또한 이슬람 세계의 비단은 서구에서 귀중한 상품으로 평가되었다. 무늬를 넣은 천(紋織物)의 명산지로 유명한 시리아의 다마스커스 Damascus와 이라크의 모술 Mosul은 그대로 천의 이름이 되어 각각 damask와 muslin으로 영어에 통용되고 있다. 고딕 Gothic형의 건축물도 그 기원이 이슬람 세계에서 찾을 수가 있는 것이다. 더구나 예루살렘에 있는 악사 Aqsa 성원聖院의 둥근 건물모형은 서유럽 교회건물의 건축에 커다란 영향을 미쳤다.

다음으로 이슬람 문화가 서구로 들어가는 경로를 살펴보면 대체로 세가지로 구분할 수가 있다. 즉, 스페인, 시실리 및 십자군 원정 등이다. 특히 스페인은 무슬림들에게 8세기 초에 정복되어 거의 800년간 아랍인의 통치 아래 있었기 때문에 이곳에서 이슬람과 그리스도교 세계의 학자들이 서로 머리를 맞대고 연구에 골몰한 것은 하나의 역사적 사실이다. 더구나 그리스도교의 성직자들은 아랍어 저서의 라틴어 번역사업을 지원하였으므로 앞에서 기술한 대부분의 번역서는 스페인에서 이루어졌다고 해도 과언이 아니다.

톨레도 Toledo시는 1085년에 그리스도교 스페인에 재정복되어 이슬람 문화를 연구하는 중심지가 되었다. 여기서 이미 1143년에 쿠란이 라틴어로 해설되었고 중동학과가 대학에 설립되어 이슬람교도와 유대교도에게 그리스도교 선교사업을 착수하게 되었던 것이다. 유대교도들은 아랍어와 라틴어에 능통하여 번역사업에 기여한 바가 크다고 하겠다.

시실리섬은 9세기에 점차로 튀니지에 근거를 둔 아글라브조 Aghlab朝(801~909)에 의하여 정복되어 북구의 노르만 Norman족에 의하여 11세기 말엽에 재정복될 때까지 거의 250년간 이슬람의 통치 아래 있었다. 더구나 재정복된 이후에도 이 섬을 통치한 그리스도교 왕들은 무슬림 학자들을 보호하였기 때문에 학문의 교류가 이루어졌다. 이곳에서는 학습서가 번역되었다기 보다는 오히려 무슬림들의 기능기술이 많이 도입되었다. 시실리섬은 장기간 동로마제국의 영향하에 있었기 때문에 그리스어가 공용어로 되어 있었다. 그래서 그들은 그리스어 원본과 아랍어 번역판을 이용하여 약간의 학술서를 라틴어로 번역하였다. 또한 모사이크 기술과 천에 무늬를 놓는 기술 등이 이곳의 이슬람 세공인에 의하여 이태리로 도입되어 나중에 서유럽 전역으로 전파되었던 것이다.

끝으로 십자군원정을 통하여 새로운 문물이 유럽에 도입되었다. 물론 학술서의 도입도 있었으나 군사적인 욕구 때문에 무기류의 도입이 더욱 현저했다. 그중에도 화약의 도입은 군사 무기의 발전에 획기적인 영향을 주었다. 화약은 원래 중국에서 발명되었으나 몽고족이 중동을 침략하여 일한조 Il Khan朝(1256~1353)를 세웠을 때에 그 기술이 중동에 들어와서 다시 십자군의 손에 넘어갔다. 그래서 이 화약을 이용한 포 종류의 무기도 함께 도입되었던 것이다. 이외에도 투구의 제조법과 축성법 등에도 많은 영향을 받았던 것이다. 농업 분야에 있어서도 레몬, 수박 등의 여러 농작물이 유럽으로 건너갔다.

더구나 향해술의 발달을 가져온 나침반의 도입은 십자군 원정의 성과라 보겠다. 나침반은 중국에서 최초로 이용되었다고 하나 무슬림들이 처음으로 선박에 응용하였으며 이의 덕택으로 무슬림 상인들은 자유자재로 해상권을 장악하여 중세 해상무역의 주도권을 행사하였던 것이다. 이와는 다르지만 중국의 제지법製紙法이 751년 중앙 아시아에서 일어난 중국군과의 전투에서 무슬림군이 승리하자, 무슬림군에 잡힌 포로에 의하여 중동에 도입되고 다시 점차 서구로 돌아가서 찬란한 이슬람 문화창달과 서구의 문예부흥에 커다란 밑거름이 되었음은 말할 필요도 없다.

결론적으로 이슬람 문화는 현대 서구문화의 발전에 선구적인 역할을 하였다. 따라서 어떠한 세계적인 문화도 그 전에 있었던 찬란한 문화의 흡수 없이 완전히 무無에서 유有를 창조할 수 없다는 사실이 증명된 셈이다. 또 고대古代의 그리스, 아랍, 페르시아 문화文化를 계승 발전시킨 데다 동쪽의 중국, 인도문화를 흡수 · 소화하여 독특한 이슬람 문화를 창조하여 서유럽의 문예부흥에 밑거름이 된 것이다.

Ⅶ. 이슬람 종파宗派와 신학파

이슬람학의 발생지 메디나
하와리즈파派
쉬아파派
무르지아파派
무타질라파派
주류파의 형성
이슬람의 법학파法學派

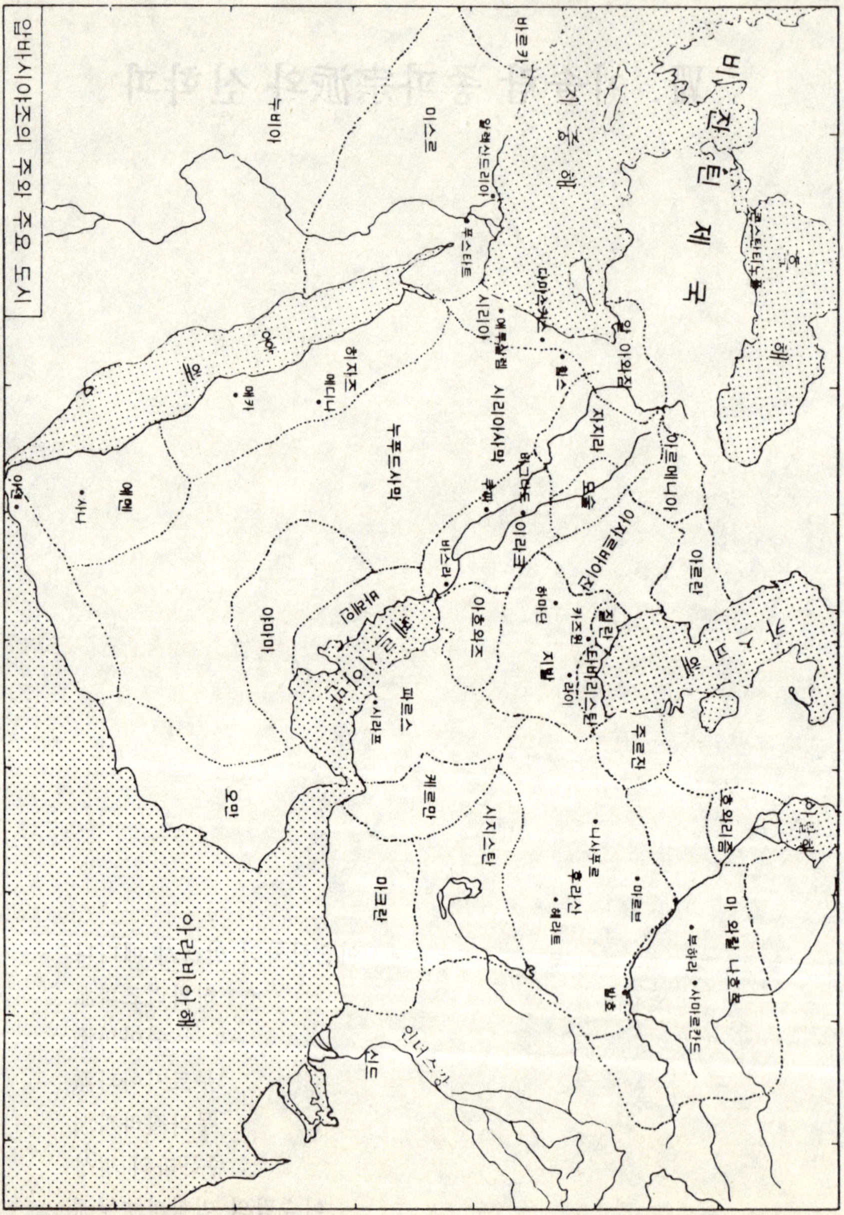

압바시야조의 주와 주요 도시

이슬람학의 발생지 메디나

이슬람이 아라비아반도에서 나올 때는 수많은 부족과 종족을 단합시키는 요인으로 작용했으나 신학적 체계는 아직 엉성한 형편이었다. 더구나 광대한 대륙의 정복과 함께 이슬람이 포교되었으나 각 지역에 이미 뿌리박고 있는 다른 여러 종교 사상 및 전통과 부딪쳐 작용과 반작용을 거듭하였다. 특히 역사적 전통이 깊은 서아시아 지역의 다양한 특색에서 영향을 받아 이슬람의 성격이 조속히 틀을 잡기 시작하였다.

시리아에서는 그리스적인 그리스도교의 사상에 영향 받았고, 이라크에서는 신비스러운 영靈을 이용하여 진리를 구하려고 마니교 Manichaeism[1] 와 영지주의 gnosticism[2] 사상에 물들게 되었다. 또 페르시아 일부 지역에서는 배화교 Zoroasterianism적인 이원론二元論의 옷을 걸친 이슬람이 싹트고 있었다. 반면 이슬람의 요람지인 메디나와 메카 지역에서는 사색적이기 보다 실천적인 무슬림 제1세대의 독실성이 그 형태를 굳히는 경향이 있었다. 이러한 여러 형태의 이슬람이 모두 알라의 유일신 개념과 무함마드의 예언자적 사명을 공인公認하고 있는 한 무슬림이라는 범주에서 제외될 수가 없었다. 또 소수 몇몇 부족의 광신적인 교리를 예외로 하고는 어느 파가 주류主流라고 하기도 어려운 상황이었다.

이러한 여건 아래서 주류파의 체제가 확립되기까지는 상당한 시간이 필요하였다. 주류파가 점진적으로 성장하는 과정 속에서, 그리스정교 Orthodx의 형성과정에서 보는 바와 마찬가지로 정치적 활동이 더욱 커다란 역할을 담당하였다. 정치적 지배세력이 지배적인 교리를 결정한다기 보다 오히려 그 지위를 강화하는 수단으로 보편적 신행信行을 교리화하는 경향이 있었다.

주류파를 형성하는 데 공헌한 첫 번째 요소는 이슬람제국에서 누리고 있는 아랍인의 윤리적 우위성이었다. 즉 교조가 아랍인이었고, 쿠란도 아

1) 마니 Mani(215~273)가 세운 종교로 그리스도교와 배화교를 절충한 것임.
2) 마음 속을 신비롭게 성찰함으로써 종교적 진실을 인식하는 철학적 지혜. 1세기경에 중근동에 유행하여 유대교, 그리스도교 및 이슬람에도 들어가 신비주의적 요소를 첨가함.

랍어로 쓰여 있다는 사실은 아랍인의 윤리적 우위성을 보장하여 주었고, 이 우위성은 아랍인의 정치적 우위성까지도 한동안 보장하여 주었다. 이 우위성은 아랍인이 정치적인 우위성을 상실한 후에도 오랫동안 작용하고 있었다. 물론 아랍인이 정치적 우위성을 상실한 후에는 아랍인을 반대하는 소리가 여러 곳에서 나왔으나 그들의 윤리적 우위성을 극복하지는 못하였다.

이러한 여건 아래서 아랍적인 전통의 중심지는 이슬람의 요람지 메디나였다. 더구나 이곳은 이슬람학의 발생지였다. 이곳에서 쿠란의 최종 형태가 완성되었으며 하디스가 최초로 수집되었다. 또 이슬람의 종교적 사료에 대한 언어학적, 역사학적 고찰이 시작된 곳도 바로 이곳이었다. 그래서 일찍부터 이슬람 연구가는 그가 개종한 무슬림이든지, 태어난 무슬림이든지, 아랍인이든지 아니든지 상관없이 메디나로 몰려 들어와, 예언자와 같이 지냈던 사람이나 그의 자손들로부터 이 신생 종교의 순수한 교리를 들었다. 그래서 메디나 외의 다른 여러 도시에 있는 학원의 중요성은 그 지역에 국한되어 있었지만 이곳의 학원은 모든 이슬람 지역을 대표하게 되었다.

메디나의 우위성은 교회와 국가는 하나이며 불가분不可分이라는 이슬람의 종교 이론 때문에 더욱 강화되었다. 이러한 무슬림의 정치 체계 위에서 종교적, 정치적 권위를 누리고 있었던 초창기 할리파 체제는 이슬람력曆 hijira 40년대(원년은 622년)에 들어와서 그들의 권위를 지방의 군사령관에게 빼앗기고 말았다. 그래서 군사령관 가운데 무아위야(우마이야조 창시자, 661~680)처럼 할리파위位를 계승하는 사람도 나왔으나 그 종교적 권위는 위축되었다. 이와 더불어 교회와 국가 권력은 실질적으로 분리되었으나, 메디나에서는 이 사실이 인정되지 않았다.

우마이야조 시대에 메디나는 종교인이 주축이된 반정부 세력의 중심지가되어 세속적인 통치자가 신정神政의 이상理想을 배신하고 권력을 찬탈하였다고 비난하였다. 또 우마이야제국 내의 절대다수의 종교인들도 동감同感이었기 때문에 메디나 학자들의 입장은 높이 평가되었고, 심지어 그들의 보수주의적 신학 이론에 동조하지 않는 사람들 사이에서도 그 위신이 돋보였다. 그 결과 메디나의 학풍은 지방의 소규모 학파들 가운데서도 일반적인 획일성을 유지하는 데 효과적인 역할을 하였다. 지방학파 가운데서 가장 중요한 것은 이라크의 학파였다. 메디나 학풍은 이슬람 교회의 성격을 보편화하는 데 있어서 현실적인 면과 독실한 신자의 기풍을 강조하여, 후대後代에 일어나는 모든 이론적 발전을 결국에는 이와 대동소이大同小異하게 만드는 데 큰 바탕이 되었다. 현실적 측면을 고려하여 이슬람의 정치적 요소와 종교적 요소를 분리하여 종교를 정치위에 머물게 하였다. 그 결과 아랍인의 정치적 우위성이 무너진 후에도 이슬람은 아무런 영향을 받지 않게 한 공헌이 있다.

메디나 학자들의 노고는 압바시야조(750~1258)가 권력을 장악하여 제국의 수도를 시리아에서 이라크로 옮겼을 때 보상받게 되었다. 이슬람의 주류主流의 색깔은 메디나식으로 칠하여져서 압바시야조의 정강政綱 속에 들어가, 할리파의 종교적 권위를 회복하려는 노력에 보탬이 되었다. 이들 메디나 학풍에 동조하는 학자들은 단순히 도덕적 지지를 새로운할리파조에 보내는 이상의 행동을 취하여 이슬람의 이단적 요소, 특히 영지적靈知的 gnostic이며 이원적인 색채를 제거하고 또 그 추종자를 박해하는 데 적극적으로 참여하였다. 또한 주류파의 교리를 정리하는 데도 열의를 보였다. 영지적 이원적 요소는 후에 이슬람의 신비주위자인 수피 Sufi에 의하여 이슬람 속에 융화되었다. 한편 아랍의 부족주의적인 만인 평등사상을 주장한 하와리즈 Khawarij등도 이단으로 취급당해 박해를 받았다.

하와리즈파 Khawarij派

이 하와리즈파는 최초로 나타난 이슬람의 종파이다. 이 파는 할리파 우스만 'Uthman(644~656)이 살해된 후 일어난 알리와 무아위야의 내란 중에 전자를 지지하였다. 그러나 양자가 시핀 Siffin 전투에서 협상을 통하여 평화를 찾으려 하나 알리의 진영을 박차고 나왔다. 그래서 그 이름도 "박차고 나간 이들"이란 뜻으로 하와리즈라 불리웠다. 그들은 만인 평등의 부족적 관습은 정치에도 적용되어야 한다는 주장에서, 누구나 심지어 흑인 노예도 할리파가 될 수 있다고 믿었다. 그들은 삶의 순결성을 강조하고 특히 종교 의식을 행하기 직전에는 반드시 몸을 깨끗이 씻었다. 그래서 심지어 거짓말이나 욕이나 비방 등의 말은 한마디라도 종교의식의 순결성을 해치기 때문에 신앙생활에 적합하지 않다고 보았다. 이 순결성을 강조한 나머지 말과 행동은 일치한다고 믿어 부당한 통치자와는 싸워야 하며 싸우지 않는 사람은 이슬람교도가 아니라 하였다. 즉 중죄重罪 kabira를 범한 사람은 무슬림이 아니기 때문에 죽이는 것이 마땅하다고 보았다. 그 결과 이들은 신앙 아닌 무력의 바탕 위에서 세워진 우마이야조의 할리파를 합법성이 없다고 보고 끈질기게 싸워온 것이다.

그들은 민주적인 원칙을 높이 부르짖었기 때문에 어떤 이유에서이건 정부와 기성 세력에 불만을 품은 사람 가운데 커다란 인기를 누렸다. 그러나 "가장 훌륭한 무슬림이 할리파가 된다"고 보고, 또 지도자도 죄를 범하면 그 자격을 상실한다고 믿어서, 누가 가장 훌륭한 무슬림인가 다투다가 그들 스스로 여러 파로 갈라지게 되었다. 그 결과 이들의 세력은 9, 10세기경에는 위축되었다. 오늘날 이들의 한 분파가 이바디 Ibadi라는 이름으로 북아프리카, 오만 'Uman 및 잔지바르 Zanzibr 등지에 잔존하고 있다.

쉬아파 Shi'a派

하와리즈파가 알리의 진영을 떠난 것과는 달리 그의 진영에 남아서 그를 끝까지 지지한 파가 있다. 알리 'Ali(661년 죽음)가 쿠파에서 칼에 맞아 죽은 후 이슬람의 정치적 중심지가 우마이야조의 수부인 시리아로 옮겨갔다. 그 결과 알리의 근거지인 쿠파 Kufa의 아랍인들은 시리아의 아랍인에 반대하여 알리의 후손이 할리파가 되는 것이 가장 합당하다고 주장하는 정치적인 선동을 펼쳤다. 더구나 680년에 알리의 아들 후세인이 살해되자 그를 순교자로 보고 예언자의 외손자를 살해한 우마이야조는 잔학무도한 정권이라 비방하여 그 선동은 극렬하였다.

이러한 정치적 입장이 점차 교리의 바탕을 마련하여 이슬람 공동체의 기존 전통을 부정하는 방향으로 나갔다. 즉 알리의 자손만이 할리파의 자격이 있다고 보고 교조의 직계 후계자 아부 바크르, 우마르, 우스만을 찬탈자로 규탄하였다. 이 셋은 가장 존경받는 교조의 교우教友들이기 때문에 이러한 주장은 주류파의 눈에도 노골적인 도전으로 보였다. 그래서 그들은 "쉬아 알리"Shi' a 'Ali(알리의 추종자 무리), 간단히 "쉬아"로 알려졌다. 그러나 신학, 이슬람 법학, 종교 의식 등 모든 문제에 있어서 쉬아는 아직 순니와 구별되는 점이 없었다. 즉 초창기의 쉬아는 주류파의 교리에 대한 반대라기 보다 오히려 아랍지배층의 정권에 대한 반대였다. 정치적인 반대는 후세인의 죽음에 대한 복수라는 형태로 묵타르 Mukhtar가 후세인의 배다른 동생 무함마드 이븐 알 하나피야 Muhammad ibn al-Hanafiya의 이름으로 쿠파에서 684년부터 687년까지 반기를 들었다. 이때에 아랍인의 차별 정책에 불만을 품은 비아랍계 무슬림인 마왈리 mawali가 대거 참여하였다. 이 반란은 비록 실패하였으나 쉬아파가 비아랍계 무슬림의 정치적 불만과 야심에 결합되었으므로 중요하다.

묵타르의 추종자는 카이산니야 Kaysaniya로 알려졌다. 카이산 Kaysan은 묵타르의 참모로 마왈리 출신이었다. 따라서 이 명칭은 곧 비아랍적인 성격을 나타내게 되었다. 또 많은 마왈리가 참여하였기 때문에 그들은 제각기 자기들의 옛날 신앙을 이슬람 속으로 가지고 왔다. 그래서 카이산니야의 일파는 이븐 알 하나피야가 죽지 않고 단지 이 지상에서 잠시 동안 숨었기 때문에 언젠가 구세주로 다시 돌아올 것으로 믿었다. 이것이 나중에 열두 이맘파 쉬아 신앙에 들어가게 된 것이다.

정치운동에 성공하지 못한 쉬아파는 점차 그들의 교리를 특징지으려고 애를 썼다. 우선 그들은 순니파의 박해의 대상이 되었으므로 일시적으로 자기의 신앙을 감추는 것이 허용되었다. 이것을 타키야 taqiya라고 하였다. 즉 강요나 두려움 때문에 종파의 요구 사항을 따르지않고 순니인 척해도 되는 것이다. 이 타키야의 원리가 그후 쉬아파에게 일반적으로 통용되었다. 또 파가 중요시하는 "움마의 합의"ijma 라는 개념을 거절하고 어느 시대에나 유일신으로부터 자기의 종을 올바르게 인도할 책임을 맡은 완벽한 이맘이 존재한다고 믿게 되었다. 그래서 모든 신자는 이맘을 따라야 하며 특히 자기 시대에 살고 있는 이맘을 따르는 것이 절대적이라 믿게 되었다.

이맘은 이 신자를 위해 위임받은 통치자이며 또 그들의 스승이다. 그는 예언자의 대권을 이어 받았으며 대대로 선택된 인간에게만 주는 신의 빛을 받았기 때문에 초인간적인 자질資質을 지니고 있다. 따라서 이맘은 죄를 범할 수 없으며 또 과오를 저지를 수도 없다. 이것이 무결성無缺性' isma이다. 즉 순니파의 할리파는 교조로부터 세속적인 권한만 물려받았으나, 쉬아파의 이맘은 여기다가 울라마를 능가하는 법의 절대적인 해석권까지 물려받은 셈이다. 이것이 오늘날까지 모든 쉬아파의 공통된 교리

쉬아파 이맘의 계보系譜

1. 알리 'Ali 661 죽음

2. 알 하산 Al-Ḥasan 669 죽음 — 3. 알 후세인 Al-Husain 680 죽음

4. 알리 자인 알 아비딘 'Ali zain al- 'Ābidin 약 712 죽음

자이드 Zaid 약 740 죽음 — 5. 무함마드 알 바키르 Muḥammad al-Bāqir 약 731 죽음

6. 자파르 알 사디크 Ja 'far al-Sādig 765 죽음

이스마일 Ismāi 'il 760 죽음 — 7. 무사 알 카짐 Musa al-kāzim 799 죽음

8. 알리 알 리다 'Ali al-Rida 818 죽음

9. 무함마드 알 자와드 Muhammad al-Jawād 835 죽음

10. 알리 알 하디 'Ali al-Hādi 868 죽음

11. 알 하산 알 아스카리 Al-Ḥasan al- 'Askari 874 죽음

12. 무함마드 알 문타자르 Muḥammad al-Muntaẓar, al- Mahdi 878 죽음

의 하나가 되었다.

이맘의 신비적 요소와 알리의 후손만이 합법적인 할리피가 될 수 있다는 아랍 쉬아 신앙이 서로 어떻게 결합되었는지 그 과정은 명확하지 않다. 그러나 이슬람력曆 3, 4세기 경에 이 결합이 심화 발전하여 이맘이 지닌 영지적 요소는 오직 예언자의 후손, 즉 알리와 예언자의 딸 파티마 Fatima의 자손에게만 계승된다는 교리가 확립되었다. 그러나 그 자손 가운데 누구를 이맘으로 보느냐에 따라 여러 분파가 나타나게 되었다. 그 중에는 "다섯 이맘파", "일곱 이맘파" 및 "열두 이맘파"가 두드러진 세 분파이다.

쉬아파의 주류인 열두 이맘파는 12번째 이맘인 무함마드가 자손도 남기지 않고 어려서 사마라 Samarra시의 커다란 성원聖院속에서 사라지자(878년), 그가 숨은 mustatir 이맘 혹은 돌아올 것이 예상되는 munttazar 이맘이 되었다고 믿게 되었다. 언젠가 그는 구세주 mahdi(신의 지도를 옳게 받는 이)가 되어 이 세상에 다시 나타나 진정한 이슬람을 회복하여 온 세상을 다스릴 것으로 기대하고 있다. 비록 그는 숨어 있지만 "우리 시대의 주인" qa' im al-zaman으로 남아 있다. 열두 이맘쉬아파는 1502년 이란의 사파위 S' afawi조에 의해서 국교로 공인되었다. 그 이후 국왕 Shah은 〈숨은 이맘〉의 대리인으로, 신학자는 그의 대변인으로 신자들과의 중간 역할을 담당하게 되었다. 이맘 마흐디 Imam-Mahdi의 교리는 쉬아의 핵심 교리가 되어 오늘날까지 순니와 쉬아 이슬람의 주된 구분점이 되고 있다.

"다섯 이맘파"는 후세인의 손자 자이드 Zaid를 다섯번째 이맘으로 믿는 까닭에 자이드파로 더 알려져 있다. 그는 740년경에 우마이야조에 대한 봉기의 소용돌이 속에서 죽었다. 그들은 다른 쉬아파와는 달리 "숨은 이맘"을 믿지 않으며, 또 일시 결혼 mut' a과 타키야 taqiya도 허용되지 않는다. 이 파는 쉬아 가운데서 가장 순니교리와 가까운 것이다. 이 파는 864년에 남부 카스피아해안의 타바리스탄 Tabari- stan에 조그만 국가를 수립하였으나 928년에 망했다. 그러나 897년 예멘에서 세운 국가는 오래 존속하여 오늘날 예멘의 인구 가운데 약 반을 점하게 되었다.

반대로 다른 극단파가 "일곱 이맘파"이다. 이들은 여섯번째 이맘인 자파르의 아들 이스마일을 일곱번째 이맘으로 믿는 파이다. 6대 이맘 자파르는 이스마일을 자기의 후계자로 지명했으나 그가 폭음暴飮한다는 것을 알고 둘째 아들 무사로 바꾸었다. 대다수의 추종자는 이 결정을 따랐으나 일부는 이스마일에 충실하였다. 일곱 이맘파는 이스마일파로 널리 알려졌다. 이 파에는 "일곱"이라는 숫자가 신성시되어 우주의 발생요소와 예언자의 수는 각각 일곱으로 고정되어 있다. 이스마일파 속에 중근동의 여러 가지 전통적 신앙요소가 들어갔으므로 주류파와 열두 이맘파의 눈에는 이단시되었다. 따라서 그들의 조직은 비밀이어서 교리 발전 과정과 지하활동의 진전 상황은 거의 알려져 있지 않다. 그들 쿠란의 구절은 단지 겉으로 나타난 형태 zahir이며 그 속에 깊은 뜻 batin이 숨어 있다고 보였다. 그 결과 참된 신앙은 숨어있는 진리를 찾는 데 있다고 그들은 믿었다. 그러나 11세기경에 이스마일파의 파티마조朝(907~1171)가 전성기에 들어갔으므로 그 세력은 인도양 연안에서 대서양 연안에 이르기까지 전 이슬람 세계를 뒤흔들어 놓았다. 그 결과 이스마일파는 후에 수많은 분파로 분리되어 갔다.

이 파의 실질적 창시자는 압둘라 'Abdullah(874년 죽음)라는 사람이며 그의 생애는 아버지가 마이문 알 캇다 Maimun al-Qaddah라는 것 외에는 별로 알려진 것이 없다. 그의 활동 근거지는 처음에는 바스라였으나 나중에는 시리아로 옮겼으며, 여기서 비밀 선교대원을 각처에 파견하여 아랍인과 페르시아인의 대립 감정을 부채질하였다. 그러나 그의 후계자 가운데 함단 카르마트 Hamdan Qarmat라는 이라크의 농민이 있었는데, 그는 이란 사람이 아랍인으로부터 국가를 도로 인계 받을 것이라 예언하면서, 추종자를 모아 재산의 공유共有제도를 실시하여 매우 혁명적인 색채를 띠고 있었다. 그들은 바레인 지역을 899년에 점령하는 데 성공하였다. 이 지역을 근거로 하여 인근지역을 침략했으며 또 메카의 순례길을 막았다. 더구나 930년에는 메카를 침략하여 이슬람의 가장 신성한 유적인 카바 Ka'ba의 "검은 돌"을 옮겨버렸다.

이스마일파는 또 바그다드의 순니 할리파를 위협하는 가장 커다란 제국을 북아프리카에서 세웠으며 한때는 메카, 메디나 등의 성지를 포함하여 시리아 지역도 통치하였다. 이 제국은 파티마조 Fatima朝(909~

1171)로 이슬람 역사에 알려져 있다. 이 제국의 첫 수부首府는 튀니지였으나 969년에 이집트를 점령하고 새 수도를 이곳에 세워 이름을 붙이니 알 카히라 al-Qahira(火星의 별칭. 승리의 위성으로 알려짐), 곧 오늘날의 카이로였다. 그들은 이곳에 이스마일파의 선교활동을 위해 학교를 세우니 곧 이슬람세계에 최초의 대학인 알 아자르 Al-Azhar이다.

이 파는 심지어 페르시아 지역의 선교에도 힘을 기울였다. 그 선교활동에 종사한 이로는 시인인 나시레 후스라우 Nasir-e-Khusraw(1038년 죽음)와 하산 알 사바 Hasan al-Sabbah(1124년 죽음)가 있다. 전자는 『여행기』Safar Name를 써서 오늘날 파티마조 치하의 이집트 역사 연구에 중대한 문헌이 되었다. 후자는 카스피해 남부에 있는 험난한 산악지 알라무트 Alamut에 근거를 마련하여 종단宗團을 조직하였다. 그는 피다이 fida'i(즉 자기의 생명을 희생할 각오가 되어 있는 사람)를 반대파 지도자에게 보내어 암살시키는 수법을 자주 이용하였다. 이때 피다이는 마취작용을 일으키는 대마초인 알 하쉬쉬 al-hashish를 복용하였다. 이 풀이름에서 그들은 하쉬쉰 Hash- ihin이라 불리워졌고 여기서 영어와 프랑스어의 암살자라는 단어 앗사신 assassin이 중근동에 원정간 십자군의 입을 통하여 나오게 된 것이다. 이들의 근거지는 몽고군에 의하여 1260년에 함락되었으나 오늘날도 이 파는 아가 한 Aga Khan이라 불리는 이맘 아래 동아프리카, 인도, 파키스탄 등에 추종자를 가지고 있다.

그 외에 11대 이맘인 알 하산 알 아스카리의 추종자인 무함마드 이븐 누사이리 Muhammad ibn-Nusair는 9세기 말에 새로운 종파를 구성하였으니 곧 누사이르파이다. 이들은 다른 이스마일파와는 달리 할리파 알리를 신神의 화신化身으로 보고 있다. 그래서 이들은 알라위 'Alawi(알리의 추종자)파로 오늘날 알려져 있고 시리아에 많이 살고 있다. 그들의 교리 속에는 세례와 같은 그리스도교적인 요소도 많이 들어 있다. 드루즈 Druze파는 파티마조의 7대 할리파 아부 알리 만수루 알 하킴 Abu 'Ali Mansur al-Hakim(996~1021)을 바로 신神의 화신으로 보고 있다. 이 파는 최초의 위대한 선교사인 알 다라지 Al-Darazi(1019년 죽음)라는 터키인의 이름에서 드루즈파로 알려졌다. 현재 레바논 일부에서 그 명맥을 유지하고 있다. 그러나 누사이르파, 암살단파, 드루즈파, 카르마트파 등 이스마일파는 쉬아파의 대종大宗을 이루는 열두 이맘파에서조차 극단 ghula이라 이단시되고 있다.

무르지이파 Murji' i派

하와리즈파와 쉬아파가 각각 정치적인 목적에서 분리하여 나갔으나 대부분의 신도들은 정치적 중립의 입장을 취하고 있었다. 이 중립적 태도를 교리로 밝힌 것이 무르지이 murji' i파였다. 비록 이 파는 사라졌으나 주류파에 미친 영향은 매우 커서 그 교리 형성에 공헌했다.

그들의 논리에 따르면 우마이야조의 할리파는 이슬람 국가의 통치자들이고, 또 유일신과 교조 무함마드의 사명使命을 믿고 있는 무슬림이기에, 우마이야조에 대한 반대 투쟁에 참여하기를 거절하였다. 이러한 입장에서 그들은 하와리즈파와 쉬아파의 선동에 휘말려 들어가서는 안되고 외면하는 것이 착실한 무슬림의 태도라고 주장했다. 무르지이란 최후의 심판날에 유일신의 심판이 내릴 때까지 "판단을 연기하는 자"를 뜻한다. 그러나 압바시야조에 들어와서 누가 할리파가 되어야 마땅한가 하는 문제가 어느 정도 해결되었을 때도 그들은 신학적인 분야에서 아주 안이한 태도를 취하였다.

그들은 다른 신자들의 죄에 대하여 굳이 따지려 하지 않았다. 그들에게 용서할 수 없는 죄는 유일신께 동반자를 곁붙이는 것 mushrikun이었다. 가장 중요한 것은 신앙심이고 행동상의 과오로 인하여 신자가 비신자가 될 수 없다고 보았고 비록 간통을 범한 자도 유일신을 믿는 한 천당문이 그에게 반드시 닫혀 있다고 생각하지 않았다. 여기서 주류파의 이론이 나온 것이다. 즉 아무리 중한 죄를 범한 자도 비신자로 파문될 수 없고 무슬림으로 남아 있으며, 그가 진실로 참회하면 유일신은 그의 참회를 받아들인다는 믿음이다. 이 파는 교회를 분리하여 나가지 않았기에 종파라기 보다 신학파에 가깝다.

무타질라파 Mu'tazila派

이러한 안이한 무르지이파의 태도를 개혁하여 보다 적극적으로 하와리즈파와 쉬아파의 교리에 효과적으로 대처하기 위해 나타난 것이 무타질라파였다. 이들은 그리스의 논리적 사고방식을 이슬람 신학에 도입하였다. 무타질라는 물러났다는 뜻이다. 무르지이파의 대열에서 이탈했기 때문이다. 즉 중죄重罪kabira를 범한 자는 신자의 대열에서 분리되나 비신자가 되는 것은 아니라는 그들의 교리에서 유래한 것이다.

이 파는 엄밀한 의미에서 보면 종파가 아니고 쿠란을 그리스의 철학적 사고 방식으로 해설하자는 신학자의 집단이었다. 따라서 순니와 쉬아가 다 포함되어 있다. 그들은 쿠란의 전통적인 해석과 주류파의 교리를 거절하고, 계시는 이성을 이용하여 철학적인 원리에서 풀이하는 것이 옳다고 본다. 인간은 "자유의지"를 지니고 있다고 보아 "운명예정설"에 기울어진 무르지이파와 서로 쿠란 구절을 인용하면서 커다란 논쟁을 벌였다. 여기서 그들은 주류파가 쿠란을 유일신의 말씀이라고 주장하면서 동시에 쿠란을 원초原初부터 존재하였으며 창조된 것이 아니고 영원한 것으로 본 것은 유일신의 영원성과 모순된다고 지적하였다.

무타질라 운동은 광신적인 하와리즈파의 극단적 교리와 그 실행에 반대하고, 나아가서 또 권력에 타협하는 무르지이파의 안이한 입장에 반대하는 태도를 이슬람력曆 1세기 말에 밝힌 데서 시작하였다. 즉 무타질라파는 하와리즈파가 실천 행동에 신앙의 표준을 두는 데 반대하고 또 동시에 실질 행동에 관계없이 깊은 신앙심만을 강조하는 무르지이파의 태도 사이에 중간적 입장을 취하여 신자 각 개인의 책임을 중시한다. 따라서 무타질라파의 지도자는 초창기에 합리주의자라기 보다 엄격한 청교도적인 수도생활을 한 것 같다. 그러나 이슬람력曆 2세기경에 들어와서 무타질라파 학자들은 주로 이원론자인 마니교 신자들에게 선교활동을 하였다. 이 활동 중에 마니교 학자들과 논쟁하는 과정 속에서 그리스의 논리학과 철학을 이용하게 되어 결국 그리스의 학술서가 아랍어로 번역되었다.

번역사업은 이슬람력曆 3세기 초에 매우 활발하였다. 무타질라파는 쿠란과 하디스의 해설에 있어서 할리파의 절대적 권위를 인정하고 하디스의 중요성을 경시하였으므로, 마문 Ma'mun(813~833)과 그의 두 후계자의 통치 아래서 정권의 보호를 받았다. 그래서 그들은 쿠란은 유일신의 창조물 khalq이라고 믿지 않는 인사를 종교재판 mihna에 회부하였다. 그러나 알 무타왁킬 al-Mutawakkil(847~861)은 무타질라파의 교리가 신자들 사이에 원성이 많은 것을 알고 다시 주류파를 옹호하고 무타질라파를 냉대하였다.

주류파의 형성

이러한 무타질라파의 도전에 대하여 주류파는 신조信條를 구체화함으로써 대항하였다. 그 대표적 학자가 알 아샤리 Al-ash'ari(936년 죽음)였다. 그는 원래 무타질라파로서 출발했으나 나중에 주류파에 가담하여 주류파의 신학을 체계화하였다. 그는 순니 신학의 선구자이다. 서기 1천년경에 편집된 피크 아크바르 fiqh akbar Ⅱ[1]에서 그가 주장한 골자를 보면 신의 용모에 대해서는 어떠한 물음도 허용되지 않으며 bila kaif, 또한 신은 형태가 없는 것으로 보았다. 운명 예정설에 대해서는 종전의 입장에서 다소 누그러져서, 하늘에 보존되어 있는 각자의 운명은 단지 묘사적인 성격을 띠고 있지 결정적인 것은 아니며, 또 자유 의지의 문제도 보다 세련된 용어로 표현하고 있다.

유일신은 인간에게 믿음을 우선 주고서 창조하는 것이 아니다. 즉 사람은 태어날 때부터 믿음을 가지고 있는 것은 아니다. 그러나 후에 유일신은 사람에게 계명을 알려주나 일부는 따르지 않는다. 유일신은 누구에게도 그를 믿으라고 강요하지는 않는다. 또한 중죄를 범한 사람은 비신자가 되는 것도 아니며 또 믿음에서 제거되는 것도 아니라 본다. 그러나 중죄자는 신의 벌을 받을 것으로 보며 그가 참회할 경우에 용서 여부는 오직 신의 의지에 달려 있다고 보았다.

아샤리의 이론 체계는 살죽조 Saljuq朝(1034~1194)의 명재상인 페

---

1) 피크 아크바르 Ⅰ은 아부 하니파(767년 죽음)가 처음 만들었다고 함. 피크 아크바르 Ⅱ는 이를 보완한 것임

르시아 출신의 니잠 알 물크 Nizam al-Mulk(1092년 죽음)의 힘을 입어 순니 이슬람의 신학 이론으로 확립되었다. 니잠 알 물크는 카이로에 있는 이스마일파의 알 아자르 Al-Azhar 대학에 대항하기 위해서 바그다드에 순니파의 니잠미야 Nizamiya 대학을 설립하여 아샤리의 이론 체계를 널리 보급하였다. 그러나 이 이론 체계를 완성 발전시킨 이는 알 가잘리 Al-Ghazali(라틴명 Algazel, 1058~1111 생존)이다. 그는 『철학자의 부조리不條理』tahafut al-falasifa라는 저서 속에서 철학자의 논리가 부당함을 20개 항목으로 나누어 공격하였다. 이 책은 중세에 상당히 많이 읽혔고, 또 라틴어로도 번역되어 이태리 출신의 중세 최대 신학자 토마스 아퀴나스 Thomas Aquinas(1274년 죽음)와, 후에 명상의 철학자 파스칼 Pascal(1662년 죽음)에게도 영향을 미쳤다.

아샤리와 가잘리가 세워 놓은 이슬람 신학의 탑은 지금까지 내려오고 있다. 이것은 그리스도교 세계가 16,7세기에 종교개혁 Reformation을 통하여 교부사상敎父思想 Schola- sticism[1] 을 무너뜨린 것과는 퍽 대조적이다. 가잘리는 또한 스스로 이슬람의 신비주의 mysticism인 수피 Sufi신앙이 설 땅을 마련하였다. 즉 그는 그리스 철학, 이슬람 신학 및 수피신앙을 모두 융합하여 순니 신학의 근본을 마련한 셈이다. 수피신앙은 원래 금욕생활을 통하여 신을 섬기는 데서 출발하였다. 체계적 교리를 통한 지식 위주의 신학에 반대하여, 어떻게 하면 신에게 보다 가까이 접근할 수 있으며 또 종교적 진리를 체험할 수 있는가 하는 문제에 주안점을 두어 인간의 영감에서 그 해결책을 찾았다. 따라서 수많은 일반 서민들로부터 관심을 끌었다.

본래 털 Suf 옷을 입고 수 년간 방랑하면서 금욕생활을 하고 다녔기 때문에 이들은 수피라 불리워졌다. 이들은 그리스도교 불교 등에서 여러 가지 신비적 요소를 받아들여서 신지적神知的 theosophical, 범신적汎神的 pantheistic 단계를 거쳐 이슬람력曆 2세기경에는 이 모든 것을 융합하였다. 그들은 13세기경에 종단宗團 tariqa(正道)을 조직하여 그 지도자는 종사宗師Shaikh로, 추종자는 초심자初心者 murid라 불렀다. 후

1) 이슬람 신학의 영향을 받아서 중세(1000~1500)의 유럽에서 발달된 그리스도교 신학자의 철학과 신학

에 이슬람에는 수도원 제도가 허용되지 않음에도 불구하고 그리스도교의 종단宗團 order에 비슷하게 발전하였다. 이들은 그리스도교의 연도連禱 litany와 비슷한 디크르 dhikr(念神)라는 종교 의식도 가지고 있다. 이들 수피들이 조직한 종단에는 페르시아인 압둘 카디르 알 질라니 'Abd al-Qadir al-jilani(1166년 죽음)와 이라크인 아흐마드 알 리파이 Amad al-Rifa'i(1183년 죽음) 등이 조직한 카디르단과 리파이단이 그 대표적이다.

이슬람의 법학파法學派

순나 sunna의 본 뜻은 관습, 관행이나 구체적으로는 교조 무함마드의 언행言行을 뜻한다. 따라서 순니 Sunni라 함은 예언자의 언행의 추종자로 볼 수 있다. 일부에서는 이 말을 정통파正統派로번역하고 있다. 전세계 무슬림의 85% 이상을 차지하는 순니파는 아무런 분파分派 현상도 없지만 이슬람성법 Shari'a의 해석 및 적용에 있어서 견해 차이 때문에 4개의 法學派 madhhab로 갈라졌다.

고대 로마인이 법리학法理學 Jurisprudence을 발전시킨 후 처음으로 이 학문을 체계화한 역군은 중세 무슬림이다. 피크 fiqh라 부르는 이 법체계의 발전에는 긴 세월이 소요되었다. 원래 이 법체계는 쿠란과 하디스 hadith(예언자의 언행록)에 바탕을 두고 있다. 공적公的 및 사적私的 생활과 직업상의 행위, 즉 인간생활의 전면全面은 빠짐없이 이슬람교리에서 인정된 법에 의하여 규제되어야 한다. 이러한 법의 체계와 해석이 곧 피크이다. 따라서 종교적 의식과 헌신 'ibadat(종교적 수신), 민사民事 mu'amalat, 형사刑事 'uqubat 및 헌법적인 규정 모두가 피크에 포함된다.

쿠란과 하디스가 인간 생활의 모든 영역을 규제할 수 없어 움마 umma(이슬람 공동체)의 전체 여론이 시간과 공간을 초월하여 합일合一하는 원칙인 이즈마 ijma' 즉 합일점合一點 consensus과 유사類似한 것에서 추리하는 원칙인 키야스 qiyas(類推)가 이 법체계에 추가되었다. 순니 무슬림은 이 네 가지 법체계의 바탕에서 구체적 사건을 해석하는 방법에 따라서 4개의 법학파로 나뉘어져 있고 쉬아 무슬림은 또 독자적인 법학파를 형성하고 있다. 순니의 4법학파는 모든 중요한 문제에 있어서 의견의 일치를 보고 있다고 인정한다. 그렇지만 자기네의 것이 최선으로 보기 때문에 서로 순니로 간주한다.

먼저 아부 하니파 Abu Hanifa(767년 죽음)를 비롯한 이라크 학파는 개인적 견해 ra'y를 자율적으로 키야스에 많이 적용하였다. 이 파의 추종자는 창시자의 이름에서 하나피 Hanafi라 불리우며 오스만제국의 법체계를 이루어서 아라비아반도를 제외한 서아시아와 인도에 추종자가 많다. 둘째 메디나 출신의 말리크 이븐 아나스 Malik ibn Anas(795년 죽음)는 개인적 견해를 가능한 한 피하고 메디나의 관행을 중시하는 보수적인 색채를 띠었다. 그의 추종자인 말리키 Maliki는 남부 이집트와 그 서쪽의 북아프리카, 즉 마그립 Maghrib 지역과 한때 이슬람 스페인에 지배적이었다.

비교적 개방적인 이라크 학파와 보수적인 말리키 학파 사이에 절충적인 입장을 취하는 샤피이 Shafi'i 학파가 있다. 이 파의 창시자 샤피이 Shafi'i(820년 죽음)는 피크를 학문적인 법체계로 완성한 사람이다. 이 파의 추종자는 나일강 하류, 동아프리카 연안, 서남 아라비아 및 동남아 지역에 거주하고 있다. 마지막으로 예언자의 언행록에 중점을 두는 한발리 Hanbali派가 있다. 이 파는 매우 엄격하고 관용성이 적다. 이 파의 창시자는 이븐 한발 Ibn Hanbal(855년 죽음)이며 그 추종자는 현재 와하비 Wahhabi파로 알려지고 있으며 사우디 아라비아 인구의 다수를 차지하고 있다.

이 네 학파의 창시자와 몇몇 그 제자는 이슬람 성법을 독자적으로 해석할 수 있기 때문에 무즈타히드 mujtahid라 불리우나 그들의 죽음과 함께 독자적 해석 ijtihad은 끝이 났다고 보아 그 후는 오직 맹종 taqlid이 있을 뿐이라고 주장한다. 반면에 쉬아는 이 네 학파와 이즈마 ijma'의 원칙을 부분적으로 거절한다. 즉 유일한 법률 해석권은 "숨은 이맘"(上記 참조)에 있기 때문에 그의 대행자는 어느 시대에나 존재한다고 보아 오늘날까지 무즈타히드가 출현한다고 생각한다.

Ⅷ. 할리파의 권위 실추와 압바시야제국의 분열

이슬람제국帝國의 분열
할리파의 지위 추락
북아프리카 지역
이란 지역
제국의 중앙부와 이집트
파티마조朝
부와이흐 또는 부예조朝
중앙 아시아
가즈나조朝
살죽조朝
십자군 원정
동북東北 지역의 변화와 할리파의 세력 강화
압바시야조朝의 멸망

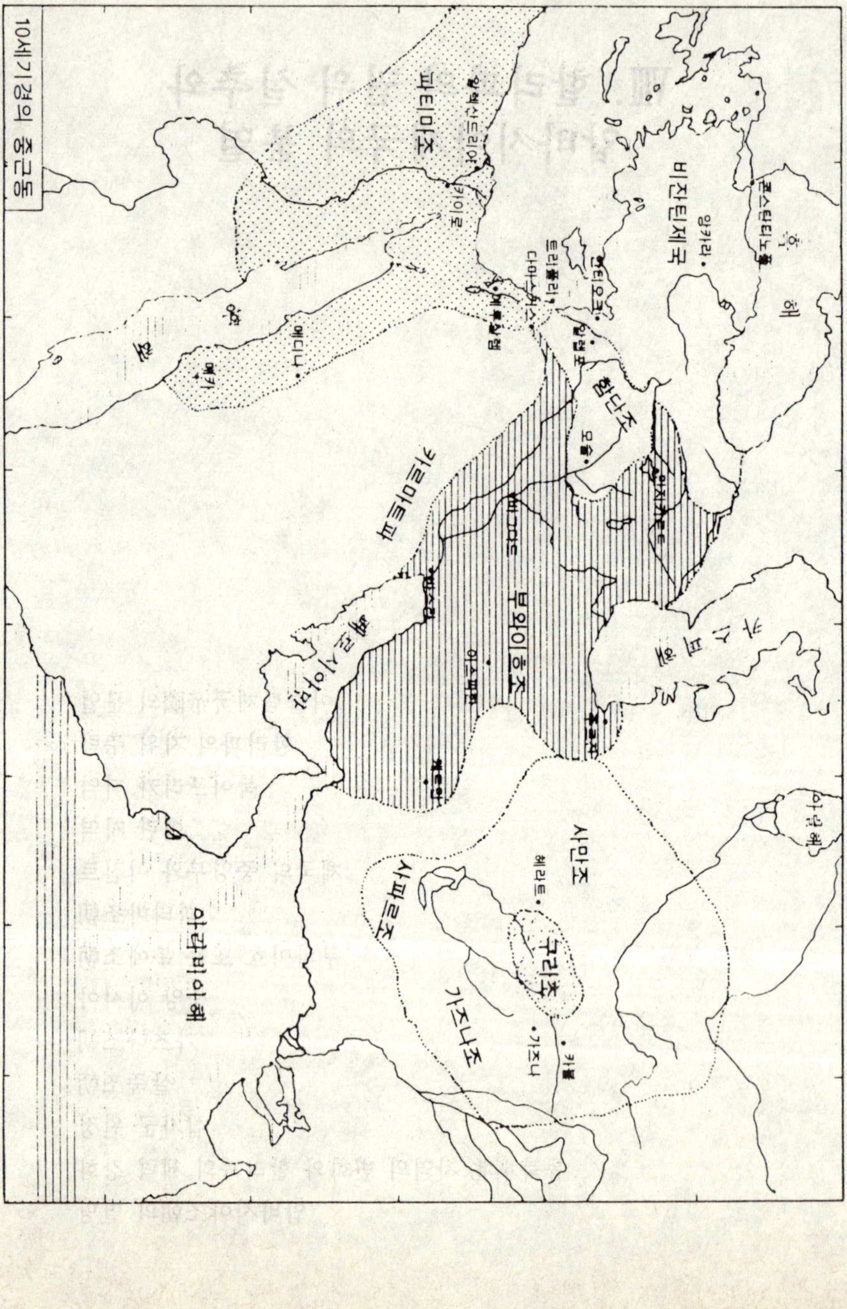
파티마조
비잔틴제국
함단조
부와이흐조
카르마트파
사만조
사파르조
가즈나조
아라비아해
흑해
카이로
메카
메디나
바그다드
모술
이스파한
헤라트
가즈나
카불
콘스탄티노플

10세기경의 중근동

이슬람제국帝國의 분열

찬란한 문명을 이룩한 이 압바시야 할리파제국에 나타난 쇠퇴의 기미는 제국의 정치적 단일체單一體에 금이 가기 시작한 데서 나타났다. 할리파 만수루가 세운 이 제국은 하룬 알 라쉬드 Harun al-rashid(786~809)의 통치기간 중에 전성기를 이루었다. 비록 그때까지 간간히 반란의 소리가 지방에서 일어나긴 했지만 제국은 건전하게 보였다. 압바시야조의 초기 할리파는 그들의 정권 장악에 큰 공을 세운 페르시아 귀족층과 동맹관계를 계속 유지하였다. 더구나 페르시아 귀족의 명문인 바르마크가 Barmak家는 그 덕으로 대대로 와지르 wazir직을 맡아서 제국의 정부에 핵심적인 지위를 유지하였다. 그러나 하룬 알 라쉬드의 통치기간 중 그 이유는 잘 알려지지 않았지만, 바르마크가는 그들의 권력, 재산을 잃고 몰락하였다.

하룬 알 라쉬드가 죽은 후에 그의 두 아들 아민 Amin과 마문 Ma'mun 사이에 불화가 일어나 결국 내란으로 발전하였다. 아민의 지지세력은 주로 수도 바그다드를 중심으로 한 이라크였고, 마문의 거점은 페르시아에 있었으므로, 아랍족과 페르시아족 사이의 민족적 분쟁으로 보는 이도 있다. 결국 이 전쟁은 후자의 승리로 끝났다. 이 분쟁을 페르시아와 이라크간의 민족적인 분쟁이기보다 오히려 지역간의 분규로 보는 사람이 많다. 마문이 승리한 후 수도를 후라산주의 마르브 Marv로 옮기려는 시도도 있었으나 교역의 중심지인 바그다드의 경제적 중요성 때문에 계속 수도로 존속되었다.

할리파의 지위 추락

이집트에 독자적인 정치세력이 생겨나서 시리아도 다스리게 되면서, 시리아와 이라크의 경계선 지역에는 때때로 정치적 공백이 생겨 시리아 사막과 그 주변의 아랍 부족이 우마이야조가 망한 후 잃어 버렸던 독자성을 되찾을 수 있었다. 때때로 이 부족은 중앙 정부가 허약하거나 분열된 틈을 타서 그들의 영역을 시리아와 메소포타미아의 정착지에까지 확장하였다. 그래서 비록 짧은 기간이나마 10세기에 모술 Mosul과 알렙포 Aleppo에 함단조 Hamdan朝(929~991)와 같은 찬란한 왕조도 생겼다. 결국 할리파의 실질적인 통치 지역은 이라크에 국한되었고 나머지 지역은 지방왕조의 통치아래 놓여 있었다. 그들은 기분에 따라서 충성의 표시로서 할리파 정부에 약간의 조공을 바쳤고, 또 통치 영내의 聖院 masjid에서 행하는 금요일의 집단예배 의례 중에 행하는 후트바 khutba(설교) 속에 통치 할리파의 이름을 언급하고 영내에서 만드는 금, 은 및 동전 속에도 그의 이름을 넣어서 주조하는 정도였다.

바그다드를 경유하는 통상로의 기능이 원만하게 작용할 수 있는 한 제국의 정치적 분열에도 불구하고 경제와 문화생활의 확산 발전에는 아무런 방해도 되지 않았다. 그러나 점차 할리파의 권위가 위축되어 바그다드에만 국한되었고 더구나 할리파의 사치스러운 궁전생활과 관료층의 상인에 대한 위압적인 태도 때문에 재정 질서가 혼란하게 되었으며 나아가서 또 귀금속광의 영업 중지 또는 손실에 의한 화폐의 부족 현상도 일어나 경제사정은 더욱 악화되었다.

이러한 혼란의 해결책으로 할리파는 국가 세금의 징수권을 지방의 총독에게 넘겨주었다. 그 대신에 총독의 임무는 약속된 금액을 해마다 중앙정부에 바치고, 또 지방의 관료들과 군대를 유지하는 것이었다. 이러한 세금 징수권을 가진 총독은 제국의 실권자가 되었으며 또 군사령관직을 겸하게 되었다. 결국 무타심 Mu'tasim (833~842)과 와식 Wathiq(842~847)의 통치시대부터 할리파는 자신의 군사령관과 근위병에 대한 통제권을 잃게 되었다. 더구나 이들이 도리어 할리파를 자의로 폐위廢位 또는 지명指名할 수 있게 되었다. 이들 군사령관과 근위병은 주로 중앙 아시아의 터키계 부족 출신의 맘룩[1] mamluk들로 충원되었다.

935년에 아미르 알 우마라 Amir al-Umar' (사령관 중의 사령관)라는 직위가 생겼다. 이것은 곧 수도에 있는 사령관이 지방의 사령관보다 우위를 차지한다는 것을 말하고 있다. 그러나 페르시아의 부와이흐 buwaih

1) 무슬림 통치자들이 중앙 아시아의 터키계 부족, 서카시아 Circassia 및 그루지아 출신의 8~12세 소년을 구입하여 이슬람에 개종시킨 후 훈련시킨 노예군.

가문이 서부 이란에서 실질적인 독립왕조를 수립한 후 945년에 바그다드를 침입하여 점령하니 할리파의 형식상의 독립성마저 끝이 났다. 이때부터 할리파의 운명은 실질적 권력자인 막부의 손아귀에 있었다. 이들 막부는 대부분 페르시아계나 터키계 부족 출신이었으며 그들은 자신이 지휘하는 군대를 통하여 다스렸다. 할리파에게는 이슬람의 최고위자, 즉 국가와 교회의 우두머리 혹은 이 두 기구가 혼합된 체재의 장長으로서 명목상의 권위와 신분은 남아 있었으나 할리파의 실권은 이미 없어졌다. 그가 군사령관이나 총독에게 봉지장封地狀을 수여하는 것은 단지 이미 이루어 놓은 사실을 사후에 공식적으로 인정하는 절차에 지나지 않았다.

북아프리카 지역

우마이야조의 할리파 히샴 Hisham(724~743)의 손자 압둘 라만' Abd al-Rahman은 압바시야조의 박해를 피해 스페인에 망명하여 그곳의 시리아 출신 군인의 도움을 받아 우마이야조를 756년에 다시 건립하여 독립하였다. 이것이 압바시야조가 750년에 등장한 이래 나타난 최초의 분리독립이었다. 그 뒤를 이어 785년에 하산 이븐 알리 Hasan ibn 'Ali의 증손자 이드리스 이븐 압둘라 Idris ibn 'Abdullah가 메디나에서 알리파의 반란을 주도하다가 실패하자 모로코로 도망하여 그 곳에 왕국을 건설하는 데 성공하였다. 이 이디리스 왕국은 거의 200년간(788~974) 지속되었으며 역사상 최초의 쉬아국가였다. 비록 모로코의 주민은 대부분 베르베르 Berber족의 순니였지만 중앙 정부에 대한 반발심에서 그를 지지하였다. 이 왕국은 북아프리카의 파티마조와 스페인의 우마이야조 사이에 끼어 곤경을 겪다가 결국 후자의 침입을 받아 망하였다. 이와같은 적대적인 세력이 스페인과 모로코에 정립하게 되자 위협을 느낀 압바시야조의 할리파 하룬 알 라쉬드 Harun al-Rashid는 카이르완 지역에서 세력을 확립한 순니 출신의 이브라힘 이븐 알 아그라브 Ibrahim ibn al-Aghlab를 800년에 총독으로 임명하여 그의 지위를 합법화시켜 주는 대신 반압바시야 세력의 동진東進을 막게 하였다.

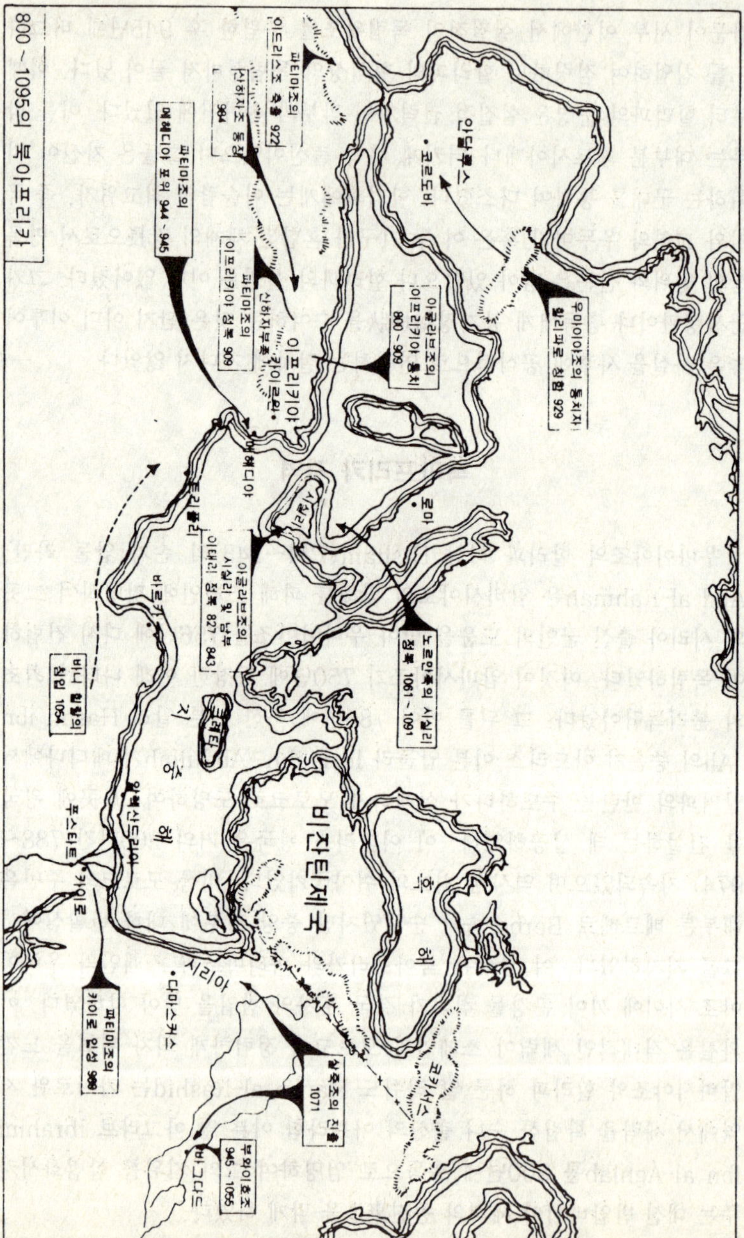
800~1095의 북아프리카
파티마조의 이드리스조 축출 922
산하자조 통치 964
파티마조의 메헤디아 포위 944~945
파티마조의 이프리키야 정복 909
산하자부족
이프리키야
카이로완
아글라브조의 이프리키야 통치 800~909
우마이야조의 칼리프로 칭함 929
코르도바
안달루스
로마
시실리
메헤디아
트리폴리
바르카
아글라브조의 시실리 및 남부 이태리 정복 827~843
노르만족의 시실리 정복 1061~1091
바누 힐랄의 침입 1054
크레타
지중해
비잔틴제국
흑해
알렉산드리아
푸스타트
카이로
파티마조의 카이로 건설 969
다마스커스
시리아
셀주크조의 진출 1071
코카서스
부와이흐조 945~1055
바그다드

이 아글라브의 왕은 아미르 amir라는 칭호에 만족하고 그들의 주화鑄貨에 압바시야조의 할리파 이름을 새김으로써 그 종주권宗主權을 인정하였다. 이 왕조는 카르타고 Car- tago의 후예답게 강력한 해군을 만들어 지중해의 해상권을 장악하였으며 유럽 그리스도교 국가의 해안 주민을 괴롭혔고 902년에는 시실리 Sicily 섬을 완전히 장악하였다. 또 아글라브의 왕은 수도 카이르완 Qairawan에 메카, 메디나 및 예루살렘의 성원에 버금가는 이슬람 성원聖院을 지어 서방 이슬람의 본산本山을 이루었다.

이란 지역

이란인은 정통할리파시대(632~661)에 정복당하여 약 200년간 아랍 무슬림의 통치를 받는 동안 점차 이슬람에 개종하여 마왈리가 되었으나 대부분이 아랍화되지는 않았다. 그들은 점차 자신들의 고유한 문화와 전통에 눈뜨게 된 것이다. 하룬 알 라쉬드 Harun al-Rashid(786~809)의 시절에는 이란 출신의 문인文人들 사이에 슈우비야 Shu 'ubiy운동이 일어나기 시작하여 아랍인과 페르시아인의 동등성은 물론 심지어 이란적인 것이 아랍적인 것보다 우월하다는 주장까지 나오게 되었다. 더구나 이란인은 바그다드로부터의 직접 통치를 싫어하였다. 당시의 이란 문화의 중심지는 후라산 Khurasan과 그 이웃인 트란속시아나 지역이었고 또 이 지역은 바그다드에서 멀리 떨어져 있으며 지리적 여건도 색다른 곳이었다. 그래서 하룬은 그의 아들 마문 Ma'mun에게 이 동부 지역의 통치를 맡겼다.

하룬은 사촌인 압바시야 공주에게 난 아들 아민 Amin을 제 1후계자로, 또 페르시아 출신 노에 부인에게서 난 마문을 제 2후계자로 임명하였다. 그가 죽은 후 곧 아민(809~813)과 마문 사이에 형제 싸움이 일어나 결국 마문이 승리를 거두었다. 이때 페르시아 출신의 타히르 Tahir 장군이 마문을 크게 도왔으므로 820년에 동부주를 맡게 되었다. 이 타히르 왕국은 수도를 마릅 Marv에 두었으나 후에 니샤푸르 Nishapur로 옮겼다. 이 왕국은 바그다드의 할리파를 종주宗主로 받아들였으나 821년에 금요일 집단 예배시에 할리파의 이름으로 의례를 행하지 않고 자신의 이름으로 행했다. 그러나 마문은 현명하게 아무런 반대도 하지 않았기 때문에 타히르는 완전한 자치를 누렸다. 이것이 사산조가 망한 후 이란인이 세운 최초의 왕국인 것이다. 타히르가 죽은 후 그의 아들 탈하 Talha가 뒤를 이을 때도 마문은 인준하였다.

마문은 당시 페르시아인 바박 Babak(혹은 Papak)의 영도 아래 조로아스터교에서 파생되어 종교적 공산주의 색체가 풍기는 마즈닥교教 Mazdakiism의 추종자가 아자르바이잔 지방에서 816년에 반란을 일으켰으므로 이의 진압에 골몰하였다. 그들은 후르라미 Khurrami[1]라 불리워졌으며 교리에는 공산주의적인 요소도 다소 포함되어 있었다. 또 탈하의 동생이 마문의 군사령관으로 있었고, 할리파군의 장졸將卒들은 대체로 후라산 출신이었으므로 이들은 고향 사람과 전쟁하는 것을 꺼렸다. 더구나 이슬람 이전에 인도에서 메소포타미아 남부에 이주한 주트 Zutt(집시족)의 반란이 있었기에 간섭은 더욱 불가능하였다. 이들의 반란은 834~835년에 진압되었다. 타히르 왕국은 옛 페르시아제국의 전통적인 임무인 중앙 아시아에서 들어오는 침략을 방어하는 역할을 하였다.

후라산의 남부에 있는 서지스탄 Sijistan 지역에는 하와리즈파의 반란이 자주 일어났으므로, 이 지역 주민은 스스로 자위대自衛隊를 조직하였다. 이 자위대에서 야큽 이븐 라이스 Ya'qub ibn Laith라는 세공쟁이 saffar가 뛰어난 명성을 얻어 지도자로 부각되었다. 그는 점차 세력을 확대하여 873년에 타히르 왕국의 수도 니샤푸르를 점령하여 동부 페르시아와 아프가니스탄 지역을 통합시켰다. 876년에는 바그다드 근교까지 진출했다. 타히르조가 순니 지배층의 이익과 사회 체제의 현상 유지에 주안점을 두었다면 야큽은 산적山賊 ayyarun 출신이고 그가 세운 사파르조 Saffar朝(867~913)의 지지기반은 평민이었다. 그의 추종자는 종교적, 사회적 면에서 다양한 요소를 지니고 있었다. 타히르조가 페르시아의 옛

---

1) 유명한 아부 무슬림 알 후라사니 Abu Muslim al-Khurasani 장군의 처형에 격분하여 그의 추종자가 페르시아의 후르라미 지역에서 반란을 일으킨 데서 이 이름이 유래. 추종자의 일부는 그가 죽었다는 사실을 부정하고 언젠가 그가 돌아와 이 세상에 정의를 펼 것이라고 믿었다.

귀족 dihqan 세력의 재생이라면 사파르조는 그 평민 세력을 대표하였다.

페르시아의 옛 귀족세력의 재생을 대표하는 또 다른 왕조가 트란속시아나에서 나타났다. 곧 사만조 Samam朝(874~999)이다. 그 조상은 본래 발흐 Balkh의 조로아스터교 성직자였다. 이 왕조의 창시자는 나스르 이븐 아흐마드 Nasr ibn Ahmad (874~892)이지만 실질적으로 독립된 세력을 형성한 이는 그의 동생 이스마일 Isma' il(892~907)이었다. 이 왕조는 타히르 왕국의 작은 주지사로서 출발했으나 4대왕인 나스르 Nasr 2세(874~843) 때에는 트란속시아나와 후라산 뿐만 아니라 사파르 왕국도 예속화시켜 그 영토가 시지스탄, 케르만 Kerman, 주르잔 Jurjan, 라이 Rayy 및 타바리스탄 Tabaristan에까지 뻗쳤다. 겉으로는 바그다드의 할리파에게 충성을 바치는 척 했지만 실질적으로는 완전한 독립을 유지하였다.

할리파의 눈에는 사만조의 왕은 단순히 아미르 amir(총독) 혹은 아밀 amil(징세관)에 불과하지만 자신의 영토 안에서 그 권위는 절대적이었다. 이 사만조는 또 페르시아 문화의 재생을 열어준 왕조였다. 이슬람이 페르시아제국을 정복한 이후 무슬림이 된 페르시아인은 문화적 표현 수단으로 아랍어를 사용하였다. 그러나 사만조는 페르시아어를 장려하였고 수도 부하라 Bukhara에 왕립도서관을 세워서 동서고금의 많은 서적을 수집 · 보유하였다. 이 도서관을 페르시아의 시성詩聖인 피르도우시 Fird- awsi(934~1020)가 어린 시절에 자주 드나들었다. 또 루다키 Rudaki(941년 죽음)는 이슬람화한 페르시아어를 사용한 최초의 시인이었으며 발아미 Bal' ami는 963년에 타바리Tabari(923년 죽음)의 유명한 역사서를 페르시아어로 요약要約하였다. 또 재상 자이하니 Jayhani는 지리서를 저술하여 이 분야에 새로운 지식을 가져다 주었다.

비옥한 초생달 지역과 이집트

한편 제국의 중앙부인 이라크에서는 주트족의 반란이 진압된 후 한세대가 지난 869년에 바스라 지역에 일하고 있었던 흑인 노예의 반란이 터졌다. 그들은 잔즈 Zanj(잔지 바르섬의 이름과 유사함)로 알려졌다. 그들의 지도자는 알리파 계통이라 하나 하와리즈파의 만민 평등 사상을 고취하고 있었다. 그들은 여러번 바스라시와 남부 이라크를 장악하여 바그다드까지 위협했다. 만일 잔즈 반란군이 제안한 사파르조와의 동맹이 이루어졌다면 압바시야조는 종말을 고했을 것이다. 이 반란은 끈덕지게 지속되어 883년에 당시 할리파의 동생이며 실권자였던 알 무와파크 al-Muwaffaq에 의하여 비로소 섬멸되었다.

9세기경에는 이슬람의 수많은 종파와 학파가 다시는 통합할 수 없을 정도로 갈라져 제각기 교회와 학풍의 체계를 완성시켜 가고 있었다. 그와 더불어 8, 9세기에는 분리주의적인 성격이 시대의 흐름이 되어 각 지역에 번져갔다. 하와리즈파는 무슬림의 평등 사상에 호소하면서 비아랍계 무슬림의 지지를 얻으려고 제국의 모든 영역에서 애쓰고 있었으나 커다란 성공을 보지 못하였다. 그러나 쉬아파는 상당한 성공을 거두었다. 사회의 전반적 분위기가 쉬아파에 동정적으로 변한 때문인지 이를 무마할 목적으로 할리파 마문은 자기의 후계자로 제8대 쉬아파 이맘인 알리 알리다 'Ali al-Ridha(818년 죽음)를 지명하였으나 몇 년 후 그를 아마도 독사毒死 시킨 것 같다.

북아프리카에서는 쉬아파인 이디리스조(788~974)가 모로코에서 독립하고 그 뒤를 이어 아글라브조(800~909)가 튀니지에서 자치를 확립하였다. 그 영향은 이집트에도 미쳤다. 나일강 하류는 8세기에 고프트 Copts족의 반란과 전염병의 발생 등으로 곤욕을 치렀으나, 할리파에 대한 충성은 변함이 없었다. 9세기에 들어오자 경제력도 회복하였다. 파피루스 Papyrus가 종이에 밀려 그 산업이 쇠퇴하자 아랍인들은 쌀과 사탕수수의 재배로 대체하였다. 귀금속광이 없었기 때문에 이집트는 주로 농산물 생산에 주민의 대다수가 종사하였다. 압바시야조의 등장과 함께 할리파의 가문에서 이집트 총독직을 독점하여 왔다. 그러나 856년 이후 터키족 출신의 장군이 총독직을 맡게 되었지만 이 총독은 이집트에 오지 않고 대체로 할리파와 함께 바그다드나 사마라 samarra의 궁전에 머물면서 자기의 영향력을 보전하면서 자기의 대리인을 이집트에 보내어 관리하게 하였다.

대리인으로 온 사람 가운데 중앙 아시아의 파르가나 Farghana에서 온 맘룩 출신의 아흐마드 이븐 툴룬 Ahmad ibb Tulun은 자기의 지위를 굳혀 868년부터 점차 독자적인 정책을 추구하였다. 그는 할리파와 와지르 wazir(재상)의 소환명령에도 불복하고 심지어 중앙 정부에서 보낸 재정관을 몰아내고 스스로 재정자립도를 강화하였다. 금요일 집단 예배시 할리파의 이름을 언급하고 또 선물로 보냄으로써 바그다드의 종주권을 형식적으로 인정 하면서 통치하였다. 더구나 그는 현명한 조세정책의 시행과 군조직의 개혁을 단행했으므로 이집트는 상당한 정도의 번영과 안정을 누리게 되었다. 그는 또한 이집트의 안전을 위하여 877년에 시리아 총독이 죽자 재빨리 팔레스타인과 시리아를 점령하여 이집트에 들어오는 길목의 안전을 확보하였다.

그의 아들 후마라와이흐 Khumarawaih도 부업父業을 계승하여 독립성을 유지하였으나 그가 896년에 다마스커스에 급사急死하자 계승문제로 내란이 일어난 틈을 타서 바그다드의 할리파는 군대를 파견하여 툴룬조(868~905)를 멸망시키고 이집트의 통치권을 회복하였다. 이 툴룬시대에 카이로에는 병원, 성원 등의 많은 건물이 세워져 일부가 오늘날도 남아 있다. 그러나 바그다드의 직접 통치는 오래가지 않았다.

역시 파르가나에서 온 터키인의 후손인 무함마드 이븐 투구즈 Muhammad ibn Tughj(935~946)가 이집드 총독으로 임명되어 왔다. 그는 곧 능력을 발휘하여 할리파 알 라디 al-Radi(934~940)로부터 옛 페르시아제국의 지방 영주의 칭호인 익쉬드 Ikhshid(왕자, 통치자)를 받게 되었다. 이 칭호를 받음으로써 그는 다른 주의 총독보다 격이 높음을 과시했다. 이 익쉬드조(935~966)는 문학과 예술활동에 아무런 공헌도 하지 못하고 서쪽에서 쳐들어온 파티마조의 군대에 의하여 망하였다.

파티마조 Fatima朝, 909~1171

8세기 중엽부터 재야在野세력의 주도권은 하와리즈파로부터 쉬아파에게 넘어갔다. 그 중에 이스마일파의 활약은 매우 눈부셨다. 이 파의 실질적 창시자인 압둘라 이븐 마이문 'Abdullah ibn Mainu의 후계자인 사이드 이븐 후세인 'Abdullah ibn Husain은 선교요원宣教要員 da'i인 압둘라 알 후세인 알 쉬이 'Abdullah Al-Husain al-Shi'i를 북아프리카로 파견하였다. 그는 스스로 구세주 Al-mahdi의 파견원이라 부르면서 9세기 말경에 베르베르 Berber족에게 이스마일파의 교리를 포교하고 순니를 비난하였다. 당시 베르베르족들은 도시에 기반을 두고 있는 아글라브조에 불만을 품고 있었다. 그가 상당한 성공을 거두자 사이드는 북부 시리아의 거점을 떠나 북아프리카로 향하였다. 909년에 사이드는 베르베르 부족의 도움으로 아글라브조의 수도 락카다 Raqqada를 함락하고 나라를 세우는 데 성공하였다. 그후 그는 스스로 이맘 우바이둘라 알 마흐디 Imam 'Ubaidullah al-Mahdi라 칭하고 교조의 딸 파티마 Fatima와 6대 이맘의 아들 이스마일의 후손임을 주장하였다. 파티마조의 등장은 이슬람세계에 새로운 사태를 몰고 왔다. 우바이둘라는 먼저 모로코에 있는 이드리스 왕조 (789~926)의 수도 페즈 Fez를 921년에 점령하여 전 영토를 병합하였다.

이 파티마조는 일곱 이맘파였으므로 압바시야조의 할리파를 형식상으로도 인정하지 않음은 물론이고, 더 나아가서 자기들만이 이슬람 공동체 umma의 합법적인 지도자임을 주장하였다. 그는 자기가 진정한 할리파임을 주장함으로써 이슬람 세계에는 바그다드와 스페인의 할리파[1]와 더불어 3명의 할리파가 난립했다. 그들이 태도가 이렇게 고압적이었기 때문에 그들은 북아프리카의 영역領城에만 만족하지 않고 찬탈자인 압바시야조에 대항함은 물론이고 그들을 멸망시켜 동부의 통치권도 뺏으려 하였다. 우바이둘라는 914년과 921년 두 번에 걸쳐 당시 압밥시야조의 통치 아래 있는 이집트를 공격하였으나 성공하지 못하였다.

그러나 파티마조의 제4대 할리파 알 무이즈 al-Mu'izz(953~975)는 969년에 당시 익쉬드조의 통치 아래 있었던 이집트를 정복하고 수도를 카이로로 옮겼다. 그 결과 이슬람 세계는 순니의 동부와 이스마일파의 서부로 분열 대립하게 되었다. 즉 티그리스·유우프라테스강 지역과 나일

1) 압둘 라만 'Adb al-Rahman Ⅲ (912~961 재위)은 929년에 칭호를 아미르 Amir에서 할리파로 바꾸었음.

강 지역이 정치적으로 분리되어 있는 한 양대세력은 충돌하지 않을 수 없었고 또 이 대립이 지속되는 한 시리아와 팔레스타인 지역은 자기 방위를 위하여 필요한 전략요지였다. 따라서 이 지역은 세력이 강력한 편에 병합되든지 혹은 양 세력이 균형을 잡을 때는 스스로 독립국가를 형성하여 왔다. 이 같은 형세는 1517년 오스만 터키가 카이로를 점령할 때까지 지속되었다. 이 파티마조는 제5대 할리파 알 아지즈 Al-'Aziz(975~996)의 통치기간 중에 그 세력이 융성하여 그의 이름은 금요일 예배 때 북아프리카 전역과 예멘, 메카, 다마스커스에서도 언급되었다. 그러나 그는 압바시야조의 무타심 Mu'tasim(833~842)처럼 터키족과 아프리카 흑인을 용병으로 받아들였다. 이들 용병은 베르베르족의 근위병과 충돌하게 되어 결국 혼란이 야기되었고 파티마조의 쇠퇴를 가져오게 되었다.

부와이흐 Buwaih 또는 부예조 Buyeh朝, 945~1055

서부가 파티마조를 중심으로 통일되어 가는 데 비하여 동부는 그 분열상을 계속 나타내고 있었다. 사파르조 Saffar朝(867~913)가 사만조 Saman朝(819)에 의하여 망한 후 약 150년 동안 이란 지역은 혼란을 거듭하였다. 이 틈에 타바리스탄 Tabaristan의 마르다위즈 Mardavij는 이스마일파의 이름 아래 조로아스터교적인 페르시아 문명의 재건을 위해 애쓴 결과 928년경에는 이란 중부에 상당한 세력을 형성하였다. 그러나 935년에 그가 암살당하자 이 세력은 풀이 꺾어졌다. 대신 등장한 세력이 카스피해 남쪽의 다일람 Daylam 지역 출신이며 열두 이맘 쉬아파인 부와이흐 Buwaih(일명 Buyeh)가문을 중심으로 일어났다.

이들 3형제는 본래 마르다위즈의 휘하에 종군하고 있었으나 그가 암살당하자 곧 맏형 알리 'Ali는 이스파한 Isfahan과 파르스 Fars주를, 중간인 하산 Hasan은 지발 Jibal 지역을, 막내인 아흐마드 Ahmad는 케르만 Kerman과 후지스탄 지역을 장악하였다. 945년에 메소포타미아에서 기근 때문에 혼란이 일자 아흐마드는 군을 동원하여 바그다드를 점령하였고 할리파의 근위병인 투르크계의 맘룩 용병들은 저항할 생각도 않고

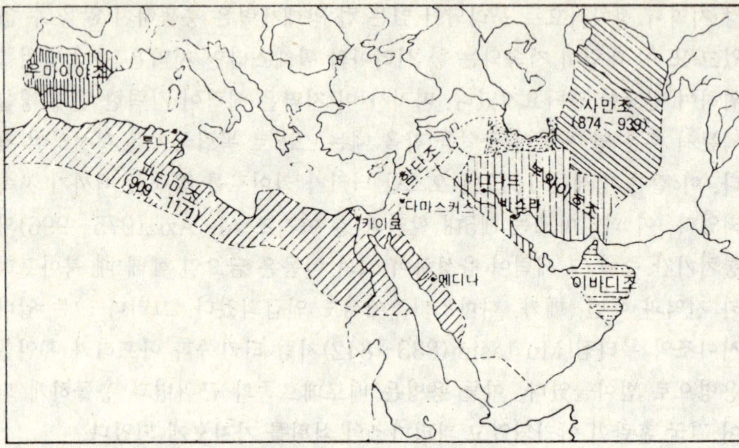

10세기 말경의 이슬람국가

도망하였다. 이제 바그다드의 순니 할리파는 투르크계 맘룩의 손에서 벗어났으나 페르시아인 쉬아 아흐마드의 손아귀에 떨어졌다.

인구의 절대다수가 당시 순니였으므로 부와이흐조의 아흐마드는 순니 할리파를 제거할 수 없었다. 결국 할리파는 아흐마드에게 무이즈 알 다울라 Mu'izz al-Daw- la(왕국의 간성)라는 칭호를 수여하였다. 그의 공식지위는 최고사령관 amir al-u- mara'에 지나지 않았지만 통치의 상징으로 자기의 이름도 금요일 집단 예배 khu- tba 속에 할리파의 이름과 더불어 기원되기를 주장하여 실현하였고 또 그의 이름을 주화에 새겼다.

부와이흐조가 바그다드를 지배하는 100여 년 동안 그들은 할리파를 마음대로 옹립 또는 폐위시켰다. 3형제가 죽은 후 2세들 사이에 권력다툼이 일어나 내란으로 몰고 갔으나 그들 가운데 아두드 알 다울라 'Adud al-Dawla(949~983)가 경쟁자를 물리치고 부와이흐조의 군소제국群小諸國을 통일하여 커다란 제국帝國을 세웠다. 그러나 그가 죽은 후 다시 군소 국가로 전락하여 내분을 일으켰다. 이 제국의 동부 영토는 1029년 가즈나 Ghazna 왕국에 병합되었고 이라크 지역은 1055년 살죽 Saljuq 터키의 침략으로 멸망하였다. 부와이흐조는 말기에 이르러 너무나 내분이 심각했기 때문에 외적外敵에 대하여 국경을 방어할 힘도 관심도 없었다. 이 왕조가 이슬람 세계의 주도권을 장악하고 있는 기간에는 바그다드의 중앙 정부는 비非무슬림 국가와의 직접적인 접촉은 거의 없었다.

비잔틴제국과의 접경부근에 위치한 모술 Mosul 지역에 890년경부터 타글리브 Taghlib 부족 출신의 쉬아파인 함단 Hamdan 가문이 세력을 이루고 있었다. 이 가문은 바그다드의 중앙 정부와 순탄치 않은 관계에 있었으나 905년경에는 모술 지역 주지사로 이 가문 출신이 임명되었다. 지사의 아들 하사 Hasan은 929년에 지사직을 계승하여 곧 북부메소포타미아와 북부 시리아 지역을 확보한 후에 할리파에게 이 지역에 대한 그의 권위를 공식적으로 인정하여 줄 것을 강요하여 결국 나시르 알 다울라 Nasir al-Dawla(왕조의 승리자)라는 칭호를 받게 되었다. 그러나 부와이흐조는 945년에 바그다드를 정복한 후 함단조 Hamdan朝(905~1004)를 강요하여 종주권을 인정받았다. 한편 나시르 알 다울라의 동생인 사이프 알 다울라 Sayf al-Dawla(왕조의 칼, 944~967)는 북부 시리아의 알렙포 Aleppo(아랍명 Halab)에 근거를 잡고 비잔틴제국에 대한 전쟁 수행으로 이슬람 신앙의 방패라는 별명을 얻을 정도로 그 명성을 떨쳤다. 그러나 비잔틴제국이 위력을 발휘하여 150년간 무슬림 통치 아래 있었던 크레타 Creta와 사이프러스 Cyprus 등의 두 섬을 각각 961년과 965년에 점령할 수 있었다.

사이프 알 다울라가 죽은 후에 이 알렙포의 함단조는 남쪽에는 파디마조 세력의 팽창과 북쪽의 비잔틴제국의 잠식정책 사이에 끼어 허둥지둥하다가 결국 파티마조의 종주권을 인정하여 지탱하다가 망하였다. 이 왕조는 문학과 예술의 후견자로서 매우 중요하다. 고전 아랍문학이 말기에 접어들었을 때 나온 최대의 시인인 무탄나비 Mutanabbi(965년 죽음)를 비롯하여 『이상공화국理想共和國』al-madina al-fadila의 저자이며 또 종교적인 계시와 더불어 이성에 바탕을 둔 철학의 우수성도 함께 강조한 알 파라비 al-Farabi(950년 죽음) 및 이슬람 이전의 아랍인들의 시詩를 수록한『가요서歌謠書』Ki- tab al-aghani을 만들어 기념비적 존재가 된 이스파하니 Isfahani(967년 죽음) 등도 모두 이 왕조의 후견으로 그들의 저서를 출간하였다.

중앙 아시아

한편 이슬람 세계의 동부 변경에서 페르시아의 문화전통을 부흥시켰던 사만조(874~999)의 주된 산업은 농업이었고 또 이 농업의 번성은 광범한 관개시설의 확장과 그 유지에 달려 있었다. 강우량이 적은 이 지역은 관개시설은 주로 물줄기를 끌어 들여 흐르게 하는 지하의 수로망水路綱 qanat이었다. 그러나 사회의 안정이 무너지면 이 시설도 곧 훼손을 입게 되고 그 결과 농업수확량은 격감된다. 사만조의 정책도 이 객관적 현실에 제약받았다.

이 왕조는 전성기를 누린 나스르 Nasr 2세(913~943)가 죽은 후 내분이 일어났으므로 지방의 토호 dihqan를 다스리기가 점차 힘들었다. 더구나 군 내부에 투르크족 출신의 장교수는 점차 늘어가 그들의 영향력도 강화되어서 때때로 불만분자와 결탁하여 음모를 꾸몄으므로 이 왕조는 840년 이후 북쪽의 천산天山산맥 지역에 세력을 부식扶植하여 압력을 가하고 있는 강력한 트르크부족인 칼룩 qarluq과 손을 잡거나 또는 점차 상승세上昇勢를 타고 있는 카라한조 Qara-Khan朝(일명 Ilig Khan, 922~1211)와 협력하여 그 명맥을 지탱하였다. 이 카라한조라는 이름은 통치자의 칭호 속에 "카라"라는 말이 자주 나오기 때문에 유럽 학자들이 그렇게 붙인 것이다. 이 왕조에는 대大카간 qaqhan, 부副카간 및 소小카간등의 수많은 지배층이 있었다. 이것은 곧 수많은 부족들이 느슨하게 뭉쳐진 연합국을 형성하였음을 말하고 있다. 권력구조 및 칭호에 대한 연구논문이 최근에 나왔으며 그에 대한 평가도 좋은 편이다[1].

사만조의 왕인 만수루 Mansur 1세(961~976)와 누흐 Nuh 2세(976~997)는 이러한 여러 어려움 때문에 더 지탱할 수 없어서 10세기 후반에 아프가니스탄의 가즈나 Ghazna지방의 지사이며 맘룩 출신 군인이었던 가즈나조 Ghazna朝(977~4486)의 술탄 마흐무드 Sultan Mahmud(997~1030)에게 자주 원조를 청하였다. 이 술탄이란 칭호는 원래 통치권위를 뜻하였으나 10세기경에 통치자의 의미로 사용되기 시작

1) Omelian Pritsak, Karachanidische Studien. Ⅰ~Ⅹ, 타입체의 학위논문, Gottingen, 1948.

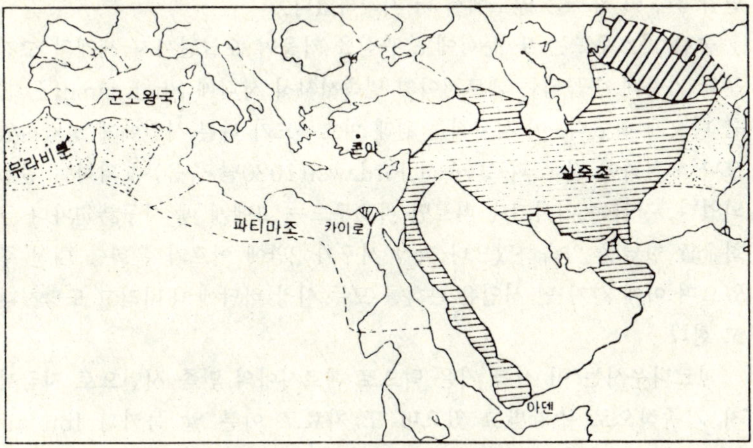

11세기의 이슬람국가

하였다. 물론 그는 이와 같은 청을 받아들였으나 그 대가로 여러 주의 양도를 요구하였다. 결국 옥서스 Oxus강 남쪽의 사만조의 영토는 가즈나조에 넘어갔고 그 북쪽, 즉 트란속시아나는 카라한조의 영향권에 떨어졌다.

가즈나 Chazna朝, 977~1186

사만조의 붕괴는 이제 막 재생한 페르시아 문화에 상처를 입히지 않았다. 이 사만조는 이란의 정신적 유산과 이슬람교를 트르크계 부족 가운데 포교하는데 큰 공헌을 하였고, 이에 감화된 가즈나조는 사만조의 유업을 계승하여 나갔다. 또 종교적으로도 철저한 순니였다. 그들이 세운 트르크계 부족의 순니적 전통은 페르시아의 쉬아 전통 밑에 수세기 살아온 투르크계 아자르바이잔족을 제외하고는 오늘날까지 그대로 지켜지고 있다. 이러한 터키계 부족은 페르시아의 고대 비非이슬람적 전통을 받아들이지 않았다. 술탄 마흐무드는 997년에 아버지의 뒤를 이어 왕위에 오른 후 뛰어난 군사 및 정치 지도자로서의 역량을 발휘하여 인도의 판잡 Panjab, 물탄 Multan 및 구자라트 Gujarat등을 정복하였다. 라호르 Lahore를 수도로 정하였기 때문에 이란지역의 영토를 잃은 후에도 150

년간이나 이 왕조는 인도에서 더 지속하였다.

술탄 마흐무드는 또 문학에도 관심을 기울여 오늘날까지 세계의 고전 문학 가운데 손꼽히는 페르시아의 민족서사시 샤나메 Shahname(王書)를 나오게 하였다. 이 서사시는 원래 마흐무드가 다른 시인에게 청탁하였으나 요절하여 결국 피르다우시 Firdawsi(1020년 죽음)에 의하여 완성되었다. 전하는 이야기에 따르면 마흐무드는 그에게 매 시구詩句마다 금화金貨 한닢을 약속하였으나 막상 시구가 2만에 이르자 은화를 대신 주었으며 이에 화가 난 시인은 은화를 모두 시장 바닥에 내버리고 도망쳤다고 한다

피르다우시는 이 시를 지은 덕으로 페르시아의 민족 시인으로 지금까지 거족적으로 추앙받고 있으며 또 자료로 이븐 알 묵카파 Ibn al-Muqaffa' (728년 죽음)와 사알리비 Tha'alibi(1038년 죽음)가 번역한 아랍어본을 사용하였다고 한다. 이 서사시는 이슬람 이전의 페르시아인의 역사를 전설적으로 이상화시켜 묘사한 것이다. 이 시의 주인공들은 모두 조로아스터교 신자였다. 이 작품은 페르시아어를 이슬람의 문화 언어로 그 지위를 올려놓았고, 수많은 문학 작품이 뒤를 잇게 하여 현대 페르시아어의 모태母胎가 되었다. 비록 아랍어의 어휘가 최근까지 페르시아어에 도입되었을지라도 이때부터 페르시아어집필 활동은 독자적인 길을 걸었다. 이 왕조는 천재적 저술가 알 비루니 al-Biruni(1048년 죽음)도 후원하여 수학, 천문학에 관해 많은 저서를 남기는 데 큰 도움을 주었다.

살죽조 Saljuq朝, 1038~1194

가즈나조의 마흐무드가 1030년에 죽은 후 곧 술탄위位를 놓고 형제싸움이 일어났다. 마수드 Mas'ud(1031~1041)는 아버지가 후계자로 지명한 형을 제치고 술탄이 되어 그 능력을 발휘했으나 1041년에 살해당했다. 그후 내분에 싸여 그의 통치기간 중에 이미 970년경부터 오늘날의 카자흐스탄 Kazakhstan 지역에서 부하라 Bukhara 지역으로 들어온 오구즈 투르크인 Oghuz(혹은 Ghuzz) Turks을 이끄는 한 씨족과 전쟁

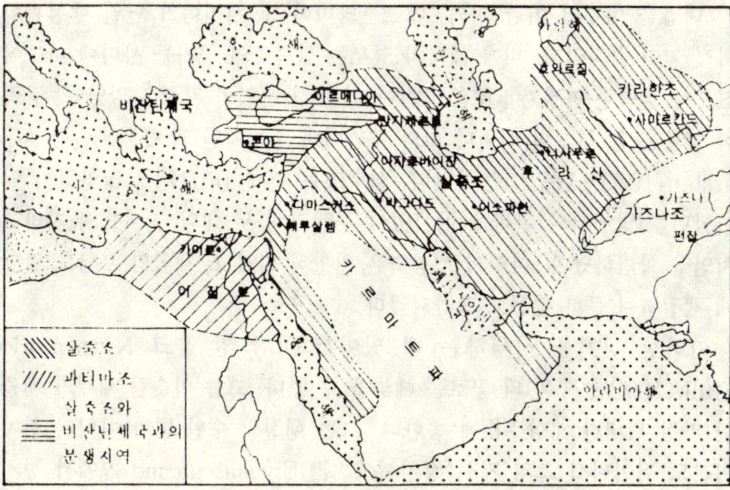

1090년 경의 파티마조와 살죽조

이 일어났다. 이 씨족장의 가문에 속하는 한 사람의 이름이 살죽 Saljuq(여기서 영어의 Seljuq)이었다. 그들의 자손은 카라한조와 함께 번성하였다.

살죽조의 창립자는 형제인 투그릴 벡 Tughril Beg(1038~1163)과 차그리 벡 Cha- ghri Beg이었다. 둘은 투르크 부족의 관습에 따라서, 즉 카라한조와 만찬가지로 정복한 영토를 자기 가문에 속하는 여러 공자公子에게 봉건적 가부장적 원칙을 적용하여 분할하였다. 1040년에 둘은 단단칸 Dandanqan에서 일어난 전투에서 가즈나조의 술탄 마수드로부터 결정적 승리를 거두고 후라산주를 빼앗고, 내분으로 허약해진 가즈나조를 페르시아의 국경 밖으로 밀어내어 인도에서만 명맥을 잇게 했다. 형제는 또 부와이흐조에 대해서도 연거푸 승리를 거두어 중앙 및 서부 이란을 점령하여 이스파한에 근거를 굳히고, 1055년에는 바그다드를 함락시켜 110년에 걸친 할리파에 대한 부와이흐조의 간섭을 끝맺었다. 비록 할리파의 존재는 상징적이었지만 순니 할리파를 쉬아 부와이흐조가 좌지우지左之右之하는 모순을 제거하고 순니인 살죽의 보호아래 두었다.

이슬람 세계의 동부는 200년에 걸친 분열과 혼란 끝에 살죽조가 통일의 대업을 이루어 이란 지역, 메소포타미아 및 시리아가 단일 행정관할 아래 놓이게 되었다. 비록 제국의 영토는 살주조의 공자들 사이에 나누어 졌으나 강력한 연장자年長者가 살아 있는 한 분열의 위험은 없었다. 강력한 인물은 곧 투그릴 벡이나 그의 조카이며 후계자인 알프 아르슬란 Alp arslan(1063~1072) 등이었다. 살주조는 전세기前世紀에 끊임없이 일어났던 지방에서의 반란을 여지없이 무찔러 영토 내의 질서를 유지하고 치안을 확립하였다. 따라서 행정력은 원활히 되었고, 세금의 부담도 알맞게 책정하여 문화 활동도 장려되었다.

이러한 정책을 시행하는 데 있어서 니잠 알 물크 Nizam al-Mulk(1092년 죽음)의 공로는 빼놓을 수 없다. 그는 이슬람 세계가 배출한 가장 위대한 재상宰相에 속한다. 그는 행정적 수완 뿐만 아니라 정치 이론도 뛰어나서 그의 저서『정치서政治書』Siyasat na-me 속에서 정치가의 도리를 역사적 예를 들어가면서 그 견해를 밝히고 있다. 니잠 알 물크는 알프 아르슬란의 후계자 말릭샤 Malikshah(1072~1092)의 통치 기간 중에도 계속 와지르wazir재상으로 남아 있었다. 술탄은 와지르의 후견後見에서 벗어나려고 애를 썼으나 그 우뚝한 역량과 개성 때문에 성공하지 못했다. 이슬람의 학문적 발전은 이 와지르의 덕을 많이 보았다. 그는 또 천문대의 건립을 지원하여 유명한 천문가이며 시인인 우마르 하얌 'Umar Khayyam(1123년 죽음)에게 맡겼고 잘랄리 Jalali라는 새로운 태양력을 고안하여 시행했는데 이것은 현재 우리가 사용하고 있는 서양력보다 더 정확하다고 한다.

한편 동부 영역에 있는 불교학교 Vihara를 본따서 수많은 학교를 세웠다. 이 가운데 가장 이름난 것이 바그다드에 세운 니잠미야 Nizamiy 대학이다. 이 대학은 카이로에 있는 이스마일파 대학인 알 아자르 al-Azhar에 반대하는 순니 이슬람의 근거지가 되었다. 알 아샤리 al-Ash'ari의 신학 이론을 이 대학의 기본 학과목으로 삼은 결과 이 이론은 상승세를 타서 오늘날 순니 신학神學의 기본이 되었고 다른 견해는 이단시되었다. 이 대학에서 이슬람신학의 대학자인 알 가잘리 al-Ghazali (1111년 죽음)가 다년간 교수로 있었다. 그는 후라산 출신으로 처음에는 니샤푸르에서, 후에는 바그다드의 니잠미야에서 가르쳤고 그의 수많은 역저

力著에서 아샤리의 견해를 방어하였다. 또 여러 가지 개인적 체험을 근거로 하여 그는 이스마일파와 열두 이맘파의 견해를 공격하였다. 오랫동안 이슬람을 연구한 결과 그는 이슬람의 신비주의에 몸과 마음을 바쳤으며 신비주의자의 목표는 이슬람의 교리와 완전 일치된다는 결론을 내렸다. 나아가서 신비적 직관은 순니의 신학체계 속에 한 자리를 차지할 자격이 있음을 역설力說하였다. 그는 이슬람의 교리 구조에 수피 Sufi의 신비주의를 통합시킬 것을 주장하는데 여생餘生을 보냈으며 이 주장을 뛰어나게 잘 설명하였으므로 결국 일반적 승인을 받게 되었다.

신학과 일반과학을 장려하는 한편으로 살죽조는 강경한 외교정책을 추진하였다. 이 정책의 결실은 소아시아반도에 있는 비잔틴의 방위선을 제거하여 이슬람화, 터키화하는데 성공한 것이다. 이 지역에는 수백 년 동안 국경 충돌이 끊임없이 일어나고 있었다. 10세기 중반에는 비잔틴제국의 국경이 동북쪽으로 확장되어 유우프라테스강 상류에까지 이르렀다. 살죽조는 이 침략을 물리침은 물론이고 이슬람에 유리하게 역전시켰다. 여러 해에 걸친 국경 충돌이 있은 뒤 또 아르메니아의 반란을 진압한 후에, 알프 아르슬란은 1071년에 반 Van 호수의 북쪽 지점에 있었던 비잔틴군과의 전투에서 결정적 승리를 거두었다. 이 승리의 결과는 중동 뿐만 아니라 세계 역사상에서도 커다란 영향을 미쳤다. 비잔틴 황제 로마누스 Romanus 4세(1068~1071)는 참패당하여 포로가 되었다. 따라서 무슬림군은 에게해 Aegean Sea까지 밀고 들어가서 소아시아반도의 동부와 중앙부를 모두 살죽 통치 아래 넣었다. 결국 이 지역은 영원히 그리스도교 세계의 손에서 벗어난 것이다. 1071년은 곧 소아시아반도의 터기화작업이 시작된 해이다. 즉 오늘날의 터키공화국이 아니톨리아 Anatolia에 자리잡게 되는 계기가 된 것이다.

니잠 알 물크는 1087년에 세제를 개혁하였다. 즉 종래까지는 국가에 대한 세금을 납부한 후에 남은 순소득을 자기 몫으로 삼는 토지제도, 즉 카타이 qata'i'가 지배적이었다. 그는 그대신 일정한 봉토封土 fief를 살죽 장교들에게 나누어주고 일체의 봉급을 지불하지 않았다. 이 새로운 개혁으로 장교들의 수탈이 경감되고 생산이 증진될 것을 희망하였다. 이 제도는 카타이 제도가 오랫동안 발전하여 온 결과였다. 살죽조 이후에 이

제도가 크게 보급되어 오스만 치하(1300~1924)에까지 지속되었다.

니잠 알 물크가 암살단파 Hashishin에 의하여 1092년에 살해당하자 살죽국가는 심한 충격을 받았다. 더구나 그가 살해된 후 몇 주 지나지 않아 그의 제자이며 술탄인 말릭샤 Malikshah(1072~1092)마저 죽자 사회제도의 개혁은 중단되었다. 또 그에 따른 계승문제와 여러 왕자에게 나누어 준 제국帝國의 영역 분할 문제 때문에 30년 동안 누렸던 평화와 질서는 무너지고 왕위를 노리는 자가 수없이 속출하여 지방에서는 분리운동이 터져 나왔다. 이 내란통에 파티마조(909~1171)는 팔레스타인에서 잃은 땅의 일부를 회복하였다. 그 가운데 1098년에 회복한 예루살렘도 들어있다. 그러나 말릭샤의 막내아들 무함마드 Muhammad 1세(1105~1118)의 등장과 함께 서서히 평온을 되찾았다.

한편 살죽조의 내분을 틈타 압바시야조의 할리파는 점차 그 권위와 세력을 회복하여 도리어 내분을 부채질 하였기 때문에 무함마드 1세는 이 간섭을 제거하는 데 정력을 쏟았으며 그 동안 더욱 귀찮게 된 암살단의 활동을 제약하는 데도 애를 썼다. 1118년에 암살단파는 알라무트의 본거지가 무너질 지경에 이르렀을 때 무함마드가 사망하였다. 그 후 살죽왕조는 여러 공국公國으로 분열되었다. 단지 이란에서만 강력한 공자公子인 산자르 Sanjar의 영도력 때문에 수십년간 더 지탱할 수 있었다. 각 공국은 점차 젊은 왕자의 스승이었던 아타벡 Atabeg들의 손에 정권이 넘어갔다. 오직 소아시아반도의 살죽족만이 약 1세기간 더 그들의 권력을 보지保持할 수 있었다. 이 왕조는 룸 Rum(곧 소아시아반도)의 살죽조(1077~1309)로 알려졌으며 오늘날 터키공화국의 모체母體가 되었다. 이 기간 동안에 소아시아반도의 인구 가운데 대부분이 그리스도교에서 이슬람으로 개종하였고, 또 후에는 그리스언어도 버리게 되었다.

십자군 원정

살죽조가 이러한 혼란의 소용돌이 속에 들어가고 있는 동안에 십자군 Crusades원정이 이슬람 세계에 들어닥쳤다. 십자군 원정은 동서분쟁東

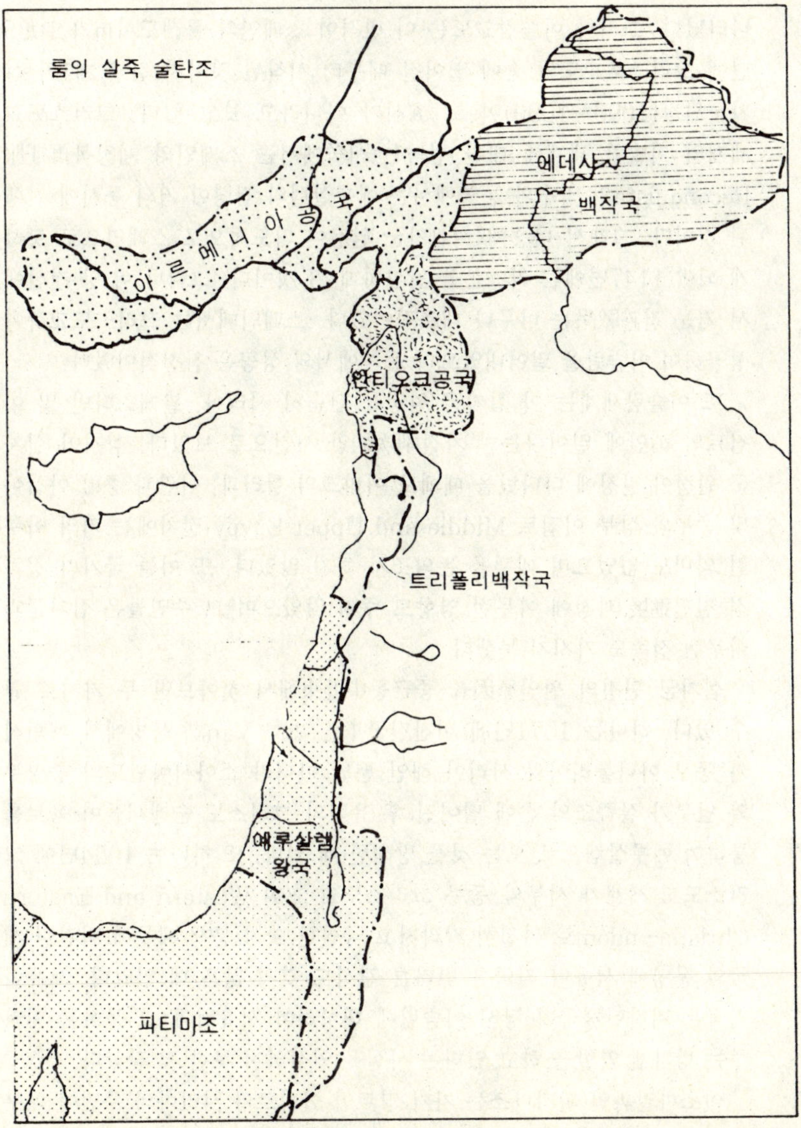

1130년경 십자군이 세운 국가들

西紛爭에 있어서 이슬람의 진격에 대한 그리스도교도의 최초의 반격으로 나타났다. 그러나 이슬람교도는 이 반격이 스페인의 톨레도시市가 1085년에 그리스도교도의 손에 떨어질 때부터 시작된 것이지 결코 제1차 십자군원정(1096~1099)이 그 효시가 아니라고 보고 있다. 그리스도교 세계의 이슬람 세계에 대한 침략은 서쪽에서는 스페인의 재정복再征服 Reconquista의 착수와 동쪽에서는 예루살렘의 점령이 거의 동시에 진행된 것이다. 그래서 나중에는 십자군 원정이 의도적으로 스페인으로 향하게 되어 1147년에는 리스본을 탈환하게 된 것이다. 그러나 이 양 전선에서 거둔 전과戰果는 너무나 대조적이었다. 스페인에서는 그리스도교측이 성공하여 이슬람을 밀어내었으나 동쪽에서의 성공은 잠정적이었다.

또 이슬람세계는 이 십자군 원정을 단순히 시리아, 팔레스타인 및 이집트의 해안에 일어나는 부차적副次的인 사건으로 보았다. 심지어 십자군 원정이 절정에 다다랐을 때에도 이라크의 할리파, 이란과 중앙 아시아 및 중부와 상부 이집트 Middle and Upper Egypy 정치에는 거의 아무런 의미도 없었으며 대책을 논의조차 하지 않았다. 또 이들 국가의 정치적 진전進展 과정에 아무런 영향도 주지 않았으며 그 주민들은 십자군과 아무런 접촉도 가지지 못했다.

십자군 원정의 원인原因을 중근동中近東에서 찾아보면 두 가지로 볼 수 있다. 하나는 1071년에 비잔틴군軍을 반호 Van湖 북방에서 패퇴시켜 동부 아나톨리아와 시리아 해안 뿐만 아니라 소아시아반도의 중앙부와 남부가 살죽조의 손에 떨어진 후 유럽의 그리스도 순례객들이 육로를 통하여 예루살렘으로 오는 것을 방해한 데 있다. 또 하나는 1054년에 그리스도교 세계가 서부와 동부 그리스도교 교회 Western and Eastern Christia- ndom로 완전히 갈라지고 극렬한 교리 분쟁 때문에 비잔틴 제국의 운명에 서유럽 각국은 별다른 관심도 갖지 않은 데 있었다. 서유럽 각국은 비잔틴제국이 당시 이슬람에 대항하여 서유럽과 그 문화를 지켜주는 방파제 역할을 하고 있다는 사실을 인식하지 못한 것 같았다.

이스마일파인 파티마조는 자기 영토인 이집트와 시리아의 주민이 대부분 순니였으므로 그리스도들과 그 순례객을 비교적 온건하게 다루었기 때문에 별 문제가 없었다. 반면에 살죽조는 1071년에 파티마조로부터 예루살렘을 빼앗은 후에 전에 없었던 어려움을 그리스도교 순례객에게 안겨주었다. 그러나 십자군 원정이 팔레스타인에 도착했을 때 예루살렘은 다시 파티마조의 손에 넘어갔으나 로마 교황청은 이 소식을 알지 못한 것 같았다. 십자군은 시리아와 팔레스타인 해안 지역을 점령하여 여러 개의 작은 그리스도교 왕국을 세웠으나 내륙內陸 지방에는 여전히 아미르국 Amir(영주국)들이 자리잡고 있었다. 살죽조와 파티마조가 메소포타미아 지역과 나일강 지역에서 대치하여 정치적 균형을 이루고 있는 한 완충지역인 시리아와 팔레스타인은 독자적으로 존재할 수 있었다. 즉 십자군은 참다운 적과 대결하지 않았고 인근의 작은 아미르국과 싸우면서 점령한 보루를 지탱할 수 있었다.

그러나 모술 지역의 아타벡의 이마드 알 딘 장기 'Imad al-Din Zangi(1127~1246)가 등장하여 알렙포 Aleppo를 수중에 넣고 나아가서 해안도시인 에데사 Edessa를 1144년에 탈환하자 전세戰勢는 뒤바꾸어졌다. 이 위험이 서유럽에 알려지자 제2차 십자군이 조직되어 들어왔으나 실패로 끝났다. 이 원정군은 현지 사정에 어두워 다마스커스에 있는 살죽조의 통치자를 공격하였다. 이 통치자는 십자군과 더불어 여태까지 장기군軍의 침략을 막는 데 큰 역할을 하였다. 그래서 이마드 알 딘 장기의 후계자 누르 알 딘 장기 Nur al-Din Zangi는 1154년에 다마스커스 시민의 협조를 얻어 큰 힘도 들이지 않고 이 도시를 점령하였다. 그 결과 십자군의 침략에 방파제 구실을 남쪽에서 하고 있던 파티마조는 이제 장기와도 직접 대결하게 되었다.

이집트는 전략상으로 중요할 뿐만 아니라 풍부한 농산물과 지중해의 매우 중요한 무역국이었기 때문에 모두가 탐내는 곳이었다. 또한 당시 파티마조는 내분 속에 말려들어 있어서 국가 권력은 여러 장군들의 손에서 손으로 바뀌고 있었다. 이런 상황에서 파티마조의 와지르 샤와르 Shawar는 자기의 정적政敵을 제거하기 위해 누르 알 딘에게 원조를 청하게 되었다. 이에 그는 휘하의 유능한 장군인 쉬르쿠 Shirkuh를 이집트에 파견하여 1169년에는 카이로를 장악하게 되었다.

당시의 파티마조의 할리파 알 아디드 al-'Adid는 쉬르쿠를 와지르로 임명하지 않을 수 없었다. 그러나 쉬르쿠가 두 달 뒤에 죽자 그의 조카

살라 알 딘 유숩 이븐 아유브 Salah al-Din Yusuf ibn Ayyub(1138~1193)가 뒤를 이으니 곧 유럽 사서史書에 등장하는 유명한 살라딘 Saladin이다. 그는 쿠르드족 출신으로 장기가家의 장교로 근무했다. 그는 1171년에 알 이디드가 죽자 파티마조를 없애고 이집트에 순니 교리를 다시 공식화하였다. 또한 명목상으로 그의 종주宗主였던 누르 알 딘이 1174년에 알 아디드가 죽자 독립을 택하니 곧 아유브조(이집트 1169~1252, 시리아 1183~1260)의 창시자가 된 것이다. 그는 나일 계곡의 번영하는 경제에 힘입어 이집트를 십자군에 대항하는 근거지로 만들었다. 또 독실한 신앙심과 이집트의 안전을 도모하려는 욕구 때문에 팔레스타인과 시리아에서 십자군을 격퇴하여 몸소 장악할 필요성을 느꼈다. 더구나 바그다드의 할리파는 그 위신이 땅에 떨어졌고 모술 지역과 북부 메소포타미아는 부분적으로 그의 사촌 수중手中에 들어 있고 나머지 일부는 다른 여러 지방 아미르 amir 사이에 분할되어 있었으므로 손쉽게 팔레스타인과 시리아를 점령할 수 있었다. 그는 또한 예멘과 메카 지역에서도 군사력을 동원하여 영향력을 발휘하였기 때문에 후방으로부터 아무런 근심도 받지 않고 오직 십자군의 축출에만 골몰할 수 있었다.

1187년에 십자군을 무찌르고 예루살렘을 도로 찾자 이에 놀란 서구제국西歐諸國은 제3차 십자군을 조직하여 파견하게 되었다. 1192년에 십자군과 휴전에 돌입했을 때는 십자군의 지역은 지중해의 동부 해안선에 있었던 몇 개의 항구에 불과하였다. 1193년에 그가 죽었을 때 아유브조의 영토는 이집트, 팔레스타인, 시리아 및 모술에 이르는 북부 메소포타미아가 포함되어 있었다. 이것은 중동의 역사에서 나일강 유역이 정치적 우위성을 확보했을 때 나타나는 전형적인 형태이다.

살라딘은 자기의 영토를 결속, 유지시킬 아무런 조치도 취하지 않고 죽었다. 그러나 죽기 전에 그는 영토를 아들과 동생에게 나누어 주었으므로 상호간의 분쟁은 불가피하였다. 분쟁 끝에 그의 동생 알 말리크 알 아딜 al-Malik al-' Adil이 1200년에 형의 전 영토를 재결합시켜 알렙포와 예멘의 아유브 자손으로부터도 충성의 선서를 받았다. 이와같이 오랜 분쟁에도 불구하고 다행히 서유럽에서는 십자군 원정에 대한 열이 점차 식어갔으므로 아유브 가문의 내분을 이용하려 들지 않았다. 십자군은 주적

主敵이 이집트에 있다는 정확한 판단 아래 이곳을 공격하여 나일강의 삼각지 일부를 1220년에 점령하였으나 지탱할 수 없어 다음해 밀려나왔다.

알 아딜은 형의 쓰라린 경험에도 아랑곳하지 않고 1218년 그가 죽기 직전에 영토를 그의 아들들에게 나누어주었다. 이 때문에 형제간의 싸움이 벌어졌다. 이 형제 가운데 알 말리크 알 카밀 al-Malik al-Kamil(1218~1238)은 적대적인 한 형제를 제거하기 위해 심지어 독일 황제 프리드리히 Friedrich 2세(1220~1250)와 시실리왕에게도 도움을 청하였다. 비록 독일 황제의 실질적인 도움도 받기 전에 그 형제가 죽었지만, 알 카밀은 베들레헴과 나자렛을 포함하여 예루살렘시市를 1229년에 독일 황제에게 양도했다. 1238년 알 카밀의 죽음은 곧 아유브조의 완전한 분열을 가져와 결국 멸망하게 되었다. 아유브 가문의 내분 중에도 알 말리크 알 살리흐 al-Malik al- Salih(1240~1249)는 몽고군에 쫓겨온 흐와리즘 Khwarizm 터키군의 도움을 받아 1244년에 예루살렘을 회복하였다. 아유브조의 통치 기간 중에 이집트와 시리아는 경제적 번영과 학술 문화의 발달을 맛보게 되었고 또 이집트 땅에 순니 이슬람이 굳게 뿌리를 박아 내렸다. 1250년에 터키 출신과 터키화된 코우카서스(캅자즈) 출신 병정이 이집트의 정권을 잡았다. 이들은 수세기에 걸쳐 어린 나이에 팔려와서 군사교육을 받은 후 근위병으로 충원되었으므로 아랍어로 맘룩 mamluk(소유된 자)이라 불리웠다. 이 맘룩국가(1250~1517)는 이집트 역사에 새로운 장章을 만들었다.

동북東北 지역의 변화와 할리파의 세력 강화

한편 말릭샤 Malikshah(1072~1092)가 죽은 후 살죽조는 분열되었지만 동부 페르시아를 1097년부터 다스리고 있었던 살죽 왕자 산자르 Sanjar(1118~1157년 사이에 살죽조의 최고 술탄)는 살죽 영토를 거의 재통일하였으나 시지스탄의 사파르조 Saffar朝의 권위와 흐와리즘의 총독 무함마드(1097~1128)의 직위를 인정하였다. 그 대신 이들은 산자르를 종주宗主로 섬겼다. 그러나 무함마드와 그의 아들 아트시즈 Atsiz(1128~1156)는 산자르에 대해 우호적인 편은 아니었다. 이들은 비록 총독Amir이었지만 칭호는 흐와리즘 샤 Khwarizm-Shah(왕)라고 불렀다. 아트시즈는 산자르의 종주권에서 벗어나기 위해 몽고의 부족인 카라 히타이 Qara Khitai를 트란속시아나로부터 불러들였다. 카라 히타이는 동양사에서는 요(遼, 916~1125)나라로 불리웠으며, 본래 만주를 중심으로하여 중국의 동북족에 있었다. 그러나 그들은 여진족女眞族에 의하여 망하였고 그 일족인 야율대석耶律大石이 서방으로 도망가서 세운 나라다. 이 카라 히타이가 흑글안(黑契丹)이며 일명 서요西遼라 부르기도 한다. 1141년에 카라 히타이는 산자르를 대패大敗시켰다. 이 카라 히타이국은 수도 발라사군 Balasaghun을 중심으로 예니세이 Yenisei 강으로부터 현 아프가니스탄의 발흐와 투르크스탄에 이르는 거대한 제국을 세웠으며 흐와리즘 샤는 이제 이들의 종주권을 인정하지 않을 수 없었다. 그러나 카라 히타이는 실지로 흐와리즘 샤에게 간섭도 거의 하지 않았으며 또 이슬람에도 개종하지 않았다.

산자르는 간신히 이 패배에서 회복하는 데 성공했지만 1153년에 카라 히타이족에 의하여 쫓겨 났으며 이란의 동부에 온 투루크계의 오구즈 Oghuz 부족에게 또 다시 참패당하여 그 자신은 포로가 되었다. 나중에 그는 자유를 되찾았으나 곧 죽었다. 그후 산자르의 후계자는 비록 1194년까지 술타위位에 있었으나 단순히 여러 군웅群雄의 허수아비에 지나지 않았다. 새로이 흐와리즘 샤로 등장한 알 아르슬란 Arslan 2세(1156~1172)는 실질적인 독립을 얻었다. 더구나 살죽조가 기울고 군웅이 할거할 때 흐와리즘 샤 타카스 Takash(1172~1200)는 1194년에 살죽조를 무너뜨리고 북부 이란을 그의 통치 아래 넣었다. 그러나 이 승리도 한 순간이었다. 군웅이 할거하는 혼란기를 틈타서 오랫동안 세력이 미약했던 바그다드의 할리파는 이제 서서히 이라크 지역에서 그 위신을 회복하기 시작했다. 이 현상은 할리파 알 나시르 al-Nasir(1180~1225)의 통치 기간 중에 이루어졌다. 흐와리즘 샤와 할리파는 이란에서 대결하였다. 이 대결은 전쟁으로 발전하지 않았으나 장기적인 선전전宣傳戰으로 지구적持久的이었다.

당시 이란에서는 서서히 열두 이맘파 쉬아가 점차 그 세력을 펴고 있었다. 할리파와 흐와리즘 양측은 모두 순니파였지만 쉬아파의 지지를 얻고자 회유책을 쓰고 있었다. 이 목적으로 할리파는 푸투와 Futuwah라는 신심회信心會fraternity를 이용하였다. 이 회는 본래 국경선의 경비를 맡고 있는 군인들 사이에서 유래하였으며 쉬아적인 경향을 띠고 있었다. 이 회의 구성원은 할리파 알리 'Ali(656~661)의 인격을 흠모하여 그의 독실한 믿음을 이상理想으로 하였으나 결국 친목단체에 그치고 전투적인 종단으로 발전하지 못했다. 그러나 13, 4세기에 소아시아반도에 이러한 모임의 물결이 유행되었고 여기서 오스만 터키군의 핵심세력이 된 예니체리 yenicheri(새로운 군인英語 Janissar)로 발전되어 전투 세력이되었다.

할리파는 쉬아운동을 간접적으로 이용했지만 흐와리즘 샤 알라 알딘 'Ala-al Din은 교조의 후손 한 사람을 1217년에 새 할리파로 내세워 바그다드와 결전決戰을 준비하였다. 이에 위협을 느낀 바그다드의 할리파는 중앙 아시아에 새로 이주한 非무슬림 부족을 이용하여 이를 견제하려고 하였다. 무슬림 통치자가 적대敵對적인 무슬림 통치자를 제거하기 위하여 이러한 정책을 여러번 사용한 예는 흔히 있지만 할리파의 이 정책은 이슬람 세계에 돌풍을 일으켰다. 바로 이 부족은 징기스칸 Jingiz Khan의 휘하에 있는 몽고족이었다. 이 첫번째 몽고족의 돌풍은 1218~1222년 사이에 동북부 이란을 휘몰아쳤다. 그러나 1227년에 징기스칸의 죽음과 몽고제국을 재조직해야 하는 필요성 때문에 이슬람 세계는 40년간의 유예기간을 얻게 되었다. 한편 바그다드의 할리파는 아직 몽고족의 위험성을 느끼지 못하고 있었다.

압바시야조朝의 멸망

할리파의 경쟁자였던 흐와리즘 샤 잘랄 알 딘 Jalal al-Din(1220~1231)은 몽고족의 진격에 자기 근거지인 동북부 이란을 잃고 서부 이란으로 쫓겨가 게릴라 지도자로 용맹스럽게 싸웠으나 1231년에 한 쿠르드

Kurd족 자객에 의하여 살해당했다. 예루살렘은 1229년에 독일의 프리드리히 Friedrich 2세에게 넘어가고, 또 1243년 소아시아의 살죽조가 힘이 부족하여 어쩔 수 없이 몽고의 종주권을 인정했으며, 1244년에는 잘랄 알 딘의 잔존 세력이 예루살렘을 탈환하는 등의 격변이 일어났다. 이러한 외부의 변화에도 아랑곳 하지 않고 할리파 알 나시르가 1225년에 죽은 후 그의 후계자는 이라크에서 현상유지에 만족하였다. 1242년에 즉위한 할리파 알 무스타심 al-Musta'sim(1242~1258)도 전혀 앞으로의 변화에 아무런 대비도 하지 않았다.

1253년 징기스칸의 손자이며 당시 몽고제국의 황제 몽케 Mongke(1251~1259)의 동생인 홀라구 Hulagu는 트란스옥시아나에서 중근동을 정복할 군대를 집결시키고 있었다. 몽고제국의 각 지역으로부터 지원병을 보충받은 그는 이란 고원으로 진격하였다. 유일한 저항 세력은 알라무트 Alamut의 이스마일파의 분파인 암살단파였으나 이 요새는 곧 함락되었다. 1257년에는 이라크가 위협받았다. 그러나 할리파의 종교적 위신이 아직도 강력하였으므로 홀라구는 그의 고문이며 독실한 쉬아파인 나시룻딘 투시 Nasir al-Din Tusi의 할리파 제거 주장을 물리치고 협상을 체결하려 하였다. 그럼에도 할리파는 찬란한 전통은 믿고 또 자기의 재물을 몽고군의 조직확장에 내놓기 싫은 나머지 이를 거절하였다. 바그다드는 불과 수 주간의 포위 끝에 1258년 2월에 함락되었다. 몽고군은 홀라구의 경교도景教徒 Nestorian 아내 도쿠즈 Doquz와 그의 고문이며 쉬아파인 나시룻딘의 충고로 그리스도교도와 쉬아를 제외하고 순니 주민을 무차별하게 학살하였으며, 바그다드시의 약탈과 방화는 이루 말할 수 없었다.

이와 함께 500년의 전통을 자랑하는 압바시야조(750~1258)는 망하였다. 이것은 즉 순니 이슬람 공동체가 누리고 있었던 단일성의 상징이 무너졌음을 뜻하였다. 또한 이슬람 세계는 당시에 수많은 군소국가로 갈라져 있었고 이 분열이 너무나 심화되었기 때문에 할리파의 사형에도 불구하고 아무도 압바시야조를 위해 원조의 손을 뻗치지 않았다. 이것은 십자군 원정에 오랫동안 시달려온 지중해 연안지역에 대하여 압바시야조의 할리파는 아무런 정신적, 물질적 원조도 주지 않았기 때문에 일어난 현상인 것 같다. 아시아 지역의 이슬람 군소국가는 커다란 저항도 없이 몽고군의 발굽 아래 짓밟혔다. 오직 이집트의 맘룩조만이 몽고군의 진격을 저지하고 이슬람의 전통을 보전하여 압바시야조의 정신적 계승자가 된 것이다. 그러나 이 저항도 이집트의 국경 밖에는 아무런 영향을 주지 못하였다. 압바시야조의 멸망으로 당시 이미 금이 간 무슬림의 단일성은 산산조각으로 깨어져 지금까지 다시 소생할 수 없게 된 것이다

Ⅸ. 스페인과 북서 아프리카

750~1500

스페인의 정복 과정

스페인 우마이야조朝의 성립

스페인 이슬람 문화의 특성

우마이야조朝의 통치 과정

우마이야조朝의 멸망

군소왕국의 등장

무라비툰조朝

무와히둔조朝

무슬림 스페인의 문화

무슬림 스페인의 종말

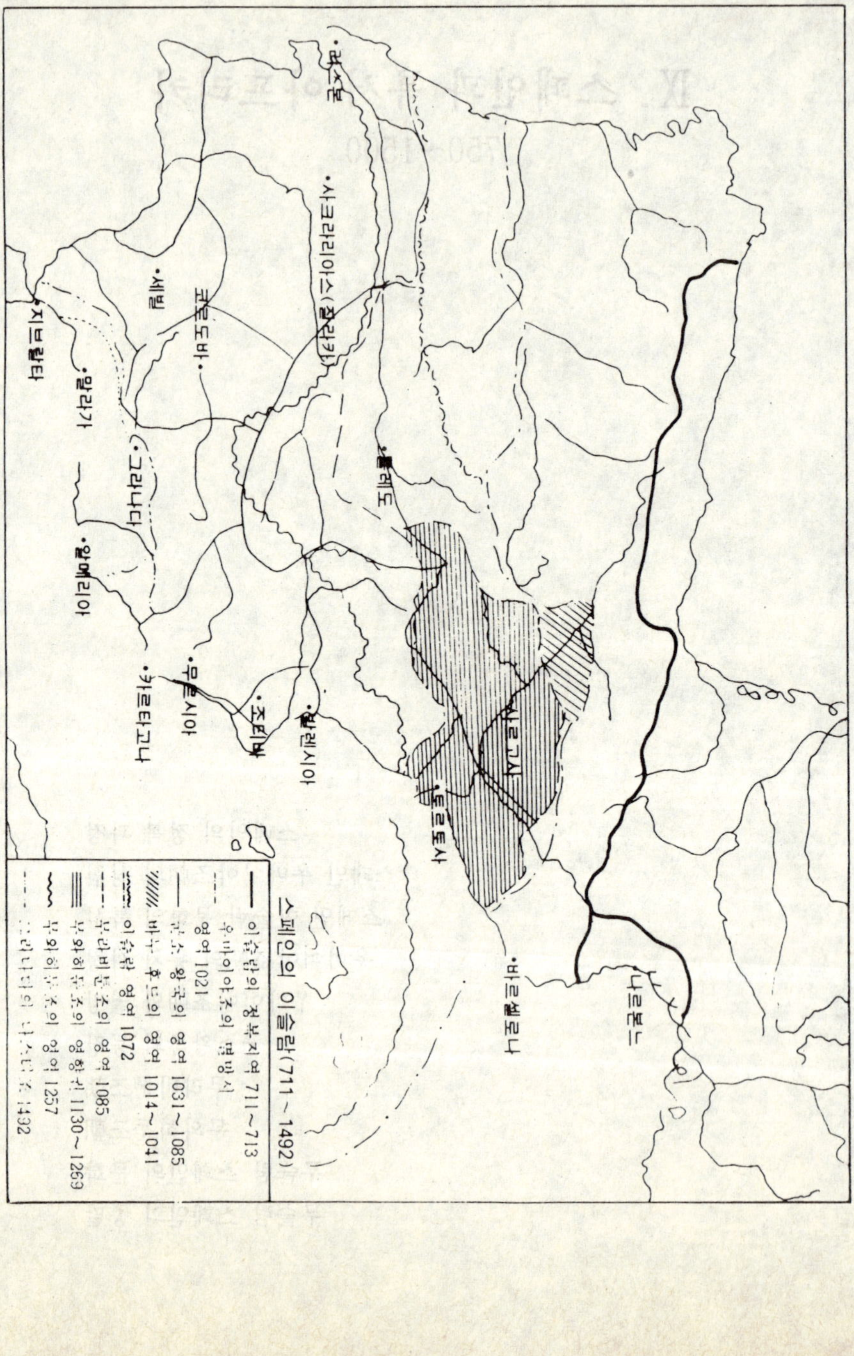
스페인의 이슬람(711~1492)
이슬람의 정복지역 711~713
우마이야조의 멸망시 영역 1021
군소 왕국의 영역 1031~1085
바누 후드의 영역 1014~1041
이슬람 영역 1072
무라비툰조의 영역 1085
무와히둔조의 영향권 1130~1269
무와히둔조의 영역 1257
나르본느
바르셀로나
사라고사
톨레도
발렌시아
무르시아
카르타고나
알메리아
그라나다
말라가
코르도바
세빌
지브랄타

스페인의 정복 과정

스페인은 이슬람 세계의 변두리에 위치하고 있어서 중근동의 발전 양상에 별로 영향을 받지 않았지만 유럽역사나 중동역사에 특별한 지위를 가지고 있다. 더구나 이베리아반도의 스페인과 포르투갈은 수 세기 동안 이슬람 교도의 통치를 받아 지금도 양국의 문화 속에서 이슬람의 흔적을 찾아볼 수 있는 특이한 서유럽 국가이다. 포르투갈은 이슬람의 통치 기간 중에 그 첫 싹이 생겼다. 역시 이슬람의 통치를 오래 받았던 시실리섬에는 오늘날 이슬람의 영향이 눈에 띠게 남아 있지 않는 것과는 매우 대조적이다. 즉 이베리아반도의 무슬림 통치는 중세 서유럽 문명과 이슬람 문명이 만나는 기회를 만들어 주어 이 지역은 문화교류의 교차로 역할을 하게 된 것이다.

이집트의 서쪽에 놓여 있는 북아프리카 대륙은 이슬람 교도들이 처음에는 이프리키야 Ifriqiya, 후에는 마그리브 Maghrib(해지는 지역 즉 서쪽 지방)라 부른 곳이다. 7세기 중에 아랍인은 지중해 연안을 따라 계속 진격하여 결국 비잔틴군軍을 카르타고 Carthago에서 몰아냈으나 내지內地에는 별로 진격하지 않았다. 따라서 필요한 지원은 해상海上으로 왔다.

또 북아프리카의 거주민인 베르베르 Berber족은 무력으로 강요당하지 않은 채 이슬람에 개종하였다. 이것은 명목상으로 할리파의 제국帝國에 통합된 것을 의미한다. 물론 실질적으로 그들의 자치를 대체로 유지했기 때문에 곧 이슬람의 분파分派 작용에 말려 들어갔다. 더구나 만민평등을 부르짖는 하와리즈운동은 일찍부터 그들의 호응을 받아 알제리의 므자브 Mzab 지역은 지금까지 이들의 세력 아래 있다.

이 지역의 수도 카이르완 Qairawan은 욱크바 이븐 나피 'Uqbah ibn Nafi' 에 의하여 670년경에 세워졌다. 여기서부터 무슬림은 오늘날의 알제리와 모로코를 정복하여 대서양 연안에 도달한 것이다. 711년에 북아프리카 총독 무사 이븐 누사이르 Musa ibn Nusair의 명령을 받아 아랍과 베르베르족의 혼성부대가 스페인에 건너갔다. 이들의 지휘관은 타릭 이븐 지야드 Tariq ibn Ziyad였다. 그의 이름에서 오늘날의 지명地名 지브랄타르 Gibraltar, Jabal al-Tariq(타릭의 산)가 생긴 것이다.

당시 스페인을 통치하고 있었던 비지고트조 Visigoth朝(508경~712)는 그리스도교의 아리안 Arian파[1]와 카톨릭파 사이에 일어난 분규 때문에 매우 허약하였다. 또 거주민인 게르만족, 라틴족 및 유대인간의 갈등으로 더욱 약화되었다. 여기서 아랍군은 쉽게 비지고트군을 격파했고, 더구나 다마스커스에서 원군을 받아 불과 수 년만에 스페인을 완전 장악한 것이다. 그후 피레네 Pyrenees 산맥을 넘어 프랑스로 침입했으나 732년에 뚜르 Tours와 쁘와티 Poities 사이에서 샤를르 마르텔 Charles Martel (689-741 생존)이 이끄는 프랑크 Franks군에 의하여 저지되었다. 비록 이 전투에서 아랍군이 패했으나 스페인의 대부분은 그들의 수중에 확고하게 점령되었다.

그렇지만 지중해의 해상권은 비잔틴 해군과 다른 여러 그리스도교 국가에 의하여 대체로 장악되고 있었기 때문에, 우마이야조 시대에 무슬림 스페인과 수도 다마스커스와의 통신은 북아프리카의 해안을 따라 뻗어 나간 육로를 통해서 이루어졌다. 하지만 이 길은 너무나 멀어서 불편하였다.

스페인 우마이야조朝의 성립

시리아의 우마이야조가 내분에 빠져들고 또 북아프리카의 베르베르족의 반란이 여러 차례 일어났으므로 결국 스페인은 할리파의 지배를 벗어나 실질적으로 독자적인 정부를 가지게 되었다. 아랍인에게 알 안달루스 al-Andalus로 알려진 이베리아반도는 우마이야조 통치 때 현지 거주 아랍인과 베르베르족의 식민지가 된 것이다. 이들의 수는 결코 많지 않았으나 이들 가운데 우마이야조에 충성하는 몇몇 남부 아랍 부족이 있었다. 그래서 우마이야조가 750년에 망하자 이 조의 한 공자公子는 망명처로

1) 4세기에 일어난 그리스도교 분파로서 이집트의 알렉산드리아의 장로인 Arius가 주창자임. 예수는 신에 의하여 창조된 것으로 봄. 325 Nicaea 성공회의에서 이단으로 규정됨.

스페인에 관심을 두고 있었다. 그는 모로코에서 얼마 동안 머문 후에 755년에 스페인에 들어와서 세력을 결속하여 나라를 세웠다. 그가 바로 압바시야조의 알 만수르에 의하여 "쿠아이쉬족의 매"라는 별명을 얻은 압둘 라흐만 'Abd-al Rahman 1세(755~788)였다. 그가 스페인에 세운 우마이야조는 근 300년간 존속하면서 정치, 경제, 문화 발전을 가져와 서구에 많은 영향을 미쳤다.

이 영향은 무슬림인 아랍인과 베르베르족의 지배층과 그리스도교도인 원주민 사이에 유대인이 중간층을 이루어 상호 문화교류를 통하여 이루어졌다. 이베리아 반도는 같은 세기에 아랍인이 정복한 다른 지역과는 매우 대조적이다. 즉 다른 지역은 주민의 대다수가 이슬람에 개종하였고, 심지어 셈 Sem족의 거주 지역이나 또는 부분적으로 셈족이 사는 지역은 그 언어조차 아랍어로 변하였다. 그러나 이베리아반도는 고유한 문화와 언어를 오늘날까지 그대로 간직하여 예외를 이루었다. 이 현상은 오직 수 세기 후에 터키의 지배 아래 들어간 발칸반도의 그리스족과 슬라브족 등의 그리스도교도들에게만 찾아볼 수 있다. 이베리아인들이 그리스도교를 고수하게 된 이유는 설명하기 힘들어 오직 추측할 수 있을 정도이다. 중근동의 그리스도교도들은 그동안 종파간의 복잡한 교리 논쟁에 시달렸기 때문에 이슬람의 단순하고 이해가 용이한 가르침에 그 반응이 좋았으나 이베리아인은 당시 그리스도교의 전통이 오래지 않아 종파가 거의 없었고 또 보수적인 성향을 지니고 있었던 것 같다. 이집트와 이란 지역에서도 이베리아반도와 마찬가지로 정복자의 수는 피정복자의 수에 비하여 그 비율이 미미하였다. 그러나 이집트인의 90% 이상과, 이란인의 거의 전체가 정복 후 수 세기 동안에 이슬람에 개종한 것과 비교하면 이베리아 반도의 주민은 이색적이었다.

보다 중요한 이유는 이베리아에서나 후에 발칸반도의 그리스도교도는 무슬림 통치에도 불구하고 계속 그리스도교 세계와 끊임없는 접촉을 가질 수 있었기 때문이다. 반면에 중근동의 그리스도교도는 그렇지 못하였다.

스페인 이슬람 문화의 특성

소수 지배층인 이슬람교도와 다수인 그리스도교도와의 관계가 이베리아 반도의 이슬람 역사에 그 특징을 이루고 있었다. 756년에 코르도바 Cordova를 수도로 정하여 시작된 스페인의 우마이야조 Umayya朝(756~1031)는 이러한 양 교도간의 갈등을 극복하고 찬란한 문화를 이룩하였다. 스페인 땅에서 나타난 아랍시詩는 당시 다른 이슬람 지역에서 볼 수 없는 한 개인의 노력에 크게 힘입었다. 그는 바로 이 조의 창시자 압둘 라흐만 1세였다.

그는 몸소 고향인 시리아 땅에서 가지고 온 야자수를 스페인 땅에 심어 생생한 추억으로 삼았고 또 이를 노래하였다. 그래서 이 나무가 이슬람 문명의 상징적 역할을 하였다. 스페인에서도 시실리섬에서처럼 아랍인들은 농업발전에 커다란 공헌을 하였다. 그들은 쌀농사와 귤 등의 과수원을 도입하였으며 또 세공업과 광산업을 촉진시켰다.

스페인에서 발달한 아랍시는 로만스어 Romance語의 서정적 운율과 인본주의人本主義정신의 요소가 포함되어 있다. 특히 스페인식 사고 방식이 궁정시의 경우에 그 흔적이 명백히 남아 있다. 이 궁정시가 11세기부터 13세기에 걸쳐 남부 프랑스에서 발달된 서정시 Troubadour의 원조元祖로 알려져 있다. 즉 고대 그리스 문명의 계승자인 이슬람과 그리스도교 문명은 둘 다 지중해의 연안에서 서로 밀접히 접촉하게 되었다. 시에서 뿐만 아니라 건축양식에도 스페인의 무슬림 Moors은 이슬람 양식과 스페인식을 혼합하여 조화시킨 점이 그 특색이다. 그 좋은 예가 세빌 Sevil- le에 있는 정방형正方形의 지랄다탑 Giralda Tower이다. 유명한 건축물로는 세빌의 알카자르 Alcazar와 그라나다의 알함브라 Alhambra등이 남아 있다.

스페인의 특수사정은 신학에서도 볼 수 있다. 중근동의 이슬람은 교리문제 때문에 종파간의 분쟁이 극심했던 반면에 교리가 더욱 다듬어졌으나, 이베리아반도의 이슬람은 이집트에서처럼 이 문제에 거의 주의를 기울이지 않았다. 다수인 그리스도교도와 함께 살아가면서도 그 정체성正體性을 잃지 않으려고 애쓴 스페인의 무슬림은 이슬람 율법 해석이 비교적 엄격한 말리키 법학파에 집착하였다. 즉 이러한 엄격성이 스페인의 국민적 정신으로 나타나 이슬람과 그리스도교에 비슷한 영향을 미쳤다. 그에 따라 양교兩教의 적대적인 대립은 엄격한 형식주의를 더욱 촉진시켜 교리의 경직성硬直性은 강화되었다. 그 결과 하캄 Hakam 2세(961~976)가 세운 40만 권의 장서를 보유한 도서관은 나중에 그리스도교가 재정복 Reconquesta한 후 한권도 남김없이 불살라 버렸다. 이 가운데에는 종교와 상관없는 서적이 대부분이었다.

이슬람 스페인에서 나온 신학서는 주로 엄격한 순니 이슬람에 관한 것이고 그 교리도 동부 이슬람의 것을 대체로 받아들였기 때문에 새로이 발전시킨 것이 거의 없다. 반면에 과학과 철학에 관한 참신한 문헌은 많이 나타났다. 자연과학과 무슬림이 계승한 그리스의 학문서에 관한 아랍어 문헌이 라틴어로 번역된 곳은 바로 스페인, 특히 그라나다 Granada대학과 사라고사 Saragossa지역에서 이루어졌다. 그 결과 라틴 그리스도교 세계가 아랍사상과 고대 그리스의 학문과 접하게 된 계기가 마련 되었다.

우마이야조朝의 통치 과정

이러한 종교적, 문화적 상태는 정치적 상황에 크게 의존하였다. 압둘라만 1세가 755년에 스페인의 코르도바에다 우마이야조의 권좌를 확립한 후에도 바그다드의 압바시야조에 충성을 바치는 각 지방의 주지사를 위시한 관료들의 저항에 부딪쳐 오랫동안 싸우지 않을 수 없었다. 이 과업은 베르베르족이 북아프리카에서 740년부터 761년까지 지속된 반란의 덕으로 육로에 의해 통신이 차단되었으므로 그에게는 훨씬 용이하였다. 그러나 그는 북부 스페인의 산악지대에 있는 레온 Leon과 나바레 Navarre의 그리스도교 공국公國을 근절시키지 못하였다. 그래서 이 지역은 그리스도교도들의 반격 근거지로 남아 있었고 또 무슬림 치하에 살고 있는 그리스도교들에게는 희망의 등불이 되었다. 아마도 이 때문에 기독교도는 신임을 받지 못하여서 정부의 요직에 등용되지 못한 듯하다. 그 결과 이슬람에 개종하는 사람은 인구 비율상으로 보면 비교족 낮은 편이었으나 그래도 상당한 수에 이르러 아랍 및 베르베르족과 혼혈이 이루어졌다.

압둘 라만 1세는 777~778년 사이에 샤를르마뉴 Charlemagne 대왕의 침략을 받았으나 이를 격퇴하였다. 대왕의 군대가 대부분 섬멸되었으므로 여기서 "롤랑의 노래"Chanson de Roland가 나왔다. 압둘라만 1세가 788년에 죽을 때는 국가의 토대가 완벽하게 갖추어져, 후계자인 히샴 Hisham 1세(788~796)와 하캄 Ḥakam1세(796~822)는 국내외의 안정을 누려 문화서업을 장려할 수 있었다. 9세기 중엽에 이르러 이 평온은 그리스도교 광신자들이 일으킨 순교 행위 운동 때문에 깨어졌다. 상당한 수의 기독교인이 스스로 공중이 보는 앞에서 죽음을 택함으로써 어렵게 지탱되어 온 두 종교 집단의 평형이 흔들렸다.

우마이야조를 더욱 괴롭힌 것은 무슬림이었다. 852년 톨레도 Toledo 시에서는 분리주의 운동이 일어나 공화국임을 선포하여 약 80년간 지속되었다. 베르베르족은 아랍 지배층의 차별대우에 울분이 차 있었고 그 외에도 사회적, 종교적 문제 때문에 불만에 찬 계층이 많았다. 이들이 일으킨 반란 관운데 가장 위험한 것이 이븐 합풋 Ibn Hafsun의 반란이었다. 이븐 합순은 남부의 말라가 Malaga 근방에 있는 산악지대에 근거지를 만들어 894년부터 928년까지 우마이야조의 뿌리를 흔들어 놓았다. 스페인에서도 이라크나 이집트와 만찬가지로 근위병은 수입된 노예들로 구성되었고 나중에는 스스로 정권을 휘둘렀다.

이와 같은 여러 요인으로 우마이야조는 약화되었다. 근위병은 동부 독일에서 잡혀 스페인에 팔려온 슬라브족이 주였으나, 그 외에도 베르베르족과 지중해 연안의 정주민 가운데 포로로 잡혀온 사람들이 있었다. 노예시장의 중심지는 동부 프랑스의 베르당 Verdun이었고 조달자는 주로 유대교 상인이었다. 이들 용병들은 아랍어로 슬라브족을 뜻하는 샤클랍 Saqlab(복수 Saqalib)이라 불리었다. 그후 이 말에서 독어와 불어의 노예란 단어(Sklave, esclave)가 나왔으며 영어의 노예란 단어(slave)도 여기서 유래되었다.

우마이야조朝의 멸망

톨레도의 분리주의 운동과 이븐 합순의 반란 등 내란의 소용돌이 때문에 북부의 기독교 공국公國은 내부의 불화가 있음에도 불구하고 남쪽으로 국경을 넓힐 수 있었다. 바르셀로나는 801년에 이미 그리스도교도의 손에 넘어갔다. 그러나 무서운 적은 남쪽에서 나타난 파티마조(909~1171)였다. 이 조는 튀니지에 근거를 잡고 당시 북아프리카의 여러 작은 왕조를 제거하여 그 세력을 확장하고 있었다. 그러나 파티마조가 973년에 그 수도를 이집트의 카이로로 옮겨가자 이 위험은 사라졌다. 이 우마이야조의 통치자 가운데 가장 강력한 압둘 라만 3세(912~961)의 치하에서 스페인은 국내외로 평화를 누렸다. 그는 파티마조의 통치자가 할리파 칭호를 사용하자 그 자신의 칭호도 929년에 할리파로 바꾸었다. 그래서 이슬람 세계는 스페인, 북아프리카, 이라크 등에 3명의 할리파가 동시에 존재하게 되었다.

바그다드에 있는 압바시야조의 할리파가 군부실권자의 손에 허수아비 구실을 하고 있었지만 스페인의 압둘 라만 3세는 위엄이 당당한 군주였다. 그의 아들 하캄 2세(961~976)도 국위를 유지하면서 도서관을 만들어 장서 수집에 열중하였다. 그러나 그이 후계자 히샴 Hisham2세(976~1009)는 어린 나이에 즉위한 후 신학에만 열중하여 정사에는 관심을 두지 않자 자연히 국가의 대권大權은 재상인 알 만수루 al-Mansur(스페인어 Almanzor)에게 넘어갔다. 그 결과 국가의 원로들은 그를 탐탁히 여기자 않았다. 알 만수루는 매우 유능한 행정가였으며 또 뛰어난 장군이었다. 그는 기독교도들과 52번이나 싸워서 레온을 굴복시켰고 바르셀로나를 985년에 다시 점령하였다. 그는 재상직[1]의 세습제를 원하여 1002년에 그가 죽기 전에 자기 아들을 후계자로 만들었다. 고관대작들의 원성은 극에 달하여 결국 1008년에 그의 아들이 그들의 손에 죽었다. 그와 함께 할리파 히샴 2세도 폐위되었다. 그 이후 우마이야조는 급격히 쇠퇴하여 1031년에 망하고 그 자리에 고관대작들이 세운 군소왕국이 생겨났다.

---

1) 스페인에서는 시리아의 우마이야조에서 사용한 하집 Hajib이란 명칭을 와지르 Wazir 대신에 사용하였다.

군소왕국의 등장

이들 군소국은 각각 소왕小王 muluk al-tawa'if이나 귀족의 통치 아래 들어갔다. 코로도바에서는 톨레도에서처럼 귀족공화국의 형태를 취했다. 베르베르족과 슬라브족 출신의 근위병도 제 나름대로 영역을 도려내었다. 그러나 그 국경은 쉴 새 없이 급격히 변하였다. 이 군소국 가운데 세빌의 압바디 'Abbadi朝(1026~1085)가 가장 세력이 뛰어났다. 이 시기에 스페인의 그리스도교도 세력은 점차 증가하여 그 영토도 확대되는 반면에 무슬림은 허약하여 움츠러지는 상황이었다. 그 결과 처음으로 그리스도교도들이 군사적으로도 기선을 잡게 되어 1085년에는 톨레도를 점령하였다. 이것을 오늘날의 무슬림들은 십자군 원정의 시발점으로 보고 있다. 이러한 분열상에도 불구하고 11세기 전반을 통하여 문화활동은 매우 활발하였다. 동부 이슬람세계에서 처럼 스페인도 수많은 나라로 분열되자 각 통치자 가운데 문인文人과 학자를 애호愛好하는 사람도 있어서 문화 활동은 오히려 발전하였다.

10세기 후반기에 파티마조가 이집트를 정복하여 수도를 카이로에 옮기자 그들의 관심은 북아프리카의 서쪽 지역에 대해 줄어들어 결국 통제력을 잃게 되었다. 종속국인 지리조 Ziri朝(972~1148)와 함마디조 Hammadi朝(1015~1152)가 각각 튀니지와 알제리에 나타나 11세기까지 균형을 이루고 있었다. 이 기간 동안에 미개한 아랍 부족인 바누 힐랄 Banu Hilal과 바누 술라임 Banu Sulaim이 이 지역에 침입하여 커다란 재앙을 불러 일으켰다. 같은 시기에 이슬람의 개혁운동이 베르베르 부족인 산하자 Sanhaja 가운데 크게 보급되었다. 이 운동은 원시 이슬람으로 돌아가자는 구호와 함께 사회개혁과 집권층의 과세를 경감시키는데 그 목적을 두었다.

이 운동의 창시자는 처음에 성공을 거두지 못하였으므로 세네갈 Senegal (Sanhajah의 同系語)강의 한 섬에 있는 운둔지로 후퇴하였다. 아랍어로 은둔지는 리바트 ribat이므로 그들은 운둔자라는 파생어 알 무라비툰 al-Murabitun으로 알려졌다. 이들은 1056년경부터 정치세력을 확립하였고 그 지도자 유숩 이븐 타쉬핀 Yusuf ibn Tashfin(1061~

1106)은 수도를 모로코의 마라쿠쉬 Marrakush에 정하고 1082년까지 현 튀니지 서편지역을 모두 통합하였다. 또 다른 무라비툰군은 서부 아프리카의 흑인 가운데 이슬람을 선교하기 위해 남쪽으로 이동하였다.

무라비툰조 al-Murabitun朝(스페인명 Almoravides) 1056~1146

1085년에 톨레도가 그리스도교도의 손에 함락되자 열세를 느낀 무슬림 군소국가는 크게 놀라 북아프리카의 무라비툰조에게 원조를 요청하였다. 유숩은 이에 응하여 스페인의 무슬림들과 함께 사크라리아스 Sacralias(아랍어 Zallaqah) 전투에서 1086년에 카스틸리아군을 쳐부쉈다. 이 전쟁의 결과 무라비툰군은 발렌시아와 사라고사 지역을 포함한 스페인의 동부 지역을 재정복하고 곧 북아프리카로 철수하였다. 그러나 스페인의 무슬림은 안도의 숨을 쉬게 되자 곧 내분이 일어나게 되어 상황은 다시 그리스도교도에게 유리하게 변하였다. 이에 유숩은 다시 관여하여 무슬림을 보호했다.

이슬람 율법학자의 유리한 법 해석으로 그는 군소국가를 제거하고 스페인을 자기 이름으로 통치하였다. 그러나 그가 1106년에 죽은 후 그의 아들 일리 'Ali(1106~1142)는 매우 완고한 순니파의 손에 말려들었다. 이 파는 심지어 스페인에 막 알려지기 시작한 신학자 가잘리 Ghazali (1111년 죽음)의 저서도 불경不敬하다고 보고 비난하였다. 이들의 횡포가 극심하여 심지어 일상생활 용어를 아랍어로 사용하는 그리스도교도, 즉 "아랍화된 사람들" Musta'riba(스페인어 Mozarabe)도 상당한 수가 박해 때문에 모로코로 이주하였다. 유대인도 같은 형편이었다. 그중에는 유대 신학자 마이모니데스 Maimonides(아랍명 Ibn Maimun, 1135~1204)도 있었다. 그는 코로도바에서 태어났으며 후에 아유브조의 살라딘[1]의 궁정의宮廷醫로 지내다가 이집트에서 죽었다.

---

1)p. 165참조.

무와히둔조 al-Muwahhidun朝(스페인명 Almohades) 1130~1269

알 무라비툰의 통치하에서 종교적 완고파의 등장 때문에 새로운 반대 세력이 베르베르족 가운데 형성되었다. 이슬람 성원 관리인의 아들인 무함마드 이븐 투마르트(1128년 죽음)는 바그다드에서 공부하였으므로 아샤리 Ash'ari파의 신학이론을 배워 심취되었다. 당시 북아프리카에 지배적인 말리키 법학파가 쿠란 구절을 문자 위주로 해석하는 데 반대하여 그는 아샤리파의 이지理知주의적인 해석을 주장하였다. 그의 추종자는 신의 유일성 tawhid을 공언公言했으므로 "알 무와이히둔" al-MuwahhI-dun(즉 유일신주의자)으로 알려졌고 왕조명이 되었다. 그들의 근거지는 모로코의 아틀라스 Atlas산맥 지역이었다. 그들의 교리는 12세기 초엽부터 점차 세력을 얻어 통치자 알리가 1142년에 죽은 후 4년만에 알 무라비툰조의 전 영역을 장악하게 되었다.

이 혼란 틈에 무슬림 스페인은 다시 군소국가로 분열되었다. 무슬림은 1118년에 사라고사 Saragossa를 빼앗겼고 또 제2차 십자군 원정과 보조를 맞추어 취한 공격에서 리스본을 1147년에 잃었다. 이에 "무와히둔"조의 통치자 압둘 무민' Abd al-Mu' min(1130~1163)은 스페인으로 쳐들어 갔다. 1146년부터 1154년 사이에 스페인 내의 주요 무슬림 도시인 코르도바, 알메리아 Almeria 및 그레나다가 그에 손에 떨어졌고 1163년에는 북아프리카의 투니스 Tunis도 그의 제국에 병합되었다. 압둘 무민의 아들과 손자도 그의 정책을 따라 스페인에서의 영토 확장을 도모하였다. 손자인 야쿱 알 만수루 Yaqub al-Mansur(1184~1199)는 1195년에 알라코스 Alarcos에서 그리스도 교도에 대패大敗를 안겼으나 무슬림은 이보다 더 큰 패배를 1212년에 라스 나바스 드 톨로사 Las Navas de Tolosa(아랍어 Hisn al-' Uqab)에서 당하였다. 그 이후 알 무와히둔조는 급격히 쇠약해져 1225년에 스페인에서 철군하였다. 더구나 모로코에 마리니조 Marini朝(1196~1549)가 나타나 대항하자 더욱 움츠러졌으며 1259년에는 튀니지에 합시조 Hafsi朝(1228~1574)가 등장하자 막다른 길에 들어 1269년에 망하였다.

무슬림 스페인의 문화

이 알 무와히둔조는 커다란 역사적 공헌을 하였다. 이 조가 북아프리카와 무슬림 스페인에서 권력을 한 손에 잡았기 때문에 베르베르족은 완전히 이슬람에 흡수되었으며 또 스페인에서 그리스도교도의 전진을 지연시킬 수 있었다. 동시에 이 조는 스페인의 무슬림에게 완고한 말리키 법학파의 사고에서 벗어나게 하였기 때문에 그들의 사고방식은 보다 자유롭게 되어 철학의 발전을 가져오게 되었다. 이 철학의 발전은 무슬림 스페인의 공헌이며 또 서구西歐의 그리스도교 사상에도 많은 영향을 끼쳤다.

특히 이븐 루쉬드 Ibn Rushd(라틴명 Averroes, 1126~1198)는 유명한 의사였지만 또한 철학자로서 가잘리의 이성理性에 반대한 저서 『철학자의 부조리不條理』Taha- fut al-Fal- asifa에 대한 답서答書『부조리의 부조리』Tahafut al-Tahafut를 저술하였다. 이 책은 서구, 특히 독일 황제 프리드리히 Friedrich 2세(1200~1250)에게 커다란 반향反響을 일으켰다. 또 신비주의적인 사색가 이븐 아라비 Ibn ʿArabi(1165~1240)는 명성을 전 이슬람세계에 날렸다. 이보다 앞서 이븐 투파일 Ibn Tufail(1185년 죽음)은 철학적 공상 소설『각성자覺醒者의 아들 생자生者』Hayy ibn Yaqzan를 저술하였다. 그 속에서 인간은 독자적으로 보다 높은 지식에 도달할 수 있는 능력을 지니고 있다는 점을 강조하여 이성의 중요성을 강조하였다. 더구나 무슬림 스페인의 유대인들도 지적知的활동에 참여하였다. 그 대표적 인물이 철학자 솔로몬 벤 가비롤 Solomon ben Gabirol (1070년경 죽음)과 이븐 마이문 Ibn Maimun(라틴명 Maimonides, 1204년 죽음)등이다. 유대인들은 그리스도교도와는 달리 관계官界에도 많이 진출하였으며 또 그리스도교 국가의 지적 활동과도 긴밀한 접촉을 가지고 있었다.

철학 계통 뿐만 아니라 서부 이슬람 세계는 또한 대여행가를 배출하였다. 발렌시아 출신의 이븐 주바이르 Ibn Jubair(1145~1228)는 지중해 연안의 무슬림 국가와 시실리의 생활상을 생생하게 기록하였으며 또

탕지르 Tangier 출신의 이븐 바투타 Ibn Battuta(1304~1377)는 25년 동안의 방랑생활 중에 러시아의 볼가강 유역, 인도 및 중국 해안을 두루 다녀서 이 지역에 관한 방대한 여행기를 남겨 놓았다. 역사가로서는 그라나다 출신의 이븐 알 합팁 Ibn al-Khatib(1317~1174)과 투니스 출신의 이븐 할둔 Ibn Khaldun(1332~1406)등이 유명하다. 후자는 오늘날 역사철학과 사회학의 선구자로 추앙받고 있다.

무슬림 스페인의 종말

알 무와히둔조가 그들의 군대를 1225년에 철수시키자 무슬림 스페인은 다시 군소국가로 분열되었으나 모두 차례로 그리스도 교도들의 침입에 사라졌다. 오직 그라나다를 중심으로 한 나스리조 Nasri朝(1232~1492)만이 모로코를 마주보는 땅에 자리를 잡고 있어서 250년 동안 더 이슬람의 명맥을 유지하였다. 그라나다에 있는 이 왕조의 궁성 알함브라 Alhambra(붉은 성)는 오늘날도 옛 모습 그대로 보존되고 있다.

이 나스리조는 그리스도교 국가에 조공도 바치는 등의 외교활동을 활발히 전개하여 안전을 도모하였다. 물론 이 왕조의 역사는 자료의 부족으로 잘 알려져 있지 않다. 그러나 그리스도교 국가의 세력이 증가하고 더구나 1479년에 카스틸 Castile국과 아라곤 Aragon국이 통합되자 그 여세를 몰아 그라나다를 1491년에 공격하여 그 다음해 초에 점령하니 곧 서유럽에 남아 있었던 유일한 이슬람 국가인 무어 Moor(스페인의 무슬림)국은 종말을 고했다.

이 해(1492)에 콜룸부스 Columbus(1446~1506)가 아메리카 대륙을 발견하니 곧 신시대新時代의 여명기였다. 또 무어국의 멸망은 콘스탄티노플을 1453년에 터기인들에게 잃은 후 얻은 그리스도교도의 최대 승리였다. 스페인에 남은 무슬림은 모리스코스tm Moriscos로 알려졌으며 이들은 대부분이 강제로 그리스도교에 개종되었다. 그러나 일부는 그리스도교도 통치에 대한 반란을 16세기 중에 계속 일으켰다. 그 중에 1571년의 것이 가장 격렬하였다. 결국 이들은 1609년에 완전히 추방되어 북아프리카지역으로 이주하였다. 1492년에는 수많은 유대교도들도 추방되었으며 이들의 일부가 아직도 발칸 지역, 특히 그리스의 살로니카 Salonika 지역에 남아 있다. 전 거주민의 기독교화 정책을 강력하게 추진한 결과 오늘날 이베리아반도에는 이슬람을 따르는 무슬림은 사라진 것이다.

Ⅹ. 몽고족의 중동 등장과 맘룩시대

1250~1517

이집트의 맘룩국가

이슬람의 전파

일한조朝

일한조朝의 멸망

티무르의 등장

중근동의 대격변

신비주의

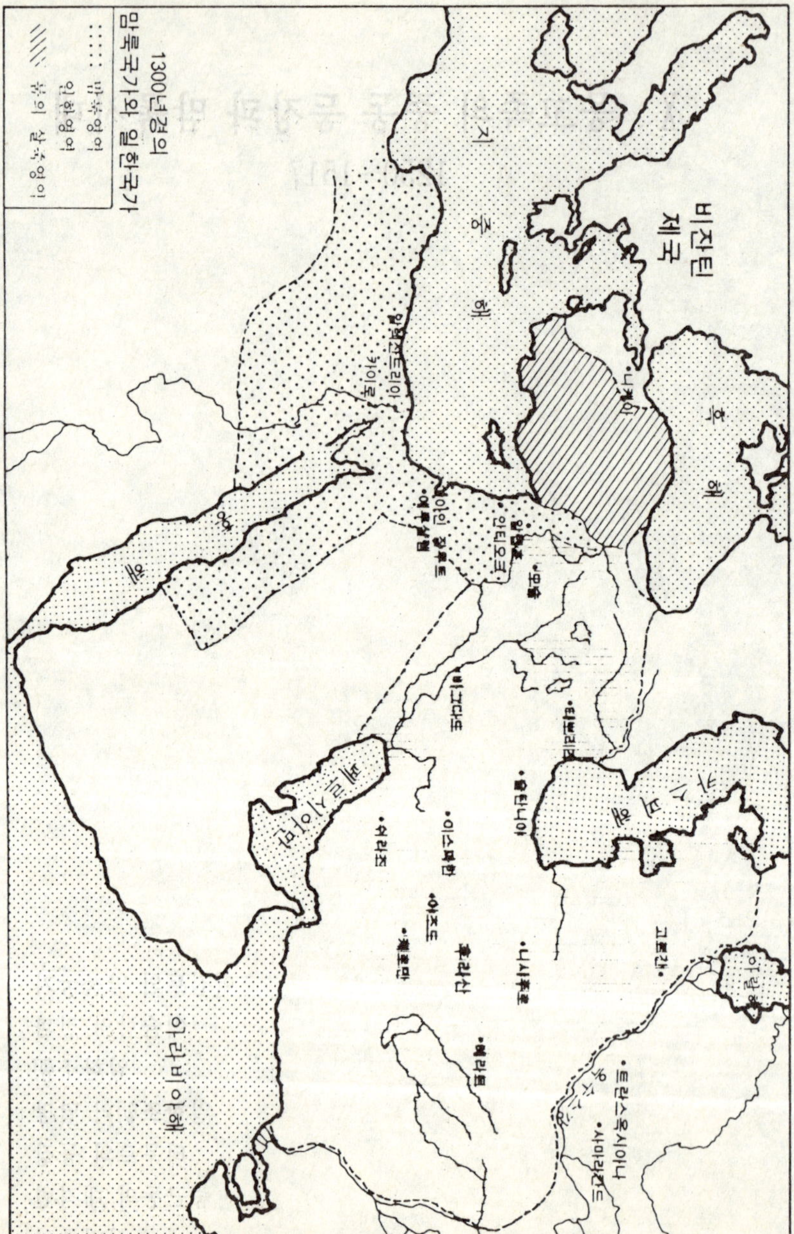
1300년경의
맘룩국가와 일한국가
일한영역
비잔틴 제국
지중해
흑해
카스피해
아랄해
페르시아만
아라비아해
홍해
카이로
알렉산드리아
니케아
안티오크
아인 잘루트
예루살렘
모술
바그다드
타브리즈
술타니아
이스파한
시라즈
야즈드
케르만
후라산
니샤푸르
헤라트
고르간
트란스옥시아나
사마르칸트

이집트의 맘룩 Mamluk국가, 1250~1517

압바시야조가 몽고족의 침입으로 망한 것은 곧 돌풍의 정점을 이룬 것이다. 이 돌풍은 서남 아시아의 전 지역을 휘몰아쳤으므로 십자군 원정보다 훨씬 큰 영향을 미쳤다. 그 결과 이슬람 문화는 거의 소멸 상태에 다다른 것처럼 보였다. 투르크인들은 서남 아시아 지역에 진출하기 전에 이미 부분적으로 이슬람화되어 중동인들에게 알려져 있었다. 그러나 몽고인들은 무슬림의 눈에는 완전한 이방인내지 야만인으로 보였다. 이들의 침입에 상당한 수의 그리스도 교인들은 몽고인의 앞잡이 노릇을 하였다. 그 때문에 무슬림의 비무슬림에 대한 감정은 후에 격화되었다. 더구나 몽고족 자신이 이슬람화되자 이슬람은 더욱 완고하게 되어 배타적이 되었다. 그래서 이슬람을 제외한 다른 종교는 결국 없어졌거나 또는 미미한 존재로 전락하였다.

몽고와 맘룩의 경계선은 오랜 분쟁 끝에 결국 오늘날의 시리아와 이라크 국경 근처를 가로지르고 있었다. 소아시아반도의 동부는 이때 장기간 몽고의 영향 아래 들어갔으므로 당시 중근동은 몽고족이 지배하는 이란 및 그 주변 지역과 맘룩이 장악한 시리아, 이집트 지역으로 완전 양분되었다. 따라서 몽고족의 점령하에 있는 이라크는 이제 이슬람 세계의 중심적 지위를 잃고 양대 세력의 경계선에 있는 전초기지로 탈바꿈하였다. 즉 이슬람 세계에는 이란 중심과 시리아-이집트 중심의 양극화 현상이 나타났다. 더구나 노예 상인들에 의하여 흑해 부근에서 수입된 반야만인 출신인 맘룩이 지배하는 이집트가 이슬람 문화의 명맥을 유지하고 무슬림에게 희망을 안겨주는 곳으로 변한 것은 놀라운 일이었다.

맘룩의 지배권은 할리파로부터 합법화되었다고 이들 맘룩들은 믿었다. 이 맘룩 국가는 아유브조 Ayyub朝의 술탄 알 살리흐 al-Malik al-Salih(1240~1249)가 죽자 그의 하렘 Harem 출신 아내 샤자르 알 두르 Shajar al-Durr가 섭정하게 되었다. 그녀는 80일간 중근동 이슬람 세계의 유일한 여성 통치자가 되었다. 결국 그녀는 맘룩군 총사령관 아이박 Aybak(1250~1257)과 결혼하여 이집트를 공동 통치하니 맘룩 통치의 시초이다.

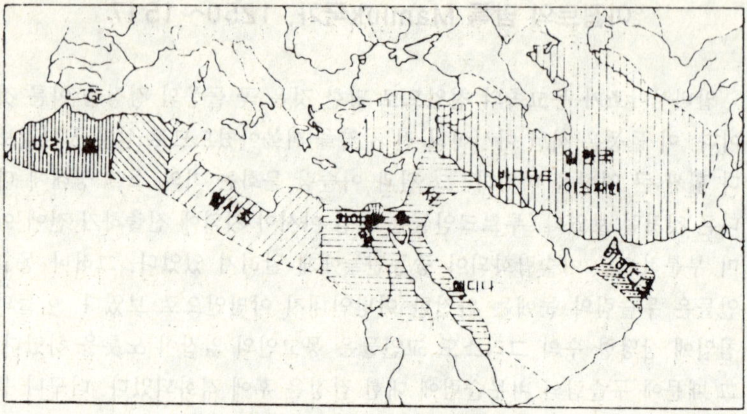

1300년 경의 이슬람국가

이 맘룩국가는 또 바리계 Bahir系(1250~1390)와 부르지계 Burji系(1382~1517)로 나눌 수 있다. 전자는 아유브조의 알 살리흐가 그의 노예군을 나일강의 섬에 주둔시켰기 때문에 강 bahr이란 말에서 유래했고, 인종적으로는 주로 투르크족과 몽고족이었다. 반면에 후자도 역시 근위병으로서 바리 맘룩 술탄 칼라분 Qalawun(1279~1290)이 창설하였으며 그들은 요새의 탑 burj 근처에 주둔하고 있었기 때문에 이런 이름을 얻었고, 인종적으로는 서부 코카서스 지방의 서카시아 Circassia인이 주였다.

바리계系에서는 때때로 술탄의 세습제가 시행되었으나 부르지계系에서는 전연 인정되지 않았고 혈연과 족벌주의는 후계자 결정에 아무런 역할도 미치지 못하였다. 두 맘룩계系의 술탄은 대부분 비명횡사했으며 그들의 평균 통치 기간은 6년이 채 되지 않았다. 이 맘룩국가의 실질적인 건설자는 술탄 바이바 Baybar(1260~1277)였다. 그는 1260년 아인 잘루트 ʿAyn Jalut에서 침입한 몽고군을 격퇴하고 자신이 쓴 왕관의 정통성을 강화하기 위해 다음 해 이미 망한 압바시야조의 한 공자를 카이로에 불러 허수아비 할리파로 만들어 임명장을 받음으로써 쉬아파의 극성도 예방케 하였다. 이것이 곧 카이로의 할리파제制의 시작이었다. 이 할리파는 궁성도 근위병도 없는 신세여서 실제로 맘룩 술탄의 시신侍臣에 불과하였다. 이 카이로의 압바시야조는 1517년에 맘룩국가가 오스만 술탄 셀림

Selim 1세(1512~1520)에 의하여 망할 때 그 명맥이 끊어졌다.

이 맘룩국가의 독립 단위부대獨立 單位部隊는 각기 일정한 농토를 지니고 있었는데 이 농토의 관리권을 받은 데 대한 대가로 일정한 금액을 중앙정부에 바치고 나머지는 자기 부대를 유지하는데 충당하였다. 이것을 고정액 세금분할농토 iqta라 하였다. 이 국가의 초창기에는 군의 통수계통이 효율적이고 또 군률軍律이 엄격하였다. 또한 몽고군의 침입에 대처하기 위해서 맘룩군은 아직 남아 있었던 십자군을 팔레스타인 지역의 지중해 연안에서 몰아내어 후환을 제거하였다. 오직 사이프러스섬만이 16세기가 될 때까지 그리스도교 지역으로 남아 있었다. 맘룩의 지배층과 현지민現地民 사이에 교량 역할을 담당한 것이 울라마, 즉 신학자와 이슬람 율법학자였다. 이들은 대규모의 종교 재단인 와크프 waqf의 재산관리에서 나오는 수입을 가지고 부유하게 살았다. 이 와크프의 재산은 독실한 신자들이 이슬람 성원에 기증함으로써 생겼지만 기증자의 유지遺志에 따라서 가난한 자를 돕거나 또는 공공사업을 촉진시키는 등의 좋은 목적을 가지고 있었다. 그러나 와크프의 재산은 면세 혜택을 받았고 또 고용원을 필요 없이 늘이는 등의 악습도 많아 장기적으로 보아 국가 경제에 손해를 끼쳤다.

또 이 맘룩 체제가 250년 이상이나 지속된 경제적 바탕은 국제무역에서 찾을 수 있다. 십자군 원정(제1차 1096~1099, 제7차 1270)의 여파로 그리스도교 세계와 이슬람 세계 사이에는 정치적 긴장 상태가 지속되어서 지중해권과 인도양권 사이의 무역은 한동안 거의 중단되었다. 십자군 원정이 끝난 후에는 오직 이집트만이 그 위치 때문에 중계무역을 독점할 수 있어 번성하였다. 북부를 잇는 교통로는 몽고족이 세운 일한국 Ilkhan과 킵착국 Kipchak만 1330~1340년 사이에 분쟁을 일으켜 차단되었다. 더구나 14세기 말에 티무르 Timur(1405년 죽음)는 현 중근동을 휩쓰는 대원정을 수행하였기에 북부 통상로는 장기간 차단되어 이집트는 덕을 보게된 것이다. 그러나 15세기 말의 유럽에는 지리상의 대발견 시대가 도래하였다. 그래서 포르투갈인이 남아프리카를 돌아 인도양과 통하는 새로운 항로를 발견하게 되자 이집트의 중계무역은 큰 타격을 입게 되었다. 이 때문에 맘룩 이집트는 거의 저항 없이 오스만 터키에 의하여 1517년에 합병되었다.

이 맘룩시대에 문화와 예술활동의 향상은 비록 이룩되지 못했지만 빛나는 전통을 그대로 계승 유지하였다. 십자군 원정과 몽고군의 침입 등으로 이교도에 대한 감정이 악화된 탓으로 이슬람학은 더욱 완고한 경향을 나타내었다. 그 대표적인 학자는 한발리 Hanbali 법학파에 속하는 이븐 타이미야 Ibn Taimiya(1328년 죽음)였다. 그는 군과 종교계가 정권을 나누어 가져야 한다고 역설하여 종교적 소수파나 외국인에 대한 편협적 태도를 취했다. 참신한 이론적 발전은 드물었지만 백과사전과 같이 해박한 지식을 가진 누와이리 Nuwairi(1332년 죽음), 아불 피다 Abu'l Fida'(1331년 죽음) 및 수유티 Suyuti(1505년 죽음)등의 유명한 역사 및 지리학자들이 활동했다. 특히 역사가로서 저명한 이는 마크리지 Maqrizi(1442년 죽음)이며 그의 기술에서 우리는 맘룩 이집트에 관한 많은 지식을 얻고 있다. 이 외에도 이븐 타그리비르디 Ibn Taghribirdi (1469년 죽음)등 많은 사학자들이 있다. 맘룩술탄은 건축을 좋아하였다. 병원시설을 갖춘 술탄 칼라분 Qalawun성원, 또 학교와 그의 무덤이 들어 있는 술탄 하산 Hasan 성원, 술탄 카이트바이 Qa'itbai 성원 등 수많은 건물이 이 시대에 세워져 오늘날까지 남아 있다.

이슬람의 전파

이 시대에 이슬람의 선교 활동도 인도양 해안에 많이 나타났다. 북부 인도에 자리를 굳힌 이슬람은 남부 인도로 기세를 몰아가고 있었다. 또 무슬림 상인은 9세기경부터 예멘 및 페르시아만의 본거지에서 출범하여 동아프리카 연안과 인도네시아 지역에 무역기지를 만들어 정주하였으며, 포교활동도 계속하여 이 시대에 상당한 성과를 거두었다. 더구나 하나피 법학파에 속하는 오스만 터키가 이집트를 정복한 후에 샤피 Shafi'i 법학파에 속하는 많은 학자들은 박해를 두려워하여 동아프리카와 말레이 인도네시아 지역으로 이주하여서 오늘날 이 지역의 이슬람 율법 체계는 샤피 계통이 되었다.

이슬람이 이 두 지역에 발을 붙이자 정치 조직 형태는 이슬람화 하였지만 사회체제는 그렇게 급변하지 않았다. 동아프리카에 이슬람 세력이 확장되자 아프리카 유일의 그리스도교 국가 에치오피아는 더욱 움츠러졌으나 그 정치 및 교회 조직은 더욱 공고하게 되었다. 이집트를 비롯한 아랍 이슬람이 선교에 박차를 가할 때 이란의 이슬람도 그에 못지 않게 시세時勢에 잘 적응하여 그 활력소를 살렸다. 일한국의 통치 아래 있었던 이란에서는 몽고 지배층이 적어도 초기에는 모든 종교와 종파를 동등하게 또는 무관심하게 대하였다. 이 틈을 타서 쉬아파는 적극적인 포교 활동을 전개하여 후에 이란의 국교적 지위를 확립하는 주춧돌을 쌓았다. 이 몽고족의 침입으로 인종의 구성에는 투르크족의 침입시 보다 커다란 변화는 없었다. 인구의 몽고화는 거의 나타나지 않았으나 투르크화 현상은 두드러졌다. 더구나 몽고 지배층과 인종적으로 가까운 투르크만 Turkman족이 이슬람화하자 몽고 지배층도 그 영향을 받아 이슬람화 되었다. 이 몽고 지배층과 그의 추종 세력인 투르크만족은 살죽 터키의 지배층과는 달리 농업에 관심이 적었으며 그대신 방목放牧을 장려하였다.

일 한조 Ilkhan朝, 1256~1353

〈일 한〉국의 행정기구는 중국식으로 약간의 개편이 있었으나 전통적인 재상宰相 wazir 제도는 그대로 존속하였고, 이 직위는 대체로 현지민의 손에 떨어졌으며 행정 전반을 관장하였다. 가장 저명한 재상은 가잔 Ghazan王(1295~1304) 때의 라쉬둣딘 파드랄라 Rashid al-Din Fadl Allah이며 그는 또한 저명한 역사학자였다. 통치자는 군의 총사령관을 포함한 몽고인 장군의 모임인 쿠릴타이 Quriltai의 자문을 받아 징기스칸의 법률 yasa에 따라 정책을 결정하였다. 몽고는 거의 전아시아 대륙을 통치하였으므로 통상 활동의 범위는 더욱 넓어졌다. 또 종교에 대해 관대하였으므로 로마교황청도 흑해를 통해 중국에 선교사를 파견하였다. 그 대표적인 인물이 동방견문록東方見聞錄을 쓴 마르코 폴로 Marco Poll(1323년 죽음)였다. 또 이태리의 상인들도 1204년 제4차 십자군 원정 이후 흑해를 통한 무역의 주역을 담당하였다. 그러나 〈일 한〉국의 통상 활동은 별로 활발하지 못하였고 오직 서구西歐의 경제적 상승 때문에 중개무역 기지로써의 역할만을 맡아 하였다. 〈일 한〉국의 국위가 왕성한 때에도 맘룩 이집트의 통상 활동을 제지하거나 경쟁할 생각은 갖지 않았다. 그러나 14세기 중엽에 들어와서 몽고제국을 비롯하여 모든 한Khan국이 망하자 유럽의 선교사와 상인들도 아시아의 통상로에서 사라졌다.

몽고인이 정복을 끝내고 정착하게 되자 동부 이슬람 세계의 정국政局은 안정되었다. 이와 함께 페르시아인의 문화 활동이 다시 시작되었다. 시의 분야에는 서정시抒情時의 대가 사아디 Sa'di(1292년 죽음)가『장미정원』Gulistan이란 시집을 내어 피르다우시 Firdawsi(1020년경 죽음)이후 최대의 시인으로 평가되었고, 또 그에 버금가는 가잘 Ghazal(서정적인 연애시)의 대가 하피즈 Hafiz(1390년 죽음)가 있다. 학문의 분야에서는 박학다식博學多識하여 수많은 학술서를 저술했으며 훌라구의 자문관이었던 나시룻 딘 투시 Nasir al-Din Tusi(1274년 죽음)와 지리학자이며, 역사가인 함달라 무스타우피 카즈위니 Hamdallah Mustaufi Qazwini(1283년 죽음)등을 들 수 있다. 훌라구의 비서 주와이니 Juwaini(1283년 죽음)는 몽고인의 정복 과정을 집필하여 후에 재상 라쉬룻 딘의『종합사綜合史』Jami' al-Tawarikh가 나오게 된 계기를 만들었다. 이 책은 모두 페르시아어로 쓰여져 공용어로 발전하게 되었다. 이란에서 아랍어는 일부 전문가를 제외하고는 외국어로 변했으며 점차 쇠퇴하게 되었다. 이들 이란 사가史家와의 동시대 인물로 시리아의 주교 바르헤브레우스 Barhebraeus(1286년 죽음)등이 있다. 종교생활에 있어서는 수많은 전쟁과 사회불만 때문에 신비주의적인 경향이 짙어졌다. 이 기간 중에 쉬아파와 순니파간의 분쟁은 줄어들었으며 또 신비주의 사상도 더 깊어진 것은 아니나 그 추종자의 조직이 종단宗團 tariqa으로 발전하여 이슬람의 교리가 실제의 의식儀式행동과 밀접하게 연관되었다. 이 종단宗團의 구성원은 데르위쉬 derwish(페르시아어로 가난한 자 혹은 얻어먹는 자)로 불리어졌다. 이러한 종단宗團은 추종자가 급격히 늘어나 재산도 증가하게 되자 점차 영토領土도 갖게 되었다. 이러한 종단宗團 가운데 하나가 1500년경에 사파위 Safawi朝(1501~1732)를 세웠

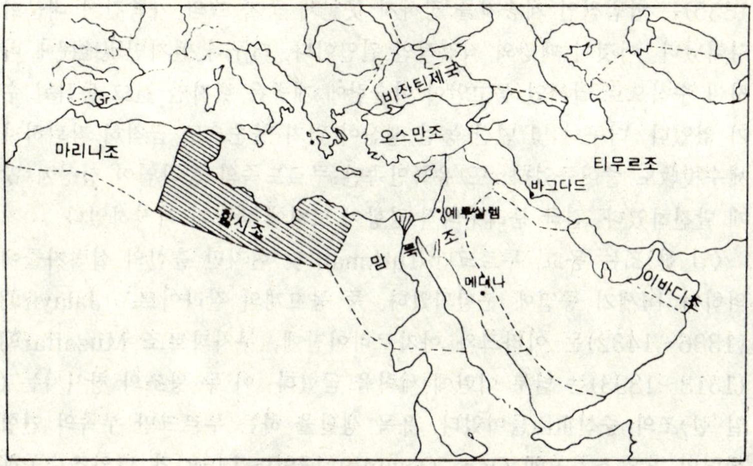

1400년 경의 이슬람국가

으며 이 왕조가 현 이란의 모태母胎를 이루었다.

일한시대에는 예술 분야에 커다란 수확을 가져왔다. 특히 이슬람에 개종한 일한의 통치자는 대규모 건축사업을 일으켜 자신들의 독실성을 보여주려 했다. 이 시대에 이루어진 건축물로 지금까지 남아 있는 것은 아자르 바이잔에 새로 만든 수도 술탄니야에 있는 술탄 올제이투 Oljeitu(1304~1317)의 영조靈廟, 테헤란 근처 베라민 Veramin에 있는 성원과 야즈드 Yazd 시의 성원 등이다. 이 건축물은 모두 카산 Qasan 지방에서 나오는 특수도자기 fayence로 장식되어 있다. 세밀화細密畵 minia- ture 부분에서도 새로운 양식이 나타났다. 즉 이란과 중국의 화가들이 화법의 양식과 기술의 교환을 통하여 양측이 모두 좋은 결실을 얻었다. 이때부터 다양하고 깨끗한 채색이 이란 그림에 도입되었다.

일 한조朝의 멸망

〈일 한〉조는 약 80년간 효과적으로 통치했다. 가잔 Ghazan(1295~1304)은 이란이라는 배경에서 오는 문화적, 종교적 압력 때문에 가족과 함께 이슬람에 개종하였다. 그의 손자 아부 사이드 Abu Said(1317~

1335)는 합법적인 계승자를 정하지 못한채 죽자 그의 가족간에 내분이 일어났다. 이것이 패망의 직접적인 원인이다. 더구나 현지민現地民에 비하여 수적으로 열세인 몽고인이 이슬람에 개종은 했지만 결코 동화될 수가 없었다. 더구나 몇 년간 농업 생산이 일기 불순으로 급격히 감퇴하자 세수稅收도 줄어들었다. 또 유목민족인 쿠르드족의 움직임이 심상치 않게 발전하였다. 결국 분리주의적 경향이 도처에 싹트기 시작하였다.

〈일 한〉조는 몽고, 투르크만 Turkman 및 현지민 출신의 실력자들에 의하여 14세기 중엽에 분할되었다. 즉 몽고계의 잘라이르조 Jalayir朝(1336~1432)는 이라크와 아자르바이잔에, 무자파르조 Muzaffar朝(1313~1393)는 남부 이란에 세력을 굳혔다. 이 두 왕조의 창시자는 〈일 한〉조의 중신重臣들이었다. 유목 생활을 하는 투르크만 부족의 연합세력인 흑양조黑羊朝 Qara Qoyunlu(1380~1468)와 백양조白羊朝 Aq Qoyunlu (1378~1508)의 괴롭힘에 잘라이르조는 망하고 그 자리에 이 투르크만의 흑백 양조兩朝가 아웅 다툼을 하면서 1세기 가량을 보냈다. 즉 흑양은 쉬아파인 반면에 백양은 순니파였기에 주로 종교적 분쟁이 그들 사이에 있었다. 이들의 통치시대에 아자르바이잔은 인종과 언어의 면에서 이란적인 것에서 터키화하였다.

징기스칸의 원元(1206~1368) 나라는 3개의 한 Khan국, 즉 〈일 한〉 Ilkhan(1256~1353), 〈차가타이〉 Chaghatay(1227~1370), 〈킵착〉 Kipchak(1226~1481)을 두고 있었다. 이 한국의 통치자는 모두 이슬람에 개종하였다. 〈킵착 한국〉은 볼가강의 하류의 현 러시아 남부인 그레미아 근처에 자리를 잡고 15세기까지 지탱되었다. 14세기 중엽에 이미 와해瓦解 상태에 놓여 있었으나 한 세기간 더 연명된 것은 오로지 그리스도교도인 러시아인이 너무 허약했기 때문이다. 이 나라의 몽고인들은 〈일 한〉국의 몽고인들처럼 터키인들에 동화되어 버렸다. 그래서 타타르 Tatar라는 말이 원래 몽고인을 뜻하였으나 오늘날은 투르크계의 말과 인종을 가리키게 되었다. 그러나 이 나라는 독자적 문화를 발전시키지 못하였다. 그 통치자는 형제국인 〈일 한〉국과 분쟁을 일으켰고 또 맘룩 이집트에 노예들을 팔아 간접적으로 〈일 한〉국과 적대관계에 있는 이집트를 돕는 셈이 되었다. 이 노예무역의 중개상은 제노아 Genoa의 상인들이었

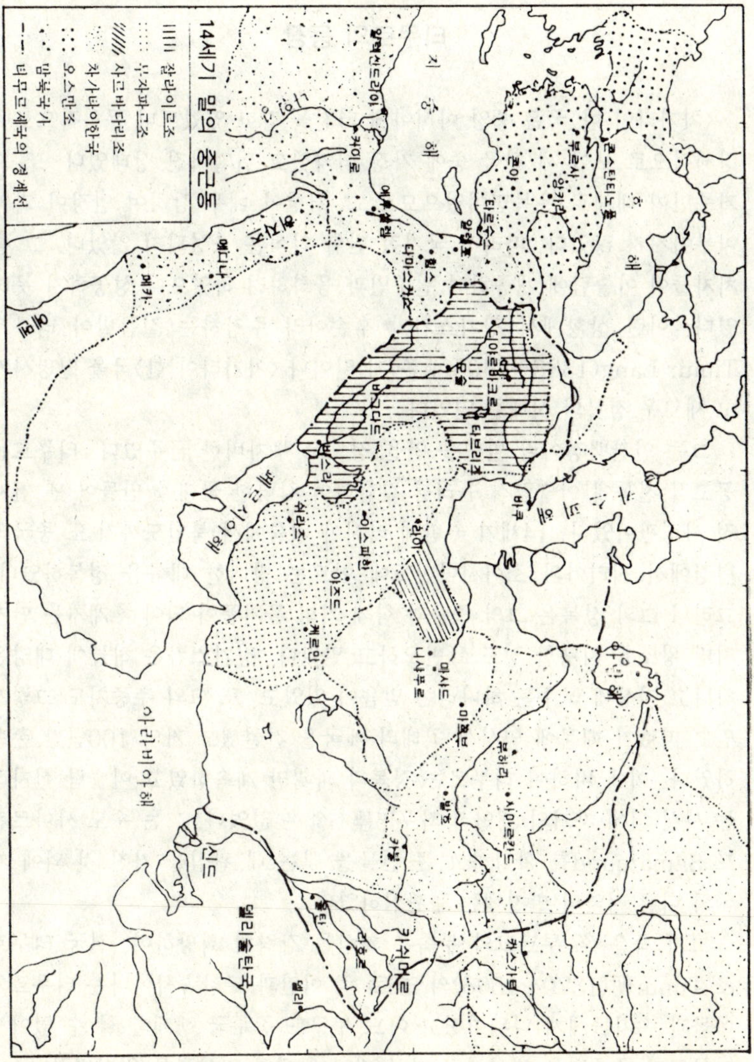
14세기 말의 중근동
잘라이르조
무자파르조
사르바다르조
차가타이한국
오스만조
맘룩국가
티무르제국의 경계선

다. 그들은 비잔틴 국가를 경유하여 노예를 이집트에 운반하였다.

티무르의 등장

〈차가타이 한〉국은 중앙 아시아에 터전을 잡고 있었으나 문화적으로나 경제적으로 보아 세 한국 중에 가장 허약했고 뒤떨어진 상태였다. 또 그 거주민이 대체로 유목민이었으므로 그 저항이 매우 강하여 안정이 거의 이루어지지 않았다. 따라서 국가적 단합 의식은 조성되지 않았다. 그 통치자들이 이슬람에 개종하여 원주민과 융화하려 하였으나 성공하지 못하였다. 이런 상황에서 징기스칸의 후손이라 주장하는 절름발이 티무르 Timur Lang(1336~1405 생존)가 일어나 〈차가타이 한〉국을 멸망시키고 새로운 정복의 시대를 열었다.

그는 인간백정이란 별명을 얻을 정도로 무자비한 군주였다. 티무르는 몽고적 전통에 이슬람적 윤리를 결합하여 강력한 군대를 만들어 낸 천재적 사령관이었다. 14세기 후반에 러시아 내륙에서 북인도까지 또 중국의 변경에서 시리아와 소아시아반도에 이르는 방대한 대륙을 정복하였다. 그러나 그의 정복은 그의 죽음과 함께 거의 물거품이 되어 후계자는 단지 지방 왕조를 지탱할 정도로 변모하고 말았다. 징기스칸은 하늘에 태양은 하나고 지상에 군주는 하나라는 믿음이 있었고, 또 그의 추종자도 그렇게 믿고 따랐기 때문에 역사상 최대의 제국을 건설했고 거의 100년간 존속하였다. 이에 비하여 티무르는 정복과 파괴만 계속하였고 이슬람 신자라는 사실 외에 자기의 개인적 좌우명座右銘은 없었다. 그는 수도 사마르칸드 Samarqand를 확장하고 큰 건물을 짓는 데 관심을 가진 것 외에 제국의 다른 지역의 발전에는 무관심하였다.

그가 죽은 후 투르크의 부족은 자치를 강력히 희망하여, 결국 티무르조 Timur朝(1370~1506)의 영토, 즉 이란과 트란속시아나는 티무르의 아들과 손자들에게 나뉘어졌고 어느 누구도 종주국 행세를 할 수 없어서 티무르가 종주권을 행사했던 다른 지역에 대한 영향력은 잃어버렸다. 비록 아부 사이드 Abu Said(1451~1469) 때에 와서 티무르의 영토를 재

결합하여 막강한 국가가 되었으나 이미 오스만제국에는 미치지 못하였다. 티무르조 역시 이란화되어서 건물양식 뿐만 아니라 행정기구의 공용어도 페르시아어를 사용하였다. 이 왕조는 중앙 아시아 초원에서 일어난 최후의 왕조였다. 그 이후 이슬람 세계는 티무르의 후손인 바부르 Babur가 세운 인도의 무갈제국 Mughal帝國(1526~1858), 쉬아 이란의 사파위조 Safawi朝(1501~1732) 및 오스만제국 'Osmanlis(1281~1924)으로 나뉘어졌다.

중근동의 대격변

동쪽의 아시아와 서쪽의 유럽 사이에서 중개무역을 통하여 번영해온 맘룩 이집트와 시리아는 1400~1401년에 티무르군에 패하여 다마스커스가 약탈 당했고 곧 이어 베드윈족의 침략을 받아 그 경제력과 군사력은 심한 타격을 입었다. 그 결과 세입이 줄어들자 인도 및 중국상인의 수출입 상품에 관세를 부과하는 대신 술탄 바스베이 Barsbay(1422~1438)는 설탕, 후추 등 몇몇 품목을 국가 독점 상품으로 정하여 직접 무역을 장악했다. 이 정책은 그의 후계자들도 추구했기 때문에 맘룩국가는 물가의 급속한 상승과 외국의 무역 보복에 처하게 되어 결국 경제적 파탄을 맛보게 되었다.

그보다 더욱 놀라운 일이 1498년에 일어났다. 즉 포르투갈의 바스코 다 가마 Basco da Gama가 희망봉 The Cape of Good Hope을 돌아 인도에 이르는 항로를 개척하는 데 성공한 사건이다. 이것은 맘룩국가의 생명줄인 중개무역의 목을 잘라 놓은 것이나 마찬가지였다. 그 이후 19세기 후반에 수에즈 운하가 개통될 때까지 동서 무역의 주항로는 유럽·희망봉·인도·중국을 잇게 되었고 이집트를 비롯한 중근동은 변두리 지역으로 돌변했다. 이 상황은 약 350년간 지속되었다. 그 결과 중근동에 많은 변화를 가져오게 된 것이다.

첫째 중근동의 무역, 금융, 경제는 단지 봉건적 농업 생산 경제에 의존하게 된 것이다. 물론 아직 중개무역과 외국 상인의 출입은 다소 지속되었으나 그 비중은 미약했다. 둘째 정착지의 아랍족은 정치적 독립성을 잃고 터키족의 지배 아래 들어간 것이다. 사막 지역과 산악지역의 아랍 부족들은 독립을 유지했으나 그 중요성은 미미했다. 이라크, 시리아 및 이집트와 같은 주요 아랍인 거주국가는 터키인의 통치 아래 들어가 이 상태가 약 600년 동안 지속되었다. 따라서 아랍인은 통치자가 될 수 없고 오직 터키인만이 통치할 수 있다는 관념이 나오게 된 것이다. 관공서의 언어는 터키어였고 아랍어는 천시되었다. 이 현상은 1798년 나폴레옹 1세가 이집트를 정복하여 아랍어로 공문을 낼 때까지 지속되었다.

셋째 아랍세계의 중심이 이라크에서 이집트로 이동한 것이다. 이 현상은 아랍 무슬림이 터키 및 이란 무슬림의 등장으로 정치력을 상실하였기 때문이다. 종래까지의 순니 이슬람 공동체는 압바시야조의 패망으로 회복할 수 없을 정도로 완전히 분열되었다. 따라서 지중해에서 멀리 떨어져 아랍세계의 변두리에 있는 이라크는 동서 통상로의 중계지로서의 역할을 담당할 수 없었다. 그 대체 기능을 할 나라는 정권이 비교적 안정된 맘룩 지배하의 이집트와 시리아였다. 그러나 시리아마저 티무르제국의 침략과 베드윈족의 약탈로 황폐화되자 이집트만이 아랍 세계의 이슬람 문화를 지탱하게 된 것이다. 이 현상이 현재까지 남아 카이로가 바그다드 대신 아랍세계의 중심지가 되어 있는 것이다.

한편 아랍인의 정치력 상실과 더불어 이란인과 터키인 통치자들이 차례로 그 유산을 이어 갔으나 그들이 창조한 문화는 비록 아랍 이슬람 문화의 색체가 농후했지만 언어에 있어서는 페르시아어와 터키어였다. 따라서 페르시아와 터키문학은 독자적으로 발달하지 않을 수 없었고 또 이란인과 터키인의 거주 지역에서 아랍어는 소멸되어 갔으며 오직 신학연구와 예배 때에 사용하는 언어로서의 역할만 갖게된 것이다.

XI. 오스만제국帝國

오스만조朝의 등장
오스만제국의 관료 조직
관료 양성 제도
종교조직체
밀라제도
술탄위位의 계승
국경분쟁
서방의 진출과 개혁 기운
개혁운동
개혁운동의 갈등

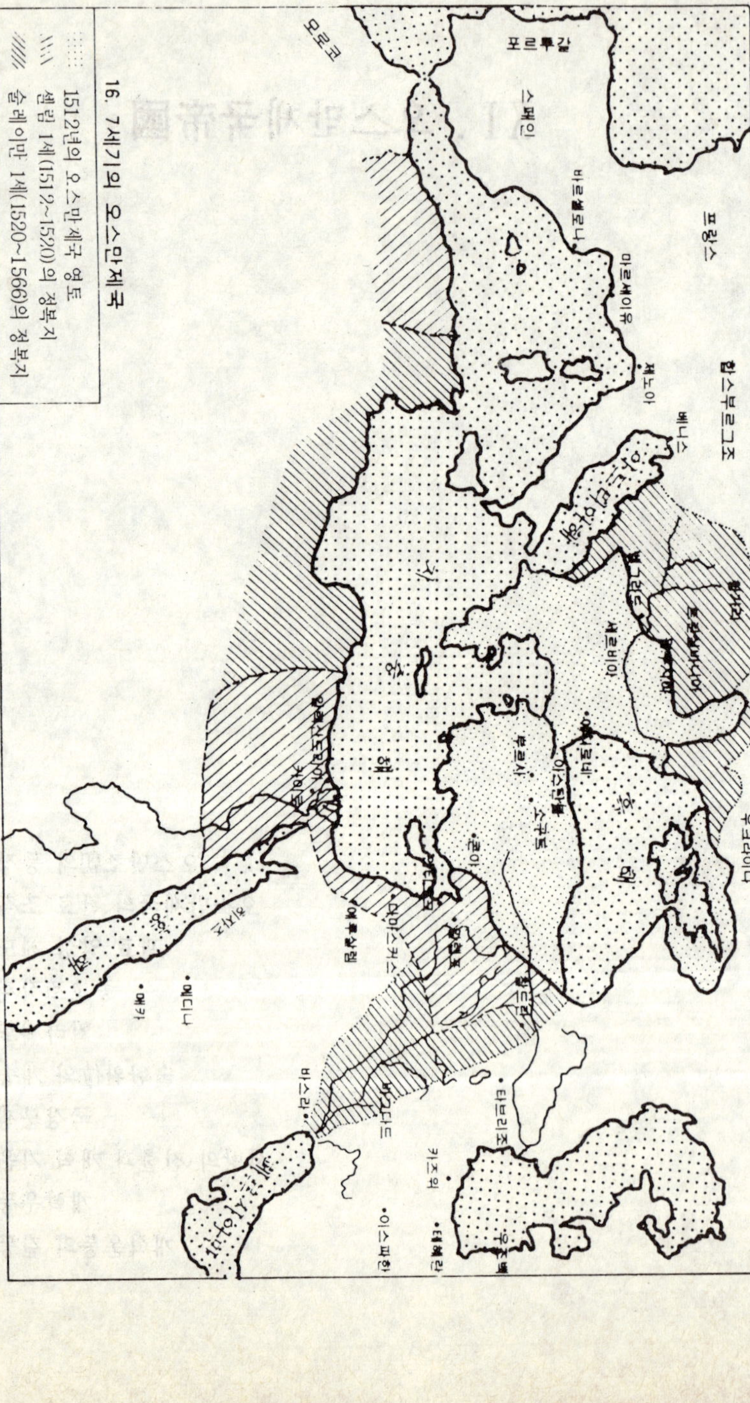
16. 7세기의 오스만제국
1512년의 오스만제국 영토
셀림 1세(1512~1520)의 정복지
슬레이만 1세(1520~1566)의 정복지
모로코
포르투갈
스페인
프랑스
바르셀로나
마르세이유
제노아
합스부르크조
베니스
흑해
우크라이나
이스탄불
부르사
콘야
카이로
예루살렘
다마스커스
메디나
메카
바그다드
바스라
타브리즈
카즈빈
이스파한
테헤란

오스만조 'Osman朝(1300~1924)의 등장

본래 중앙 아시아에 살던 투르크계의 부족은 방목을 위하여 점차 서진西進하게 되었다. 이들 부족은 유목생활을 하였기에 활쏘기와 말달리기에 능하였다. 따라서 각 단위 부족은 기동성이 있었고 부족이 곧 군대와 같이 잘 훈련되어 있었다. 더구나 중앙 아시아의 부족은 인종적으로 혼혈混血이 되어 있어서 일부는 황인종黃人種의 용모를, 또 일부는 남부러시아의 코카서스인의 모습을 지니고 있었다. 그러나 모든 투르크 몽고 계통의 부족은 비슷한 사회조직, 문화, 관습 및 언어를 가졌다. 오스만 씨족은 오구즈 Oghuz 부족에 속하였으며 그 일부는 7세기 중에 이미 중근동의 변경에 머물고 있었다. 이들은 압바시야조 시대에 맘룩으로 할리파의 근위병이 되었다. 그 후 투르크계 부족은 이슬람 세계의 새로운 활력소로 등장하였으며 결국 살죽조 Saljuq朝(1038~1194)를 창설하여 그 정치적, 군사적 우위성을 확보하였다.

오스만조의 기원은 신비 속에 들어 있다. 몽고족의 침입시에 중앙아시아에서 쫓겨난 투르크계 부족의 일파가 소아시아반도에 들어갔다. 그 지도자 에르토그릴 Ert- oghril은 이 반도의 북서쪽에 룸의 살죽조[1]의 말기末期 술탄에 의하여 영지領地를 받았다. 그의 아들 오스만 'Osman(아랍어의 'Uthman에서 유래, 1300~1324)은 1288년에 비잔틴제국의 영토를 잠식하는 침략 정책을 실행하였다. 이 확장 정책은 오스만의 후계자에 의하여 답습되어 이 술탄조는 600년 이상 존속하였다.

당시 오스만은 룸의 살죽이 망한 자리에 나타난 수많은 터기의 영주領主 가운데 가장 미약한 존재하였다. 그러나 불과 1백 년만에 아시아와 유럽에 걸친 대제국으로 성장하였다. 〈일 한〉국의 말기인 1335년 이후 중근동은 어지러운 상태에 빠져 들어갔다. 이러한 정치적인 진공 상태를 메워주고 이슬람 문명을 파멸의 위기에서 구해준 세력은 오스만조 뿐이었다.

이 조가 성공하게 된 가장 큰 정치적 이유는 그 근거지가 지리적으로

1) Saljuq-i-Rum(1077~1307): 살죽조의 분파. 소아시아를 이슬람 용어에서 룸—즉 로마라는 말에서 유래—이라 부름. 그 이유는 비잔틴 Byzantine 제국을 동로마제국이라고 부른데서 옴.

볼 때 소아시아반도의 서북쪽에 자리잡아 비잔틴제국과 접하고 있었기 때문에 비잔틴제국을 쉽게 잠식할 수 있었다. 이 제국은 1071년 반Van 호수 근처의 만지케르트 Manzi- kert(Malazjird)전쟁에서 대패한 이후 위축 상태에 들어가 매우 허약했다. 더구나 중앙 아시아에서 몽고인의 침입시에 몰려온 수많은 투르크계 부족 출신의 세공인 및 서사書士는 소아시아반도에서 안정된 직업을 찾을 수 없었다. 이들에게는 비잔틴 지역의 침입이 가장 높은 수익을 올릴 수 있고, 또 사회적으로도 성전聖戰 jihad에 참전한는 전사 ghazi라는 떳떳한 명분을 내세울 수 있었다. 더구나 오스만조는 여러 종단 조직과 수많은 세공인단과 밀접한 유대관계를 가지고 있었다. 아마도 오스만조의 선조는 스스로 이 종단과 세공인단에 속하여 있었던 것 같다. 따라서 이 정복 사업은 종교적 사명과 더불어 수행되었고 또 새로 정복한 지역의 행정에는 서사도 필요했다.

1326년에 오스만의 후계자 오르한 Orkhan(1324~1360)은 부르사 Bursa를 점령하여 수도로 삼았다. 이때부터 오스만조는 실질적인 국가의 형태를 갖추게 되어 행정체계도 비잔틴제국의 것을 기초로 하여 발전시켰다. 더구나 그리스도 교도들을 용병傭兵으로 받아들여 투르크계 부족군에 대한 의존도를 줄였다. 결국 1366년까지 오스만조는 아나톨리아반도에서 비잔틴 제2의 도시 에디르네 Edirne(그리스 이름 Adrianople)도 정복하여 서울로 삼았다.

이것은 무라드 Murad 1세(1360~1389)의 통치 때 달성되었다. 따라서 비잔틴제국은 수도 콘스탄티노플 주변에 국한된 도시국가로 전락되어 그 운명은 이제 시간 문제였다. 그러나 바예지드 Bayezid 1세(1389~1402)는 티무르의 침략을 받아 안카라 전쟁에서 대패大敗하고 자신도 포로가 되었다. 그 결과 콘스탄티노플의 정복은 반 세기나 늦어져 1453년에 메흐메드 Mehmed 2세(1451~1481)의 영도 아래 달성되었다.

이와 함께 메흐메드 2세는 이슬람 세계에서 가장 명성 높은 통치자가 되었으며 또한 이교도異教徒와의 전쟁에 있어서 최고 지도자로 인정되어 스페인, 중앙 아시아 및 인도에서 그의 지지를 구하기 위해 많은 인사가 모여들었다. 그래서 새로운 이슬람제국의 형성을 꿈꾸게 되었다. 즉 아시아, 유럽, 아프리카 3대륙에 걸치는 대제국大帝國을 건설하여 무슬림에

게는 성전의 전사 ghazi, 투르크족에게는 한 Khan, 그리스도 교도에게는 황제가 되어 전세계를 통치하려는 야망에 사로잡혔다. 이 야망에서 콘스탄티노플을 이스탄불이라 개명改名하였고 또 그의 별칭도 술탄 파티 Fatih(정복자) 메흐메드로 불리었다.

오스만군은 1516~1517년에 시리아, 팔레스타인 및 이집트를 정복하였다. 이때 술탄 셀림 1세(1512~1566)는 카이로의 허수아비 할리파로부터 할리파 칭호와 그 세습권을 오스만조에 양도하도록 하였다. 그의 아들 술레이만 Sulaiman 2세(1520~1566)이라크에서도 제국의 영토를 확장하여 오늘날의 이란-이라크 국경에까지 이르렀으며 또 유럽 쪽에는 1521년에 벨그라드를, 1541년에 헝가리를 정복하였다. 더구나 하이렛딘 바바롯사 Khayreddin Barbarossa 대제독大提督 Qapudani derya의 지휘하에 함대를 조직하였다. 이 오스만 해군은 1540년에 베니스를 위시한 유럽 연합함대를 프리베사 Prevesa 근해에서 무찔러 지중해의 해상권을 장악하였다. 이와 함께 알제리 지역도 오스만제국의 영향 아래 놓이게 되었다. 또 이러한 정복 사업의 계속적인 성공으로 오스만제국은 1683년에 그 영토의 넓이가 절정絶頂에 달하여 비인 Wien 근처에서 이란 국경까지, 아라비아반도에 있어서는 페르시아만 지역의 북부 해안 지대와 홍해안 지역을, 아프리카에 있어서는 모로코를 제외한 전 북아프리카를 통합하였다. 또 흑해 연안을 모두 정복하여 수도 이스탄불의 안전을 도모하였다.

이러한 대정복의 성공은 오스만조의 지배층이 스스로 엄격한 규율과 자제 속에 살았다는 것과 또 한편으로는 무슬림은 모두 단결해서 하나의 움마를 건설해야 한다는 욕구에서 이루어진 것이다. 무슬림은 압바시야조 중기 이후 분열되어 왔으며 또 몽고족의 침입 이후 단결의 상징인 할리파 조차 없어졌다. 비록 카이로의 허수아비 할리파는 존재했으나 맘룩 이집트의 영역 밖에서는 그 존재가 인정되지 않았다. 따라서 혜성과 같이 나타난 오스만조는 이 무슬림의 욕구를 채워주었다. 발칸반도의 그리스도교 지역에는 그리스 정교도正教會 Orthodox Church가 농민을 너무나 수탈하였으므로 농민 스스로가 오스만 정복자에게 구원을 청할 정도였다. 비잔틴제국은 카톨릭 세계와의 분쟁과 발칸 내의 여러 인종간의 갈등 때문에 매우 허약하여 쉽게 무너진 것이다.

오스만제국의 관료 조직

거창한 오스만제국의 영내에는 종교적, 민족적 및 인종적으로 서로 다른 수많은 인종군人種群 즉 투르크, 타타르, 투르크만 Turkman, 아랍, 쿠르드, 베르베르, 맘룩, 보스니아, 알바니아, 그리스 불가리아, 헝가리, 남南 슬라브, 루마니아, 아르메이나, 고프트 Copts, 그루지아 Georgia 및 유대인 등이 살고 있었다. 이 잡다한 인종군을 다스리는 데는 오스만제국의 우수한 관료 조직이 있었다. 이 관료 조직의 정상에는 술탄-할리파 Sultan-Khalifa라는 종교적 상징이며 세속적 통치자가 있었다. 술탄은 본래 원시적인 전사戰士의 우두머리였다. 그는 부족의 이동을 지도하고 약탈을 목적으로 기습을 지휘 조직하고 부족법의 준수를 시행하는 강력한 권력자였다. 이 부족적 조직체는 비록 자연발생적이었지만 그 구성원은 자발적으로 충성을 바쳤으므로 내부의 규율은 엄격하였다.

셀림 1세는 이집트를 정복한 후 할리파가 되었다. 이슬람 교리, 즉 순니에 의하면 할리파는 오직 예언자 무함마드의 부족인 쿠라이쉬족의 자손만이 될 수 있으나, 이 요구 조건은 이슬람의 장로長老, 즉 울라마의 모임에서 간과되었다. 그들은 오스만 술탄이 당시 이슬람 세계의 가장 유력한 지배자이기 때문에 할리파위位의 적격자로 판단하였다. 술탄의 제실帝室, 즉 세라이 Seray는 모든 관료조직의 심장부였다. 이 궁성 Sublime Porte은 술탄의 영역뿐만 아니라 그의 사적 소유재산도 관리하는 행정요원의 양성소가 되었다. 세라이에는 술탄의 사저인 궁성뿐만 아니라 집무 및 회의실, 말의 사육장, 요리실, 목욕실 및 궁성요원을 위한 숙식소, 미래의 최고 행정요원을 양성하는 수재秀才들의 강습장 등이 포함되어 있었다. 이러한 용도에 따라서 작은 성벽으로 구분된 세 구역에 독자적인 건물이 세워졌으며 또 그 전체는 높은 성벽으로 둘러 쌓았다. 외부 성벽에는 전시처展示處가 있어서 부정不正이나 술탄의 노여움을 산 관료의 참수된 머리를 걸어 두었다.

또 술레이만 1세(1520~1566) 때에 하렘 harem(아랍어 haram, 즉 금지. 신성에서 유래)이라는 술탄의 여성 가솔과 궁녀를 수용하는 별개의 네번째 구역이 궁성 내에 세워졌다. 비록 하렘의 여자들의 활동은 특별구역에 제한되어 있었지만 술탄을 통하여 그들은 친지親知를 고관직高官職에 임명하도록 영향력을 행사하였으며 또 심지어 환관들도 상당한 역할을 하였다.

술레이만 1세 때 완성된 후 수백 년간 지속된 관료조직은 술탄이나 그의 대리인인 재상宰相(공식 명칭 al-Sadr al-Azam, 즉 최대의 지도자)인 와지르를 정점으로 하여 피라미드식으로 정립定立되어 있기 때문에, 그를 효율적으로 임용任用하는 것은 술탄의 성격에 달려 있었다. 이 재상은 곧 수상首相에 해당하며 오직 술탄에게만 책임을 지고 있었다. 재상의 집무수행 영역에 어느 정도 관여할 것인가 하는 것은 오직 각 술탄의 결정문제였다. 재상은 임의任意로 해임될 수 있었기 때문에 술탄의 권위를 대행代行하는 강력하고 독자적인 재상에게는 때때로 급격한 몰락도 있었다. 술레이만 1세 이후 대부분의 술탄은 하렘을 정사政事보다 더 좋아했기 때문에 재상직의 중요성은 증가하였다. 그러나 정적政敵의 책략에 걸려 제물祭物이 되는 수도 있었다. 이 좋은 예로 메흐메드 4세(1648~1687)가 통치한 초기에는 1년에 3명의 재상이, 5년에 13명의 재상이 임명 또는 해임되었다.

재상직 아래 아시아와 유럽을 분리 담당하는 2명의 재정담당대신 defterdar, 2명의 사법司法대신 kadiasker, 2명의 총독 beylerbey, 특수보병대인 예니체리 yenicheri(英語 janissary)의 사령관 agha, 해군사령과 kaptan pasha 및 총무비서관 Nishanci이 내각이 되어 일 주일에 4번 정도 각료회담 divan을 열었다. 초기에는 술탄도 모임에 참석했으나 후기에는 재상에게 이 업무를 맡겼다. 재상은 이 각료회담을 궁성내에 있는 자기의 특별 관저에게 개최했고 술탄의 임석 아래 개최되는 각료회의는 이례적異例的인 경우나 순전히 의전적儀典的 성격을 띠게 되었다.

관료 양성 제도

이들 술탄의 고위행정관은 국내 치안의 유지, 세금의 징수, 영토의 확장 또는 최소한의 보전保全 등이 그 주임무였다. 각 각료는 자기 부서部

署아래 거대한 행정 기구를 가지고 있어서 각 지방의 지사知事, 재정관 및 군사령관을 임명하였다. 군은 경찰임무도 담당하였다. 이 관료조직의 특수성은 거의 모든 관료가 군 출신이라는 것이다. 이들 정예 관료는 10대의 어린 나이에 이미 군사교육을 받았으며 실지로 술탄이나 재상의 지휘 아래 전쟁에 참여하였다. 본래 이 관료는 평범한 가정에서 자란 무슬림 가운데에서 기용起用했으나 비잔틴제국을 멸망시킨 후 메흐메드 2세는 궁성 안에 특수학교를 만들어 8~18세의 그리스도교 집안의 소년을 학생으로 받아들였다. 이들 소년은 새로 정복된 땅의 포로 가운데서나 또는 독특한 소년 징집제도 devshirme에 의하여 뽑혀졌다.

매 5년마다 또는 필요시에는 해마다 관료들이 발칸지방을 순회하면서 총명하고 신체 건강한 그리스도교 집안의 소년을 뽑아 이스탄불로 데리고 와서 다시 최종검사를 한 후에 궁성 내의 각종 학교에 입학시켰다. 본래부터 이들 소년은 제국의 군인, 술탄의 근위병, 재상 관저의 기병 또는 예니체리의 대원隊員을 만들려고 교육시켰다. 즉 오늘날의 사관생도의 교육처럼 그 규율이 엄격하였다. 2개의 사법부서를 제외하고 모든 관료는 그리스도교 집안 소년, 즉 특수징집 제도를 통하여 선발되고 궁성 내의 특수학교 출신이었다. 이들은 등록과 함께 이슬람에 개종하였고, 이슬람성법 shari' a, 아랍어, 페르시아어 및 터키어의 문법과 문학을 공부하였고, 또 수학, 음악, 터키 역사, 서예 및 직업훈련이 이 학교의 교과목이었다. 이 궁성 내의 학교에도 등위等位가 있어서 상급上級학교 출신 가운데서 정예 고급 관료가 발탁되며, 중급中級에서 예니체리 대원과 포병, 기병 및 근위병 장교가 나오며, 하급下級에서는 행정기구의 중견직급이 충원되는 것이다. 이들은 모두 굉장한 후대를 받았으나 잘못을 범하면 벌이 엄하여서 사형이 보통이었다.

이 궁성학교 출신과는 별도로 서유럽의 봉건기사와 유사한 지방 호족인 시파히 sipahi가 있었다. 이들은 전장戰場에서 공훈을 세워 그 상으로 일종一種의 봉토封土를 받았다. 이 시파히는 봉토에서 세금의 징수가 허용되었고 세입에 따라서 일정 수의 군인을 양성하여 언제나 부름이 있을 때는 출병出兵하여야 한다. 이 시파히의 임무는 자기 봉토의 경찰 업무와 또 영내나 가까이 있는 도로의 보수補修가 주였다. 그러나 시파히는 자기

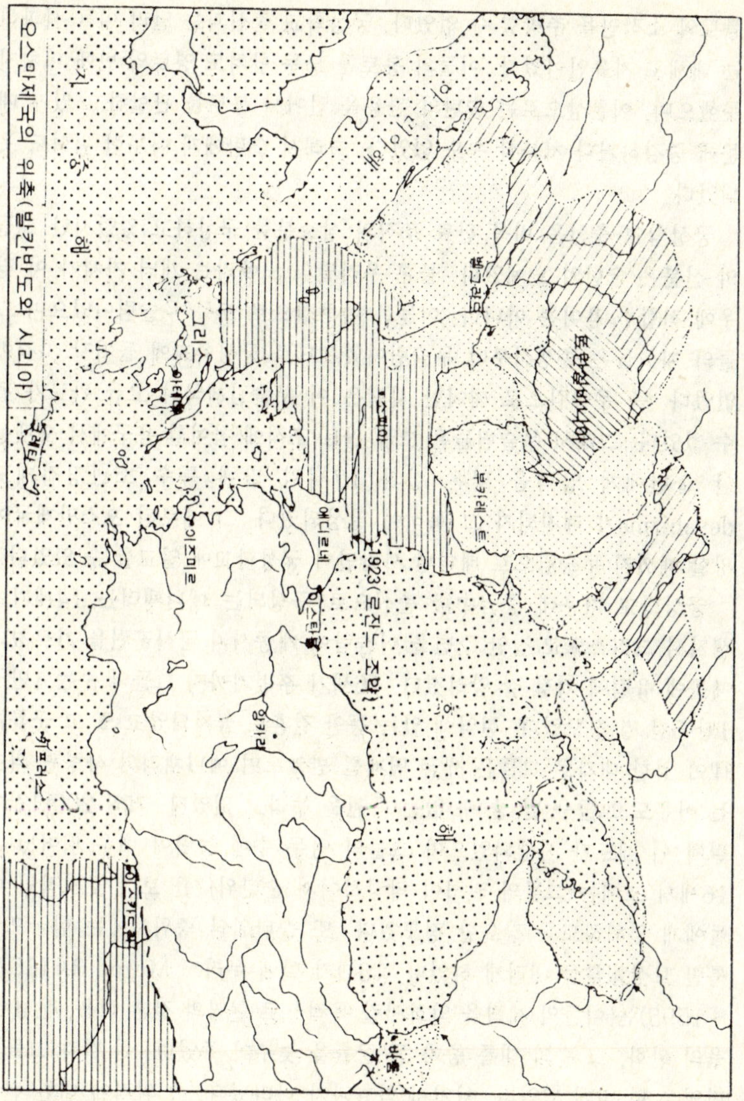
오스만제국의 위축(발칸반도와 시리아)
지중해
그리스
크레타
이즈미르
부카레스트
트란실바니아
베오그라드
소피아
에디르네
이스탄불
1923(로잔느 조약)
흑해
앙카라
키프로스

봉토의 소작인을 추방할 수 없었다. 궁성학교 출신과는 달리 이들 시파히는 대체로 자유인이었다. 이들의 봉토를 모두 합쳐도 영토의 반에 미치지 못했으며, 이론상으로는 술탄의 관용을 입어서 봉토를 관할하고 있기 때문에 증감하거나 처분할 수도 없었다. 그래서 술탄에게 아무런 위협도 못되었다.

궁성학교 출신은 비록 관료 조직의 상층부를 구성하고 있었지만 그들의 신분은 술탄의 노예였다. 물론 우리말의 노예라는 개념 자체가 이 경우에 적합한 용어는 아니다. 이들은 이론상으로 모두 무슬림이었으며 그들의 자식들은 출생시부터 무슬림이었으므로 궁성학교에 들어갈 자격이 없었다. 즉 무슬림으로 태어난 사람은 이 무슬림제국의 고급 관료가 될 수 없었다. 그래서 무슬림들은 고급 관료 조직에 참여할 욕구에서 오랫동안 술탄에게 압력을 넣은 결과 17세기 말에 특수 소년징집제도 devshirme가 폐지되자 그 목적이 달성되었다. 그 때부터 오스만제국이 망할 때까지 무슬림으로 태어난 사람만이 궁성학교에 입교할 수 있었다.

궁성학교 가운데 중급中級 출신으로 구성되는 예니체리는 14세기에 생겨서 그리스도교 집안 소년을 이슬람에 개종시켜 군사훈련을 가르쳤기 때문에 유럽에 가장 잘 알려졌다. 16세기 후반기까지 그들의 수는 1만~1만 5천 명 정도였다. 현역에 있는 동안 결혼도 금지되었고 또 그 군률軍律이 엄한 대가로 그들은 세금 면제를 받았으며 예니체리의 사령관 외에는 아무도 그들을 벌 줄 수 없는 특권을 누리고 있었다. 거의 200년간에 걸쳐 이 제도가 시행되었으며 그들의 업무 수행 능력이 매우 뛰어났다. 16세기 초에는 그들의 권력이 막강하여져 술탄위位를 보다 호전적인 아들에게 양위하도록 강요할 정도였다. 또 술탄위의 즉위시에는 현금으로 특별 보상報賞을 내리게 하였다. 16세기 말에 무라드 Murad 3세(1574~1595)는 이들의 세력을 약화시킬 목적으로 현역의 결혼 허용, 신병 교육의 완화, 그 수의 대폭 증가 등 군률을 늦추어 주었다. 이 결과 그들의 병영은 텅 비게 되었다. 여기서 역효과가 나타났다. 즉 외적에 대한 전투력은 줄어들었으나 술탄을 핵으로 하는 음모정치에는 커다란 정치세력으로 등장하였다. 그래서 수도 이스탄불에서 몇 명의 술탄이 그들을 제지시키려다 폐위되거나 심지어 생명을 잃게 되었다. 결국 이 예니체리의 폐지만이 유일한 해결책이 되어서 1826년에 단행되었다.

종교조직체

이러한 관료조직에 버금가는 것이 곧 종교조직이다. 그 정상에서 이스탄불의 무프티 mufti[1](이슬람 율법해설가) 즉 세이훌 이슬람 Shaikh al-Islam(이슬람의 장로長老)이 있었다. 이론상으로는 세이훌 이슬람은 술탄의 결정이 이슬람성법에 어긋날 때는 언제나 거부할 수 있었으므로 그 권력이 더 강한 것처럼 보이나 실제로 보면 세이훌 이슬람의 파트와 fatwa(터키어 fetwa, 즉 구체적인 사건에 대한 법적인 견해)는 항상 존중되었다. 어떤 술탄도 세이훌 이슬람의 파트와를 받기 전에 새로운 법률 qanun을 제정할 수 없었다. 종교 조직의 모든 요직은 무슬림으로 태어난 사람만이 차지할 수 있었다.

그 아래 이슬람학의 원로들의 모임인 울라마 'ulama'가 있었다. 이 모임의 구성원은 이슬람 율법의 올바른 시행과 교육에 종사하고 있는 종교지도자들이었다. 무슬림은 굿탑 kuttab(이슬람 성원에 부설된 초등학교) 과정과 마드라사 madrasa(일종의 신학교) 과정을 거치면 울라마의 자격이 있는 것으로 생각한다.

따라서 시인, 학자, 왕실의 사가史家, 성원의 관리인, 교사 및 재판관 등은 울라마의 구성원이 된다. 이들 가운데서 2명의 사법대신이 뽑혀 관료조직에 참여한다. 관료조직의 요원要員과 오스만제국의 무슬림 시민은 모두 이슬람 율법의 지배를 받는다. 이 율법을 관리하는 법관은 카디 qadi라 불렸다. 중요 직급의 카디는 세이훌 이슬람이 직접 임명했다. 자

1) 무프티는 이슬람 성법전문가로서 통치자의 자문에 응하는 것이 주임무였으며 원칙적으로는 사인私人이지만 해박한 지식 때문에 이슬람학계가 인정해 주어야 이 칭호를 받게 된다. 때때로 통치자의 공식적 임명으로 이 칭호를 받게 되었으나 그 권위에 보탬이 되지 않았다. 임용된 무프티 가운데 가장 저명한 것이 오스만조의 세이훌 이슬람이다. 무프티들은 시대와 환경의 변화에 따라 나타난 새로운 문제에 그의 법적 견해 fatwa를 발표한다. 이 견해가 일반적으로 받아지면 법률서적에 수록되어 대법원 판례와 유사한 효과를 갖는다.

체 내의 사령관이 사법권을 행사하는 예니체리를 제외하고 모든 관료와 군인은 사법대신의 재판을 받았다. 사법대신과 그 산하 요원은 관료조직체의 재원財源에서 봉급을 받고 경비를 충당했으나 종교조직체의 카디는 그 직무職務의 보상을 소송 당사자에게 수수료를 부과한 금액에서 받았다. 비非무슬림은 무슬림과 분쟁하는 경우에만 이슬람 율법의 관여를 받게 되었다. 종교조직체 가운데 가장 규모가 큰 것이 와크프 waqf(터커어 Vakif, 종교 재단)이다. 여기서 나오는 수입으로 교사와 성원관리인의 봉급을 지불하게 된다.

밀라 제도

오스만 제국의 시민은 종교적 바탕에서 4개의 밀라 milla(터키어 millet, 원뜻은 민족이나 공동체로 쓰임)로 구분된다. 즉 무슬림, 그리스 정교도, 아르메니아 그리스도교도 및 유대교도 등이다. 무슬림 밀라의 우두머리는 세이훌 이슬람이며, 그리스 정교도 및 아르메니아 그리스도교의 우두머리는 각각 그들 교회의 총사교장總司敎長 patri- arch이고 유대교도의 우두머리는 최고 랍비 rabbi(우대 교회의 목사)이다. 아르메니아 그리스도교도의 말라에는 비그리스 정교도에 속하는 모든 기독교도들이 포함된다.

이 밀라제도는 정복자 메흐메드 Mehmed 2세가 1453년에 이스탄불을 함락시킨 후에 공식적으로 규정되었다. 각 밀라는 종교, 문화 및 교육활동에 있어서 광범한 범위의 자치가 허용되었다. 무슬림이 관련된 송사訟事 외에는 각 밀라는 자기 스스로의 사법권의 관할 아래 그들 고유의 언어를 사용할 수 있었다. 비무슬림은 딤미 dhimmi라 불리워졌고 인두세人頭稅 jizya를지불하였다. 비무슬림 밀라의 우두머리는 각각 자기 관할하에 있는 교도들로부터 인두세를 징수하여 술탄에게 송금送金 할 의무가 있었다. 이 딤미의 세 우두머리는 수도인 이스탄불에 거주하며 오스만 정부는 이들을 통하여 제국의 딤미 백성과의 관계를 맺고 있었다. 딤미는 국가 행정조직체의 어떤 직책職責도 맡을 수 없으며 또 군대에 복무할 의무도 권리도 없었으나 그리스 정교도는 그들 가운데서만 특수 징집

제도로 인하여 고위 관료직을 맡을 수 있기 때문에 그 득실을 함께 맛본 것이다.

술레이만 1세의 통치기간 중에는 다섯번째 밀라가 생겼는데 이들은 모두가 외국인이었고 주로 천주교도였다. 이 밀라는 1536년 술레이만 1세와 프랑스왕 프랑시스 Francis 1세 사이에 맺은 협정 항목 Capitulation에 따라 이루어졌는데 치외법권治外法權의 효시가 된 것이다. 즉 오스만제국 내에서 상행위商行爲를 목적으로 여행하거나 거주하는 프랑스 시민은 과세대상에서 제외되고 치외법권을 누리는 것이었다. 오스만 시민도 프랑스 국내에서 똑같은 대우를 받았다. 이스탄불 주재 프랑스 대사가 다섯번째 밀라의 우두머리가 되었다. 16세기 말에 영국과 네덜란드도 비슷한 협정을 맺었으나 그 우두머리는 프랑스 대사였다. 이 현상은 나폴레옹 1세가 등장할 때까지 그대로 있었으나 그후에 많은 유럽 국가와 협정을 맺음에 따라 각국 대사가 각각 통일 국적의 시민을 관할하게 되어 이 다섯번째 밀라는 분산되었다.

술탄위位의 계승

오스만제국 정부조직의 효율성은 오직 한 사람, 즉 술탄의 성격과 결의決意에 따라 좌우되었다. 물론 재상宰相이 술탄의 권한을 대행代行하기도 했지만 이것도 술탄의 동의나 전폭적 지지에 의해서만 가능했다. 술탄이 뇌물을 받거나 다른 관료가 받는 것을 허용하면 이것은 곧 예외적인 행동이 되는 것이 아니고 하나의 관행慣行이 되는 것이다. 무엇보다 술탄위位 계승 문제는 해결하기 힘든 문제였다. 더구나 터키족 또는 오스만제국 창립 이전에 터키족이 세운 나라 가즈나조 Ghazna朝와 살죽조에 있어서는 여러 왕자가 주지사 내지 총독이 되어 술탄이 죽은 후에 항상 계승 전쟁을 치르거나 혹은 국가가 분열되기 십상이었다. 즉 하렘 harem 제도 때문에 술탄은 수많은 아들을 두게 되었지만 장자 상속 제도의 전통이 없어서 계승전쟁은 더욱 치열하였다.

이를 해결하기 위해 메흐메드 2세는 법전法典 qanunname을 만들어 술탄은 자기의 형제를 모두 합법적으로 죽일 수 있어 술탄위가 세습적으로 계승될 수 있게 하였다. 그러나 이 법도 커다란 도움이 되지 않았다. 셀림 Selim 1세(1512~1520)는 심지어 자기 형제 뿐만 아니라 7명의 조카와 5명의 자기 아들 가운데 4명을 죽임으로써 계승 전쟁의 혼란을 제거하려고 노력했다. 셀림 1세는 자신의 계승권을 부왕父王 바야지드 Bayazid 2세(1481~1512)가 인정하지 않는다 하여 반란을 일으켜 결국 아버지를 폐위시키고 즉위하였다.

계승문제가 대두될 때마다 오스만제국은 내란을 겪게 되었다. 그러나 16세기 말까지 왕자들은 지방 정부의 요직要職을 맡아 정사政事를 경험하고 또 술탄은 유능한 왕자를 후계자로 지명하는 것이 관례慣例가 되었다. 그러나 그후에 형제 살해와 왕자가 정부 요직에 임명되는 것이 금지되고 그 대신 왕자들은 궁성 내에 각자 별궁別宮 Kafe에 머무르게 되었다. 그 결과 장자長子가 술탄위位에 자동적으로 계승되었으나 즉위할 때까지 정사에 아무런 경험을 습득할 수 없었다. 따라서 왕자들은 주로 하렘 속에 생활했기 때문에 하렘 여성들이 정사에 커다란 영향을 휘둘러 정부 요직의 인사 문제에 관여하게 되었다.

하렘 여성의 정사 관여는 부패를 낳게 되어 관료조직체에 뿐만 아니라 종교 및 군사 기구에까지 파급되었다. 즉 중앙 정부의 부패는 변경의 여러 주에 파급된 결과 이집트, 예멘, 아라비아반도, 쿠르드족의 거주 지역 및 심지어 몰다비아Moldavia와 왈라치아 Wallachia(현 루마니아) 지역 등의 반半독립화가 이룩되었다. 레바논 지역의 두루즈 Durze파는 17세기에 한동안 실질적인 독립을 이룩하여 1585년부터 1635년 사이에 유럽 열강과 외교 협정을 독자적으로 체결하였고 유럽의 그리스도교 선교사와 기술자를 불러들여 각각 학교를 세워 교육이나 지역개발에 힘쓰게 하였다.

이집트에서는 오스만제국 총독의 명목적 감시 아래 맘룩들이 행정기구를 장악하게 되었다. 몰다비아와 왈라치아의 토착 통치자들은 자치 달성이 여의치 못했다. 그것은 유럽 국가의 침입이 이 지역으로 들어오기 때문에 오스만 정부의 감시가 예리했기 때문이다.

오스만제국의 쇠퇴는 유럽 국가의 번성과 거의 때를 같이 하였다. 17

세기 말까지 오스만제국은 유럽 국가의 연합 공격에 시달렸다. 그후 유럽 열강列强은 서로 경쟁 · 견제하였기 때문에 오스만제국의 연명延命에는 오히려 도움이 되는 편이었다.

국경분쟁

예니체리의 정치 관여와 서구 열강의 연합전선 구축으로 오스만제국에 쇠퇴의 기미가 감돌자 이를 저지하려는 노력도 나타났다. 술탄 오스만 'Osma 2세(1618~1622), 무라드 Murad 4세(1648~1687) 치하治下에서 재상가문宰相家門으로 유명한 쾨프륄뤼 Koprulu가문의 메흐메드 Mehmed(1656~1661 재직)와 아흐마드 Ahmad(1661~1676 재직)는 관료의 부정부패제거와 정화운동을 추진하여 제국의 활성화를 도모했다. 5년간의 메흐메드 쾨프륄뤼의 재상 재직기간에 약 3만명의 장교, 관료, 신학자, 법관 등을 부정부패의 죄목으로 처형 또는 파면하여 행정기구의 능률을 높이고 또 정직한 공무원의 사기 함양에 힘썼다. 이러한 행정기구의 정화淨化 운동은 1593~1606년 사이에 걸친 오스트리아와의 전쟁에서 오스만제국이 고전苦戰한 결과 일어났다. 이 전쟁에서 오스트리아는 헝가리와 루마니아의 일부 지역을 점령했으나 시트바 토록 Sitva Torok 조약에서 원상이 회복되었다. 그러나 이 조약은 술탄과 오스트리아 황제가 대등對等한 지위에서 체결되었고 따라서 유럽 열강의 오스만제국에 대한 두려움도 많이 누그러졌다.

쾨프륄뤼가의 재상들이 노력한 결과 오스만군은 1645~1669년 사이에 베니스와의 오랜 전쟁에서 크레타 Creta섬을, 1676년 오스트리아 수도 비인 Wien을 두번째로 포위하는 등의 전과戰果를 올렸으나 한편 1699년까지 계속되는 전쟁에서 불가리아와 세르비아 Servia는 일시적으로, 트란스실바니아 Transsilvania는 영원히 빼앗겨 결국 오스만제국의 허약성이 노출되고 말았다. 더구나 18세기 초부터 러시아가 발칸반도로 진출하게 되어 오스만제국은 더욱 외롭게 되었다.

한편 제국의 동부東部 국경에는 쉬아 이슬람을 국교로 하는 이란의 사파위조 Safawi朝(1500~1722)가 등장하였다. 특히 샤 압바스 Shah 'Abbas 1세(1587~1629)는 1603년에 아자르바이잔, 코카서스 및 이라크 지역을 정복하였다. 그러나 오스만제국의 무라드 4세(1623~1640)는 사파위조와 싸워 이라크를 도로 빼앗았으나 1638년에 있은 카스르에 쉬린 Qasr-i-Shirin 조약에서 아자르바이잔 및 코카서스 지역은 이란에 넘겨주는 식의 최종적인 국경조약을 체결하지 않을 수 없었다. 그 후 18세기 초에는 사파위조가 붕괴 직전에 처한 덕택으로 발칸과 지중해 지역에서 고전하는 오스만제국에게는 커다란 도움이 되었다. 더구나 아프가니스탄의 압샤르 Afshar부족의 침입으로 사파위조가 1722년에 망하자 이란에 무정부 상태가 나타났다. 술탄 아흐마드 Ahmad 3세(1703~1730)는 이 기회를 이용하여 아자르바이잔을 점령하였다.

서방의 진출과 개혁 기운

17세기 말까지 오스만제국의 지도층은 이슬람 세계 밖에서 일어나는 일에 대하여 거의 아무런 관심도 가지지 못했다. 이것은 14세기부터 16세기에 이르는 거의 300년 동안 오스만제국이 그리스도교 세계를 침략하여 영토를 확장하였으므로 생겨난 자만심에서 나온 것이다. 17세기에 들어와서 오스만제국과 유럽 그리스도교 세계 사이에 그 세력 균형이 잡혀 팽팽하였으나, 이슬람 세계는 아직도 유럽인을 열등한 인종 또는 그리스도교를 열등한 종교로 보고 이 지역의 발전상에 주의를 기울이지 않고 여전히 방심 상태에 있었다.

이 시기에 이 두 세계의 접촉은 전쟁을 하는 것이나 유럽 국가의 외교관과 상인들이 일방적으로 오스만제국에 들어오는 것이 고작이었다. 그러나 18세기부터 그 수가 급증하였다. 또 일부 오스만제국의 외교관과 상인들이 서구西歐지역으로 진출하여 점차 그곳 사정이 일부 지도층에 알려지기 시작하였다. 더구나 프랑스의 베르사이유 Vers- aille 궁전 생활 양식이 알려져 의자와 탁자가 수입되고 또 궁전 건축과 공원 양식 등도 도입되었다. 이러한 궁전 생활의 서구화는 재상 이브라힘 파샤

1600년 경발칸반도의 오스만제국 영토

Ibrahim Pasha (1756~1763 재직)와 코자 라기브 파샤 Qoja Raghib Pasha(1756~1763 재직) 때에 그 절정에 달하였다. 더구나 이브라힘 파샤의 재직 기간에는 이스탄불의 상류계급의 모임에도 네덜란드로부터 수입한 튜울립을 즐겨 사용하였기 때문에 이 기간은 "튜울립시대" Lale Devri라 이름지어졌다. 그럼에도 불구하고 서구에 대한 인식이 일부층에 국한되었고 서민 대중에게는 생소하였다. 또 서구를 본따서 새로운 행정기구, 세제稅制, 교육제도의 개혁은 거의 염두에 두지 않았다. 물론 1728년에 아랍문자로 된 인쇄물이 처음으로 도입되었으나 아직도 유럽의 그리스도 세계에 대한 이슬람 세계의 우월감이 지배적이었다.

1768~1774년 사이에 있었던 오스만-러시아 전쟁, 1781~1792년 사이의 오스만-러시아 및 오스트리아와의 전쟁에서 오스만군이 참패당하고 곧이어 나폴레옹 Nap- oleon1세(1821년 죽음)가 1798년에 불과 일

주일만에 전全 이집트를 장악하자 서구의 우월성을 인정하지 않을 수 없었다. 그와 함께 오스만제국의 당시 지도층은 서구의 우월성은 과학기술에 있다고 보았으나 사회제도의 근본적인 개혁의 필요성을 이해하지 못하였다. 오스만제국의 기성사회질서에 새로운 과학기술만 도입하면 서구의 군사력에 버금갈 수 있다고 믿었다.

이 개혁을 구체적으로 실천한 술탄은 셀림 Selim 3세(1789~1808)이다. 그는 제국의 정부 Divan를 12부처의 내각으로 개편함으로써 재상의 권한을 축소하는 관료 조직체의 개혁을 단행했다. 또 인쇄소의 도입, 서구 서적書籍의 번역과 발행, 런던 · 파리 · 비인 및 베를린 등에 대사관을 설립하여 서구에 대한 새로운 정보를 수집하였다. 그러나 술탄이 개혁조치를 통하여 서구식 제복, 무기, 전술 등을 갖춘서구식 군대를 편성하는 등 새로운 군제도를 도입하자 정예군인 예니체리가 1807년에 반란을 일으켜 결국 다음해 술탄을 퇴위退位시켰다.

그 뒤를 이은 마흐무드 Mahund 2세(1808~1839)는 역시 개혁의 필요성을 절감하여 보다 조심성 있게 추진하였다. 즉 그는 자기의 지지세력을 충분히 확보한 후에 군의 개혁을 단행하였다. 더구나 다시 반란을 일으킨 예니체리 뿐만 아니라 전국에 걸쳐 그들의 지지자를 수색하여 무자비하게 처단하였다. 그후 프러시아 장교단이 이스탄불에 와서 군사교육을 담당하고 또 오스만군의 장교를 영국에 파견하여 유학시켰다. 1834년에는 변경 지방의 각 주에도 민병대를 조직하여 군사 훈련을 받게 하고 또 외국의 원조를 받아 사관학교를 설립했다. 마흐무드 2세는 새로운 군조직을 바탕으로 삼아 총독의 권한을 축소하여 처형은 반드시 중앙 정부의 동의를 받아 시행하도록 하는 등 거의 200년간 자치를 누려온 지방 정부도 중앙 정부의 통제 아래 두었다. 그와 함께 도로 및 우편제도도 개혁하여 제국의 통신망도 개선하였다.

개혁운동

이 개혁운동은 대체로 3단계로 진행되었다. 제1단계(1805~1825)는 오스만제국의 기존 질서를 그대로 유지하면서 단순히 구 관료 조직체가 기능을 발휘할 수 있도록 참신한 인사를 등용하여 부정과 족벌주의를 제거하고 지방의 호족을 중앙 정부에 복종시키는 것이었다. 그래서 기존 군대조직은 그대로 두고 서구의 군대조직에 따라 별개의 군조직을 만들었다. 따라서 두 군조직은 서로 경쟁하게 되어 결국 충돌하게 되었다. 이 기간 중에도 반란과 외세의 침입은 끊임없이 일어났다. 즉 세르비아에서는 1804년과 1805년에 각각 두 번 이나 연이어 반란이 일어나 자치가 허용되었고 그리스에서는 독립전쟁(1821~1830)이 일어나 결국 달성되었다. 한편 영국군이 1802년에 이집트와 이스탄불을 침입하고 또한 러시아군은 베사리비아 Bessarabia, 몰다비아 및 왈라치아(1806~1812) 등을 점령하여 결국 더 이상 개혁의 추진이 불가능하였다. 더구나 예니체리 등의 기존 군조직이 개혁에 반대하였으므로 이의 완전 제거가 불가피하여 결국 1826년에 무라드2세가 이를 성취하였다.

그러나 반개혁적인 예니체리를 제거했음에도 불구하고 1833년까지는 외부의 간섭으로 새로운 개혁은 거의 불가능하였다. 서구 열강은 1829년의 에디르네 Edirne 조약에서 그리스의 독립과 세르비아, 몰다비아 및 왈라치아의 자치를 강요하여 이를 허용하게 되었고, 또 이집트 총독 무함마드 알리 Muhammad ʿAli(1805~1848 재직)의 군대는 아라비아반도, 시리아 및 아나톨리아반도의 동남부를 정복하고 1832년에 콘야 Konya의 전투에서 오스만군을 패퇴시켰다. 결국 술탄은 1833년의 휜카르 이스켈레시 Hunkar Iskelesi에서 러시아 황제와 맺은 조약의 덕택으로 그의 지지를 받게 되어 무함마드 알리의 침입을 저지했다. 더 나아가 시리아, 아라비아반도 등 점령 지역에서 무함마드 알리의 이집트군을 철수시킬 수 있었다.

이때에 영국과 프랑스 등 서구 열강은 무함마드 알리가 이스탄불에 도착하면 다시 제국을 통일시킬 것을 염려하여 그의 철군을 강력히 요구하여 마흐무드 2세를 도왔다. 그래서 술탄은 다시 여유를 얻게 되어 개혁에 착수할 수 있게 되었다. 결국 셀림 3세가 시도했고 마흐무드 2세가 착수한 개혁운동은 1839년부터 탄지마트 Tanzimati khayriyye(개선, 재정비)라 불리워졌으며 광범위한 법률 제정이 포함되었고 또 실질적인 개혁운동의 제2단계(1826~1876)에 접어들었다.

이 탄지마트 운동은 대체로 4분야에 중점을 두었다. 첫째 프랑스정부 조직을 모형模型으로 삼아 중앙집권제를 강화하여 통치 영역 내의 모든 지역에 또 사회생활의 모든 분야에 그 영향력을 발휘하려고 했다. 그래서 종래의 세입 원천인 무카타아 muqata'a와 티마르 timar제도를 폐지하였다. 전자는 술탄의 권익權益을 분배하여 현직 고급관료에게 관할권을 위임하여 그 수입의 일부를 술탄에게 바치고 나머지를 각 관료의 생계를 도모하게끔 하는 제도였다. 이것은 전답田畓, 공예품 및 상업 등의 산업 영역을 술탄이 보호하고 지배한다는 이론적 바탕에 근거하였다. 즉 고급 관료는 술탄의 영역에서 일어나는 수익에 술탄과 더불어 참여하고 분배한다는 것이다. 그래서 특정한 직책에 특정한 수익 원천이 결부되는 것이었다. 후자는 상설 단위부대常設 單位部隊에 일정한 토지를 주어서 그 수입으로 그 부대의 비용을 충당하는 일종의 세금징수청부 tax-farming제도이다. 이 두 제도를 폐지하고 정부의 모든 관료와 고용원은 일정한 급료를 받게 개혁하였다. 즉 행정기구와 세제 개혁이었다.

둘째, 법의 테두리 안에서 술탄의 신민臣民은 인종, 종교 및 재능才能에 관계없이 각자의 생명, 재산의 보호와 인격의 존중을 받는다는 것이다. 그러나 이러한 탄지마트의 법률 개혁에는 여전히 지배층과 피지배층의 구분과 종교에 의한 밀라의 구분은 그대로 존속하였지만, 단지 피지배층의 무슬림과 비무슬림은 법 앞에 평등하고, 각 종교의 우두머리는 종래 누리고 있던 독선적인 자치체제가 폐지되었다는 점이 새로운 것이다.

셋째, 가장 긴요한 군조직을 대폭적으로 개혁하여 종래 없었던 군보급 부대를 창설하여 순수한 전투부대에서 분리하였다. 또 술탄이 지닌 전 오스만군의 지휘권을 각 지역별로 세분화하고 지역군을 창설하여 그 지역의 특수성과 필요성에 맞도록 조직 무장하여 전략도 독자적으로 펴게 하였다. 또 종래까지 비무슬림은 인두세人頭稅 jizya를 내는 대신에 군의 입대가 금지되었는데 이것을 폐지하고 군복무를 의무화하였다.

넷째는 교육제도의 개혁이었다. 종래까지 종교계의 원로들인 울라마가 맡아 온 마드라사 Madrasa(이슬람성원 부설 신학교)를 통한 교육 대신에 서구의 세속적인 학교제도를 도입하고 1845년에는 내각내에 교육 전담 부서를 설치하였다. 기술교육에 중점을 두어 실업학교의 설립을 장려했다.

개혁운동의 갈등

이러한 탄지마트 운동은 마흐무드 2세의 두 아들인 술탄 압둘 마지드 'Abdul Majid(1839~1861)와 술탄 압둘 아지즈 'Abdul 'Aziz(1861~1876)의 통치 아래서 계속 추진되었다. 그러나 이 탄지마트 운동 때문에 오스만제국의 지식인은 서구의 자유주의 문헌을 접하게 되었다. 특히 정치, 역사, 철학 및 정부에 관한 서적이 보급되었다. 더구나 프랑스 혁명(1789)의 여파로 자유주의와 민족주의 사상이 들어와 발칸반도의 그리스도교도 가운데 널리 퍼져서 오스만제국의 개혁 운동에 커다란 짐을 안겨 주기도 했다. 또 1853~1856년 사이에 일어난 크리미아 Crimea 전쟁으로 이 탄지마트 운동이 더욱 촉진되었다.

이 전쟁의 원인은 무슬림과 비무슬림 특히 발칸반도의 그리스 정교도에 대한 차별 대우 때문이었다. 즉 그리스 정교도의 보호자 역할을 주장하는 러시아가 그들의 남하정책의 구실로 이 문제를 제기했던 것이다. 영국과 프랑스는 이 남하정책을 저지하기 위해서 오스만제국의 개혁 운동을 지원하고 촉진시켰다. 더구나 서구의 영향을 받은 청년층도 울라마 등의 보수세력과 대결하여 개혁을 주장하여 추진했으나 그 속도가 기대한 것보다는 매우 느렸다.

결국 보수세력과 개혁세력의 틈바구니에서 낭비벽이 심한 술탄 압둘 아지즈의 태도가 우유부단하자 재상 미드핫 파샤 Midhat Pasha(1876~1877 재직)를 비롯한 개혁파는 술탄을 퇴위시키고 압둘 하미드 'Abdul Hamid(1876~1909)를 옹립하고 벨기에와 프랑스의 헌법을 바탕으로 하여 1876년에 헌법을 제정하고 양원제兩院制의 국회를 열었다. 이 때부터 오스만제국은 입헌군주국이 된 것이다. 이 헌법은 모든 제국시민에게 자유와 평등을 보장했으나 주권은 국민에 있다는 구절은 없었고 이슬람은 여전히 국교로 남게 되었다. 술탄은 국가 원수元首로서 할리파 칭호를 공식으로 사용하였다.

제3단계(1876~1918)는 압둘 하미드의 술탄 즉위와 헌법 제정으로 시작되었다. 상원上院 majlis-i al' yan(귀족원) 의원은 술탄에 의하여 임명되고 하원下院 majlis-i- mab 'uth- an(民議院) 의원은 국민이 직접 선출했다. 그러나 미드핫 파샤와 그 추종자의 개혁은 즉 왕실재정의 통제, 노예 무역 정지 및 무슬림과 그리스도교도의 공학제共學制 허용 등 너무 급진적이어서 술탄과 보수 세력은 이에 반대하였다. 마침 1877~1878년에 러시아와의 전쟁에서 일어난 위기를 이용하여 미드핫 파샤를 유배流配시키고 의회를 정회停會시켰다. 그러나 술탄은 개혁에 대한 미련을 가지고 중점을 헌정憲政에서 군조직 개편으로 옮겼다.

술탄은 과학 기술의 발전이 필요하다고 확신했지만 정치 권력은 그의 손에 집중시켰다. 그래서 전국에 정보 조직을 강화하여 국가 전복음모를 사전에 탐지하였고 언론 통제를 강화하고 자유와 평등 사상에 기울어진 작가를 무자비하게 처벌하였다. 그러나 일부 작가들은 해외로 망명하여 그곳에서 저작품을 발행하여 몰래 터키로 반입하였다. 술탄은 자기의 억압 정책에 대한 원성을 무마시키기 위해서 이슬람의 부흥을 통하여 민족적 감정을 고취시키려고 노력했다. 그래서 스스로 할리파라는 칭호를 사용하고 또 범 이슬람주의의 핵심 인물로 자처하여 어느 정도 성공하였으나 이미 유럽의 자유사상을 맛본 젊은 지식층의 점증하는 불만을 해소시킬 수가 없었다.

또 제국 내의 소수 민족 특히 발칸반도의 그리스도교도와 아르메니아인의 분리 독립운동은 점차 폭력화하여 제국의 안정을 흔들고 있었다. 이러한 그리스도교도의 민족주의에 대한 대항 세력으로 범 터키 민족주의도 당시 러시아에 병합된 중앙 아시아의 망명 지도자를 중심으로 일어나고 있었으나 제국의 집권층은 민족주의를 이슬람에 어긋나는 인종주의로 보고 이슬람을 통한 무슬림의 단결과 제국 영토의 보전保全을 목적으로 하는 오스만주의에 충성을 바치고 있었다. 이 집권층은 젊은 장교, 교사 및 기술자에게 서구의 기술 발전 등을 논하면서 그곳의 사회 및 정치제도를 숨겨 둘 수는 없었다. 결국 반대 세력을 분열시킴으로써 정권의 안정을 지탱할 수 있었다.

그러나 반대 세력은 1889년에 학생을 중심으로 하여 “오스만 통일 발전위원회” Osmanli Ittihad ve Terraqqi Jem'iyeti를 결성하였다. 이 위원회는 일반적으로 청년터키당으로 알려졌다. 그래서 1892년의 술탄에 대한 암살기도와 1896년의 쿠데타가 모두 실패로 돌아갔기 때문에 이 당에 대한 탄압은 극심하여 많은 당원이 체포 · 처형되거나 국외로 망명하였고 국내에서의 활동은 지하로 들어가게 되었다. 그들의 지하활동은 살로니카 Salonika시에 주둔하고 있는 군 부대 안에서 매우 활발하였다. 이들은 1905년에 일본이 로일露日전쟁에서 승리하자 크게 자극 받아 모든 반대 세력을 집결하는 새로운 정당, 즉 통일발전위원회 Ittihad ve Terraqqi Jem'iyeti를 1907년에 결성하여 그 다음해에 발칸 주둔군 부대의 지지를 받아 술탄에게 1876년의 헌정 회복을 요구하는 최후 통첩을 보냈다.

결국 술탄은 시간을 얻기 위해서 일시적으로 굴복하여 통일발전위원회가 수락할 수 있는 내각을 임명하고 해산된 옛 오스만의회를 소집하였다. 이것이 곧 청년터키당의 집권이다. 그러나 1903년에 불가리아가 독립하는 등 오스만제국에 수치스러운 사건이 일어나자 술탄을 중심으로 하는 보수 반동세력이 다시 일어났으나 군부가 혁명을 지지했기 때문에 실패하였다. 이와 함께 오스만제국은 청년터키당의 지배(1908~1918) 아래 정치와 종교의 분리를 주장하는 세속주의가 이루어졌다. 이 당의 지배는 제1차 세계대전에서 터키가 패망할 때까지 지속되었다.

XII. 오스만 치하治下의 아랍민족

17세기까지의 중근동 아랍 지역
18세기의 동향
무함마드 알리의 등장
영국과 프랑스의 이해관계
무함마드 알리의 후계자
비옥한 초생달 지역의 변화

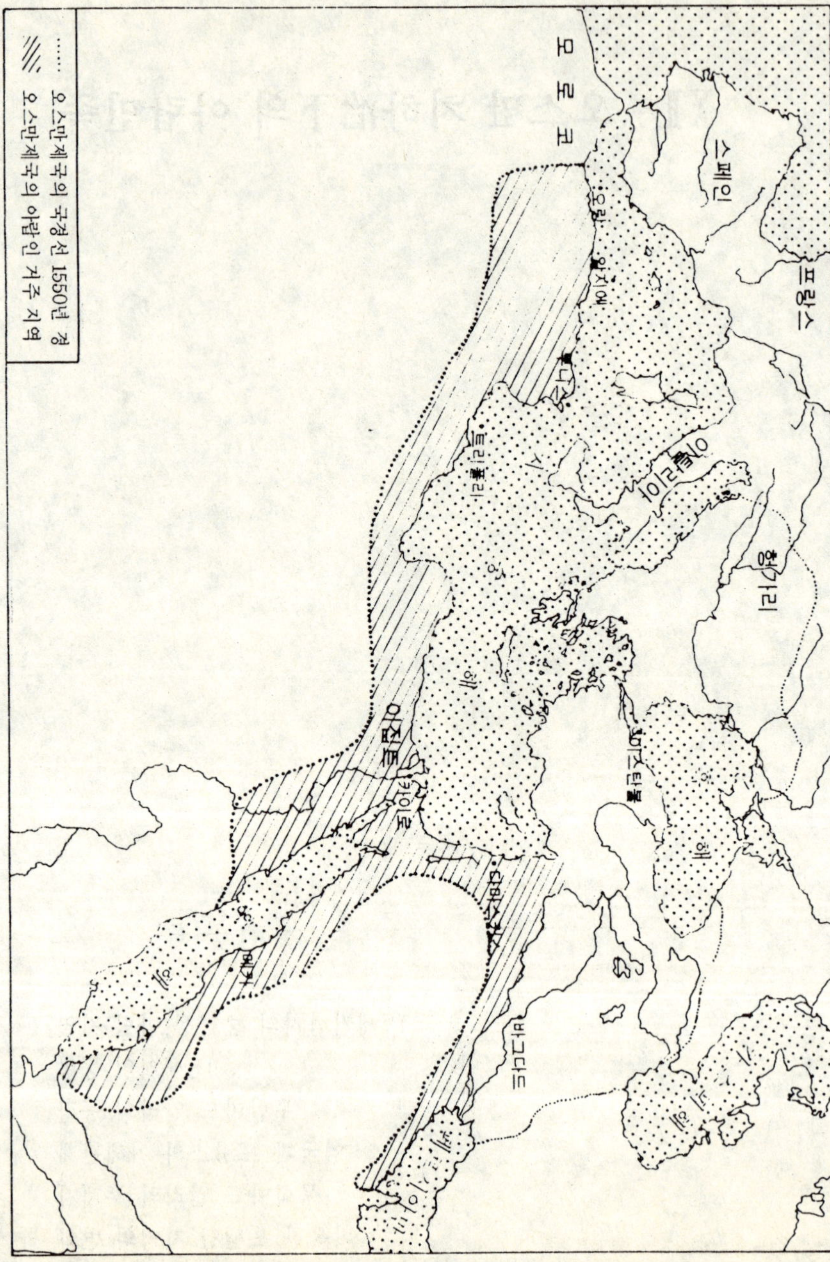
오스만제국의 국경선 1550년 경
오스만제국의 아랍인 거주 지역
모로코
스페인
프랑스
이탈리아
헝가리
이스탄불
카이로
바그다드

17세기까지의 중근동 아랍 지역

1517년 술탄 셀림 Selim 1세(1512 1520)의 이집트 정복, 1534년 술탄 술레이만 Suleiman 2세(1520~1566)의 이라크 및 "비옥한 초생달 지역" Fertile Crescent의 정복 등으로 중근동의 아랍인 거주지역은 거의 16세기 전반기에 오스만제국의 지배 아래 들어가 순니 이슬람 공동체를 이루어 4세기 가량 지속되었다. 이 공동체에서 아랍어 사용 인구는 터키계 무슬림의 지배를 받았다기 보다 오히려 그 동반자로서의 역할을 담당하였다. 즉 관료조직체에 버금가는 종교조직체의 우두머리인 세이훌 이슬람 Shaikh al-Islam은 대체로 아랍인이었다.

또 오스만가家는 통혼通婚으로 피가 많이 섞여 있었고 스스로도 오스만터키라고 부르지 않았다. 이것은 서구학자들의 붙여준 이름이고 스스로는 단순히 오스만가家라고 불렀을 따름이다. 아랍인 거주 지역은 술레이만 2세의 통치 기간 중에 제정되어 1525년에 공포된 법전法典에 따라 여러 주로 나뉘어졌으나 다양한 행정체제 아래 있었다. 이집트는 행정권과 사법권司法權의 일부를 가진 총독 wali, 재정관財政官 defterdar 및 6개 군관구軍管區 ojag로 나누어져 있었다. 총독의 임기는 일 년이며 연장은 가능하였고 또 6개 군관구는 총독의 관할 아래 두지 않았다. 각 군관구는 이스탄불에서 직접 임명하는 사령관 agha의 지휘 아래 있었다. 재정관도 중앙 정부에서 임명했다.

오스만군은 1516년에 이집트의 맘룩군을 무찔렀을 때 일부 맘룩 배신자의 도움을 받았다. 이 배신자가 초대 총독으로 임명되었으므로 맘룩제도는 그대로 존속하였다. 그래서 맘룩의 지도자들은 이집트 내의 각 지역의 최고행정관 qa'im maqam, 재정담당관 및 순례집행관 amiral-hajj 등의 요직要職을 차지하였다. 그래서 맘룩은 이스탄불의 중앙집권이 허약하게 된 17세기 중엽에는 다시 득세得勢할 수 있었다. 그러나 이집트의 토착민土着民은 거의 고위 관료층에 발탁되지 않고 세금 내는 도구에 지나지 않았다.

오스만제국이 17세기 전반기에 쇠퇴하여 발칸반도에서 영토의 손실을 입게 되자 그 영향은 중근동 지역에도 미쳤다. 바그다드가 1623~1638

년 사이에 다시 사파위조朝의 이란에 점령당하고 예멘에 대한 종주권도 1635년에 포기하지 않을 수 없었다. 심지어 이스탄불의 종주권을 인정하는 지역에도 이곳저곳에서 지방 토후土侯의 권력다툼이 일어나 무정부 상태가 나타났다. 이집트 총독에 대한 군부반란이 1605년에 일어나 총독이 살해되었고 1609년에는 나일강 하류 지역이 반란군에 한동안 점령당하였다. 비록 이 반란의 진압을 제2의 이집트 정복이라 부를 정도였지만 그후에도 오스만 총독 통치는 확고하지 못했다.

새로운 맘룩 지도층은 17세기 중엽에 총독과 이집트 주둔 예니체리부대의 지휘관들과 더불어 권력을 나누어 가졌다. 또 제국帝國의 중앙부에서 멀거나 오스만군이 접근하기 힘든 지역에서는 지방토후의 세력이 서서히 형성되었다. 하이렛딘 바바롯사 Khayreddin Bar barossa 대제독에 의하여 1520년대에 오스만제국의 통치 아래 들어온 튀니지와 알제리도 각각 알지에 Algier의 데이 Dey,(오스만군의 계급, 즉 총독의 칭호)와 투니스의 베이 Bey가 세습적인 준準왕조로 발전하였다. 또 바스라 Basra 주에서는 아프라시얍가 Afrasiyab家가 1597년경에 권력을 장악하여 왕조를 세웠다.

또 그보다 더 잘 알려진 지방의 군벌은 1590~1635년 사이에 군림한 드루주파派의 아미르 파흐룻 딘 Fakhr al-Din이었다. 그는 레바논 지역의 다른 토후를 제압하여 그 세력을 팽창하였으므로 한때는 오스만제국의 전숲 "비옥한 초생달 지역"에 대한 통치를 위협하였다. 그는 독자적으로 유럽 열강과의 무역관계 수립 및 여러 다른 종파宗派에 관용성을 베푸는 등의 정책으로 19세기 중근동의 통치자에게 선구자적 역할을 하였다. 그러나 술탄 무라드 Murad 4세(1623~1640)의 노력으로 파흐룻 딘의 반란을 진압하고 바그다드를 회복하였다. 그의 뒤를 이어 재상 메흐메드 쾨프륄뤼 Mehmed Koprulu(1656~1661 재직)와 그의 아들 아흐마드 Ahmad(1661~1676 재직)의 끈질긴 노력에 의하여 반란 지역에서 중앙 정부의 권위는 완전하지는 못했지만 무정부 상태는 저지되었다.

18세기의 동향

18세기에 들어와서도 오스만제국의 쇠퇴 과정은 계속되었다. 그와 함께 이집트와 "비옥한 초생달 지역"의 대도시에서는 권력을 장악하기 위해서 주 총독, 주둔군 사령관 및 세금징수 청부인 tax farmer사이에 세력 다툼이 일어났다. 이들은 주로 자기의 사병私兵을 동원하였다. 이 가운데 가장 지속적인 지방 권력자는 바그다드 총독 하산 파샤 Hasan Pasha(1704~1723 재직)였다. 무라드 4세 때 체결한 카스르에 쉬린 조약에 의하여(上記 p.218 참조) 안정된 오스만-이란의 국경은 사파위 조朝(1500~1722)의 붕괴로 근본적으로 뒤흔들렸다. 1722년 아프간족의 침입으로 사파위조가 망할 때부터 다시 이란의 통치권을 장악하여 침략자를 물리친 나디르 샤 Nadir Shah(1736~1747)의 사망시까지 25년간 오스만 술탄과 이란의 통치자 사이에 전쟁이 그치지 않았다. 이러한 상황 아래서 바그다드에는 강력한 행정부, 즉 총독이 필요하였다.

그래서 1723년 하산 파샤가 죽자 그의 아들 아흐마드 파샤 Ahmad Pasha(1723~1747 재직)가 그 뒤를 이어 총독이 되었다. 이들 부자父子 총독은 그루지아 Georgia 출신의 맘룩을 양성하여 전투병과 행정관료로 기용起用하였다. 결국 이들 맘룩 지도자 중에 한 사람이 1749년에 권력을 장악하자 오스만 술탄도 묵인하지 않을 수 없게 되었다. 즉 맘룩 총독 제도가 확립되어 1831년까지 지속되었다.

한편 서쪽의 지중해 연안 지역에서는 메카 순례객이 해마다 다마스커스에서 집합하여 출발하기 때문에 이곳은 중요한 지점이었다. 순례객의 행열行列은 종교적으로 뿐만 아니라 상업적으로도 중요한 행사여서 이들의 안전은 곧 술탄의 위신과 직결되어 있었다. 더구나 17,8세기에 오스만의 권력이 허약하자 북부 아라비아와 시리아 사막의 유목민이 준동했고, 또 다마스커스 주둔군이 양파로 갈라져 권력 투쟁을 하고 있어서, 순례객의 안전이 크게 위협당하고 있었다.

이 혼란의 틈바구니 속에서 아즘 'Azm가문이 일어나 권력을 장악하여 순례객의 안전을 도모하였다. 이 가문의 전성기는 1725~1757년 사이이며 시리아 지역의 대부분을 통치하였다. 그렇지만 시리아는 오스만조의 근거지인 소아시아반도와 접하여 있고 또 이집트 및 아라비아 반도의 홍해 연안을 연결시키는 요지이므로 술탄은 아즘가문의 세습화를 용납할 수 없었다. 더구나 이 가문은 이라크의 경우와는 달리 맘룩제도를 도입하지 않았으므로 지방의 자주 자립 세력으로 존속할 바탕이 허약하였다. 또한 알렙포 Aleppo를 중심으로 한 시리아 북부 지역은 상업상으로도 다마스커스 및 소아시아반도와 밀접히 연결되어 있었으므로 이 두 지역의 정치 변동에 말려들지 않을 수 없었다.

서쪽의 레바논 산악 지역에는 쉬합 Shihab가문이 일어나 동족同族인 파흐룻 딘 Fakhr al- Din의 영역을 점령하여 토후국 Amirate을 1679년에 세웠다. 또 남쪽의 갈릴리 Galilee 지역에는 세금징수 청부인인 자히르 알 우마르 Zahir al-' Umar가 세력을 확장하여 해안 도시 아크레 Acre를 1746년에 점령하고 근거지로 삼았다. 그는 안정을 원하는 농민에게 세금을 감소시켜 주어 호감을 얻었고 서구의 상인들과 좋은 관계를 맺어 아크레를 융성 발전시켰다. 또한 종교적 차별을 철폐하여 비무슬림의 지지를 얻었다. 이러한 대중적 지지와 더불어 그는 자신의 사병私兵을 효율적으로 관리하여 그 세력을 떨쳤다. 그래서 그는 술탄의 권력이 간섭하지 않는 한 시리아 내부의 권력 투쟁에서 버틸 수 있었다.

18세기에 들어와서 이집트 내의 권력 투쟁은 보다 복잡하였다. 이것은 인물人物 중심이 아닌 파당간의 분쟁이었다. 가장 유력하고 오래된 파당은 세공인細工人과 부족을 바탕으로 한 니스프 사아드 Nisf Sa' d와 니스프 하람 Nisf Haram이었다. 이 두 파당은 17세기부터 경쟁 관계에 있던 파카리야 Faqariyya와 카심미야 Qasimiyya 맘룩파당과 각각 결합하여 18세기 초에도 세력확장에 몰두하였다. 이들 세력 외에도 오스만 주둔군 세력이 있었다. 6군관구로 나누어진 주둔군 가운데 예니체리 관구와 아잡군[1]은 서로 대결하였으며, 나머지 관구군은 후자에지원을 주는 경향이 있었다. 결국 1711년에 이 분쟁을 제거하기 위해서 한 부대로 통합되었으나 만족한 해결책은 되지 못했다.

17세기 말엽에 시작된 이집트 내의 권력 분쟁은 18세기에도 계속되어

1) Azab 혹은 Azeban, 즉 16세기 후반기 소아시아반도의 농촌인구 증가시 그 해소책으로정복 지역에 정착시킨 농민. 여기서는 이들 출신의 군인.

총독은 유명무실한 존재에 지나지 않았다. 실권자는 군관구의 고급장교와 행정고위직이나 군관구가 아닌 지역군의 사령관직을 지니고 있는 맘룩 출신의 베이 Bey들이었다. 이들 맘룩 출신 베이의 한 무리인 카즈두글리야 Qazdughliyya는 17세기 말경에 생성하여 파카리야 맘룩 그늘 밑에서 세력을 길렀으나, 1748년에 이르러 다른 세력의 추종을 불허不許한는 강력한 파당으로 성장하였다. 이 파당의 고위 구성원은 영주領主에 유사한 베이가 되어 19세기 초에 총독 무함마드 알리 Muhammad 'Ali(1805~1845 재직)에 의하여 제거될 때까지 이집트의 지배 세력으로 남아 있었다.

이들 가운데 가장 지도적인 베이는 "토후장土侯長" Shaikh al-balad 이라는 칭호를 가지고 일종의 군주제君主制로 발전되었으나 카즈두글리야 파당의 내부 분쟁으로 성공되지 않았다. 이와 같이 외래外來 인사들이 지배층이 되어 이집트의 토착민을 통치하는 시기에 이들 사이에 중개 역할을 담당한 계층이 종교계의 원로元老인 울라마였다. 울라마는 토착민의 존경을 받았고 또 그들의 어려움을 지배층에 전달하는 중개역할의 대가로 지배층은 울라마에 면세免稅의 특전을 주었다.

18세기 후반기는 "비옥한 초생달 지역"과 북아프리카 연안 지방에 처음으로 유럽의 군사력이 나타나서 20세기 중엽까지 존속하게 되었다. 물론 그 이전에도 오스만제국의 유럽 영토는 유럽 열강이 오스만군을 패퇴시켜 잠식당했으나 한편으로 중근동에 대한 방패의 역할도 하여 제국의 아랍 영토에는 외부의 간섭 없이 정치 발전이 이루어졌다. 18세기 전반기까지 유럽 열강은 제국의 아랍 영토에 상인과 선교사를 파견하여 지방 호족의 보호를 받는 것이 고작이었다. 이 방패는 러시아가 오스만제국과의 전쟁(1768~1774년의 로토전쟁露土戰爭) 중에 지중해에 함대를 보내어 오스만군을 쳐부수고 반란의 깃발을 올린 아크레의 자히르 알 우마르와 이집트의 토후인 알리 베이 Ali Bey에게 원조를 제공했을 때 뚫리었다. 더구나 1798년에 나폴레옹 1세가 이집트를 정복하자 이 방패는 무용지물無用之物이 되었다.

알리 베이는 원래 그루지아 Georgia 출신 그리스도교였으나 맘룩이 되었다. 그는 이집트와 시리아가 통합되어 있었던 옛 맘룩체제의 꿈을 실현하기 위하여 토후장 직을 이용하여, 카즈두글리야 체제를 그의 개인 왕조로 바꿀 야심을 가지고 1770년에 군대를 다마스커스로 보냈다. 그는 이 작전에 자히르 알 우마르와 러시아의 원조를 약속 받았으나 동료 맘룩들의 배신으로 성공을 거두지 못하였다. 그러나 이 꿈은 무함마드 알리에 의하여 18세기 초에 일시적으로 실현되었다.

한편 오스만제국의 입장에서 보면 지방자치 세력의 아성을 부수어 주권이 미치는 영토 내에서 행정체계도 잡아야 했다. 특히 로토露土 전쟁기간 중에 알리 베이와 자히르 알 우마르의 활동상은 놀랍고 오만한 것이었다. 그래서 허약한 제국 정부는 이간책離間策을 사용하였다. 즉 알리 베이의 두 부장副將인 맘룩 출신의 아붓 다합 Abu'l Dhahab과 보스니아 출신의 아흐마드 앗 잣자르 Ahmad al-Jazzar에게 접근하여 회유책을 썼다. 시리아 원정을 이끌었던 아붓 다합을 1771년 다마스커스에서 이집트로 돌아가게 하여 알리 베이를 죽이고 토후장의 자리에 오르게 하였다. 그러나 그 자신도 1775년 자히르의 평정에 나가서 전사戰死하였다. 한편 앗 잣자르도 1768년에 알리 베이와의 관계를 끊고 1775년 자히르의 토벌에 공헌을 세워 시돈 Sidon(레바논의 도시)주의 총독이 되었으나 자히르의 옛 서울인 아크레에 거주하였다. 앗 잣자르의 총독 정치는 1804년 그가 죽을 때까지 지속되었고 지방호족 정치의 전통적 본질인 술탄에 대한 충성심으로 일관一貫하였다. 아크레가 1799년 나폴레옹군에 포위당했을 때 굴하지 않고 저항하여 그의 충성심을 보여주었다.

오스만 정부의 아붓 다합과 앗 잣자르에 대한 정책은 자립적인 총독의 측근을 회유하는 전통적인 책략의 한 단면을 보여준 것이다. 아붓 다합이 죽은 후 이집트는 이브라힘 베이 Ibrahim Bey와 무라드베이 Murad Bey의 양두兩頭체제 아래 들어갔다. 오스만 정부는 이집트의 지배를 재확립하기 위하여 회유책을 썼으나 성과를 보지 못하자, 1786년에 자히르의 반란에 공훈을 세운 제독 하산 파샤 Hasan Pasha를 파견하여 카이로와 나일강 삼각지三角地를 점령하였으나, 두 베이는 상류로 도피하여 계속 항전했으므로 할 수 없이 다음 해 철수시켰다. 그후 이집트는 양두체제가 회복되어 1798년 나폴레옹 1세의 원정시까지 지속되었다.

한편 당시 오스만 통치의 영역 밖에 있는 아라비아반도의 나즈드

Najd 지방에서는 1744년에 토후 Amir인 무함마드 이븐 사우드 Muhammad ibn Su'ud와 당시 이슬람 계율이 헐거워졌다고 개탄하여 엄격한 한발리 법학파의 계율을 주창한 신학자 무함마드 이븐 압둘 와합 Muhammad ibn 'abd al-Wahhab이 결합하여 성인聖人 또는 성지聖地 숭배를 배척하고 초창기 이슬람의 순수한 관행과 믿음으로 돌아갈 것을 호소하였다. 1792년 이븐 압둘 와합의 사망시에 사우드 가문은 중앙 아라비아 전역에 그 세력을 확장하였으며 와하비 Wahhabi 운동을 인근 지역에 전파시켰다. 이 운동은 오스만제국의 통치 아래 있는 홍해안 연안의 히자즈 Hijaz(즉 이슬람의 성지聖地 메카와 메디나가 있는 지역)와 남부 이라크 지방을 위협했다. 1802년에 이 와합의 추종자는 쉬아파의 성지인 카르발라 Karbala'를 점령하여 약탈하였다. 이 약탈 전쟁은 수년간 남부 이라크 지방에 계속되었다.

이 운동은 오스만제국의 권위를 추락시켰으며 무슬림 공동체 안에 종교적 권위가 과연 있으며 또 무엇이냐 하는 문제를 제기시켰다. 전통적으로 오스만 술탄은 가장 위대한 무슬림 통치자이고 또한 이슬람의 두 성지인 메카와 메디나가 와합의 추종자에게 점령당하고 그후 몇년 동안 계속하여 당시 와하비운동의 지도자 사우드 이븐 압둘 아지즈 왕이 순례객을 괴롭히자 흔들렸다.

나아가서 이 운동은 오스만제국의 종교체제의 지도층인 울라마와 이의 보호를 받는 수피종단에게 커다란 도전이 되었다. 오스만제국의 공인公認 이슬람은 성법인 샤리아 shari'a 및 일반 관습에 의한 법률 qanun의 법체계에 바탕을 두고 수피동호단의 믿음과 관례慣例를 인정하였다. 이들 종단은 몰아적沒我的인 신비주의를 믿어 창조주創造主의 뜻에 창조물이 맞춤으로써 신과 합일하는 경지에 도달하고자 하였다. 와하비주의는 안일에 빠진 기존체제에 충격을 주었다. 즉 이슬람 공동체와 무슬림 개개인의 양심 속에 남아 있었으나 한동안 외면된 신과 인간의 관계를 다시 문제삼아 새로운 긴장을 일으켰다.

무함마드 알리(1805~1848)의 등장

1798년에 프랑스 동방 진출의 교두보를 만들기 위해 단행된 나폴레옹 1세의 이집트 원정은 비록 3년 3개월의 짧은 기간이었지만 이슬람세계에 심각한 파문을 일으켰다. 프랑스의 이집트 점령이 영국의 동방진출에 장애가 될 것으로 우려한 영국은 1801년에 오스만군과 더불어 프랑스군을 몰아낸 결과 이집트 내의 맘룩들의 정치력은 크게 위축되었다. 마케도니아 출신의 무함마드 알리 Muhammad ʿAli는 알바니아 여단을 이끌고 프랑스군을 격퇴하는 데 공훈을 세웠다. 프랑스군의 축출에 성공한 영국군이 1801년에 철수하자 이집트에는 다시 오스만군과 맘룩군만이 유일한 세력으로 남게 되어 충돌이 불가피하게 되었다. 그러나 프랑스의 점령기간 동안 그 혁명사상의 영향을 받은 이집트 민중은 무자비한 맘룩의 통치나 현지 사정을 외면하는 오스만 통치를 거절하고 자립하려고 움직였다.

울라마를 위시한 이집트 민중은 1804년 3월에 조세의 납부를 거절하고 들고 일어나 원한의 덩어리인 맘룩 베이들을 카이로에서 몰아내고 울라마를 통하여 오스만 정부의 이집트 총독에게 조세 감면減免과 정책 결정에 이집트인의 참여를 요구했다. 총독이 이를 거절하자 민중이 그를 제거하고, 1805년 5월에 알바니아 여단의 사령관인 무함마드 알리를 총독으로 선임하니, 이집트 역사상 민중의 권력 참여가 성공한 최초의 중대한 사건이다.

오스만 정부는 세르비아 반란에 시달려 허약해졌으므로 그의 총독직을 부득이 인준하였다. 무함마드 알리는 그의 정권이 민중의 신임이나 맘룩의 협조 또는 술탄의 지지에 바탕을 두면 오래 지속할 수 없다고 생각하여 교육제도, 행정체계 및 군조직의 강화를 추진하였다. 그래서 1811년에 술탄과 영국의 앞잡이 노릇을 하는 맘룩 지도자를 아라비아의 와하비 운동 진압 문제를 상의한다는 구실 아래 카이로 성으로 초대하여 몰살시켜 버리니 이것이 곧 1250년대 이후 이집트 정치의 핵심 역할을 맡아 온 맘룩 세력의 근절根絶이다. 그는 광범한 권력을 장악하여 서방 문물을 받아들여 많은 개혁을 단행하고 또 총독직을 세습제로 바꾸었기 때문에 현대 이집트의 아버지로 불리고 있다.

나폴레옹 1세의 이집트 원정은 영불英佛간의 경쟁을 일으켜 그 후에도 계속 이 지역을 둘러싸고 양 세력은 자주 부딪쳐 결국 1904년의 영불협정 Entente Cordiale에 의하여 양해될 때까지 지속되었다. 이러한 경합관계 때문에 결국 무함마드 알리는 유럽 열강의 대對 이집트 정책 범위 내에서 방안方案을 만들어 그의 야심을 수행하지 않을 수 없었다. 이집트에서 그의 지위와 독립성을 확립하기 위해서 행한 경제 개혁 가운데는 조세와 토지소유 제도의 변혁이 있다. 맘룩 베이들을 제거한 후 그들의 봉토封土 iltizamat를 총독 소유로 만들어 최대의 지주가 되었고, 또 종래까지 면세 혜택을 받아온 종교재단 Waqf의 재산과 공유토지公有土地 wasiya에도 과세하였고, 또 무역의 국가 독점을 꾀하여 세입을 증가시켰다. 그러나 산업혁명을 달성하려는 그의 시도는 시기상조로 실패하였다.

맘룩 군대가 터키인과 코카서스 등지의 외국인으로 구성된 데 비하여 무함마드 알리의 군대는 이집트 농민 출신을 중심으로 조직하였다. 이것이 이집트 민족 세력의 바탕이 되었다. 또 행정기구를 서구식의 부처部處로 개편하고 국가예산 제도를 도입하였다. 이 행정기구와 군조직의 기능을 제대로 운용運用하기 위해서는 서구식 교육을 받은 인재人材가 필요했다. 그래서 많은 학교를 세웠으며 또 우수한 학생은 서구로 유학시켰다. 이 학교의 교과서용으로 유럽의 책을 번역하기 위해 정부산하에 번역기관을 설립하였다. 그 결과 이집트는 서구의 문물이 중근동에 들어가는 중요한 통로通路의 역할을 담당하게 되었다. 서구식 교육이 정부 관료가 되는 유일한 수단이 됨에 따라 전통적인 종교 교육기관과 울라마의 지위는 위축되었다.

신속한 개혁을 통하여 무함마드 알리는 자기의 세력 범위를 확대시키고 또 이집트의 독립성을 확보할 수 있는 여건을 갖추었다. 그의 군대는 1811~1818년 사이에 아라비아반도의 메카와 나즈드를 점령하여 와하비운동에 치명타를 입힌 결과 이 지역은 1840년까지 그의 영역으로 남게 되었다. 총독의 신식 군대는 1822년과 1827년에 일어난 그리스의 독립운동을 술탄의 요청에 따라 진압하려 하였으나, 터키-이집트 연합함대가 영불 연합함대에 의하여 1827년 그리스의 나바리노 Navarino 근해에서 참패당하여 그리스는 독립을 얻게 되었다. 한편 무함마드 알리는 아무런 이득도 얻지 못하였다.

그후 무함마드 알리는 함대 재건을 위한 재목材木 획득과 세력의 확장을 위하여 시리아의 정복을 1831년에 단행하자 술탄 마흐무드 Mahmud 2세와 정면 충돌하게 되었다. 총독의 아들 이브라힘 파샤 Ibrahim Pasha의 지휘 아래 이집트군은 시리아를 점령하고 1832년 12월에 오스만군을 콘야 Konya에서 패퇴시켰다. 그 결과 무함마드 알리는 술탄으로부터 시리아를 양도받아 아들 이브라힘을 시리아주 지사로 임명했다.

이브라힘 지사는 레바논의 아미르 Amir인 쉬하브 Shihab가문의 바쉬르 Bashir 2세의 협조를 받았으나, 이 혼란의 틈을 이용하여 강성해진 각 지역 호족들의 세력을 꺾고 중앙집권을 확립하는 것은 쉽지 않았다. 그는 이집트의 개혁정책을 시리아에서 적용하여 일반 서민의 과세부담을 경감시키는 조치를 취했으나 너무나 급진적이었고, 또 유목생활을 하는 베드윈족을 강제로 정착시켰으므로 1834년 이후 계속 이브라힘 체제에 대한 반란이 일어났다. 그러나 이집트의 시리아 점령에 끝장을 가져온 것은 이러한 반란이 아니라 유럽 열강의 간섭 때문이었다.

술탄 마흐무드 2세는 서구식 신식군대를 사용하여 조급하게 이브라힘을 힘으로 시리아에서 몰아내려는 시도에서 전쟁을 일으켰으나 1839년 6월의 네집전투 Nezib에서 참패당한지 며칠 후 사망하였다. 또 오스만 함대도 알렉산드리아만에서 무함마드 알리에게 항복하니 오스만제국은 붕괴 직전에 도달하였다. 그러나 그리스 사태에서처럼 무함마드 알리의 성공이 결정적이 되자 프랑스를 제외한 유럽 열강들이 간섭하였다. 지방 반란군의 공격 뿐만 아니라 영국과 오스트리아의 연합함대의 침입을 받자 이브라힘은 1840년 겨울에 시리아에서 철수하였다. 그와 함께 이집트에 협조하였던 바쉬를 2세도 그 정적政敵의 압력을 받아 퇴위했다. 비록 그가 쉬하브가문의 마지막 아미르는 아니었지만 그의 후계자도 일 년 후에 폐위당해 이 가문의 세력은 종말을 보았다. 1841년 영국의 주도 아래 열린 런던 협정에서 유럽 열강(프랑스제외)은 무함마드 알리에게 이집트와 수단 이외의 지역에 주둔 할 수 있는 이집트군의 수를 1만 8천으로 제한하였다. 더구나 이집트자체도 오스만제국 술탄의 통치 아래에 들어가게 하였고 무함마드 알리는 단지 총독직의 세습권만 인정받았다.

술탄 마흐무드 2세, 무함마드 알리, 바쉬를 2세 등은 각각 자기의 영역 안에서 전제정치를 행하여 쇠퇴기에 접어든 오스만제국의 낡은 행정기구에 새로운 활력소를 불어넣어 개혁정책을 단행하였다. 비록 이브라힘의 시리아 통치가 성공적이라고 보기 힘들지만 그래도 기존 특권층의 아성을 부수었고 중앙집권적인 오스만제국의 탄지마트 Tanzimat 정책에 공헌이 되어 제국에 재통합되는 길을 열어 놓았다. 실제로 무함마드 알리와 이브라힘은 술탄을 대신하여 시리아의 개혁을 단행한 셈이다. 그렇지만 레바논은 이때부터 그 특성을 살린 셈이었다. 레바논은 1842년 쉬하브가문의 몰락 이후 오스만제국의 직접적인 통치 아래 놓이게 되었다. 그때부터 몇 년간 레바논은 심각한 정치적 불안정의 시기에 접하게 되었다.

쉬하브가문의 전제에서 벗어난 레바논의 호족은 그들의 세력을 다시 확립하게 되었다. 특히 로마 교황청과 연합한 마론파 Maron派 기독교도는 전통적으로 레바논 산악 지역을 지배해 온 드루즈파 Druze派 교도와 동등한 신분을 가지고 권력을 나누어 가졌다. 거의 20년간 계속되어 온 양교파兩教派간의 반목反目 끝에 1860년 드루즈파와 무슬림은 레바논과 다마스커스에서 오스만 당국의 묵인 아래 그리스도교도를 학살했다. 이 사건은 결국 열강의 간섭을 불러들여 1861년 6월 레바논에 대한 새로운 통치 대강大綱을 발표하게 되었다. 이 결과 레바논은 시라아 주에서 분리되어 모든 거주민은 종교적 자유와 평등을 보장받았다. 그 후 레바논은 제1차 세계대전이 일어날 때까지 안정되어 평화롭게 발전하였다.

한편 바그다드의 맘룩 출신 파샤들은 무함마드 알리가 이집트에서 쟁취爭取한 유類의 자치권을 이미 오래 향유하고 있었다. 즉 그들의 정권이 안정되었기 때문에 술탄 마흐무드 2세의 중앙집권적 개혁에는 눈의 가시가 되었다. 더구나 다음 두 가지의 사태 발전으로 맘룩의 통치는 오히려 강화되었다. 즉 무함마드 알리의 反와하비 작전의 성공으로 이라크의 맘룩이 효과적으로 대처할 수 없었던 남쪽으로부터의 위협이 힘 안들이고 제거되었으며 또 1826년 바드다드에 주둔하고 있었던 예니체리 여단旅

團이 술탄의 칙령으로 해산되어 서구식의 신식군대에 재편성되어서 그 위협이 둔화되었다. 그래서 맘룩의 세력이 다시 생기를 찾았으나 마흐무드 2세는 1831년에 군대를 보내어 흑사병 등 유행질환으로 약화된 바그다드시를 점령하여 맘룩 출신의 총독을 제거하였다. 이 사건은 이브라힘 파샤의 시리아 원정 직전에 일어나 이라크는 오스만제국에 재통합되었다.

영국과 프랑스의 이해관계

이집트에 대한 영불英佛의 경쟁은 나폴레옹 1세의 이집트 원정으로 시작되어 중근동에서 100년 이상 지속되었다. 그러나 제국주의 팽창 정책에 뒤늦게 뛰어든 독일이 19세기 말에 추구한 3B 정책, 즉 베를린-비잔틴(이스탄불)-바그다드의 철도부설 정책에 따라 독일황제 빌헬름 Wilhelm 2세(1888~1918)가 1898년 이스탄불을 방문하자 이에 위협받은 양국은 1904년 영불협정 Entente Cordiale을 체결하여 이 지역에 대한 양국의 필사적인 경쟁심을 다소 식혔다. 그렇지만 상당히 긴 여운이 제1차 세계대전 이후에도 남아 있었다. 중근동에 있어서 영불 양국의 이해관계에는 근본적 차이점이 있었다.

프랑스는 지중해의 동쪽과 남쪽 연안에 대한 영향력 행사가 그 목적이었다. 즉 십자군 전쟁 당시의 전통적 목적에 국한되었다. 그러나 영국은 인도라는 거대한 식민지와 페르시아만에 이르는 교두보로서 이 지역, 특히 이집트는 무역과 군사 전략의 요충지였다. 그래서 프랑스는 1830년에 알지에 Algiers시를 점령하였고 계속 인근 지역에 그 세력을 확대하여 마그리브 Maghrib(북서 아프리카) 전역을 정복했다. 또 19세기동안 끈질기게 레바논의 마론파 그리스도교도의 이익을 대변하여 그 영향력을 쌓아 올렸다. 영국은 이에 비하면 1882년 전에는 매우 소규모였다. 1839년에 아덴 Aden을 기습 점령하였고 1854년에 무스카트 오만 Musqat Oman의 술탄으로부터 쿠리아 무리아 Kuria Muria 섬을 양도받은 정도이다.

그러나 영국의 진실한 목적은 인도 지역으로 가는 전략상으로나 상업상으로 중요한 통로의 안전을 유지하여, 이 지역을 근거로 하여 움직이는 해적 및 노예무역의 활동을 억제하는 데 있었다. 영국은 이 목적을 끈질기게 추구하여 상당한 성공을 거두었다. 영불 경쟁 관계의 초점이 되어온 이집트는 무함마드 알리와 그 후계자들 특히 이스마일 Ismail(1863~1867)의 통치기간 중에 프랑스 영향권에서 벗어났다. 오직 국가 행정기구만은 프랑스식으로 개혁되었기 때문에 그 행정 양식이 오늘날까지 잔존하고 있는 것이다.

프랑스는 주로 이집트에 큰 관심을 두어 그 후견인 역할을 하였지만 영국은 이스탄불의 술탄에 치중하였다. 그러나 영국은 이집트의 농업생산물—초기에는 콩 종류, 후에는 면화—의 수입국으로 등장하여 이의 원활한 유통을 위하여 카이로를 경유하여 알렉산드리아와 수에즈를 연결하는 육로陸路를 건설하였으며, 나중에는 압바스 힐미 'Abbas Hilmi 1세(1848~1854)와 무함마드 사이드 Muhammad Said(1854~1863)의 통치 때 이 세 도시를 연결하는 중근동 최초의 철도를 부설하였다.

무함마드 알리의 후계자

이집트를 경유하는 국제 통로에 대한 영국의 통제는 1854년에 무함마드 사이드가 프랑스인 페르디낭 드 레쎄 Ferdinand de Lesseps에게 수에즈 운하 건설권을 주었을 때 위협받게 되었다. 이 운하 건설이 영국의 위신에 손상을 줄 우려가 있었기 때문에 영국 정부는 외교적인 압력을 통하여 이 계획의 실현을 지연시키려 하였다. 그래서 이 운하는 계획보다 훨씬 늦게 1869년 이스마일의 통치 때 개통되었다. 그러나 이스마일은 이 공사 때문에 빚더미에 앉게 되었고 외세의 간섭만 더욱 불러들였다. 즉 그는 1875년에 수에즈 운하 회사의 주식 가운데 이집트 지분持分인 44%를 영국에 팔게 되었다. 이스마일의 통치 기간은 세습적인 총독제의 황금기와 파탄기를 동시에 지니고 있었다.

1867년 그는 술탄 압둘 아지즈 'Abdul 'Aziz(1861~1876)로부터

케딥 Khediv(페르시아어로 군주)이라는 칭호를 받아 오스만제국의 지방 총독 가운데 그의 지위가 우뚝함을 보여주었다. 그보다 일 년 전에 이스마일의 자손 가운데 장자 상속제도에 의한 총독직의 계승을 술탄으로부터 허락 받아 오스만제국 내에서 그는 제2의 강력한 인물이 되었다. 그는 할아버지 무함마드 알리가 추구한 이집트의 개혁정책과 팽창정책을 계승 추진하였으며 총독직의 장자상속을 허락해 준 대가로 술탄에 대한 조공액을 배로 늘였지만 그대신 독자적인 국제 협정의 체결, 국제차관의 조달 및 군대의 수적 제한 철폐 등의 혜택을 받았다. 그는 비록 전제군주였지만 1866년에 유럽 국가의 의회제도를 본받아 간접선거를 통하여 구성된 자문기관을 만들었다. 이 자문기관은 정치 의식이 강한 부유한 지주와 상인의 발언 무대가 되었다.

미국의 남북전쟁(1861~1865) 중에 이집트의 농업과 경제는 커다란 전환기를 맞아 면화 단일 재배로 발전하여 상당한 이득을 보았다. 그러나 남북전쟁이 끝나고 미국의 솜이 다시 세계 경제시장에 등장하자 이집트의 농민과 정부는 커다란 타격을 받았다. 더구나 이스마일은 무분별하게 외국의 차관을 받아들여 1876년에는 거의 1천만 파운드(英貨)의 부채를 짊어졌다. 이러한 부채는 곧 외세外勢의 강화를 뜻하였다. 즉 국제 차관단 Caisse de la dette publique이 조직되어 2명의 조정관—영국인과 프랑스인 각 1명—이 이집트의 세입과 세출을 감시하게 되었다.

조정관을 통하여 영불 양국의 간섭은 극에 달하여 세출을 감소시키기 위하여 심지어 4만5천명의 이집트 군대를 1만 8천명으로 축소시켰다. 이런 외세의 간섭에 군부 내의 민족세력을 필두로 한 진보세력이 일어나 내각 총사퇴를 요구하였다. 이 기회를 포착하여 영불 양국을 비롯한 유럽 열강은 종주宗主인 술탄 압둘 하미드 'Abdul Hamid 제2세에 압력을 넣어 이스마일의 퇴위와 장남 무함마드 타우픽 Muhammad Taufiq(1879~1892)의 계승을 강요하였다. 그 결과 케딥조朝의 위신은 떨어지고 이집트의 사태는 더욱 혼미하였다. 이 기간 동안에 영불은 경쟁보다 오히려 협조하여 양국의 공동 이익을 수호하기에 급급하였다.

그러나 군부 내에는 여전히 강력한 터키-서카시아계 Turkey-Circassia系가 중심세력을 이루고 있었지만 또한 그에 적대적이고 또 케딥에 대한 기대도 잃은 민족주의 세력도 도사리고 있었다. 민족주의 세력은 자문기관 내에서도 상당히 강력하였고 또 국민의 지지도 받았다. 이 세력은 영불의 지나친 내정간섭에 분노하여 아흐마드 우라비 Ahmad 'Urabi 대령을 지도자로 삼아 케딥에게 헌정憲政과 의회선거를 요구하여 관철하였다. 결국 애국당愛國黨 al-Hizb al-Watani이 이끄는 민족주의 세력이 의회를 장악하고 또 우라비 대령이 국방장관이 되었다.

이 사태 발전에 놀란 영불 양국은 최후 통첩식의 공동각서 Anglo French Joint Note를 1882년 1월에 발표하여, 민족주의 세력의 제거를 요구하고 케딥의 권위를 높이려 하였으나, 민족주의자들의 강력한 반발에 부딪쳐 오히려 약화시켰다. 이에 영국 해군은 그해 7월에 알렉산드리아항港을 점령하니 케딥은 곧 영국군의 보호 아래 들어갔다. 9월에 영국 육군은 우라비 지휘하의 이집트군을 섬멸하니 곧 우라비운동의 종말이다. 비록 민족주의 세력의 집권은 1년도 되지 못하는 짧은 기간이었지만 울라마를 비롯한 전국민의 지지를 받았고 오스만제국의 아랍인 거주지역의 도시 즉 다마스커스, 베이루트, 알렙포 등에서도 대중적 지지를 받아 오스만군이 16세기에 아랍지역을 정복한 후 최초로 아랍족의 단결의식이 싹트기 시작한 것이다. 한편 영국의 이집트 점령은 장기화되어 이 나라는 실질적으로 영국의 보호령이 되었다.

비옥한 초생달 지역의 변화

20세기 초 오스만제국의 아랍인 거주지역은 형식상으로 술탄의 종주권을 인정하였지만 실질적으로 그 통치를 벗어난 지역과 술탄의 통치가 강화된 지역으로 나눌 수 있다. 전자에는 프랑스 보호령인 튀니지와 영국 점령하의 이집트 등이고 후자에는 비옥한 초생달 지역과 아라비아반도가 포함되었다. 오스만 터키의 탄지마트 개혁이 비옥한 초생달 지역에도 적용되어서 어느 정도 성과를 거두게 되었다. 지방호족을 중심으로 한 세력은 점차 파당派黨적인 의식으로 여전히 남아 있었으나 거리의 무질서와 난동 대신 새로 도입된 지방의회를 통하여 나타났다. 그와 함께 이스탄불의 중앙집권적 현상이 두드러졌다. 이것은 교통과 통신망의 발달에 힘입었으며 1864년에 제정되어 시행된 지방 행정법에서 구체화되었다.

이스탄불 정부는 19세기 중엽부터 이미 200년 전에 자이드파 Zaid派 이맘에게 놓친 예멘에 대한 통치권을 회복하려고 노력했으나 별 성과가 없었다. 그러나 히자즈 Hijaz 지역에 대한 통치권은 수에즈 운하가 개통되고, 메디나와 다마스커스를 연결하는 철도가 1908년에 완성됨으로써 더욱 강화되었다. 그래서 1908년에는 메카의 하심 Hashim가문출신의 샤리프 후세인 이븐 알리 Sharif Husain ibn 'Ali를 아미르 Amir로 임명하였다. 이 임명은 술탄 압둘 하미드 2세의 전제정치에 종지부를 찍은 청년터키당 정부가 결정한 것이다.

그 이전에 술탄은 아랍계 백성의 불만을 무마시키고 터키족에 대한 견제 세력을 만들기 위해서 아랍족 출신의 근위병을 창설하고 아랍의 저명인사를 요직에 등용登用하였으므로 권력 행사에 아랍인은 어느 정도 영향력을 발휘하였다. 그러나 그의 몰락과 함께 아랍인은 청년터키당의 오스만화化 정책에 직면하여 중앙정부에 대한 참여도가 위축되었다. 그 결과 그때까지 몇몇 불평분자의 넋두리에 불과했던 아랍 민족주의는 비록 아직 소수이기는 했지만 시리아와 이라크의 지식인과 젊은 장교 사이에 점차 불붙기 시작했다. 그러나 이 민족주의는 아직 오스만제국의 비옥한 초생달 지역과 아라비아반도에 대한 통치를 위협할 정도는 아니었다.

1914년에 발발한 제1차 세계대전은 아랍 민족주의에 커다란 변화를 가져왔다. 청년터키당 치하의 오스만제국은 발칸반도의 실질적 회복을 꿈꾸고 주축국 the Central Powers에 가담하였기 때문에 연합국 the Allies에 두 가지 당면 문제를 제기하였다. 즉 무슬림 가운데 누리는 술탄의 권위와 영향력에 손상을 주는 점과 연합국이 승리할 경우 오스만제국 영토의 분할 여부였다. 이집트와 수단을 통치하고 있었던 영국은 오스만제국의 술탄 할리파가 제창한 성전聖戰 Jihad의 반향이 두렵다는 사실을 잘 인식하고, 이의 효력을 감소시키려고 예언자 무함마드의 후손이며 성지聖地 메카와 메디나의 실질적 지배자인 샤리프 후세인 Sharif Husain과 협상에 들어갔다.

후세인은 당시 히자즈 지역에 대한 그의 통치권을 확립하여 자기 가문

家門의 영달榮達을 추구하고 있었다. 그는 아들을 동원하여 시리아의 아랍 민족주의자와 접촉함으로써 스스로 이제 싹트기 시작한 아랍민족 의식의 대변인으로 자처自處하였다. 그래서 영국의 이집트 고등판무관 High commissioner인 멕마혼 경 Sir Henry McMahon은 이 협상에 임하여 영국이 아랍인의 독립을 지지한다는 의도를 후세인에게 전달하였다. "비옥한 초생달" 지역의 지중해 연안에 욕심을 내고 있는 프랑스와 손잡고 영국은 1916년에 양국 외무성간에 사이크스-피코 협정 Sykes-Picot Agreenent을 공표하여 중근동의 분할 방안을 논의하고, 겉으로는 아랍족의 독립을 약속하게 된 것이다.

XIII. 16세기 이후의 이란

사파위조朝
이스마일 1세
타흐마습 1세
사파위조朝의 황금기—압바스 1세
사파위조朝 치하의 사회상
사파위조朝의 쇠망
사파위조朝 시대의 문화
18세기의 이란
카자르조朝의 등장
바비운동
19세기 후반기의 카자르조朝
서방의 영향과 이란의 갈등

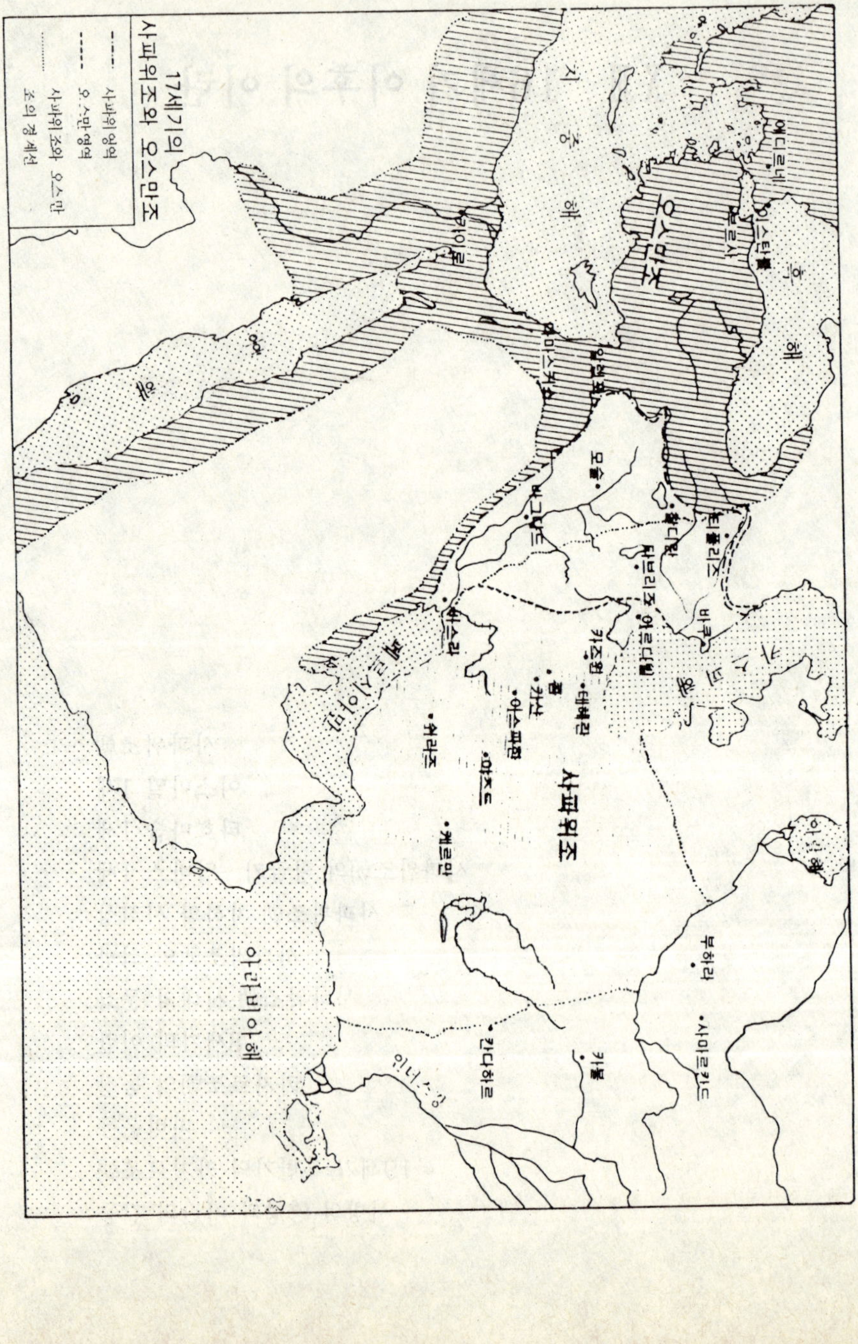
17세기의 사파위조와 오스만조
사파위영역
오스만영역
사파위조와 오스만 조의 경계선
지중해
흑해
오스만조
이스탄불
에디르네
부르사
카이로
다마스커스
알레포
모술
바그다드
타브리즈
아르다빌
바쿠
카즈윈
테헤란
쿰
카샨
이스파한
야즈드
쉬라즈
케르만
바스라
페르시아만
사파위조
부하라
사마르칸드
카불
칸다하르
인더스강
아라비아해

사파위조 Safawi朝, 1500~1722

7세기에 이란이 아랍 무슬림에 정복된 후 사파위조가 16세기 초에 등장하기까지 이란어를 사용하는 세계는 무슬림제국의 일부분이 되었거나 또는 그 자체가 분열되어 있었다. 그럼에도 불구하고 오늘날의 아프가니스탄 및 타지키스탄 Tajikistan을 포함한 이란세계는 공동의 문화 전통을 가진 동족同族 의식을 유지하였다. 그래서 이슬람 이전의 페르시아제국帝國의 계승자로서의 이란인은 그 민족적 전설과 역사를 높이 평가하여 문호 피르다우시 Firdawsi(上記 참조)의『王書』Shah-Name를 낳게 하였다. 또 이란인은 학문, 예술 및 행정기구에 대한 오랜 經綸을 살려서 아랍, 터키 및 몽고족의 통치시대에도 그들의 재능을 발휘하여 고위직 관료를 많이 배출하였다.

이란인이 쉬아 교리에 영합하게 된 것은 800년간이란 오랜 이슬람 통치 아래서 이루어졌다. 〈일 한〉국의 통치 시대에 쉬아파에 대한 박해가 없어지고 〈일 한〉국의 창시자 훌라구 Hulagu의 자문인 나시룻 딘 투시 Nasir al-Din(1274년 죽음)의 노력으로 순니파보다 다소 유리한 처지에 있었기 때문에 쉬아파의 수효는 점차 늘어났다. 그러나 사파위조의 등장 전에는 아직도 쉬아파는 이란에서 소수파로 남아 있었다. 따라서 이 왕조는 이란족의 국가를 재생시키고 또 이란족과 이란에 거주하는 터키족을 열두 이맘 쉬아파로 개종시켰기 때문에 살죽조Saljuq(1038~1194)나 〈일 한〉국보다 그 바탕이 확고하였다.

사파위조의 선조 가운데 역사 속에 등장한 인물은 〈일 한〉조 때의 세이흐 샤피 알 딘 Shaikh Safi al-Din(1334년 죽음)이다. 그는 아자르바이잔의 아르다빌시 Ardabil市의 한 순니 수피종단의 교주였다. 사파위조의 명칭은 그의 이름 샤피에서 유래하였다. 사파위조는 스스로 7대 이맘 무사 알 카짐 Musa al-Kazim(790년 죽음)의 후예라고 주장했지만 이것은 하나의 조작造作으로 나타났다. 이 가문의 혈통은 쿠르드족 또는 이란족이란 추측이 있지만, 확실한 것은 그들의 언어나 풍속이 아자르바이잔에서 사용되는 터키어의 방언인 아제리 Azeri인 것이다. 15세기 후반에 사파위가문는 점차 정치적 분쟁에 참여하여 쉬아파로 개종한 것 같다.

14, 5세기 중에 열두 이맘 쉬아파 교리는 이란과 소아시아의 투르크만 부족 가운데 널리 선교宣教 da'wa되고 있었다. 〈일 한〉국(1314~1393)의 쇠퇴기에 티무르조 Timur朝(1370~1506)와 오스만조 Osman朝(1300~1924)와의 중간 지역인 북부 및 중부 이란은 터키부족 연합인 백양조白羊朝 Aq Qoyunlu(1378~1508)와 흑양조黑羊朝 Qara Qoyunlu(1380~1468)의 지배 아래 있었고 또 양조兩朝의 창시자는 순니파에 속했다. 그러나 후자의 통치자 지한 샤 Jihan Shah(1438~1467)는 쉬아의 영향을 받아 개종한 것으로 보인다.

지한 샤는 샤피 알 딘의 후손인 주나이드 Junaid(1447~1456 교주)의 활동이 활발하자 아자르바이잔에서 그를 추방하였다. 그래서 주나이드는 소아시아와 시리아 지역에서 추종자를 구하기 위해서 선교 활동에 열중하였으며 이때에 그는 쉬아파의 색채를 띤 것 같다. 그러나 이 두지역에서의 활동때문에 그는 곧 오스만제국의 박해를 받아 결국 디야르바크르 Diyarbakr에 근거를 두고 있는 백양조의 통치자 우준 하산 Uzun Hasan(1453~1488 교주)의 재원을 받게 되었다. 더구나 주나이드의 하이다르 Haidar(1456~1488 교주)는 우준 하산의 딸과 결혼하여 양가의 동맹관계가 더욱 공고하게 되었다. 그러나 이 결혼으로 사파위가문의 세속적 야심이 약화되지는 않았다.

하이다르의 지도하에 사파위 종단의 추종자는 남루한 데르위쉬 derwish(페르시아어로 수피, 고행苦行하면서 수도修道하는 사람) 옷을 입고 머리에는 붉은 터번을 감고 다녔다. 그래서 이때부터 그들은 키질바쉬 Qizilbash(붉은 머리)라는 이름을 얻게 되었다. 그들은 오늘날 시리아지역에 잔존하고 있는 알라위처럼 코밑 수염은 깎고 턱밑 수염은 길게 길렀다. 그의 교주 시절에 흑양조가 백양조에 의하여 1468년에 망하였기 때문에 사파위 종단의 정치적, 군사적 야심의 대상은 백양조가 되었다. 그래서 하이다르와 그의 아들 알리 'Ali(1488~1494 교주)가 모두 백양조 군軍과의 전투에서 전사戰死하자 이 종단은 허물어지는 듯하였다. 그러나 알리의 어린 동생 이스마일 Isma'il과 충성스러운 추종자들은 길란 Gilan에 숨어 계속 종단을 이끄는 데 성공하였다.

1500년에 이스마일은 유우프라테스강 상류의 에르진잔 erzinjan에서 약 7천 명의 군사를 집결시키는 데 성공하여 곧 아르다빌로 가서 1501년 봄에 약 3만 명의 백양조의 군대를 무찌르고 아자르바이잔을 점령하니 그가 곧 이스마일 1세(1500~1524)이다. 그는 이 지역 제1의 도시 타브리즈를 점령하여 수도로 삼고 스스로 옛 페르시아제국의 황제 칭호인 샤한샤 Shahanshah(王中王)라 칭하였다. 그는 곧 쉬아파의 전통적 주장을 되풀이했다. 즉 정통 할리파 시대의 처음 세 할리파가 알리의 할리파위를 찬탈한 데 대하여 공개적으로 비방하면서 순니파 이란인을 쉬아파에 개종하도록 강요하였다. 즉 사파위가문은 최초의 평화로운 수피 종단에서 시작하여 후에는 전투적인 종단으로 변하였고 결국 국가를 장악하여 강력한 왕조로 발전하였다.

이스마일 1세(1500~1524)

이스마일왕은 그의 통치기간 중에 다섯 번에 걸친 커다란 전쟁을 치렀다. 1500년에 코카서스 지역의 작은 왕국인 쉬르완 Shirvn군과, 1501년 아자르바이잔의 알완드 Alwand에서 백양조군과, 1503년 후라산주의 수도 마릅 Marv에서 티무르제국을 멸망시킨 우즈베키탄 Uzbekistan의 지도자 무함마드 샤이바니 한 Muhammad Shaibni Khan과, 1514년 타브리즈 근처에서 오스만제국의 술탄 셀림 1세와의 전쟁이다. 처음 네 번의 전쟁에서 승리하여 그는 아자르바이잔, 서남부 이란, 이라크 및 디야르바크르 지역과 동북부 이란을 정복하여 명실공히 옛 페르시아제국의 꿈을 실현하였다. 그러나 다섯 번째 전쟁에서 실패하여 디야르바크르 지역을 오스만제국에 잃었다. 물론 이 지역에 대한 그의 통치권은 명목상이어서 영토적 손실은 미미했지만 이스마일 1세는 여기서 무적無敵이란 그의 신화를 깨뜨려버렸다. 그는 추종자들의 숭배의 대상이 되었으며 심지어 할리파 알리의 화신化身으로 추앙되었기 때문에 이 패배는 그의 위신에 커다란 손상을 가져왔다.

그가 손수 아제리 터키어로 지은 시 속에서 사파위 종단의 키질바쉬와 열두 이맘파 사이의 교리상의 차이점이 발견된다. 즉 당시 터키, 이란 및 시리아 지역의 선교 책자 속에서 할리파 알리는 신神의 화신이란 점과 신자信者간의 평등 사상이 키질바쉬의 교리에 단편적으로나마 엿보이기 때문이다. 그러나 이스마일은 정권을 장악한 후에 점차 정통 열두이맘쉬아파 교리에 접근하였고 행정기구에 노련한 인사를 등용하였다.

그는 전쟁에서 노획한 전리품戰利品을 동료 전사戰士에게 나누어 주었지만 토지 분배에 있어서는 전통적인 논공행상論功行賞식에서 크게 벗어나지 못하였다. 즉 반대파의 재산을 몰수하여 자기의 중요한 추종자에게 그것을 나누어 주는 식이었다. 정권의 안정과 함께 그는 이라크, 시리아, 바레인 등 아랍어를 사용하는 지역의 쉬아파 학자를 불러들여 쉬아 교리를 가르치게 하였다. 그는 점차 자기 본래의 추종세력과는 일정한 거리를 두고 점차 종교적 보수주의 경향을 보이면서 지지세력의 저변확대를 도모하였다.

이 현상을 가장 뚜렷이 가리키는 것은 수피 Sufi란 뜻이 크게 변한 데서 볼 수 있다. 이 말은 사파위 종단의 충실한 추종자와 전사戰士에 대한 명예로운 명칭이었으나 후기後期 사파위조 시대에는 박해받는 이단자를 지칭하게 된 것이다. 그러나 초기 사파위 종단과 정통 쉬아파사이에 사소한 교리상의 차이에도 불구하고 사파위조의 통치가 이란의 종교 및 문화 분야에 가져온 가장 중대한 변화는, 거의 모든 이란인이 열두 이맘 쉬아파로 개종하여 그들의 믿음만이 진정한 이슬람이라 생각하고 이웃의 순니를 열등劣等한 것으로 보게 된 것이다. 아랍인과는 같은 무슬림이지만 인종적으로나 언어가 다르니 믿음도 어딘가 달라야 한다는 순니파 이란인의 잠재 의식 속에 알리 숭앙의식과 열두 이맘 쉬아파 교리가 쉽게 파고 들어 갈 수 있었다. 그 때문에 이스마일 1세의 반反순니 정책은 그만큼 쉽게 일반 대중들에게 받아들여졌다. 이것을 일부 학자는 쉬아를 표방한 이란 민족의식의 발로로 보고 있다.

이스마일 1세는 비록 이란을 정복하여 종교적인 단결을 도모하는데 성공했지만 충성스러운 군대와 안정된 행정체제를 구비具備하는 데는 실패했다. 그의 투르크만 추종자는 행정기구의 고급직위가 정복당한 이란(페르시아)인에게 돌아가자 불만을 갖기 시작했다. 이 불만은 오스만군과의 전투에서 패하자 더욱 뚜렷이 나타났다. 그는 또 중근동의 유목 부족의 자치적 구조를 중앙집권적 국가에 융화시키는 데도 성공을 거두지 못했다.

타흐마습 1세(1524~1576)

그의 아들 타흐마습 Tahmasp 1세(1524~1576)는 10살에 즉위하였다. 그의 오랜 통치기간 중에 키질바쉬 지도층의 점증하는 불만에 직면하여 내란의 소용돌이를 여러 번 겪었다. 무력武力으로 국왕 Shah을 지원한 유목 부족의 지도자는 영지領地를 받았다. 이론상으로 보면 이 영지의 수입은 군복무에 대한 보상이어서 복무를 그만두면 국가에 귀속되는 것이었으나 실제로 이 영지는 세습 재산이 되었기 때문에 중앙 정부의 권위가 미칠 수 없었다.

사파위조는 전적으로 여러 투르크만의 유목 부족 단위로 구성된 군대가 그 권력의 바탕이 되었기 때문에 흑·백양조黑·白羊朝의 경우처럼 투르크만 부족의 연합체적인 성격을 띠고 있었다. 즉 사파위조의 권력구조를 들여다 보면 행정기구는 페르시아인의 손에, 군은 투르크만인의 손에, 종교기구는 울라마의 손에 쥐어져 있었다. 그러나 가장 핵심적인 세력은 곧 군을 장악하고 있는 투르크만의 부족 지도자들이었다. 그래서 타흐마습 1세는 장성하자 투르크만의 영향권에서 다소 벗어나고 또 오스만군의 침입을 피하기 위해서 투르크만 지역인 아자르바인잔의 타브리즈에서 수도를 현 테헤란 서쪽에 있는 카즈윈 Qazwin으로 1535년에 옮겼다. 그때까지 키질바쉬는 어린 타흐마습의 권한을 대행한 것이다.

사파위조는 그 시초부터 신정적神政的인 정부 형태를 가지고 있었다. 그래서 국가의 정치와 종교 분야간에 아무런 구별이 없었다. 최고위관료는 와킬 Wakil(대리인)이라 하여 정치와 종교의 기능에 있어서 국왕을 대행代行하였다. 아미르 알 우마라 Amir al-Umara' (사령관 중의 사령관)라 불리우는 군의 총사령관은 곧 키질바쉬단團의 여러 부족군軍을 이끌었다. 이 두 최고 국가 요직은 키질바쉬 출신에게 돌아갔으며 또 초기에는 이 두 요직을 한 사람이 담당하였다. 이스마일 1세가 1524년에 죽은 후 거의 10년 동안 이 요직을 놓고 키질바쉬단의 여러 부족 세력은 서로 싸워 내란을 방불케 했다. 중요한 투르크만 부족은 루물루 Rumlu, 탁칼루 Takklu 및 우스타즐루 Ustajlu 등이었다. 나머지 두 요직은 전통적 이슬람 국가의 행정기구를 관장하는 와지르 wazir직과 종교 기구를 관장하는 사드르 Sadr(지도자)직이었다. 이 두 요직은 페르시아인이 맡았다. 초기의 와지르는 와킬과 아미르 알 우마라의 간섭을 받아 그권한이 제한되었다.

타흐마습 1세에 대한 기록은 모두 그를 나쁘게 평가하고 있으나, 그의 52년에 걸친 오랜 통치기간 중에 키질바쉬의 권력다툼을 극복하고 또 서쪽의 오스만군과 동북쪽의 우즈벡 Uzbeg군을 여러 번 물리쳤고, 또 동생들의 음모를 단호하게 처리한 것을 보면 그는 끈기있고 강한 성격의 소유자인 것으로 보인다. 그에 대한 나쁜 기록은 주로 그의 인색한 성격 때문인 것 같다. 그는 심지어 자기 가족의 옷도 바자르 baazar(시장)에 내다 팔았다고 한다.

사파위조의 황금기—압바스 1세(1588~1629)

1576년 타흐마습이 죽자 계승권을 놓고 여러 왕자들이 다투어 10여년에 걸친 내란에 들어갔으나 결국 손자 샤 압바스 Shah ʻAbbas 1세(1588~1629)가 등장하여 종식되었다. 압바스 1세는 대왕大王으로 불릴 정도로 이란의 명군名君에 꼽히는데 주로 그의 정복과 과감한 내정 개혁에 기인한다. 그는 전쟁과 협상의 양면작전을 통하여 타흐마습 1세 때 잃어버린 이라크와 아프가니스탄을 회복시켰다. 또 실질적으로 독자적인 행정을 하고 있었던 투르크만 부족을 굴복시켰고 나아가서 키질바쉬의 세력을 근절시켰다.

그는 목적을 추진하기 위해서 오스만제국의 예니체리군軍을 모방하여 군부대를 포병, 보병 및 기병騎兵으로 나누어 조직하고, 타흐마습 1세가 그루지아 Georgia와 아르메니아에서 포로로 잡아 온 그리스도교 소년을 이슬람에 개종시킨 후 노예군 ghulam으로 양성하여 군의 핵심으로 만들었다. 또 투르크만족의 세력을 약화시키기 위해서 그들의 일부를 고향인 북부에서 남부로 이주시키는 등의 분산 정책을 강행하였으며 왕위에 대한 도전을 제거하기 위해 자신의 4형제를 장님으로 만들고 장성한 장남 사피 미르자 Safi Mirza를 죽여 정권의 안정을 도모했다. 그러나 압바스 대왕의 업적은 정복보다 문화와 경제 분야에서 더욱 두드러진다. 우선 1579년에 수도를 카즈윈 보다 더 제국의 중앙부에 위치하고 페르시아어를 사용하는 이스파한으로 옮겼다. 이곳에 건축가와 공예인을 동원하여 우아한 건물을 지어 세계에서 가장 아름다운 도시로 만들었다. 그 결과 "이스파한은 세계의 반"이라는 말이 나올 정도로 잘 꾸며서 오늘날까지 그 모습이 남아 있다. 압바스 대왕은 이란과 유럽과의 무역관계를 강화하기 위해서 유럽의 상인과 카톨릭 선교사가 이스파한에 정착하는 것을 허용하였다. 선교사가 무슬림에게 선교하는 것은 이슬람 성법에 어긋나기 때문에 허용되지 않았으나 다른 교도에게는 가능했다.

무역 활동을 강화시키려고 아르메니아의 줄파 Julfa시의 비단장사를 이스파한에 이주移住시켜 신新줄파라는 구역區域에 영주永住시켰다. 그들은 상당한 정도의 자치권을 얻었고, 세금의 특혜 및 신앙의 자유도 주어 국제 비단 무역의 중심을 줄파에서 이스파한으로 옮기게 하였다. 이 목적을 달성하기 위해 정부 수요에 필요한 비단은 모두 이들로부터 구입하게 하고 베니스를 비롯한 유럽의 도시에서 상인을 파견하여 교역交易관계를 맺으려고 노력했다.

이러한 조치를 취한 그의 또 다른 목적은 코카서스의 그루지아, 아르메니아 및 서카시아 Circassia인을 대량 이스파한에 이주시켜 그들의 청소년으로 하여금 오직 왕에게만 충성하는 노예군의 충원을 용이하게 만드는 데 있었다. 궁극적으로 자기 부족에게 충성심이 먼저 향하는 투르크만이나 페르시아인으로 구성된 군대에 대한 불신不信과 또 터키족과 페르시아족의 적대관계에서 일어나는 폐단을 제거하기 위해서였다. 물론 경제적인 목적도 포함되어 있었다. 더구나 이윤이 예상되는 제조업에는 정부가 투자하여 재산과 경제력을 길러 독점하였으나 반면에 민간인의 제조업 참여를 금하여 그 발전을 저해하였다. 한편 군지도자의 영지領地에 대해서 별다른 개혁을 단행하지 않았다. 종래에 키질바쉬 부족 지도자에게 하사한 것과 같이 코카서스 출신의 노예군 지도자에게도 영지를 주어 세습화시킴으로써 압바스 대왕의 사후死後에 군 지도자에 대한 중앙정부의 통제권이 제약받게 되었다. 더구나 그와 후계자는 울라마 등의 종교지도자에게도 영지를 주고 또 와크프waqf(페르시아어 Vaqf) 토지에 대한 감면세減免稅의 혜택을 주었으므로 그들의 영향력은 점차 강화되어서 나중에 커다란 화근이 되었다.

사파위조朝 치하의 사회상

국가세입의 주원천主源泉은 토지세였고 그 외에도 도시민都市民의 무역에 대한 세금과 소득세가 있었다. 토지세는 소작인이 대부분인 농민에게 부과되었고 현물現物로 징수되었다. 소수의 농민만이 토지를 소유하여 현금으로 납세納稅하였다. 물론 토지 경작에 관한 자료는 희귀하지만 생산 요소要素는 토지, 물, 씨앗, 농우農牛 및 노동 등 대체로 다섯 가지였고, 지역에 따라서 각 요소의 제공에 대한 대가代價는 차이가 있었다. 17세기 프랑스의 여행가 샤르댕 Chardin에 따르면 농민은 수확의 약 3분의 2를 차지하고 나머지를 지주에게 바쳐 그 수탈이 지독했다고 하나 그래도 당시 유럽의 농민보다는 좋은 편이라고 기록하고 있다.

압바스 대왕이 무역과 제조업을 정책적으로 지원한 결과 도시의 소기업인과 공예인의 수는 증가하였지만 장인조합 guild같은 것은 형성되지 않았다. 그러나 20세기 들어와서 이들과 종교지도자가 결합하여 정치적인 역할을 하게 된 것은 사파위조 시대에서 그 기원起源이 유래한 것이다. 15세기 이후의 이란을 두루 여행한 유럽 탐험가의 기록에 따르면 이란 여성은 대부분 차도르 chador(여자들이 몸을 가리는 너울 종류)를 입지 않았다고 기록하고 있으며 울라마의 세력이 압도적인 19세기에 차도르의 유행이 매우 성했지만 얼굴의 아랫 부분만 가리웠고 그것도 도시의 여성에 한했으며 농촌에는 전혀 차도르가 보급되지 않았다. 그 원인이 이란인의 전통 관습 때문인지 여부는 아직 잘 밝혀지고 있지 않다.

압바스 1세의 중앙집권적 개혁은 처형된 장남의 아들인 샤 사피 Shah

Safi 1세(1629~1642)에 의하여 계속 추진되었다. 이 개혁은 왕권의 강화와 지도층 인사의 권한을 축소시키는 데 있었으므로 지도층은 이를 달갑게 생각하지 않았다. 더구나 압바스 1세는 왕위에 오를 때 수많은 난관을 돌파하고 많은 친척을 제거한 뒤에, 심지어 자기의 아버지인 술탄 무함마드 샤 Sultan Muhammad Shah(1578~1588)까지 제거한 일이 있었고, 등극한 뒤에도 형제와 장남을 처형한 적이 있었다. 이러한 비극을 되풀이 하지 않기 위해서 왕자들이 책임 있는 직위를 맡지 못하도록 하고 오직 하렘 harem에서만 지내게 하였다. 그 결과 아무런 행정 경험도 없이 왕위를 계승하게 되었다.

그러나 당시 투르크만족은 부족 단위의 생활을 하였고 문화 수준이 비교적 높은 페르시아족도 그 총인구의 3분의 2 이상이 유목 부족이었다. 유목 부족의 중앙 정부에 대한 지원은 언제나 일시적이고 또 부대조건附帶條件에 따라 결정되었다. 한편 그들은 신속한 기동력, 부족 연대 의식 및 강력한 군사력을 지녔기 때문에 정착민에 대해 강한 영향력을 행사하고 있었다. 따라서 허약한 군주는 이들을 다스리기 힘들었다. 더구나 이란의 지형은 고원高原이고 여러 농경 지역은 서로 너무나 멀리 떨어져 있고, 또 배가 다닐 수 있는 강도 없었기 때문에 중앙정부의 권위를 장기간 유지하기가 힘겨웠다.

사파위조朝의 쇠망

사파위조의 쇠퇴도 그 이전의 다른 왕조처럼 지방의 토후가 자기의 근거지에서 독자적인 권위를 행사하여 중앙 정부의 납세 요구를 거절하고 예하 농민을 응징의 두려움도 없이 안심하고 수탈할 때 나타난 것이다. 한 토후의 자주권 확립은 중앙 정부의 입장에서 보면 그 만큼 세입의 손실을 의미하며 이를 보충하기 위해서 그 권위가 아직 미치는 지역에 대한 세금의 인상을 단행하든지 세출 규모를 축소하지 않을 수 없었다. 그러나 중앙 정부는 대체로 세금의 인상을 택하였다. 그 결과 농민은 더욱 가난해지고 생산의욕을 상실하게 되어 농업 생산량의 감소로 악순환되었다.

또 유목 부족을 통제할 수 없다는 것은 곧 그들의 자유방종을 의미하여 농경민에 대해 약탈을 자행한다는 뜻이다

비록 비단, 양탄자 및 도자기 등은 17세기 동안에 줄곧 유럽에 수출되었지만 압바스 1세의 후계자는 수출 진흥정책을 계속 밀고 나가지 않아 점차 쇠퇴하기 시작했다. 압바스 대왕의 후계자 가운데 사피 Safi 1세와 사피 2세(1666~1694)는 잔학성과 무능이 두드러졌다. 단지 압바스 'Abbas 2세(1642~1666)는 정력적이고 유능한 통치자였으나 그가 다시 애써 이룩한 중앙 정부의 권위는 그의 죽음과 함께 끝이 났다. 그러나 이들의 통치시대에 다행히 외부의 침입이 대단치 않았기 때문에 이란의 국토는 온전하게 보전되었다. 그래서 국왕의 위광威光, 호화로운 의식 및 수도 이스파한의 일반 생활은 여전하였지만 그의 권한과 그 위력은 점차 시들기 시작했다.

통치자의 위력 약화는 상대적으로 울라마의 권위를 강화시켰다. 원래 울라마의 재산과 권위는 사파위 통치자의 은총에 힘입었다. 그러나 울라마가 점차 그들의 재산과 영향력이 증가함에 따라 스스로 열두 이맘 쉬아파를 대표하기 시작했다. 열두 이맘파의 교리에 따르면 열두번째 이맘은 죽지 않고 숨어 있어서 언젠가 구세주가 되어 돌아오며 그때까지 정권은 숨은 이맘의 의사를 가장 잘 풀이할 수 있는 사람, 즉 울라마에게 속한다는 것이다(上記 참조). 즉 울라마는 숨은 이맘이 돌아올 때까지 이슬람 공동체를 온전하게 보전해야 하는 사명감을 지니고 있었기 때문에 그들은 사파위조의 후기 통치자에게는 무서운 압력 집단이 되었다.

이것은 마치 역사의 장난인 것 같다. 쉬아 울라마의 재산, 지위, 심지어 그 존재 자체도 사파위 통치자의 덕이었지만 후에 그들은 군주의 권력에 정면으로 대결하여 때때로 그 정책의 변경을 강요할 정도의 막강한 세력으로 성장하였다. 실질적 군주로서의 권한을 최후로 행사한 후세인 1세(1694~1722)는 선조와는 달리 그 신앙심이 독실하여 쉬아 울라마의 영향 아래 빠져서 비무슬림, 수피 추종자 및 다른 이슬람 종파에게 박해를 가했다. 더구나 그는 군에 대한 관심이 적어서 사파위조의 종말을 한층 더 앞당겼다.

사파위조朝 시대의 문화

사파위조 시대의 문화활동은 수수께끼 같은 인상을 주고 있다. 건축, 철학 및 신학 분야는 장족長足의 발전을 이루었지만 전통적인 페르시아인의 예술인 시문학詩文學은 그 양과 질적인 면에서 보잘 것 없었다. 물론 이 시대의 시는 그 형태에 다소 다듬질이 이루어졌으나 그 이전의 작품, 즉 사아디 Sa'di(1292년 죽음)나 하피즈 Hafiz(1390년 죽음)의 작품과는 비교가 되지 않았다. 이 현상은 이란의 대시인을 배출한 수피 신앙과 그 종단을 억압했고 또 유능한 시인은 대체로 인도의 무갈조 Mughal朝(1526~1858)에 몰려들었기 때문이다. 인도와 이란에서 활동한 사입 Sa'ib (1676년 죽음)은 소위 인도풍의 시를 쓴 대표적 시인이다.

열두 이맘 쉬아파가 역사상 처음으로 이란과 같은 큰 이슬람 국가의 지원을 받게 되자 학교를 세워서 아동 및 청소년의 신학 교육을 전달하였기 때문에 쉬아교리의 발전은 눈부셨다. 저명한 신학자 무함마드 타기 알 마즐리시 Muhammad Taqi al-Majlisi(1658년 죽음)는 쉬아파의 하디스 Hadith(예언자 무함마드의 언행록)를 수집하였고 그의 아들 무함마드 바키르 알 마즐리시 Muhammad Baqir al-Majlisi(1700년 죽음)도 많은 신학 논문을 썼다. 또 그는 독실한 후세인 1세에게 커다란 영향력을 발휘하여 순니파, 수피 추종자 및 철학자를 박해했기 때문에 악명惡名이 높았다.

철학자들은 때때로 박해를 입었지만 대체로 권장되어 아리스토텔레스 및 신플라톤학파 등의 그리스 철학과 전통적인 이슬람 및 페르시아 철학을 이슬람 신학과 융합하여 사파위 시대에 황금기를 이루었다. 이 현상은 동시대의 오스만 세계가 철학을 억압한 정책과는 매우 대조적이었다. 대표적 철학자 겸 신학자로서는 미르 다마드 Mir Damad와 물라 사드라 Mulla Sadra[1]등이 있다. 그들의 사상은 쉬아 교리, 신비주의 및 신플라톤학파의 합리주의 등과 조화시켜 쿠란과 쉬아파 저서에 합리주의를 적

1) Mujtahid, 즉 학문의 높은 경지에 도달하려 애쓰는 사람이라는 원의에서 이슬람성법을 독자적으로 해석할 수 있는 권위자를 뜻하게 됨.

용하여 해석하였다. 쉬아파 신학은 이시대에 점차 독자적 교리 해석가, 즉 무즈타히드[1]의 권위를 강화시켜 심지어 숨은 이맘의 합법적 후계자는 국왕이 아니고 그들 자신이라는 주장이 나오게 되었다.

순니파는 무즈타히드란 칭호를 4법학파의 창시자(上記 참조)와 그의 수제자 몇 명에게 주고 있다. 그 후에는 울라마 가운데 이 최고의 영예를 얻은 이는 거의 없다. 반면에 쉬아파 가운데 즉 이란에서는 오늘날 계속해서 이 영예를 얻은 신학자가 많다. 이 칭호는 권력자의 임명에서보다 울라마들의 일반적인 공인公認에 의하여 저명한 신학자에게 주어진다. 따라서 사파위조의 후기에는 통치자가 임명한 종교 지도자, 즉 사드르 Sadr와 무즈타히드는 서로 대립관계에 들어간 적도 있었으나 점차 무즈타히드의 세력이 강화되어 갔다.

18세기의 이란

사파위조의 후기에 유럽은 산업혁명과 지리상의 발견 등으로 이란과의 무역에서 손을 떼자 정치적으로 불안정한 이란은 그 영향을 받아 심각한 경제적 난관에 봉착했다. 즉 비단, 양탄자 등의 생산이 줄어들었다. 또 지방 호족과 유목 부족장의 세력이 강화됨으로써 중앙 정부는 재정위기를 맞게 되어 이를 극복하려고 관할권이 미치는 지역의 농민에게 과세를 대폭 증가하였으나 제대로 징수되지 않았다. 그래서 후세인 1세는 세입 증가와 열두 이맘파 교리의 강화를 통하여 중앙 정부의 권위를 회복하려 안간힘을 썼으나 그 결과는 오히려 서민층의 불만을 받게 되어 반란만 조장助長했을 뿐이다.

이렇게 약화된 중앙 정부에 마지막 쐐기를 박은 것은 아프간 부족의 침략이었다. 후세인 1세로부터 아프가니스탄의 칸다하르 Qandahar 주지사로 인정받아 후세인 쿨리 한 Husain Quli Khan(후세인의 종)이라는 칭호를 얻은 마흐무드 Mahmud (1779년 죽음)는 1722년 갈자이 Ghalzay 부족군軍을 이끌고 수도 이스파한을 점령하여 약탈을 자행하니 이란은 다시 전국戰國시대에 들어갔다. 그러나 투르크만족의 강력한 압사르 Afshar 부족 출신의 나드르 한 Nadir Khan은 사파위 왕자의 이름으로 이란군을 재집합시켜 아프간 침략군에 대항하여 1729년에 이스파한에서 그들을 몰아내었다.

1639년에 맺은 국경조약을 그때까지 잘 준수해 온 오스만군은 이란의 혼란한 틈을 타서 러시아와 더불어 사파위조의 서북 영토인 코카서스 지역과 아자르바이잔 지역을 분할하였다. 이에 나디르 한은 이 실지失地를 회복하여 그의 권위를 더욱 높였고 1736년에 허수아비인 사파위조의 압바스 3세를 폐위시키고 스스로 나디르 샤 Nadir Shah란 칭호 아래 왕위에 올랐다. 그의 권력은 부족장의 지원에 힘 입었으며 계속 침략정책을 추진하여 아프가니스탄을 정복하고 인도에 약탈원정까지 감행하여 1739년에는 델리도 점령하였다.

그의 성공적인 정복에도 불구하고 거대한 군대를 유지하기 위해서 과세를 증가시키고 또 무절제한 정책 때문에 일반 시민의 불만은 점증하였다. 더구나 순니 이슬람 지역의 정복을 용이하게 만들려고 그는 순니와 쉬아파의 분열을 극복하려는 시도에서 순니의 4법학파(上記 참조)에다 열두 이맘 쉬아파를 순니파의 다섯번째 법학파로 선언하고 순니에서 이단으로 생각하는 요소를 열두 이맘파의 교리와 의식에서 제거하여 버렸다. 이 정책을 수행하기 위해서 사파위조의 재건再建에 동정적인 열두 이맘파 울라마를 억압하고 종교재단의 재산을 몰수하여 독실한 쉬아 신자들의 불만만 쌓게 되었다.

그는 국가의 바탕인 강력한 행정기구와 조세제도의 확립에 등한했기 때문에 1747년에 암살당하자 그의 제국은 지속되지 못하고 오직 본거지인 후라산에서만 약 반 세기간 더 지방 왕조로 존속하였다. 그의 죽음과 함께 이란은 다시 부족장과 군 지휘관의 권력다툼의 무대로 변하였다. 그러나 10년간에 걸친 혼란의 소용돌이 속에서 카림 한 잔드 Karim Khan Zand(1779년 죽음)가 경쟁자를 물리치고 1758년에 이란을 통일하여 본거지인 쉬라즈 Shiraz에서 그의 사망시까지 통치하여 일시적인 평온을 되찾았다. 이 잔드가문은 700년간에 걸친 터키족과 몽고족의 이란 통치 이후 최초로 정권을 잡은 페르시아인의 왕조였다. 더구나 카림 한은 무역 및 농업 정책을 통하여 경제 발전을 도모하였고 또 수도 쉬라즈에 많은 건물을 지어 이 도시는 오늘날까지 옛 모습을 지니고 있다. 그는 샤 대신 와킬 wakil(副王)이란 칭호를 사용하였다. 또 궁성 내에 그와 권력 다툼을 벌일 만한 경쟁자의 아들을 볼모로 잡아 두고 있었다.

그들 가운데 아가 무함마드 Agha Muhammad란 이름의 볼모는 북부 이란의 마젠다란 Mazedaran에 근거지를 둔 투르크만계의 카자르 Qajar 부족 출신이었다. 그는 카림 한이 죽어 어수선한 틈을 타서 자기의 고향으로 도망하여 북부의 여러 부족을 단합하여 원정에 나섰다. 먼저 이스파한에서 잔드군을 몰아내고 작은 마을인 테헤란을 1789년에 수도로 삼았다. 잔드가의 마지막 통치자인 루트프 알리 Lutf ʻAli(1789~1794)는 예하 장수 하지 이브라힘 Hajji Ibrahim의 배신으로 쉬라즈를 빼앗기니 이란은 카자르조 Qazar朝(1780~1924)의 통치 아래 다시 통일되었다. 루프트 알리는 키르만 Kirman으로 도망하여 한동안 머물렀으나, 1794년 아가 무함마드에게 패하여 포로가 되어 곧 눈멀게 되고, 그의 추종자 2만 명도 같은 운명을 당했고 여자들은 모두 카자르군의 노예로 끌려갔다고 한다. 이 같은 잔악한 행위로 키르만은 카자르 통치 기간 중에 반란의 중심지가 되었다.

카자르조朝(1794~1924)의 등장

이란의 북부에서 온 카자르군의 승리는 곧 북부의 경제적 독립성과 남부의 경제적 쇠퇴를 보여 주고 있다. 즉 16, 7세기에는 서구西歐로 가는 통상로는 페르시아만을 거쳤으나 18세기부터 지리상의 대발견으로 그 중요성이 사라졌다. 반면에 북부는 러시아의 발전과 함께 교역交易도 번성하게 되었다. 또 비교적 풍부한 수자원水資源의 이용 기술이 발달하여 북부의 농업도 번성하게 되어 북부 우위 현상은 오늘날까지 지속되었다. 남부를 평정한 아가 무함마드는 나디르 샤가 죽은 후 독립한 코카서스 지역에 관심을 옮겨 1795년에 이 지역을 다시 평정하고 다음해에 샤안샤 Shahanshah, 즉 왕중왕王中王이란 전통적 옛 페르시아 황제의 칭호로 즉위하였다. 그후 나디르 샤의 후손이 장악하고 있었던 후라산 지역을 정복한 후 1797년 자기가 사형선고를 내린 하인의 손에 암살당했다.

그의 후계자로 조카인 파트 알리 Fath 'Ali(1797~1834)가 왕위에 올랐다. 그의 통치 기간은 서방문물의 이란 진출과 외국의 이란 내정간섭으로 특정지워졌다. 먼저 나폴레옹 1세의 프랑스가 통상관계 강화와 또 그 영향권 밖에 있는 러시아를 견제할 목적으로 사절단을 이란에 파견하였다. 또 이에 대항하기 위해 나폴레옹의 적국인 영국도 이란에 사절단을 파견하여, 보호령 인도를 괴롭히는 아프가니스탄의 부족 세력을 약화시킬 공동대책을 마련하기 위해 1801년에 군사 및 무역협정을 체결하였다. 한편 러시아는 남하 정책을 강화하여 코카서스를 1801년과 1804년에 침입하여 그루지아를 점령하였으나, 영국은 러시아와의 대 나폴레옹 군사 조약 때문에 이란에 대한 원조가 불가능하자, 이란 정부는 위기를 타개하기 위해 프랑스와 동맹관계를 맺고 그 조건으로 영국과 외교관계를 단절하게 되었다. 그러나 프랑스가 다시 1807년에 러시아와 틸시트 Tilsit에서 조약을 맺어 그 동맹국이 되어서 이란에 대한 군사 원조를 중단하자, 이란은 다시 영국에 구원의 손을 내밀지 않을 수 없었다.

결국 나폴레옹이 영국에 대해 대륙봉쇄령을 내리고 러시아가 이를 위반하자, 1812년에 러시아 원정에 나서서 영국과 러시아는 다시 동맹국가가 되었다. 이란은 다시 그 영향을 받게 되어 영국의 주선으로 1813년에 굴리스탄 Gulistan 조약을 체결하여 양국 관계의 개선을 도모하였다. 이 조약에 의하여 이란은 코카서스 지역의 태반을 러시아에게 양도하였다. 이렇게 이란은 서방 열강 상호간의 변화무쌍한 관계에 따라 춤추어야 하는 서글픈 처지에 놓이게 되었다.

한편 이란은 수차에 걸친 러시아와의 전쟁과 외국과의 관계에서 국내 행정 개혁의 필요성을 일부 지도층이 실감했다. 그 대표적 인사가 태자太子 압바스 미르자 'Abbas Mirza(1789~1833)였다. 그는 러시아와 국경을 나눈 아자르바이잔주의 지사로 있으면서, 서구의 교관을 초대하여 그 방식에 따라 군을 재조직하고 서구로 유학생을 보냈다. 그러나 보수 지도층은 이 개혁이 그들의 이해관계를 위협한다고 생각하여 반대하였으므로, 파트 알리 샤도 아자르바이잔 지역 외의 다른 지역에 이 개혁안을 도입할 수 없었다. 그러나 울라마를 중심으로 한 보수세력은 코카서스 지역의 실지 회복 운동을 벌여 국왕은 부득이 1826년 러시아를 공격하였으나 참패당하여, 1828년 터르크만차이 Turkmanchai조약에서 코카서스의 전 영토를 잃고 상당한 액수의 손해 배상금 지불과 또 이란 영내의 러시아 시민에 대한 치외법권을 허용하게 되었다. 더구나 1833년 압바스 미르자 태자가 죽자 개혁운동은 심각한 타격을 받았으며, 또 그 이듬해 파트 알리 샤가 사망하자 왕위계승권을 둘러싸고 권력다툼이 심각했다. 결국 영국의 도움으로 압바스 미르자의 아들 무함마드가 왕이 되니 곧 무함마드 샤 Muhammad Shah(1834~1848)이다. 그도 개혁에는 별로 관심이 없었다.

바비운동

무함마드 샤의 통치기간 중에 서구의 영향은 더욱 강화되었고 또 국내로는 종파 전쟁으로 어지러워졌다. 1840년 이스마일파(즉 일곱 이맘파. 上記 참조)의 지도자 하산 알리 샤 Hasan 'Ali Shah가 남부 이란에서 반란을 일으켰으나 실패하자 추종자와 함께 인도로 망명하였다. 그는 후에 세습적인 아가 한 Agha Khan이란 칭호를 사용하였다.

이 반란보다 더욱 위험한 것이 바비 Babi 운동이었다. 이 운동의 지도자 사이드 알리 무함마드 Sayyid 'Ali Muhammad(1850년 죽음)는 열두 이맘파의 극단적인 분파인 샤이히 Shaikhi파의 추종자였다. 이 파는 열두번째 이맘이 숨어 있는 동안 그 추종자와 항상 중개인을 통하여 관계를 맺고 있다는 교리를 지니고 있었다. 사이드 알리 무함마드는 1844년 자신이 바로 이 중개인, 곧 밥 bab(門)이라 하여 숨은 이맘을 따르는 자는 모두 자기를 통해서만 접촉이 가능하다고 주장하였다. 그의 추종자 babi는 1848~1852년 사이에 전국적으로 반란을 일으켰으나 결국 섬멸되었다. 이 바비파는 사회적 평등, 여성과 어린이의 지위 개선, 사유재산의 불가침, 통상과 경제 분야의 장애요소 제거, 조세 감면 및 형벌 완화 등을 주장하여 많은 추종자를 얻었다.

한편 1848년 무함마드 샤가 사망하자 영국과 러시아는 다시 이란내정에 간섭하여 젊은 나시룻 딘 Nasir al-Din(1848~1896)은 어려움 없이 왕위에 올랐다. 젊은 국왕은 바비들의 반란을 진압하고 그 지도자 사이드 알리 무함마드를 사형에 처했다. 그의 사후死後에 추종자들은 둘로 갈라져 그의 두 아들 수브헤 아잘 Subh-i-Azal(영원한 여명)과 바하울라 Baha'ullah(신의 섬광)를 각각 밥의 계승자로 받들었다. 전자의 추종자는 아잘리 Azali라 하며 그 수가 후자의 추종자, 즉 바하이 Baha'i보다 훨씬 적다. 바하울라는 스스로 예언자라 주장하였다. 이 두 파는 19세기 후반기에 지하에서 활동하였고 바하이파는 우리 나라에도 선교단을 근년에 파견하고 있다.

19세기 후반기의 카자르조朝

나시룻 딘의 재상宰相인 미르자 타키 한 Mirza Taqi Khan(1848~1851재직)은 매우 유능한 인재人才였다. 그는 이란과 터키 국경 조정위원회의 이란측 대표로 활약하였기 때문에 터키의 탄지마트 Tanzimat(개혁)운동에 감명을 받아 행정 및 군조직의 개혁에 착수하였다. 먼저 군을 서구식에 따라 재조직하고 군사교육과 훈련을 강화하였다. 또 전쟁과 반란의 진압, 외국 무기의 수입 및 서구 사치 제품의 소비 등으로 인해 핍박한 국가 재정을 개선하기 위해서, 연금과 기타 국가의 혜택을 받는 전직 고관前職 高官과 전직 고위 성직자聖職者의 수를 대폭 감소하고, 또 수많은 현지 부족 지도층이나 군 지도자들의 영지領地를 중앙정부 소속으로 전환시켰고, 그들에게 연금을 대신 주었다. 고관대작들은 이에 불만을 품었으나 바비 반란의 창궐기간 중에 참고 기다리다 소탕되자 재상의 제거 작업에 착수하여 결국 살해하였다.

카자르 시대의 토후土侯, 대지주大地主, 궁정 관료 및 울라마 등의 세력은 이웃인 오스만제국과 이집트에서 보다는 훨씬 더 강력하여 개혁은 더욱 어려웠다. 이란의 영토가 비교적 온전하게 보전된 것은 영국의 인도 보호정책과 러시아의 남하정책이 이란에서 충돌하여 서로 견제되었기 때문이다. 따라서 국왕은 보수 세력을 꺾고 개혁을 단행하려는 결심이 제대로 서지 않았다.

카자르조는 초창기부터 세입 및 세출 체계가 정비되지 않아 관료행정 자체도 미숙한 상태였다. 따라서 급료를 정기적으로 받는 관료체제도 확립되지 않았다. 그래서 주지사직을 경매에 붙여서 입찰을 보게 하여 국가 세입을 충당하였다. 각 주지사도 역시 관할 아래 있는 하위 직위를 경매하여 그 지출을 메우고 이익을 추구하여 결국 실제 조세를 징수하는 관료직까지 같은 방법으로 경매하였다. 즉 관료는 국가 기구에 일정한 금액을 납부해야 하나 자기 직위에 대한 보장 기간도 없었기 때문에 짧은 기간 내에 가능한 한 손해를 보지 않고 많은 수익을 올리기 위해서 대중을 수탈하지 않을 수 없었다. 토후나 부족장이 지배하는 지역에서 외국과의 전쟁시나 또 토후나 부족장의 반란을 예방하기 위해서 그들의 협조가 필요했기 때문에 국왕은 그들의 거점 영역에 대한 통치가 점차 허약해졌다.

한편 유럽 여러 나라와의 무역량이 증가되어서 이란 경제는 이에 적응하면서 구조적 변형을 겪게 되었다. 물론 이란의 특산품인 양탄자의 수출이 증가되었지만 이란 시장은 유럽의 값싼 공업 제품으로 범람하게 되어 수공업 생산업자는 커다란 타격을 입었다. 그러나 이란의 농산물農產物 즉 면화, 과일 땅콩류類 및 아편 등에 대한 수요가 유럽에서 증가되었기 때문에 대지주는 물론 도시의 중산층도 농토에 대한 투자와 간섭이 증가되어 농민의 지위는 더욱 약화되었다. 따라서 카자르조에 대한 불만은 더욱 고조高調되었으나 영국과 러시아는 다루기 쉬운 이 왕조를 계속 지지했기 때문에 그 명맥을 지탱할 수 있었다. 더구나 이 왕조의 관료들은 직위를 돈으로 매입買入하였기 때문에 그 부패는 극에 달하였다. 또 국제시장에서의 은銀값이 추락되어 은수출국인 이란의 타격은 더욱 컸다.

1860년대에 들어와서 영국의 기업이 처음으로 이란에서 경제적 특권을 획득하였다. 즉 철도 및 전차電車 선로 부설권을 비롯하여 관개 시설권, 광산개발권, 제조공장 건설권과 그 독점권이 부대조건이었다. 결국 이란의 모든 경제적 이권을 외국인에게 넘기는 것이었다. 이 계획을 개혁파 세력이 러시아의 중앙 아시아 진출에 위협을 느껴 그 대응책으로 추진하였으므로 울라마를 중심으로 한 보수 애국세력은 러시아의 지원을 얻어 강력히 반대하여 결국 실패로 돌아갔다. 그러나 1873년 나시룻 딘 샤는 처음으로 유럽을 방문하고 돌아와서 개혁의 필요성을 절실히 느꼈다. 그는 보수세력을 의식하여 과감한 개혁 정책을 단행하지 못하고 우편 통신망의 개선, 도로망 확충과 같은 기술적인 분야에 국한하였다. 1878년 유럽을 두번째 방문한 국왕은 귀국하자 코사크 여단 Cossack Brigade을 창설하여 러시아 장교아래 두었다. 이 여단은 그가 신임할 수 있는 유일한 힘의 바탕이 되었다. 한편 영국은 1888년에 은행 설치권을 얻어 페르시아제국 은행 Imperial Bank of Persia을 설립하여 테헤란에 본점, 지방도시에 지점을 설치하니 이란은 영국과 러시아의 영향 아래 더욱 깊이 빠져 들어갔다.

유럽 열강과의 교접에서 일어난 경제적, 정치적 대변천과 이란의 서구식 개혁에 대한 필요성의 절감切感 때문에 개혁파는 정권장악을 추진하였다. 이들은 주로 공직公職에 몸담고 있어서 해외로 여행을 다녔던 고급관료들이 그 중심 세력이 되었다. 이들 가운데 가장 저명한 인사는 빠리 Paris에서 유학한 아르메니아 출신의 미르자 말캄 한 Mirza Malkam Kahan(1833~1909)이다. 그를 중심으로 한 개혁파는 국가의 독립성에 저해되는 어떠한 협정도 배격하였기 때문에 외세에 의존하는 카자르조의 반대세력으로 간주되어 박해를 받았다. 그러나 페르시아어 신문과 인쇄물을 외국에서 제작하여 국내에 몰래 보냈기 때문에 지식층의 의식변화에 상당한 공헌을 하였다. 한편 본질석으로 서구화에 반대하는 울라마는 카자르조가 초창기와는 달리 19세기말 이후에 들어 와서 종교적 색체를 벗어 났기 때문에 그들의 독자적 활동이 더욱 자유로웠고 전통적인 영향력 분야인 교육과 사법 기구를 장악하여 국내의 개혁조치에 제동을 걸었다. 그러나 양파는 모두 외세의 간섭을 반대하고 또 외세를 업고 있는 나시룻 딘 샤의 정권에 항거하였다.

서방의 영향과 이란의 갈등

1890년부터 1912년 사이에 세속적이나 민족주의적인 개혁파와 울라마 등의 보수파는 이슬람의 각성과 서방에 대한 경계론을 편 범汎이슬람

운동가인 자말웃 딘 알 아프가니 Jamal al-Din al-Afghani(1897년 죽음)의 노력으로 결합되었다. 이 세력은 외국 회사에 대한 국왕의 특허권 양도 정책에 반대하였다. 이 반대 운동은 1890년에 국왕이 한 영국인에게 이란의 담배 재배, 판매 및 수출에 대한 전권全權을 양도했을 때 그 결정에 대하여 쉬아 울라마의 최고 지도자인 하지 미르자 무함마드 하산 쉬라지 Hajji Muhammad Hasan Shirazi는 아프가니의 충고에 따라 국왕에게 이 특허권의 취소를 요구하는 항의문을 전달하였다. 이와 함께 대중 운동이 일어나 1891년 12월에 항의인파抗議人波는 이란 전국을 휩쓸었다. 결국 정부는 영국회사에 손해배상금만 지불하고 이 특허권을 취소하지 않을 수 없었다. 이것이 현대 이란에서 최초로 일어난 성공적인 대중 운동이였다. 그러나 당면 효과는 영국의 영향은 줄어 들고 러시아의 입장이 유리해진 것이다

그후 1896년에 아프가니의 추종자가 즉위 50주년 기념 행사 준비에 바쁜 나시룻 딘 샤를 암살하였다. 그 뒤를 이은 무자파룻 딘 샤 Muzaffar al-Din Shah(1896~1907)는 암살의 배후 조종 여부를 조사하기 위해 당시 이스탄불에 망명 중인 아프가니의 송환을 요구했다. 그러나 오스만 술탄이 이를 거절하여, 오스만제국과 이란의 관계는 한때 긴장상태에 돌입했으나 다음 해 아프가니가 암으로 죽어 이 문제는 해소되었다.

한편 국가의 재정상태가 너무나 곤경에 처하여 벨기에의 재무관리를 불러 1899년에 새로운 세관행정 체제를 만들었다. 그 결과 이란의 세관관리는 일자리를 잃게 되고 또 보다 더 무거운 관세를 지불해야 하는 상인들은 벨기에의 재무관리에 대한 불만이 높았다. 그러나 관세율의 인상만으로는 재정적자財政赤字를 타개할 수 없어 결국 차관을 도입하게 되었다. 그러나 차관을 구할 수 있는 곳은 러시아밖에 없었다. 이 차관은 1900년과 1902년 두 번에 걸쳐 이루어졌으나 그 대여 조건은 이란에 매우 굴욕적이고 또 영국의 지위 약화를 규정하고 있었다. 결국 보수주의적 울라마와 세속적인 개혁 세력은 이 기간에 다시 연합하였다.

이 연합 세력은 1905년에 종결된 로일露日 전쟁에서 일본의 승리와 또 패전에 분격하여 일어난 러시아 내의 혁명적 폭동 때문에 크게 자극받았다. 즉 아시아의 입헌군주국인 일본이 유럽의 절대군주국인 러시아

를 무찔렀으므로 국력 증강의 비결이 입헌제도에 있다고 생각되어 제헌 의회의 선거와 조속한 헌정憲政의 실시를 요구하게 된 것이다. 반대 세력은 쉬아의 전통적인 피난처 bast(정부군이 들어갈 수 없는 聖城, 대체로 이슬람 聖院)를 근거로 하여 항거한 결과 국왕은 1906년 의회 소집에 동의하였다. 1906년 10월에 소집된 제헌의회는 벨기에 헌법을 모형으로 하여 헌법을 제정하였고 임종 직전의 국왕은 이를 재가하지 않을 수 없었다. 한편 영국과 러시아는 1907년에 독일제국의 무력 증강에 위협을 받아 양국의 이해관계가 대립되는 티베트, 아프가니스탄 및 이란 지역에서의 양해를 위해 협정을 체결하였다. 이 협정에 따라 이란은 3등분되어 남부는 영국의, 북부는 러시아의 영향권에 들어갔고 중부는 중립지역이 되었다.

1907년 1월, 무자파룻 딘 샤가 사망한 뒤 그 뒤를 이어 무함마드 알리 샤 Mu- hammad ʻAli Shah(1907~1909)가 즉위하였다. 그는 러시아의 지원을 믿고 헌법을 무시하고 의회를 해산하자 정정政情은 극도로 긴장하였다. 그러나 아자르바이잔을 근거로 한 혁명군과 바흐티야르 Bakhtiyar 부속군이 결합하여 정부군에 내항하여 테헤란에 집결하니 국왕은 왕위를 미성년인 아들 아흐마드 샤 Ahmad Shah(1906~1924)에게 넘기고 러시아로 망명길에 올랐다. 그후 이란은 다시 입헌군주국이 되어 의회 정치를 지속하였으나 종교적인 보수 세력과 진보 세력간의 대립, 부족 세력 상호간의 분쟁 및 어려운 경제 사정 특히 국가의 재정적자 등으로 의회 정치는 제대로 발전되지 못했다.

더구나 이란 정부가 재정체계를 재정립再定立하기 위해서 미국인 윌리암 모르간 슈스터 William Morgan Shuster를 불러 책임을 맡겼다. 이 미국인이 한 영국인을 보좌관으로 등용하자, 러시아는 1907년의 영로英露협정에 따라 북부는 러시아의 영향권에 있으며 이 지역에 임명되는 외국인 관료는 반드시 러시아의 동의가 필요한 것이라 주장하고, 그의 파면을 이란 정부에 요구하면서 1911년에 최후 통첩을 보냈다. 의회가 이를 거절했으나 이란 정부는 이를 받아들이지 않을 수 없어 결국 의회를 해산하였다. 의회는 1914년까지 선출되지 않았으니 1906년의 헌법 혁명의 목표인 의회정치는 실질적으로 끝장난 것이다.

XIV. 민족주의의 등장

이슬람과 민족주의

터키의 민족주의

아랍국가의 민족주의

이란의 민족주의

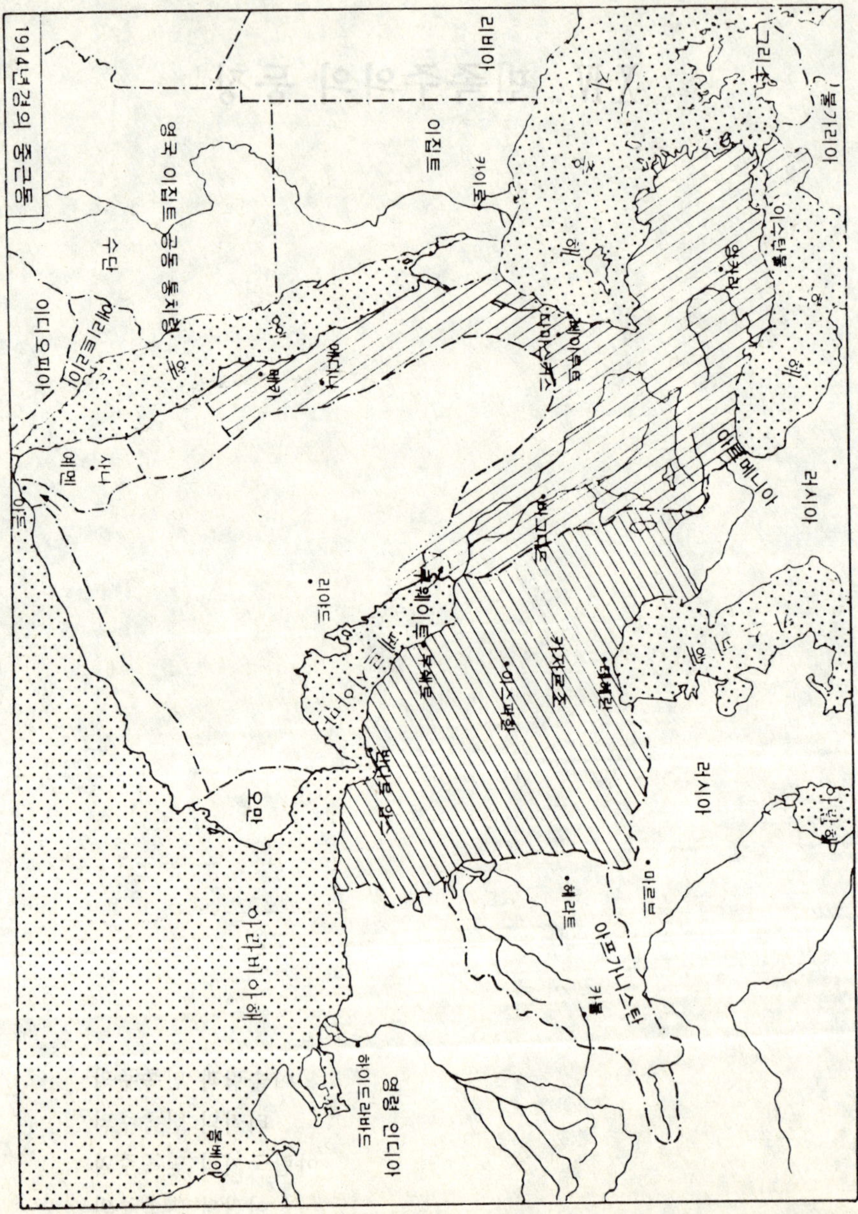
1914년경의 중근동
불가리아
그리스
이스탄불
흑해
러시아
아르메니아
리비아
이집트
카이로
영국 이집트 공동 통치령
수단
이디오피아
에리트리아
홍해
예멘
사나
아덴
메카
메디나
베이루트
다마스쿠스
앙카라
바그다드
쿠웨이트
리야드
부쉬르
이스파한
카자르조
테헤란
오만
아라비아해
메르브
헤라트
아프가니스탄
카불
하이데라바드
영국령 인디아
봄베이

이슬람과 민족주의

자기가 태어난 땅이나 나라를 사랑하자는 애국주의 al-watanyya는 충성심의 한 형태이다. 이것이 서구에서 유행하기 전에 이슬람교도 사이에 이미 알려졌으나 영토와 반드시 연관된 것은 아니었다. 부족공동체의 애국주의는 부족에게 국한되는 좁은 형태의 충성이었고 때때로 '아사비야' 'asabiya[1]로 불려진다.

오늘날 우리나라 사람들에게도 이 현상이 보인다. 특히 특정지역 출신자들의 유대감과 애향심에서 그것이 나타났다. 이슬람은 비록 이러한 지역감정을 완전히 제거하지는 못했지만 신자들의 충성을 좁은 지역적 시야에서 종교적 · 도덕적 가치를 강조하는 더 넓은 시야로 바꿈으로써 새로운 충성 관계를 제시했다. 이슬람은 나라와 인종에 관계없이 그 신자가 되는 것을 인정하고 절대평등의 원칙과 법과 종교의 지상권至上權을 강조하여 여러 잡다한 집단 사이에 유대감을 강조했다. 그래서 신자 개개인은 하나의 위대한 사회공동체, 즉 이슬람공동체 umma와 일체감을 좀 더 의식하게 되었다. 중세의 그리스도교 공화체 Republica Christiana와 같이 '움마'는 대표적인 보편적 공동체였다.

이슬람이 신자간의 유대와 협동을 강조했음에도 불구하고 인종과 문화의 다양성과 유사성을 허용했다. 또한 이슬람역사에도 종교적 동질성 아래서 인종적 갈등이 제거 된 것은 아니었다. 아랍인의 주도권에 대한 非아랍인의 반발이 저변에 깔려 있었다. 아랍인의 '아사비야'는 아랍인의 주도권을 유지하고자 하는 아랍화된 신도들이 지닌 독특한 충성심의 형태로 나타났다. 그들의 반대파, 특히 이란인들은 '슈우비인' Shu'ubiyyin' 즉 '다多민족' 원칙의 주장들이라 불리어졌다. 이러한 내적 분쟁은 이슬람 상부구조 내에 잠재한 민족감정을 드러내는 것이었다. 이슬

---

1) 'asabiya란 실제나 상상 속에서 한 아버지, 즉 한 조상으로부터 유래되었다는 주장에서 오는 부족적 단합의식이다. 아랍 부족간의 분쟁에 있어서 Ibn Khaldun(1332~1406년간에 생존한 사회역사학자)이 결정적 세력으로 묘사한 이 부족 감정은 사회적 단합의 한 형태이다. Ibn Khaldun, Muqaddima〔序論〕, F. Rosenthal의 英譯本(London, 1958), I, pp. 264~265 : II, pp. 302~307.

람의 반反인종주적 교리에 어긋난다고 아랍인들이 비난하던 이란인의 슈우비아는 내재적인 페르시아 민족감정의 한 형태였다. 그것은 풍요한 문화적 전통과 생생한 역사적 기억에서 나와 아랍인의 지배에 완전히 굴복하지 않겠다는 민족적 감정의 발로였다.

이슬람은 자신의 영역에 살았던 다른 종교 체제의 신자에게 개종을 강요하는 어떤 조치도 취하지 않았으나 이슬람 영역의 주거자들의 대다수가 다른 종교로부터 개종하게된 것은 사실이다. 그러나 종교적 소수파는 법률상으로 몇 가지 결격 조항을 감내해야 됨에도 불구하고 종교적 · 시민적 권리를 행사하는 데 있어 같은 시대의 유럽 사회의 소수파에게는 부정되었던 상당한 자유를 누리고 있었다. 이러한 정책을 오스만제국의 술탄들도 계승하여 새로 정복한 동부 유럽에도 적용하였는데, 그 결과 여기서는 그리스도교인들이 계속 다수파로 남게 되었다. 오스만제국은 비무슬림들도 종교적 자유를 상당히 누릴 수 있는 권리를 가진 이슬람 사회의 보편적 성격을 유지했기 때문이다. 오스만제국은 근본적으로 종교 국가였고, 이 제국의 으뜸가는 종족적 · 문화적 집단인 터키인과 아랍인은 아랍 할리파의 후계자로서 손색이 없는 오스만 술탄의 통치 밑에서 정신적 만족감을 느꼈다.

이슬람 세계가 정치적 단위로 나뉘어진 것은 민족주의의 도입을 용이하게 하는 중요한 요소였다. 16세기 이전에 이미 이슬람 세계는 단일국가 형태로부터 지역분권적인 국가 형태로 변천되는 내적 변화를 겪었다. 이러한 변천은 모든 보편적인 제국에 공통된 현상이며 이슬람에 한정된 것은 아니다. 이슬람 정치사상과 제도를 발전, 보급시키려는 조류는 항상 존재하여 왔다. 제국을 유지하기 위해서는 끊임없는 사회적 · 물질적 발전, 즉 부富와 인구와 통신수단의 성장을 요구했기 때문이다. 문명이 제국의 전 영토에 좀 더 획일적으로 퍼짐에 따라 권력의 분산이 균형을 이루는 데 도움이 되었고 국가를 구성하는 여러 행정단위체가 필연적으로 권위를 나누어 가지게 되었다. 그러나 이러한 성장단계에서 제국은 여러 하부단위들의 변방체제로 바뀌거나 독립국가들로 갈라지기가 쉬운 것이다. 하지만 이슬람 세계의 경험이 보여주는 것처럼 지역분권적 제도가 여러 개의 정치단위체로 분화하기 위해서는 대개의 경우 오랜 세월이 필요하였다.

이슬람제국의 지역분권화와 그 궁극적인 분열로 이끈 원심력遠心力의 일부는 정치적 권위가 지리적으로 방대한 지역에 걸쳐 확산되었기 때문이었다. 그러나 지리적 요인만이 이러한 분열의 원인이 될 수는 없었다. 영토적 분열은 내부적 긴장을 집약하는 일련의 사상과 이상들에 의해 설명 내지 합리화되어야 했다. 이러한 이상의 보급과 함께 거대한 정치적 공동체 내의 한 집단이 그 충성심을 철회하도록 작용할 때는 대체로 기존의 국가가 독립된 정치단위들로 갈라지는 경향이 있다. 교리 논쟁의 격화에 따라 분파가 이슬람에서도 때때로 생겨나서 서로 대립하는 종교적·정치적 종파들, 하와리즈파라든가 쉬아파와 기타 분파들을 만들었고 이들은 각각 일정한 지역에 퍼졌다. 이러한 종파의 분열이 항구적인 영토의 분할을 달성하기 위해서는 그전에 권력이 분산되어 별개의 정치 실체를 유지할 수 있는 균형상태를 얻어야만 했다.

16세기 초에 이슬람 세계의 기둥 민족인 아랍, 이란 및 터키족 가운데 터키족이 세운 오스만제국이 점차 세력을 확장하여 소아시아반도와 중동의 아랍인 거주 지역을 통합하였다. 이 오스만제국의 셀림술탄은 정통 순니 이슬람을 주창하면서 1517년에 이집트를 점령하고 허수아비 할리파를 폐위시키고 스스로 술탄-할리파로 자처하여 압바시야조가 1258년에 망한 이후 처음으로 순니 공동체의 최고 지도자가 되었다.

한편 터키계의 아제리 Azeri어를 모어로 상용常用하는 사파위조朝의 군주는 1500년경에 이란인 거주 지역을 점령하여 쉬아파 이슬람 국가를 세웠다. 이것은 민족을 바탕으로 한 국가라기 보다 쉬아 이슬람을 근본으로 했지만 거주민의 대다수가 이란인이란 사실에서 이슬람 세계 최초의 민족적 성격을 띤 국가라 할 수 있다.

원래 이슬람과 같이 민족과 종족을 초월한 정교일체正教一體의 전통에서 살아온 중동의 여러 민족에게는 민족주의 사상이 밀려왔을 때 이슬람과의 갈등을 느끼기 시작한 것이다. 최초로 이슬람 세계에 서구식 민족주의의 바람이 불기 시작한 것은 19세기 중엽이었다. 이것은 오스만제국의 치하에 있었던 발칸반도의 그리스도교 신봉 민족에 의하여 제기되었다.

터키의 민족주의

오스만제국의 민족주의는 프랑스 대혁명의 자유 사상에 따라 민족독립국가를 건설하려는 발칸반도의 그리스도교 소수민족의 투쟁에 대한 반작용으로 나타났다. 서구식 민족주의에 자극을 받은 오스만 지도층은 국가적 행정 개혁의 측면에는 주의를 기울였으나 민족주의의 내용에는 외면하였다. 즉 그들은 터키의 형식적인 민주화에 더 관심을 기울였다. 민족주의를 받아들이는 것은 곧 소수 민족의 권리를 인정하는 셈이 되어 오스만제국의 바탕인 이슬람을 포기하고 세속화를 의미했기 때문이었다. 오스만제국의 민족주의자들은 민족 milla과 조국 vatan이라는 말을 즐겨 사용했으나 그 개념이 서로 일치되지 않았다. 즉 후자는 오스만 치하의 영토를 의미했고 전자는 이슬람교도만을 의미했다. 그리스도교도는 다른 민족으로 취급했다.

1839년과 1856년에 법률을 개정하여 그리스도교 시민에게도 평등권과 참정권을 주어서 국민적 단합을 이루려 하였다. 그러나 이 노력은 문화적 및 언어적 바탕이 없어 진정한 국민적 단일성을 조성하지 못했다. 민족주의자의 조국 개념은 무슬림 시민에게는 호소력이 있었으나 그리스도교 시민에게는 아무런 효력도 없었다. 즉 오스만 민족주의자는 국토의 보전과 이슬람의 보전을 일치시키려 하였다. 그러나 점차 오스만 치하의 아랍 민족이 같은 무슬림임에도 불구하고 그 충성심이 의심스럽게 되자 오스만 민족주의자는 터키어의 개혁에 착수했다. 수많은 작가와 언론인은 종래 사용하여 오던 아랍어 및 페르시아어 어휘를 가능한 한 축소하고 터키어 단어를 널리 보급하였다. 이와 같은 터키어의 언어학적 추구를 통하여 소아시아반도로 이주하기 전, 즉 이슬람으로 개종하기 전 중앙 아시아에서의 터키족의 역사를 들추게 되었다.

그러나 범세계적인 이슬람교에 깊이 물들은 오스만 지도층은 이에 흥미를 느끼지 못했으나 나중에 오스만 영외의 터키인 특히 제정帝政러시아 치하의 중앙 아시아 및 크리미아반도의 터키인이 민족주의를 주장하자 관심이 높아졌다. 제정러시아 치하의 터키족은 소수 민족으로 생존 문제 때문에 민족주의를 내세웠으나 정권을 장악하고 있는 오스만 터키는 오히려 영내 그리스도교 소수민족을 억압하고 있는 입장이었다. 따라서 오스만제국의 지도층은 범터키주의를 외교정책의 수단 내지 필요에 따라서 시들고 있는 범이슬람주의의 대체용代替用으로 사용했다. 이것이 대체로 제1차 세계대전 이전의 터키 민족주의의 상황이었다.

1908년 청년터키당이 권력을 장악할 때까지 민족주의는 서로 연관된 세 가지 사상이 혼합되어 일어난 운동이었다(즉 보수주의자의 이슬람주의, 관료들의 오스만주의 및 젊은층의 터키주의 등이다). 이 세가지 사상은 이슬람교의 중요성에 대하여 견해 차이가 있었다. 보수주의자와 관료들은 이슬람을 국가의 기본 바탕으로 보았으나, 터키주의자들은 이슬람을 민족주의의 몇 가지 요소 가운데 하나로 보았다. 그러나 어느 사상도 민족과 국가의 관계를 명확히 구분하지 못하였다. 여러민족으로 형성된 오스만 터키는 600년간에 걸친 역사에서 전통적인 이슬람식의 정부 형태를 가지고 있었으나 반면에 민족적 주류主流가 형성되지 않았다.

청년터키당은 야당으로 있는 동안 어떤 불만 세력에 대해서도 적절한 조치를 약속할 수 있었으나 집권당이 되자 스스로 국가와 그 정치 철학에 일치시켰다. 당시 수상인 탈라트 파샤 Tal'at Pasha는 그리스도교 소수민족의 독립 내지, 자치 요구를 들어주는 것은 600년 전통의 오스만제국을 해체하는 것과 같다고 말했다. 청년터키당의 정부는 알바니아인과 아랍인 등의 무슬림들을 터키화시키는 작업에 열중하는 한편 또 제국의 영토를 신성불가침한 것으로 보존하려고 했다. 그러나 이 정책은 거국적인 국민적 일체감一體感이 성숙되기 전에 시행되어 오히려 정부를 어느 특정 민족집단과 동일시하는 역효과를 일으켰다. 청년터키당은 경제분야에 있어서도 터키족에 우선권을 주었으며 그리스인과 아르메니아인이 산업과 무역계에 진출하는 것을 강력히 통제하였다.

민족주의에 대한 정부의 견해는 민족주의자나 터키주의자에 의하여 전적으로 지지를 받지 못했다. 정부는 터키주의의 가면 아래 오스만국가 지상주의를 시행하고 있었다. 1908년 이후 터키 민족주의는 지야 괴칼프 Ziya Gokalp(1875~1924)의 영향을 받았다. 그는 새로운 사상 이념을 발전시키려는 다른 민족주의와는 달리 그의 민족사상은 이미 인정된 문학적 · 사회적 가치에 바탕을 둔 민족주의를 주장했다.

그는 민족을 세계사의 발전에 있어서 최후 단계에 해당하는 조직단위로 규정하였다. 즉 민족은 혈족집단 kavim(아람어의 qawm)과 무슬림 공동체 ummet(아랍어의 umma)의 기초 위에 이루어진다고 보았다. 그래서 혈족 관계에서 우러나오는 가족적 애착심과 무슬림 공동체에 소속하고 있다는 형제애가 민족 형성의 결속력이 된다고 생각했다. 그는 불화 관계에 있는 민족주의자의 여러 정당 및 단체 즉 전통주의자, 서구화주의자 및 터키주의자를 결합하여 공통된 단일 민족 이념을 만들려 했다. 즉 이슬람은 민족의 본질을, 서구화는 민족의 외모를, 터키주의는 민족의 이름과 이상을 구현하는 요소로 열거했다. 그러나 제1차 세계대전에 패한 후 오스만 터키가 분열되자 그는 종래의 주장을 대폭 수정하여 터키주의와 세속화를 강조하였다.

1908년부터 1918년까지는 민족과 국가에 대한 개념 정립이 아직 이루어지지 않은 상태였다. 즉 국가는 분열현상을 일으키고 민족은 서서히 머리를 들고 그 모습을 나타내고 있었다. 즉 터키 민족주의의 운명은 이론보다 실질적인 역사의 사건 발생에 의하여 결정되었다. 제1차 세계대전의 결과 오스만제국은 발칸반도와 중동의 아랍 지역을 잃어버렸다. 따라서 터키의 민족주의는 새로운 국면에 돌입하였다. 전쟁 중에 터키군 병사는 이슬람의 영토를 보전하기 위해 그리스도교도와 싸운다고 생각했으나, 같은 무슬림인 아랍 게릴라들은 민족주의의 물결에 휩쓸려 오스만군을 공격하였다. 이것은 범이슬람주의의 이상뿐만 아니라 바로 이슬람 형제애에 금이 가게 하였다. 또 종래까지 순수 터키주의자들이 주장해온 터키족이 살고 있는 모든 지역, 특히 러시아 통치하의 터키인 거주 지역을 통합하여 새로운 터키를 건설해야 한다는 범터키주의인 투란주의 Turanism도 전쟁의 패배로 물거품이 되었다. 이제 남은 터키 영토는 연합국의 군정 아래 놓인 메마른 소아시아반도뿐이었다.

1919년 무스타파 케말 Mustafa Kemal의 지도 아래 시작된 해방전쟁은 진정한 의미의 민족주의적 성격을 띠고 있었다. 이 전쟁은 터키족이 고유의 조국을 창조하기 위하여 고유의 영토를 확보하려는 운동이었다. 그는 1922년 3월1일자 연설에서 터키 국민은 상호 존경, 희생정신 및 공동이해와 운명으로 결합된 종교, 종족 및 문화의 공동체라고 말하고 농민이 국가의 주인이라고 선언했다. 또한 그는 터키족이 살죽조와 오스만조의 국가를 세웠지만 이번에는 직접 자기 이름으로 자기 분수에 맞는 국가를 창설한다고 주장하면서 범터키주의와 범이슬람주의를 모두 배격하였다. 그와 함께 확정된 영토 위에 바탕을 둔 민족주의 사상을 구체화하였다. 외적에 의하여 점령된 터키는 해방전쟁 동안 제국주의 타도 등의 구호를 외침으로써 터키 민족주의에 새로운 생명력을 주었다.

과거의 민족주의는 오스만제국을 보존하려고 마련된 하나의 수단에 불과했으나 이제는 터키족만을 위한 민족과 국가 창설에 그 목적이 있었다. 즉 젊은 장교, 지식인 및 국민 모두가 민족주의를 창조하는 대열에 참여하게 되었다. 1924년에 터키 내의 그리스족과 그리스 내의 터키족을 교환함으로써 터키족은 영토 내에서 압도적인 다수파가 되었다. 터키족은 그들이 정치적으로는 국가 형태를 이룩하고 있었으나 문화적으로는 그들의 고유성에 대하여 아직 거족적 동질감을 느끼지 못하였다. 충성심과 내부 단결을 구체화시키는 힘은 여전히 이슬람이었다.

케말 파샤, 즉 아타투르크(터키족의 아버지)가 쟁취한 터키 공화국은 세속주의를 국가의 근본원리로 삼았으나 민족의 단결을 도모하기 위해서 이슬람을 잘 이용하였다. 여기서 누가 터키족이냐 하는 기준은 누가 터키어를 모어로 하는가 또는 터키 종족이냐 하는 것보다 종교가 이슬람이냐 하는 것이었다. 이 사실은 다음의 예에서 증명된다. 베사라비아(당시 루마니아령, 현 소련령)에 거주하지만 터키어를 모어로 사용하고 그리스도교를 믿는 가가부즈 Gagavuz 부족이 터키로 들어오는 것을 권장하지 않았고, 또 터키 내에서 터키어를 사용하고 살고 있지만 그리스도교를 믿는 케러만리스 Karomanlis 부족이 그리스로 나가는 것을 반대하지 않았다. 반면에 그리스어를 사용하지만 무슬림인 크레타인과 슬라브어를 사용하지만 무슬림인 발칸반도의 보스니아 Bosnians인과 포막 Pomaks인을 터키로 받아들이려는 사실에서 볼 수 있다. 즉 케말 파샤 정부하에서도 관료직이나 결혼 및 일상생활의 기준은 여전히 종교였다.

터키 민족주의의 초창기에 그 대변인은 아랍 민족주의의 대변인이 그리스도교 신자인 것과 달리 그리스도교 신자가 터키인이 되는 것은 거의 상상할 수도 없었다. 그렇지만 케말 파샤의 민족주의에는 이슬람은 목적이 아니고 오직 민족적 국가를 형성하기 위한 방편에 불과하였다. 1930년에 들어와서 케말 파샤는 터키족의 원고향인 중앙 아시아가 문명의 요람지이며 터키어는 모든 언어의 모체라는 이론을 전개하였으며, 터키족은 이 이상을 전세계에 전파시키기 위해서 소아시아반도까지 왔다고 주장하였다. 이 이론의 목적은 터키족에게 민족적 긍지를 높여서 서구 세계에 비하여 터키족은 뒤떨어졌다는 감정을 감소시키고 이슬람과 오스만 전통에 대한 애착감을 단절시키는 효과가 있었다. 중앙 아시아에서 나온 모든 정복자는 영웅화시켰다. 그래서 종족 개념은 중앙 아시아와 소아시아반도의 터키족을 연결시키는 편리한 방패가 되었다. 그에 따라 수많은 소설, 희곡 및 논문이 속출하여 민족주의를 강화시켰다. 즉 오스만제국의 역사는 무시되고 발칸반도에 있었던 터키문명은 등한시되었다. 그 반면에 먼 옛날 이슬람에 개종하기 전 중앙 아시아에 살았던 선조들의 활동을 아랍 민족이 그들의 옛 과거를 이상화시키듯 숭상하게 하였다. 1937년에 공화당 영도하에 제정된 헌법에는 이런 식의 민족주의 이념이 포함되어 있었다.

1939년에서 1945년간의 제2차 세계대전 중 독일군이 소련에 진격하자 터키의 민족주의는 인종주의적 경향을 띠게 되었다. 그러나 연합국의 승리는 소련 영내의 터키족과의 합방에 대한 꿈을 무산시켰으며 그에 따라 국가와 민족을 일치시키는 극단적 민족적 욕구도 사라졌다. 동시에 새로운 터키공화국은 문자개혁, 법체계의 서구화 및 경제 발전 등을 도모하여 오스만 체제를 뒤집어 놓았으나 그 대신에 새로운 터키의 개념 정립定立이 어려워졌다. 그래서 종교적 보수적 사상이 터키의 민족주의에 다시 들어가게 되었다. 점차 거주민들은 스스로 터키족이라고 생각하는 것이 일반화되었고, 또 여전히 종교로서의 이슬람에 대한 애착도 강하였다. 그러나 이제 이슬람의 사상과 애착은 터키 공화국의 영토 내에 국한되었다. 비록 이슬람주의자, 터키 인종주의자, 사회주의자 및 범터키주의자들도 자기들의 고유한 사상에 헌신하고 있었으나 실질적으로 그들은 터키 국가의 국민으로서 이 문제를 생각하였다.

그후 터키는 하나의 민족국가가 되었다. 이것은 터키 민족주의가 달성한 업적이다. 아랍민족과 터키민족은 다같이 정치적 현대화를 위해 투쟁하였으나, 후자는 안정된 민족 국가를 수립하는데 성공하였고 전자는 실패한 데에 그 차이점이 있다.

아랍국가의 민족주의

아랍인도 무슬림도 아닌 사람이 아랍 민족주의를 이해하기 힘든 것은 그 용어 때문이다. 아랍어의 알 우루바 al-'uruba, 알 움마 알 아라비야 al-umma al-'ara- byya 및 알 카우미야 알 알라비야 al-qawmiyya al-'arabyya등에 해당되는 정확한 우리말 개념이 없다. 이 말을 옮기면 각각 아랍주의, 아랍 민족체 및 아랍민족주의로 대략 번역할 수 있다. 알 우루바는 아랍족을 규정짓는 종족적, 언어적, 사회적 및 문화적 특성 전체를 뜻한다. 이것은 아라비아반도에 이슬람 종교가 태어나기 이전에 이미 존재하였다. 알 움마 알 알라비야는 아랍어를 모어로 하는 사람들의 종교적, 사회적, 정치적 공동체를 말하며 이 개념은 이슬람의 발생과 아랍인의 이슬람화 과정과 분리될 수 없다. 즉 알 우루바는 알 움마가 세워진 터전이다.

알 카우미야 알 아라비야는 최근에 생긴 말이다. 실제로 알 카우미야라는 말은 민족주의라는 뜻에 적절하지 않다. 아랍어의 카움 qawm이란 단순히 혈연적인 관계를 나타내며 인민 people이라 번역할 수 있다. 이 말은 20세기 전까지는 별다른 정치적 애국적인 뜻을 지니고 있지 않았다. 특히 제2차 세계대전 후에 알 카우미야 알 아라비야 al-qawmiyya al-arabyya는 자주 쓰이게 되었다. 이것은 여러 아랍 국가간의 지리적, 정치적 국경에 관계없이 아랍어를 모어로 하는 모든 아랍인을 뜻하게 되었다. 그래서 이 말은 아랍 민족주의뿐만 아니라 여러 아랍 국가의 통일을 뜻하는 의미도 포함되어 있다. 그러나 애국주의 al-watanya라는 말과 혼동되어서는 안 된다. 애국주의는 곧 자기가 속하고 있는 나라를 사랑하자는 운동이다. 즉 이집트인은 이집트만을, 시리아인은 시리아만을 사랑하자는 것이다

아랍 민족주의는 아랍주의 없이는 상상할 수 없다. 7세기경에 아랍인

은 이슬람을 받아들여 그들의 자아의식은 더욱 강화되었다. 비록 이슬람은 민족적 차원을 넘어선 범세계적인 종교였지만 이슬람의 창시자는 종전까지의 혈연적인 아랍 부족공동체 생활에서 종교 이념인 이슬람을 바탕으로 거대한 단일 국가공동체를 이루었다. 즉 이슬람은 아랍인에게 자신감과 우월감을 가져다 주었다.

반면에 민족주의의 발생은 오스만제국의 몰락과 아랍인의 정치적 독립 및 단결의 필요성과 밀접한 관계가 있다. 터키족과 아랍족은 400년 이상이나 비민족 국가인 오스만제국에서 믿음의 바탕 위에 단합된 이슬람 공동체의 구성원으로 함께 예언자의 후계자인 오스만 술탄에 충성을 서약하고 살아왔다. 그러나 19세기 말엽부터 20세기 초에 걸치는 술탄 압둘 하미드 2세의 통치기간 중, 특히 청년터키당의 집권기간 중에 제국帝國의 아랍인 다수 거주지역은 불만이 높아졌다.

족벌주의, 부패, 불의 및 지나친 정보 정치 때문에 터키인과 아랍인은 다같이 분노했다. 압둘 하미드는 즉위 초에 미드하트 파샤 Midhat Pasha 정권의 개혁정치에 눌려 1876년의 신헌법에 동의하고 입헌군주로서 지냈다. 그러나 2년도 지나지 않아 그의 명령으로 의회는 해산되고 헌법은 중단되었다. 이때에 의회의 의원들 가운데 反술탄적인 의원은 수도 이스탄불을 떠나라는 명령을 받았다. 이들 중에는 아랍계의 그리스도교도 의원들도 다수 있었다.

그리스도교 아랍인들은 오스만제국의 2등 국민이었다. 그들은 이슬람주의를 부르짖어 제국의 단결을 도모하려는 압둘 하미드 술탄에 반대하여 아랍주의를 들고 나갔다. 그들은 또 오스만제국을 약화시키려는 서구열강의 도움을 은연 중에 받고 있었다. 그러나 절대 다수인 아랍 무슬림은 아직도 술탄에게 충성을 바치고 있는 상태였다. 이들에게는 아랍 민족주의가 그들의 의식 속에 들어가지 않고 또 그들의 지도층도 역시 범이슬람주의 추종자였다. 이 지도층은 개혁론자로서 오스만제국을 정화하여 보강함으로써 순수한 초기 이슬람으로 돌아갈 수 있고 그래서 열강의 식민주의 팽창 정책을 대항하면 이슬람 영토와 신자를 방위할 수 있다고 믿었다.

그러나 19세기 후반에는 다마스커스, 베이루트, 카이로 등지에 소수의 이슬람 및 그리스도교 아랍인들이 애향운동 hubb al-watan을 벌이고 있었다. 이들 애향주의자들에게도 이슬람체제의 세속화와 반反터키운동을 위해 아랍인의 단결을 외치는 구호는 찾아 볼 수 없었다. 반터키운동의 활력소는 1882년에 일어난 이집트의 우라비 파샤 'Urabi Pasha의 반란과 그에 따른 영국군의 이집트 점령에서 나왔다. 우라비는 당시 이슬람과 아랍의 영웅으로 간주되었다. 더구나 2년후 수단의 마흐디 Mahdi 반란은 다시 반영反英 및 반反터키 감정을 아랍인의 가슴에 더욱 부채질하였다. 물론 여기서도 당시의 반터키 운동자를 간단히 아랍 민족주의자로 또 친오스만 아랍 명사를 간단히 비민족주의자로 볼 수도 없다.

1908년 청년터키당이 정권을 잡은 후 공식적으로 모든 오스만 국민은 인종과 종교의 차별없이 평등하다고 선언했다. 그러나 비터키계 오스만 국민—아랍인, 아르메니아인, 그리스인 및 슬라브인—은 중앙집권제에 냉담했다. 그래서 청년터키당은 범이슬람주의를 내세웠으나, 이것 역시 환상적이어서 실패로 끝났다. 심지어 터키인들도 청년 터키당의 신앙심을 의심하였다.

범이슬람주의가 효과를 보지 못하자 청년터키당은 범터키주의를 고취하면서 모든 터키족의 단결을 호소했다. 이 정책은 아랍계 국민을 자극하여 아랍주의의 바탕인 종교와 언어에 대한 아랍인의 자존심을 불러일으켰다. 더구나 서구 특히 프랑스와 영국에서 흘러나오는 민족독립과 민족주의 등의 정치 사상이 서구식 교육의 보급으로 아랍인의 자아의식이 향상되어 아랍인의 권리와 자치운동이 격화되었다. 그래서 수많은 민족주의 정당과 사회단체가 결성되었다. 그렇지만 제1차 대전 직전까지 다수의 아랍 무슬림 지도자들은 오스만제국을 파괴하고 싶은 생각은 없었다.

그들의 목적은 1913년 6월에 파리에서 개최된 제1차 아랍회의 The First Arab Congress의 결의문에서 잘 나타나 있다. 즉 아랍 움마는 오스만제국이 분열되는 것을 원치 않고 오직 자치를 원하며 오스만정부는 모든 오스만 국민이 인종과 종교에 구애받지 않는 공정한 정부가 되어야 한다고 주장했다. 그러나 오스만제국이 1914년 제1차 세계대전에 돌입하였을 때 많은 아랍 무슬림 지도자들은 태도를 돌변하여 제국으로부터 분리, 독립이 불가피하다고 생각했다. 더구나 연합국측이 터키의 굴레로부터 아랍인을 해방시켜 그들의 장래를 스스로 결정시키겠다고 약속하자 1916년 메카의 지배자인 샤리프 후세인은 반란을 일으켰다.

또 1916년 5월에 영국과 프랑스 외무성간에 합의한 사이크스-피코 Sykes-Picot 협정에서 유대인의 신국가 건설을 약속하고 1920년 연합국 최고회의 The Allied supreme Council가 아랍인 거주 지역을 신탁통치령으로 결정하자 마침내 민족주의의 물결이 터져 나왔다. 서구 열강, 특히 영국과 프랑스가 신탁통치를 실시하자 아랍인은 정치적 독립과 서구에 대한 반대 투쟁으로 아랍인은 민족주의 깃발 아래 그 단결이 점차 강화되어 제2차 세계대전의 종말까지 계속되었다. 특히 무스타파 케말 파샤가 이끈 터키공화국 창립 운동이 서구열강의 반대에도 불구하고 성공하자 아랍 민족주의자들은 더욱 용기를 얻게 되었다.

제2차 세계대전 후 중동의 아랍국가는 대체로 정치적 독립과 주권을 찾았다. 그와 동시에 애향주의에 바탕을 둔 지역 민족주의—이집트 민족주의, 시리아 민족주의 등—가 그 지역의 특수성을 살려 정착하는 것이 불가피하게 되었다. 비록 아랍인의 결속 요소인 종교와 언어가 계속 존재하고 있지만 또 동시에 분리 요소인 사회 · 경제적 관계와 더불어 지역 및 왕조간의 불화 때문에 아랍 각국은 자신의 국경선을 지켜서 분리 독립된 정치적 존재를 다지기에 열중하였다. 따라서 한 아랍국가가 식민지 상태에서 독립되면 다른 아랍국이 일제히 승인하는 것이 관례로 되어 있다. 그 좋은 예가 남예멘과 아랍 에미레이트 United Araq Emirate가 1960년대 말과 70년대 초에 각각 독립을 얻자 기존의 독립된 아랍국가가 즉시 승인한 데서 볼 수 있다.

그럼에도 불구하고 20세기 후반에 들어와서도 아랍 민족주의와 아랍 움마의 단일성에 바탕을 둔 아랍 통일의 이상은 아랍 민족주의자들의 새로운 목표가 되었다. 민족주의는 종래의 소수 지식인 정예의 기반에서 벗어나 이제는 광범위한 대중의지지 위에 서 있다. 이 운동에 끊임없는 활력소를 주는 것은 아랍세계를 동서로 가르는 유대국 이스라엘의 건설이다. 이스라엘이 1948년에 건설되자 아랍국과의 전쟁은 피할 수 없게 되었다. 1949, 1956, 1967 및 1973년에 걸친 네 차례의 전쟁은 아랍 민족주의의 구호를 강화시켰다. 더구나 끊임없는 팔레스타인 해방기구의 독립 투쟁은 아랍 민족주의 정신의 불사조不死鳥가 되어 있다. 1945년 아랍연맹이 결성되자 이것은 아랍 제국이 연방 형태로 발전하는 한 단계로 간주되었다. 그러나 1952년 낫셀이 이끈 군사 쿠데타가 성공하자 이집트는 아랍 민족주의와 아랍 통일의 선봉에 서게 되었다. 그후 1958년 2월에 이집트와 시리아가 아랍연방공화국으로 발족하자 요르단과 이라크도 즉시 연합 왕국을 창립하였다. 그러나 같은 해 7월에 이라크에 군사 쿠데타가 발생하여 후자는 해체되었고 1961년에 시리아가 이집트와의 관계를 끊어 버리자 전자는 이름만 남게 되었다.

오늘날도 아랍 민족주의자들은 아랍통일을 통해서만 아랍의 독립은 유지되고 이스라엘에 대한 아랍의 승리가 보장될 수 있다고 믿는다. 현재 아랍 통일운동의 중요 목표 가운데 하나는 아랍영토를 방어하기 위한 군사, 정치 및 경제력의 강화와 여러 아랍 국가 제국諸國의 정치적 주권을 보호하자는 것이다. 따라서 아랍 민족주의는 현재 서방측에 대한 저항 수단이며 또 이스라엘 팽창주의와의 투쟁 무기이며 한 걸음 나아가서 과거의 정치적, 사회적 및 종교적 악惡으로부터 벗어나는 혁신운동이다

한편 아랍 세계의 지도권 쟁탈을 위한 투쟁과 통일을 위한 노력 가운데 아랍국가 상호간의 내부적 또는 외세의 개입 등으로 인한 긴장, 다툼 및 압력 때문에 제2차 세계대전 후 정치적, 경제적 및 군사적 격변이 일어나 여러 정권과 왕조를 뒤바꾸어 놓았다. 그 결과 혁명과 사회주의가 아랍 민족주의와 밀접히 결합되어 민족주의의 새 구호는 통일, 자유 및 사회주의가 되었다. 제2차 세계대전 후의 아랍세계의 움직임은 식민지에서 독립으로 지향하여 현재 아랍 영토는 모두 정치적 독립을 이루었다. 또 독립한 각국은 점차 경제적 독립을 달성하기 위하여 노력하고 있다. 두 번째의 특징은 왕국이 공화국으로 탈바꿈하고 있는 것이다. 1952년 이집트, 1958년 이라크, 1962년 예멘, 1969년 리비아 등의 왕정 붕괴는 그 좋은 예이다

과거의 아랍 통일은 이슬람에 의한 정신적 단결로 이슬람제국을 창립하는데 있었다. 즉 아랍인에게 정신적, 정치적 통일을 주어 역사적 지위를 가지게 한 것은 이슬람이었기 때문이다. 그러나 이제 아랍 민족주의가 발전되어 감에 따라 최종적인 아랍 통일은 아랍주의와 세속주의의 원칙

위에 마련될 것인지, 또는 이슬람의 세계주의에 바탕을 둘 것인지, 혹은 다른 원칙을 찾을 것인지는 두고 보아야 할 것이다. 만약에 아랍 이슬람 교도가 그들의 문화에서 이슬람적인 요소를 빼어 버린다면 그들 역사상 가장 가치 있는 알맹이를 빼어 버리는 어리석음을 범하지 않을까 염려된다.

아랍국가의 민족주의가 서구식 민족주의의 발전 과정을 뒤밟아 국민국가Nation State의 정치적, 경제적 바탕 위에 뿌리를 내리면 결국 이슬람은 희생되지 않을 수 없다. 그 경우 정교일체政教一體를 원칙으로 하는 이슬람 체제는 없어지고 이슬람은 서구 각국의 그리스도교처럼 단순히 개인적인 신앙의 문제로 남게 될 것이다. 반면에 이슬람이 순수한 아랍민족주의의 근본 요소 가운데 하나로 남게 되면 아랍 민족주의와 이슬람은 서로 타협하지 않을 수 없을 것이다

이란의 민족주의

이란의 민족주의는 시간과 정파政派에 따라 각각 다른 의미와 다른 해석을 내리고 있다. 예를 들면 팔레비 왕조와 그 지지자들, 또는 모사데크 Mosaddeq 박사와 그의 국민전선 National Front 또는 공산주의적인 투데당(Todeh)은 서로 민족주의 정당이라고 주장하면서 상대방을 반역자 내지 이란 국민의 적으로 규탄하고 있다. 민족주의는 대체로 외세의 개입에서 일어난다. 이란에 있어서의 외세는 러시아와 영국이었다. 러시아는 19세기 중에 코카서스와 중앙 아시아의 이란 영토를 병합하여 이란 국토의 4분의 1을 앗아갔다. 영국은 이란 내의 경제자원에 대한 특권과 상품판매 독점권을 수중에 넣어 주로 경제적 이권에 관여했다. 그러나 19세기의 이란은 아직 전통적인 이슬람 국가여서 외세에 유린당하고 있었던 카자르조(1779~1924)에 반대하는 세력은 전통적인 방법 즉 종교운동을 통하여 나타났다. 1840년 무슬림과 숨은 이맘(12代 이맘, 쉬아파의 최후 지도자) 사이에 문 Bab의 역할을 한다고 밝힌 바비 Babi 운동은 비록 기존 이슬람 문화를 수정하여 이슬람 이전의 배화교

Zoroastianism의 믿음을 재생시켰지만 이것은 결코 민족주의 운동이라 고 볼 수 없다.

최초의 진정한 민족주의 운동은 19세기 말에 일어났다. 1892년 쉬아파의 종교 지도자들은 민중과 더불어 국왕 나시룻 딘 Nasir al-Din을 강요하여 1890년에 한 영국 회사에 넘겨준 담배 특허권을 취소하도록 하였다. 이것은 여론의 집결된 표현이었고 또 외세를 배격했다는 의미에서 민족주의 운동의 본질을 지니고 있었다. 또 국왕도 외국회사에 특허권을 팔아 먹었다고 간주되어 공격의 대상이 된 것이다. 여기서 주권은 국왕에게 있는 것이 아니라 국민에게 있다는 주권재민主權在民 사상이 이란 역사상 처음으로 나타난 것이다.

1896년 국왕이 암살되자 신국왕新國王 무자파룻 딘 Muzaffar al-Din은 허약하여 행정개혁을 할 생각도 않고 낭비만 일삼았다. 이 기회를 이용하여 영국과 러시아는 점차 그들의 세력을 확대했고 또 관료들은 매우 부패하였다. 부패와 정실주의情實主義는 중앙정부 뿐만 아니라 지방 정부기관에도 만연되어 심지어 이 부정에 깊이 물든 사람조차 불만을 토로하는 형편이었다. 이 때문에 민족주의자는 헌정憲政 일본이 1905년에 제정 러시아를 쳐부수자 헌정주의자憲政主義者가 되어 헌법 제정을 요구하였다. 국왕은 이에 동의 1906년 11월에 제헌의회가 소집되어 헌법이 마련되었다. 그러나 국왕은 헌법에 순응하는 것을 꺼리고 또 정치인들도 헌정에 익숙하지 않아 혼란만 생겨 오히려 외국의 간섭을 쉽게 받는 결과를 초래하였다.

전통적으로 국민 단결의 상징인 국왕은 불신되었고 민족주의는 아직 국민단결을 도모하기에는 부족하였다. 초기 민족주의자들은 대체로 종교인과 수공예를 주로 하는 장인匠人출신이었다. 이들은 정당을 만들었으나 그 정당은 서구의 정당과는 다르며 중세의 이슬람 종파 단체와 비슷했다. 이들은 사회적 불의와 전제군주적 억압 정책과 외국의 간섭에 분개해서 일어났다. 그러나 이들 종교인과 장인들의 헌정에 대한 이해는 부족했고 또 이슬람 법에 어긋나는 어떠한 정책도 받아들이지 않았다. 즉 이들의 민족주의 운동은 서구 사상의 영향에서 나온 것이 아니고 전통적 이슬람에 뿌리를 두고 있었다. 서구식 교육을 받은 지식인들은 민족주의 운동에 헌정이란 서구에서 온 양복을 입혔으나 그 알맹이가 되지 못했다. 그들은 제헌국회에 소수파로 머물렀다. 하지만 점차 그들의 영향력이 증가하여 서구화와 현대화에 박차를 가하여 종교적 사고방식을 가진 사람을 공격하자 그 사이가 벌어지기 시작했다. 더구나 약간의 부족들은 정치적 이상을 추구하기 보다 경제적 이익이나 정치적 권력을 얻으려는 욕심 때문에 헌정 지지로 기울어졌으나 대부분은 국왕에 충성을 바치고 있었다. 1909년 무함마드 알리 샤를 몰아낸 후 민족주의자들은 헌정에 의하여 정부를 맡고 있었으나 그들의 약점은 부족들의 무법無法 활동 때문에 국내의 안정과 질서를 유지할 수가 없어서 오히려 영국과 러시아의 간섭을 촉진하였다.

제1차 대전이 일어났을 때 이란은 중립정책을 엄격히 지킴으로써 영국과 러시아에 앙갚음을 하려고 했다. 즉 최소한도의 국가적 자존심을 유지하려 했다. 1920년에 중앙 정부의 미온적인 민족주의 정책에 항의하여 길란 Gilan과 아자르바이잔에서 반란이 일어나 자치공화국을 선포하고 또 여러 지방 부족이 자치를 요구하자 국내는 혼란에 빠졌다. 이 틈을 타서 1921년 이란 내 유일한 조직 세력인 코사크 여단을 이끌고 레자 한 Reza Khan은 군사 쿠테타를 일으켜 정권을 장악했다. 그는 다른 민족주의자만큼이나 이란을 사랑했고 또 외국의 간섭을 싫어했다. 그러나 대부분의 민족주의자와 지식인은 그를 반대하였다.

1906년부터 1921년 사이에 정권을 장악한 민족주의자들이 이루지 못한 질서와 안전을 그는 되찾았으며, 또 민족주의자들의 염원인 군체제, 행정, 사법 및 교육제도를 개혁하는 데 그는 성공했다. 그러나 민족주의자들이 그를 반대한 주요 이유는 그가 헌정을 무시하고 온갖 권력을 자기 수중에 넣었기 때문이었다. 의회는 단지 그의 명령을 법률화시키는 꼭두각시에 지나지 않았다. 즉 지식인들은 아직 민족주의와 정치적 자유는 반드시 일치하지 않는다는 사실을 깨닫지 못했다.

이란의 민족주의는 보수파와 개혁파가 모두 외세를 배격하고 자주권을 회복하자는 목표는 같으나 그 방법은 차이가 있었다. 전자는 과학기술을 도입하고 전통적인 정치체제를 개선 강화하자는 것이고 후자는 서구화함으로써 입헌정치를 달성하자는 것이다. 이 현상은 다른 이슬람 국가의 사

회적 갈등과 대동소이大同小異하다

1925년에 왕위에 오르자 레자 한은 그 이름도 레자 샤 Reza Shah로 바꾸고 영국과 러시아의 영향력에서 벗어나려고 애썼다. 결국 그는 독일의 힘을 빌려 이 목적을 달성하려 했다. 그러나 1939년에 제2차 세계대전이 발발하자 영국과 미국은 이란을 통하여 소련에 군수품을 보내려 했으나 레자 샤는 중립을 표방하고 이에 비협조적이었다. 결국 영국과 러시아는 군을 동원하여 1941년에 이란을 점령하니 그는 왕위를 아들 모함마드 레자 팔레비 Mohammad Reza Pahlavi(1941~1979)에 물려 주고 남아연방으로 망명했다.

청년 왕은 유럽의 자유로운 분위기 속에서 교육받으며 자랐고 또 영미英美의 영향으로 이란의 정치 분위기가 개선되자 여러 정당이 나타났다. 그 가운데 대표적인 것이 1942년에 각각 창설된 투데당 Tudeh(대중, 즉 공산당)과 민족주의자의 국민의지당 Irada-ye melli이다. 당시 민족주의자의 지도자는 모함마드 모사데크 박사였다. 그는 1944년 10월의 한 연설에서 외국 군대가 이란 영내에 주둔하고 있는 한 석유 특권은 외국 회사에 부여될 수 없다고 선언했다. 1949년에 그는 국민전선당을 조직했는데 그 지지 세력은 소시민, 비非투데계 좌익 지식층, 지주, 부족 지도자, 종교 계층 및 시장 상인층으로 이루어졌다. 이들에게는 모두 독재자의 재등장을 염려하는 나름대로의 이유가 있었다. 레자 샤와 모사데크와의 차이점은 전자는 외세를 이용하여 다른 외세를 몰아내자는 식이었으나 후자는 주로 영국의 영향력을 꺾어 놓는데 있었다. 모사데크는 국내 공산주의자 즉 투데당의 지지가 필요했으나 레자 샤는 1931년에 공산당을 소련의 앞잡이로 보고 해체한 데서도 그 차이점이 나타난다. 모사데크는 당시 영-이란 석유회사 Anglo-Iranian Oil Company를 국유화하는 데 그 일차적 목적이 있었기 때문이다. 결국 그는 수상이 되자 1951년에 이 회사를 국유화했으나 영미 양국의 이란 석유 보이코트 운동으로 고전하다가 1953년 8월에 왕당파는 서방 석유 자본의 지지를 얻어 역쿠데타로 수상을 몰아내는 데 성공했다.

팔레비조는 레자 한의 정권 장악 당시부터 스스로 민족주의자를 자처했고 때때로 그렇게 행동했으나 보수·개혁으로 갈라진 모든 민족주의자

진영의 미움을 받았으며 또 그 세력 기반은 오직 군부에 의존하고 있었다. 따라서 모사데크 수상을 축출한 이후 모함마드 팔레비국왕은 독재정치를 구사했다. 그러나 국내의 이슬람 성원에 안주하면서 기회를 엿보며 기다리는 잘 조직된 성직자층이 주도한 1979년의 이슬람 혁명으로 이 왕조는 붕괴했다. 모사데크의 민족 전선은 팔레비 정권의 탄압 때문에 해체되어 이 혁명에 개인적으로 참여했으나 정권장악에 실패했다. 이슬람 혁명의 전위 역할을 한 성직자는 반외세라는 측면에서는 민족주의적 색채가 농후하나 민족주의를 인종주의로 보고 배격하기 때문에 이슬람 개혁운동의 시각에서 이를 취급해야 할 것이다.

부 록

근대의 범이슬람 사회정치운동

Ⅰ. 서 론

1990년대에 들어와서 정치활동에 이슬람을 내세우는 개인, 단체, 국가 및 국제 기구들이 늘어나고 있다. 특히 제 2차 대전 후 반식민지 독립투쟁을 벌여온 민족주의 세력들이 정권을 거의 30여년 장악하여 왔으나 별다른 성과를 거두지 못하고 있다. 예를 들어 경제적 측면에서 보면 인구의 급속한 증가와 더불어 복지 향상은 고사하고 상대적으로 더욱 빈곤해지고 있는 느낌이다. 또한 대외적으로도 특히 대이스라엘 투쟁에서도 아랍 또는 이슬람국가의 의도대로 타협되기는 커녕 오히려 이스라엘과 그 지지세력인 서방측의 의도대로 팔레스타인 해방기구(PLO)와의 협상이 마무리되고 있는 셈이다.

그 결과 민족주의자들이 정교분리라는 세속주의를 내세워 계속 정권을 장악해 왔으나 점차 그 유지에는 명분이 바래고 있는 셈이다. 더구나 민족주의는 서유럽 사상이지 결코 중근동과 이슬람의 산물은 아니다. 이러한 기류를 타고 이슬람만이 전통적으로 고유한 중근동의 이념이고 이에 바탕을 둔 정권과 지도자만이 합법적인 정당한 지도자라는 주장이 설득력을 띠게 되었던 것이다.

이 글에서는 근대의 대표적 이슬람 사상가들 가운데 몇분의 주장을 개별적으로 살핀 후, 또 그들이 조직한 사회단체의 활동상황을 역사적으로 조명해 보았다. 특히 이슬람 원리주의 또는 이슬람주의라는 이름 아래 추진하고 있는 그 주장자들의 최근 정치활동에는 범죄적 테러행위도 포함되고 있다. 즉 이슬람이 주요 정치세력으로써 현대중동정치에 상당한 역할을 하고 있는 점이 눈에 두드러지고 있다. 이 세력은 주로 기존의 부패무능한 집권세력에 도전하고 있다. 특히 이란과 수단에서 이들은 정권을 장악하여 각각 20년간 또는 10년 이상 지탱하고 있다. 다른 나라의 집권세력은 이슬람주의자를 범죄적 테러행위를 자행하고 있다고 규탄하면서 이를 진압 내지 억압하고 있는 것이다. 예를 들면 알제리와 튀니지 같은 나라에서는 이들 이슬람주의자들은 현재 억압받고 있는 것이다. 한편 이집트와 요르단과 같은 나라에서는 일부 온건 이슬람주의자들은 기존체제에 들어가서 합법적 야당으로 활동하고 있는 반면 과격 이슬람주의자들은 탄압의 대상이 되고 있다. 또 사우디 아라비아는 전통적 이슬람을 국시로 내걸고 있음에도 불구하고 비민주적이라는 이유로 이슬람주의자들은 이 사우디 정권에 도전하고 있다. 따라서 이 논문에서는 중동 각 국 정부의 이슬람주의자들에 대한 대응책을 분석하여 각 국가의 친 또는 반이슬람적 입장을 설명했다.

끝으로 국제적으로는 이슬람회의기구(OIC)를 중점적으로 탐구하였다. 이 기구는 이슬람 각국의 입장을 대변하는 회의장 역할을 함에도 불구하고 전세계 무슬림에게는 이슬람국가의 단결을 과시하는 역할을 담당하고 있다. 특히 이와 대비되는 아랍연맹의 역사와 활동을 참조하여 OIC의 점증하는 중요성을 상대적으로 반영시켜보았다. 따라서 이 논문의 목적은 이슬람을 정치활동에 내세우고 있는 개인, 단체, 국가 및 국제기구를 입체적으로 도열시켜서 그 이슬람적 색채의 진한 면과 희석된 면을 대비시키는데 있지 결코 확고한 결론을 도출시키는데 있지 않고 현 상황을 두루 파악하여 미래를 예측하는데 있는 것이다. 또 그 접근법으로는 이슬람주의자들의 이슬람개혁운동을 역사적으로 조명하고 이슬람주의 단체나 국제기구의 논의점을 중점적으로 취급하였고 더 나아가 최신문헌을 많이 참조하였다.

Ⅱ. 18세기 무슬림세계의 동향과 전근대적 개혁운동

16세기초부터 약 200년간 무슬림세계에는 터키의 오스만조(1300-1922), 이란의 사파위조(1500-1722) 및 인도의 무갈조(1526-1858)가 정립하여 그 위용을 떨치고 있었다. 특히 사파위조는 쉬아이슬람을 국교로 삼았기 때문에 순니이슬람의 오스만조와 무갈조 사이에서 조심스럽게 그 형세를 지키고 있었다. 쉬아파는 이슬람 역사상 처음으로 이란과 같은 큰 나라에서 정권을 장악하였으므로 전통적 순니제국인 오스만 터키와 무갈제국의 눈으로 볼 때는 매우 못마땅하였다.. 그래서 약점만 드러나면 이 이단 쉬아국가의 덜미를 잡으려고 기회를 노리고 있었다. 한편 영국, 프랑스, 러시아 등의 유럽 열강은 오스만조가 동유럽지역을 석권하자 그 팽창을 두려워하여 사파위조에 사절단을 보내어 오스만 제국의 동유럽 진출을 후방에서 견제토록 교섭하였다.

18세기에 들어오자 오스만 제국의 유럽진출은 중단되고 반대로 유럽 열강의 동진이 시작되어 판도는 완전히 역전되었다. 3대 무슬림 제국의 국운은 급격히 기울게 되었으나 반대로 유럽열강은 종교개혁, 산업혁명 및 문예부흥 등 사회적 격변을 겪은 후 국민국가(Nation State)로 변모했고 사회구조의 개혁등으로 새로운 활력을 얻었다. 또 산업국가로 발돋움하게 되자 원료의 확보와 해외시장 개척의 필요성이 점증하였다. 더 나아가 미지의 세계에 대한 동경심이 발동하여 해외 진출을 시도했다. 1492년에 남북 아메리카 대륙의 발견을 비롯하여 중근동, 인도양 및 태평양 지역으로 그 활동무대를 넓혀갔다.

18세기 이후 유럽 열강은 무슬림 세계의 여러 나라에 비하여 군사, 정치, 경제 분야에서 압도적 우위성을 확보하고 있었다. 이 좋은 예가 나폴레옹 1세의 프랑스군이 1789년에 오스만 제국의 배후 영토인 이집트를 침입하여 불과 1 주일만에 정복했다. 이 때부터 오스만 제국을 비롯한 무슬림 국가는 더 이상 유럽 열강의 상대가 될 수 없음을 스스로 자인했다. 물론 그 이전에도 이 제국은 베니스와 러시아와의 전쟁에 패하여 넓은 영토를 할양했으나 이집트의 상실에 비하면 미미한 것이었다.

인도의 무갈조도 영국이 17세기초에 세운 동인도회사의 내정간섭으로 급속히 위축되어 18세기초에는 수도 델리 지역만 통치하는 소국으로 전락했다. 반면에 영국 세력은 날로 팽창하여 1858년에 무갈조는 명목상의 황제위마저 잃고 망한 후 전 인도아 대륙은 영국의 보호령이 되었다. 이란의 사파위조도 1722년에 아프간인의 침입으로 몰락하였고 또 국내가 혼란한 틈을 타 러시아가 남침하여 코카서스(캅가즈)지역의 일부 이란영토를 1732년에 병합했다. 그후 카자르조(Qājār朝, 1794-1925)의 등장과 영국의 대 러시아 견제와 대 이란 지원정책으로 러시아의 남하, 영국의 페르시아만 장악을 다소 지연시킬수 있었으나 이란의 위축은 피할 수 없었다.

18세기 들어와 불어오는 유럽 바람에 중근동의 무슬림 사상가들은 이슬람 사회 체제의 전면적인 개혁없이 유럽열강에 정면으로 대항하는 것이 불가능함을 자각하였다. 물론 유럽열강의 중근동 침탈 이전에도 무슬림 세계에는 이미 개혁운동이 움트고 있었다. 따라서 이 침탈은 개혁의 촉진제가 된 셈이었지만 결코 그 주된 원인은 아니었다. 유럽의 영향력을 받기 이전에 무슬림 사회의 내부적 모순에서 자생적으로 일어난 개혁의 움직임은 후대의 사학자들이 전근대적 개혁 운동이란 이름을 붙여 그후의 근대적 개혁운동과 구분하고 있다.

전근대적 개혁운동은 지난 수세기 동안 무슬림 사회에 깊이 뿌리내린 이슬람 신비주의 즉 수피 신앙에 반대하여 아라비아 반도에서 18세기 중엽에 처음으로 일어났다. 수피들은 각자가 저마다 절대신 알라와 가까워지고자하기 때문에 지극히 개인주의적이었다. 이 신앙은 11세기부터 그 세력이 팽창되어 결국 움마('Ummah, 이슬람 공동체) 중심의 순니 이슬람을 대변하는 울라마('Ulamā', 이슬람 신학자)들과 갈등 관계에 빠져들 수밖에 없었다.

저명한 신학자 가잘리(Ghazali, 1111년 죽음)는 만년에 수피생활을 실행하였다. 결국 그는 순니 이슬람의 관용성을 확대 해석하여 수피신앙의 지나친 미신적 요소와 몰아의례(沒我儀禮)를 경계하고 그들의 개인적 헌신적 신앙생활을 용납하는 선에서 그 타협점을 찾은 것이다. 즉 수피신앙은 조건부로 순니이슬람의 인정을 받아 양자는 어렵살이 공존을 유지하면서 불안한 평온을 수세기 동안 유지하여 온 것이다. 하지만 울라마가 쿠란을 규범으로 삼아 움마 중심의 활동을 지속하고 있는 한 수피의 개인주의적 신비주의적 입장은 논란의 대상으로 남아있었다.

가잘리의 사망 후 수피들은 종단을 형성하여 신도 집단을 정신적 최면술로 황홀경으로 이끌어갔거나 또는 직관을 이용하여 온갖 종류의 형이상학적 신비적 관행을 이슬람의 틀 안으로 도입해 왔다. 예를 들면 성인숭배열은 지나쳐 심지어 그들의 무덤을 숭배하는 등 미신적 요소도 들어

왔다. 특히 한발리파는 쿠란과 하디스가 완벽함으로 그 외의 것은 오로지 이 완벽성을 혼란시킨다고 보았다. 따라서 맹신적 수피신앙은 불경(不敬)적 믿음 그 자체라고 규탄했다. 즉 수피신앙으로 만연되어 있는 무슬림 사회를 초기 이슬람의 순수한 상태로 되돌리는데는 커다란 수술이 필수 불가결하다고 한발리파의 울라마는 확신하고 있었다. 이 관점에서 볼 때 전근대적 개혁운동은 종교적 동기에서 나온 것이다. 이러한 개혁운동은 한발리파가 주축이 되어 파문을 일으켰다는 뜻이지 결코 다른 법학파와 신학파에서는 관심이 없었다는 뜻은 아니다. 이 한발리계의 반수피적 개혁운동가가 바로 아라비아 반도의 무함마드 이븐 압둘 와합(Mu ammad ibn ʻAbd al-Wahhab, 1703-1792)이다(EI², Hanbali & Wahabism 참조).

이러한 개혁운동을 이 논문에서는 두 가지 측면으로 나누어 접근해 볼 것이다. 첫째는 무슬림사회 공동체의 순수한 민중운동으로써 이슬람원리주의의 발생, 형성 및 발전 과정을 살펴보는 것이다. 즉 역사적 시각에서 여러 현상을 종합하고 분석하여 그 장단점을 논하는 것이다. 둘째는 주로 제 2차 세계대전후 이슬람국가들이 국제기구를 창설하여 운영하여 가는 과정에서 그 업적과 한계성을 밝히고 특히 아랍연맹(Arab League)과 이슬람회의기구(Organization of Islamic Conference)를 예로 들어서 중점적으로 다루어 본다. 결론으로써 민중운동에서 발생한 이슬람원리주의 단체와 이슬람국가들의 모임인 이들 국제기구사이에는 어떻게 유사점과 차이점이 있으며 또 서로 대립적, 모순적인가 또는 보완적, 협조적인지 밝혀보려한다.

Ⅲ. 근. 현대 무슬림 대중운동

와하비 운동과 이슬람의 요람 아라비아 반도

무함마드 이븐 압둘 와합은 나즈드(Najd)의 우야이나(ʻUyaina)에서 한발리파의 교사집안에 태어났다. 그는 어릴 때부터 순니파의 엄격한 교육을 메카와 메디나에서 받았는데 후에 하디스(예언자 무함마드의 언행록)연구에 몰두했다. 특히 그는 이 하디스에서 묘사된 이상적 사회와 그의 주위에서 보는 사회실상과의 괴리현상을 눈여겨보고 개혁의 필요성을 되새기고 있었다.

그는 중동의 여러 지역을 20 여년간 여행하면서 이슬람 신학과 법학을 비롯하여 그리스 철학, 수피신앙등을 두루 공부한 후 장년의 나이에 귀향했다. 고향사람들에게 그는 수피들의 관행을 버리고 쿠란과 순나에 엄격히 따르도록 충고했다. 얼마동안 그는 반대에 부딪쳤으나 다리야(Dariyah)지역의 영주 무함마드 이븐 사우드(M.b. Saud)를 만나 둘은 굳게 결합했다. 원리주의자 스승과 무인 영주와의 결합은 곧 종교적 열정과 군사적 지략의 결속을 의미하며 또 전투적 이슬람국가를 출현시켰다. 그 결과 이 국가는 이 두 창시자가 죽은 후에도 팽창했다.

무함마드 이븐 압둘 와합의 가르침은 이슬람 원리주의자들의 전통적 논지뿐만 아니라 18세기 아라비아 반도의 상황에서 나온 특수 관심사도 내포되어 있다. 그는 수피들의 관행을 모두 비다(bid'a, 변혁)로 단정하였다. 예를 들면 아무리 성스럽고 존경받는 인간이라도 그에 대한 경배는 쉬르크(Shirk 다신론자)로 규탄했다. 이러한 관행에 참여하여 역사상 그 유례를 찾기 어려울 정도였다. 그는 수피신앙의 혼합적 요소를 배격하며 18세기 무슬림 사회의 윤리 도덕의 재창조에 박차를 가했다.

18세기의 대표적 개혁운동가인 그는 무슬림사회의 윤리. 도덕의 구조적 개편을 들고 나왔다. 그의 추종자들은 스스로 무와히둔(Muwahhidun, 즉 절대신의 유일성 tawhid을 믿는 이들)이라 불렀지만 일반적으로 와하비(Wahhabis)로 더 널리 알려졌다. 이 와하비 운동은 그 발원지가 이슬람의 성지 아라비아 반도이고 또 그 명성 때문에 근대 이슬람 원리주의의 원형(原型)을 대표하게 되었다.

와하비 사상은 절대신의 유일성과 인간의 평등성으로 요약되는데 참신성보다는 18세기의 무슬림 사회 상황 속에서 이슬람의 전통을 적극적으로 재해석하여 사회개조를 강조한 점이 그 특색이 되었다. 따라서 이 사상은 18세기 아라비아 반도의 사회상황에 그 뿌리를 두고 있는 것이다. 또 이 사상은 기존 이슬람 전통의 바탕위에서 형성되어 전투적 원리주의로 발전했다. 이런 의미에서 와하비들은 18세기의 전형적 이슬람부흥주의자도 아니고 그 영향을 받아 일어난 후대의 여러 움직임의 전형도 아니다. 단지 그들은 원리주의에서 출세적응주의, 혼합주의에 이르는 사회의 여러 움직임 가운데 한쪽 극단을 대표하는 것이다.

무함마드 이븐 압둘 와합은 범신론적인 수피신학을 대체하고 그 자리에 절대신의 유일성(tawhid)에다 초연성의 색깔을 강조하여 채웠다. 특히 절대신의 말씀 즉 쿠란에 절대복종할 것과 신자 각자의 책임을 중시했다. 수피의 도(道) 닦음은 오직 절대신의 계명에 순종하기 위해서 죄와 악으로부터 마음을 청결할 때만 용납되었다. 이 경우에만 각 신자는 다른 이의 말에 맹종하기보다는 자신을 위해서 사색하는 것이 바로 의무가 된다고 보았다. 그에 따르면 신자들은 시대적 여건을 면밀히 검토해야 된다고 보고 단순히 선조들의 관행을 그대로 이어 받아서는 안된다고 말했다. 즉 죽은 뒤에 천사가 심문할 때 단순히 선배들이 그렇게 하니까 나도 따라했다고 하면 아무런 도움도 되지 않는다고 언급했다.(Voll, 1982:61)

이러한 입장에서 무함마드 이븐 압둘 와합은 각 법학파의 창시자나 권위자가 내린 쿠란과 순나의 해설을 무조건 맹종하는 타클리드(taqlid, 맹종, 모방)의 입장을 단호하게 거절하였다. 즉 세이흐(Shaykh 宗長)나 그의 측근은 신자들의 신앙생활등 예언자 외에 어느 특정권위자의 길을 따르도록 해서는 안된다고 역설했다. 오직 쿠란과 순나(Sunna 예언자의 관행)만이 이슬람 종교와 성법의 두 기본이고 그 외의 것은 계시의 뜻을 명백히 밝히는 보완자료로서 그 의미가 있다고 주장했다. 그러나 와하비(Wahhabi, 이븐 압둘 와합의 추종자)들은 선학들의 권위적인 저서에 반대하는 것이 그들의 입장은 아니라고 밝혔다(EI² Wahabism 참조). 하지만 이 저서들은 결코 신자들의 길잡이 책으로써 쿠란과 순나와 같은 수준에 두어서는 안된다고 강조했다. 즉 와하비의 입장은 신앙의 기본서(쿠란과 하디스)를 독자적으로 분석하고 해설(ijtihad)를 주장한 것이다. 물론 그들은 전반적인 이즈티하드의 필요성을 강압하지는 않았지만 특수상황에서는 그것의 중요성은 인정되어야 한다고 보았다. 즉 와하비 운동은 수세기 동안 관행화된 타클리드에 그동안 잊혀진 이즈티하드를 내세움으로써 전통적 원리주의의 바탕을 재정립함과 동시에 18세기 이슬람 공동체에 알맞는 새로운 사회윤리 창조에 대한 창의성을 반영하고 있는 것이다. 이즈티하드의 새로운 도입이 이 운동과 당시의 보수적 이슬람을 구분하는 특색이다.

18세기의 와하비 운동은 20세기에 사우디 아라비아 왕국의 창립에 결정적 역할을 했을 뿐만 아니라 이슬람 세계에 커다란 충격을 주었다. 이 운동은 이슬람의 요람 아라비아 반도에서 성공적으로 등장하여 극렬한 이슬람 원리주의의 본보기를 행동으로 보여 주었을 뿐만 아니라 또한 다른 지역의 무슬림들에게 기존 세력에 대항하는 이슬람의 정화작업은 무력으로도 가능하다는 사실을 입증해 주었다. 그 결과 이슬람노선에 따른 18세기의 이슬람공동체에 알맞는 구조개혁에 중점을 두었다. 반면에 와하비 운동으로 쉬아파의 성지 나잡과 카르발라(남부 이라크의 도시들)가 파괴되고 특히 초대 이맘 알리의 묘역이 훼손되어 쉬아파의 원한을 산 점은 후에 무슬림들의 단합에 걸림돌이 되었다(Enayat, 1982:41).

와하비 운동의 영향력을 평가할 때 18세기의 아라비아반도에는 와하비운동만이 풍미했고 메카와 메디나의 다른 학자들의 역할은 보잘 것 없다고 과소평가하는 것은 올바른 상황인식이 아니라는 점이다. 이러한 태도는 이 세기에 나온 무슬림들의 일반적 흐름을 경시하는데 지나지 않다. 예를 들면 부흥운동은 대부분 18세기말에 나타났는데 와하비 운동보다는 시대적으로 다소 뒤떨어졌다고 하여 와하비 운동을 본받았다고 보는 것은 지나친 면이 있다. 이 부흥운동은 새로운 수피적 사고와 조직을 바탕으로 진행된 것이 대부분이다. 그 좋은 예가 리비아의 사누시 운동, 수단의 마흐디 운동 및 인도의 부흥운동 등이다. 이 운동들의 지도자들은 대부분 서유럽열강의 중근동 침략에 대항해 싸운 것은 틀림없지만 그들은 서유럽의 학문과 사상에 물든 바가 없고 모두 전통적 이슬람 교육을 받고 성장한 인물이다. 이들의 개혁운동은 이슬람공동체에서 자생적으로 나왔기 때문에 전근대적 개혁운동으로 보인다. 반면에 후대의 개혁운동가들이 유럽식 학교교육이나 그 영향을 받아 유럽적 접근법으로 이슬람공동체를 개혁하려고 시도했다. 이러한 움직임은 근대적 개혁운동으로 묘사된다.

그럼에도 불구하고 와하비 운동은 모든 개혁운동의 시발점이기 때문에 그 역사적 중요성은 대단한 것이다. 특히 반反수피적 개혁운동가인 모로코 술탄 모울라이 술레이만(Maulay Suleiman 1792-1822 재위)에게 이븐 압둘 와합의 저서는 바로 모로코 사회의 개혁 지침이 된 것이다. 그 뒤의 부흥운동, 특히 20세기의 이슬람원리주의 운동에도 와하비 운동은 포괄적인 사회 및 정치 강령을 제시하여 수피신앙에 극렬히 반대하도록 영향을 미쳤다. 이런 관점에서 와하비 운동은 20세기 이슬람 원리주의의 초보적 원형이라 하겠다. 20세기초에 이 원형을 이어받은 대표적 운동단체가 바로 이집트의 무슬림 형제단이다.

근대적 이슬람 개혁운동

전근대적 이슬람 개혁운동이 서유럽열강의 침탈에 전전긍긍하면서 제대로 저항조차 하지 못하는 부패 무능한 기존체제를 전복하려고 시도한 것은 너무나 당연했다. 더구나 이 체제는 수피신앙과 밀접히 결합한 형태였다. 따라서 개인주의적 수피신앙을 기존체제에서 제거하고 그 대신 이슬람 초창기의 공동체 중심적 신앙으로 대체하면 이슬람은 다시 건전한 상태가 될 것으로 믿었다. 즉 이 개혁운동은 순수한 종교적 동기에서 시작되었지만 점차 사회운동으로 발전하여 결국 커다란 정치세력으로 성장했다. 결국 이 운동은 반 외세, 반 부패, 반 기성세력을 기치로 내세운 결과 무슬림 각국의 지배층과 그 뒷받침이 된 유럽 식민세력의 탄압으로 대부분 실패로 끝나고 말았다.

반면에 처음부터 사회적, 정치적 동기에서 태동된 근대적 이슬람 개혁운동은 19세기 후반기에 그 모습을 드러내었다. 이 운동은 유럽문명의 새 물결이 중근동을 비롯하여 세계방방곡곡에 성난 파도처럼 밀려오므로 이에 정면 대결하는 것은 바보짓이라는 각성에서 나온 것이다. 즉 개혁의 필요성은 전근대적 개혁운동가와 동감하고 있지만 그 방법에 있어서는 방향 전환이 요구된다는 인식에서 출발한 것이다. 이러한 입장 자체는 초기 이슬람의 간명한 원리로 복고하고자 하는 와하비 운동을 비롯한 종래의 운동과 그 목적에 있어서는 별다른 차이가 없다. 그러나 무슬림 대중의 계몽과 부패한 기성 정치세력과의 타협을 통하여 개혁을 달성하겠다는 점에 그 차이가 있다.

이 계몽운동에 참여한 대표적 인물이 아프가니(Jamal al-Din al-Afghani, 1897 죽음)와 그의 제자 압두(Muhammad Abduh, 1905 죽음) 등이었다. 이 두 사람은 프랑스 파리에서 알 우르와 알 우트카(Al-Urwa al-Wuthqa, 확고한 유대 즉 이슬람, 쿠란 2장 256절에서 따옴)라는 단체를 조직하였고, 또 같은 이름의 잡지도 발행하여 무슬림 대중의 정치의식 함양에 매진했다. 아프가니는 서유럽의 과학과 기술의 수용을 주장하여 그것을 도외시하는 보수적인 울라마들과는 달랐으나 이슬람의 정체성(正體性)을 지켜야 한다는 점에서는 그들과 보조를 같이 했다. 즉 서유럽제국의 침략을 저지하기 위해서는 발전된 문물을 받아들이고 또 무슬림 국가들은 서로 협력해야 한다는 범이슬람주의를 내세웠다. 따라서 울라마들의 사명은 유럽적 세속주의에 반대하고 쿠란의 지존성을 건전하게 보존하는데 있으며 나아가서 이슬람공동체의 견인차적 역할을 맡아 이를 정치적으로 실행해야 그 보람이 있다고 보았다. 울라마들은 유럽의 세속주의가 종교와 사회공동체의 연관성을 끊어 놓았고 또 신앙을 개인의 사생활 문제로 국한시켰다고 보았던 것이다. 특히 종교로서의 이슬람은 과학과 기술에 가장 가까워 양자사이에는 아무런 모순도 없다고 역설했다(Hourani, 1970:103-129).

아프가니는 범이슬람운동을 촉진시킬 목적으로 당시 무슬림 국가들의 권력층을 계몽하려고 시도하는 한편 일반 대중과의 접촉에도 민족과 국적은 물론 심지어 종파도 도외시하였다. 그때문에 그의 추종자는 아랍, 터키 및 이란인 등으로 다양했으며 동조자는 무슬림 세계 어디서나 찾을 수 있었다. 특히 그의 이슬람 개혁 사상의 주요 골자는 와하비 사상에서처럼 이즈티하드의 문을 활짝 열어놓는데 있다. 그도 비록 초창기의 순수 이슬람으로 돌아가자고 주창했지만 그것은 단순히 과거의 전통에서 당면한 현실문제의 해답을 찾는데 있는 것이 아니고 개혁운동의 진의와 목적이 바로 이슬람 교리와 근본에 바탕을 둔 시대적 대응책임을 공식화하는데 있었다. 즉 이슬람의 재해석에서 무슬림 공동체의 독자성을 지키고 과거의 영광을 재창조하는 부활의 힘을 찾아 유럽열강의 식민통치에서 벗어나 자유와 독립을 획득하자는 큰 뜻이 들어 있었다. 그의 사상과 가르침은 20세기 초까지 무슬림들의 이슬람 개혁운동과 반反제국주의 독립

운동의 원동력이 되어 무슬림 세계 도처에 그 영향력을 떨쳤다.

아프가니가 탁월한 대중적 정치가라면 그의 제자 무함마드 압두는 개혁이론가였다. 그는 스승의 다소 개괄적인 범이슬람운동의 목표를 한층 더 구체화하여 살라피야(Salafiyah)운동이라 이름 부쳤다. 이 용어는 살랍(Salaf 선조)에서 나온 것이다. 즉 위대한 이슬람 문화를 창조한 선조들의 정신을 이어받자는 뜻이다. 그는 범이슬람 운동을 이슬람역사의 맥과 연결지어서 지식인, 학생을 비롯하여 일반 대중의 참여를 기대했다. 즉 무슬림들의 주체성 확립이 무엇보다 시급하다고 느꼈기 때문이다. 압두의 사상과 가르침의 목표는 서유럽의 사상적 영향력에 저항해 보자는 것이다. 초기 이슬람의 순수성이 이룩한 찬란한 문화를 내세워 후대에 와서 조금씩 가미된 불순부착물은 제거되어야 한다고 보았다(Hourani, 1970:140 & Enayat, 1982:42). 무슬림들은 위대한 선조를 가졌다는 자부심 속에서 외래 문물을 비평적으로 받아들여 새로운 활로를 열어보자는 뜻에서 그는 살라피야 운동을 펼친 것이지 결코 보수적 입장을 취한 데서 이 운동을 시작한 것은 아니었다.

압두는 무슬림들의 최대 관심사를 이슬람이라고 보았다. 따라서 애국주의(wataniya)와 아랍 민족주의(al-qawmiya al-'arabiya) 운동까지도 그에게는 눈에 거슬리었다. 그것은 지역주의와 인종주의를 유발시켜 전세계 무슬림들의 유대관계에 손상이 될 것으로 보았기 때문이었다. 즉 무슬림은 이슬람을 통해서 자신의 정체을 갖추게 된다고 보았다. 무슬림은 과오와 허약성 때문에 외침을 받게 되고 또 고유의 가치관이 왜곡되고 손상 당하는 불운을 겪고 있지만 이슬람을 소생시켜 서유럽 사상과의 경쟁에서 살아남을 수 있도록 옹호해야 한다는 입장이었다. 그래서 압두는 당시의 시대적 요구에 대응하게끔 이슬람의 원리와 가치체계를 풀이하는 데 삶의 목적을 두었다(Lewis, 1963:104)

비록 압두는 현대주의자나 개혁주의자들이 서유럽 문물을 받아들였을 뿐만 아니라 더 나아가 그 모방에 급급하는 노예적 태도를 비난했으나 서유럽의 교육제도를 무슬림 세계에 이식시켜야 현대의 과학기술을 조속히 도입할 수 있고 또 보급할 수 있다고 믿었다. 심지어 서유럽의 사상과 지식도 도입하여 이슬람 교리를 재정립할 수도 있다고 생각했다. 그러나 그의 궁극적 목적은 서유럽 사상의 영향에서 이슬람 교리와 사상의 독립성을 지키고 그리스도교의 논리적 공격에서 이슬람을 방어하는데 두었다.

이슬람의 가르침은 예언자 무함마드의 사후 300년 동안에 등장한 대학자들에 의해서 그 신학 체계가 완료되었다. 그 핵심에는 이슬람 공동체(Umma)의 이즈마(ijma, 합의사항)의 확립이었다. 그후 이즈마는 전통으로 자리를 잡았는데 압두는 이 점에 반기를 든 것이다. 그 근거로 이슬람에서는 맹목적 모방이나 종교적 의무 사항의 기계적 수행은 결코 높이 평가될 수 없다고 보고 쿠란의 새로운 합리적 해설이 가능하다고 보았다. 그래서 그는 몸소 쿠란 해설집(tafsir)을 출간했다(Hourani, 1970;139).

압두는 이 점에서 이슬람의 정통교리가 확립된 후 즉 이성을 중시한 무타질라(Muta' zila)파가 몰락한 후 거의 1000년의 세월이 흐른 후 처음으로 이슬람 신학에 이성을 끌어들였다. 그 좋은 예가 이슬람과 현대과학 사이에는 아무런 갈등도 없다고 설명했다. 더욱 나아가 쿠란과 하디스에도 학문 연구에 종사하라는 계명이 많이 들어 있으므로 지도층은 과학의 보급에 전력을 기울여야 한다고 주장했다. 그 결과 울라마들도 이슬람과 과학의 화합은 가능하다고 공식 선언했다(Hourani, 1970;141f)

그러나 사회적 현실은 울라마들을 외면해 갔다. 특히 유럽식 학교가 많이 신설되어 세속적 교과목의 수는 증가하고 또 우대 받으나 반대로 종교과목의 수는 감소되고 또 천시되었으므로 울라마들은 궁지에 몰렸다. 더구나 종전까지 교육을 전담해 오던 울라마의 지위마저 흔들리게 되었다. 따라서 종교와 과학의 화합 원리는 그 실행에는 여러 가지 문제점이 튀어 나왔다.

압두의 개혁사상의 실현방법은 점진적이고 평화적이었다. 그는 이슬람의 고유한 가치를 옹호하는데 있어서도 도덕적, 문화적, 종교적 분야에 중점을 둔 나머지 정치 또는 군사적 측면은 소홀히 했고 또 경제적 측면은 도외시했다고 보아도 지나친 말은 아니다. 그 결과 개혁화 또는 현대화 운동에서 불가피하게 제기되는 혁명과 민족주의 등 정치적 측면을 애써 종교와는 별개의 것으로 구분했다. 이 점은 정치와 종교의 비분리를 원칙으로 보는 이슬람 전통에 금이 간 느낌이었다. 또 바로 이 점이 정치와 종교의 분리를 원칙으로 하는 서유럽사상과도 일맥상통한 것이었다.

압두의 이론체계의 핵은 이슬람과 서유럽 문명이었다. 그러나 이 둘은 서로 이질적이어서 마찰이 일어나는 경우도 허다했다. 이슬람공동체(Umma)를 이끌어 가는데는 신의 뜻이 절대적이다. 반면에 서유럽문명은 이미 무슬림 세계에 깊이 들어와 사회제도의 서유럽화를 강요함으로써 무슬림의 일상 및 공동생활에도 일정한 변화를 초래했다. 하지만 압두는 이슬람은 만고의 진리이기 때문에 그것을 새롭게 개진하면 서유럽 문명과는 원리상에서뿐만 아니라 세부 분야에서도 서로 모순되지 않고 양립될 수 있다고 보았다. 물론 압두는 어떤 상황에서도 이슬람과 서유럽 문명이 조화를 이룬다고 주장하지는 않았다. 그는 현대문명이 그 가치를 인정하는 것은 이슬람도 허용한다고 보았으며 양자가 마찰을 일으킬 경우에는 이슬람이 우선권을 가짐은 당연한 것으로 보았다. 즉 이슬람의 보편적 원리는 확고하여 대체나 변화는 불가능하다고 생각했다. 결국 이슬람은 세상만사가 돌아가는데로 합리화시켜 준다고 보지는 않았다(Hourani, 1970;161)

압두의 이론체계는 당대의 정치적 사회적 현실을 이론화 한 것으로 보인다. 즉 오스만 터키의 술탄 할리파(Sultan-Khalifa)[1]의 탄지마트(tanzimat, 재조정, 즉 개혁)운동을 이론화 한 것이다. 즉 오랜 이슬람 국가의 공식 체제로서의 할리파제와 술탄제의 기본틀을 그대로 유지하면서 행정조직체와 군대의 조직을 유럽화하여 중앙 집권제를 강화하는 것이었다.

1) 예언자 무함마드의 계승자로서의 할리파는 무슬림의 최고사령관(amir al-muminin)이었다. 할리파는 우마이야조(Ummayya朝 661-750)를 걸쳐 압바시야조(Abbasiyya朝 750-1258)중기에 이르러 사실상 그 세속권은 술탄(Sultan)이라는 통치자에게 빼앗겼으나 정신적 지도자로서의 명목은 유지했다. 그러다 몽고족의 침입으로 바그다드가 함락되고 할리파제도 종말을 고했다. 그러나 이집트의 맘룩국가(Mamluk, 1250-1517)는 그후 4년안에 압바시야조의 후손을 영입하여 카이로에 명목상의 할리파를 옹립했다. 물론 이 할리파는 맘룩국가 영역 밖에서는 인정받지 못했고 또 영역안에서도 맘룩 술탄의 시종에 지나지 않았다. 이 할리파는 1517년 오스만 터키의 이집트 정복으로 종식되었고 그 칭호는 오스만술탄의 몫이 되었다. 그러나 술탄은 그 칭호를 사용치 않다가 1774년 러시아와의 Kuchuk Kainarja 조약에서 러시아 영내의 무슬림에 대한 후견인으로 인정받은 이후 전체 무슬림의 단결을 도모한다는 뜻에서 Sultan-Khalif 라는 복합 칭호를 사용했다.

이슬람 원리주의의 등장

압두의 영향은 후대에 미친바가 컸지만 그의 사상에 모두가 동조하지는 않았다. 그의 당대나 후대에 그가 서유럽 문명에 제공한 양보가 이슬람에 위험하다거나 불필요하다고 보는 일파도 있었다. 이들 가운데는 그의 직계제자도 들어있었다. 그의 사망 후 그의 추종자 가운데 일부는 그의 이론체계 가운데서 이슬람적 요소만을 떼어내어 순니법학파 가운데서 가장 엄격한 한발리(Hanbal)식의 원리주의로 방향을 재조정했다. 반면에 서유럽식의 정치와 종교의 분리를 옹호하는 일파는 사회발전의 합당성을 강조하여 사실상 세속계와 정신계는 분리되어야 하며 이 둘은 각각 다른 기준으로 측정되어야 한다고 보았다. 즉 이슬람 원리주의자와 현대화주의자로 분열된 것이다(Hourani, 1970:161-92).

이 분열의 완결은 오스만 터키제국의 멸망과 그 시기가 일치했다. 즉 제 1차세계대전에서 제국이 패하자 케말 아타투루크(Kemal Ataturk, 1938 죽음)는 1922년의 국민의회에서 술탄位를 할리파位에서 분리하여 폐지하고 정권을 장악했다. 전세계 무슬림들의 종교지도자로서의 할리파位도 비터키계 무슬림의 인정을 받지 못하고 있다는 이유로 1924년에 폐지했다. 즉 이것은 예언자 무함마드 사후 1300년 이상 명목상으로는 존속해 오던 할리파位가 더 이상 존재하지 않게 됨을 의미했다. 그 후 압두의 제자 압둘 라직(ʻAbd al-Raziq, 1966 죽음)은 현대주의자적 입장을, 또 다른 제자 라쉬드 리다(Rashid Rida, 1935 죽음)는 이슬람원리주의자적 입장을 취했다.

압둘 라직은 1300간 존속한 할리파 제도는 이슬람의 법원이 되는 쿠란, 하디스 및 이즈마(ijma ʻ, 울라마의 합의사항)의 어느 구절에도 그 근거가 없다고 주장했지만 정부의 존재 필요성은 인정했다. 즉 쿠란에 나오는 할리파란 용어는 이슬람 역사에 등장하는 정치와 종교의 결합체로서의 할리파위와는 아무런 상관이 없다고 보았다. 이것이 1924년에 아타투르크의 터키가 오스만 터키의 할리파위의 폐지를 합리화한 근거였다. 그의 논지에 따르면 절대신은 세속문제를 인간의 이성에 위임해 두었다는 가설에 두고 있다. 즉 정치와 종교의 분리는 이슬람에서도 가능하다고 주장한 것이다(Enayat,1982: 62-68 & Hourani,1970:169).

이 논지에 대해 정통파 울라마는 크게 반발했다. 특히 라쉬드 리다(Rashid Rida, 1935 죽음)는 맹렬한 반론을 폈다. 그는 이미 폐지되어 존재하지 않는 할리파위를 내세워 반론을 펼 수 없었다. 그 대신 새로운 개념인 이슬람 국가론을 전개했다. 그는 이슬람 국가의 개념을 원리주의적 입장에서 현대적 의미로 구체화했다. 20세기의 첫 번째 20년 동안 이슬람 원리주의는 와하비적 청교도 운동과 압두의 살라피야 운동의 혼합체로 인식되었다. 결국 와하비파는 이 시기에 사우디 아라비아를 창립하여 보수 이슬람의 보루로 삼았다. 반면에 살라피야 운동은 원시 이슬람과 쿠란에 돌아가자는 기치 아래 서유럽적 인본주의와 합리주의 사상과도 조화를 도모함으로써 혁명적 행동주의로 발전했다(Enayat, 1982:69).

라쉬드 리다는 압둘 라직의 개혁론이 전통보수주의자의 반발에 부딪치는 상황과 아타투르크의 터키에서 할리파 체제가 종식되는 현실의 바탕위에서 이슬람 국가에 대한 그의 견해를 다듬어갔다. 이슬람 국가란 용어는 그의 방대한 저서『할리파제 al-Khilafat, 1923』에서 처음 사용되어 당시 커다란 반향을 일으켰다. 이 저서에서 그는 이슬람 국가에 대한 설명을 3단계로 나누어 하고 있다. 제 1단계에서 할리파제에 대한 고전 이론을 소개하였는데 그것은 이슬람법(Shari' a)에 바탕을 둔 것이지 무타질라 신학파의 주장처럼 이성('aql)에 바탕을 둔 것이 아니란 점을 역사적으로 밝혔다. 제 2단계에서는 오스만 터키의 할리파제가 폐기된 사실을 감안하고 그것의 재수립이 현실적으로 어려운 점을 검토 분석했다. 예를 들면 1920년대에는 할리파로 내세울 마땅한 인물과 또 모든 무슬림들이 합의할 만한 할리파가 없다고 밝혔다. 제 3단계에서 그는 할리파제의 문제에서 이슬람 국가로 관심을 돌렸으나 결코 그 개념을 정의하지 않았다. 그는 이슬람 국가 또는 정부(al-dawla 또는 al-hukumat al-islamiyyah)를 이슬람 할리파제(al-Khilafa al-islamiyyah) 또는 이슬람 할리파의 정부(hukumat al-islamiyyah)와 동의어로 혼용하여 사용했다. 여기서 할리파 체제를 재수립한다는 명목 아래 실제로 새로운 정체를 모색하는 그의 실용주의적 입장이 돋보이는 것이다. 이슬람 국가에 대한 개념규정과 독자적 설명을 제시할 경우 수많은 전통적 보수주의자들의 이의와 반발을 불러일으킬 염려가 있었기 때문이었다. 그러나 이러한 혼용에도 불구하고 그는 주권은 국민에게 있고 또 인간의 법제정 가능성과 같은 서유럽의 정치사상을 이슬람의 절대신 주권설과 신법적 특성을 연관시켜 설명함으로써 토론의 범위와 이슬람식 국가이론의 발전을 도모한 것은 그의 공헌이라 볼 수 있다(Enayat, 1982:69-82 & Hourani, 1970: 222-244).

주권재민과 입법기구의 설립과 같은 서유럽식 정치제도는 이슬람의 상의기구인 슈라(Shura)가 기능을 발휘하면 자연히 해결된다는 것이다. 슈라는 통치자와 피지배자 사이의 연결 기구로서의 전통적 기능을 회복시키면 매우 간단하다고 논했다. 또 이러한 입장은 전통주의자와 개혁주의자가 모두 주장하는 논리여서 라쉬드 리다도 따랐던 것이다. 즉 슈라가 제 기능을 잃지 않으면 민주주의가 보장된다는 것이다. 그의 견해에 따르면 이슬람 신학자 집단인 울라마는 무슬림들의 진정한 대표자로 행동하는 것을 당연시 내지 이상화했다. 그 예로서 이란의 쉬아파 울라마의 지도 아래 1892년의 담배 보이코트 운동과 1906년의 헌법 혁명이 성공적으로 진행된 예를 들었다(Enayat, 1982:77).

무슬림이 외국문화의 침투에서 자신의 법체계인 이슬람 성법 샤리아를 지킬 때 그 고유한 형태와 순수성을 유지할 것이고 나아가서 활기를 찾게 될 것으로 보았다. 라쉬드 리다에게 법체계는 언어와 같은 것이었다. 즉 다른 나라의 말과 문법체계를 자국어에 사용할 수 없듯이 다른 나라의 법체계는 자국의 법체계 속에 활용될 수 없다는 논리였다. 따라서 세속적인 법규도 서유럽의 법체계에서 빌려온 것이 아니라 가능한 한 이슬람 성법에서 유추(類推, qiyas)되어야 온당하다고 보았다. 특히 입법이나 재판과정에서 유의해야 할 점은 공익우선(istislah)과 유사한 판결사례와의 비교(talfiq)를 통하여 선택(ikhtiyar)해야 한다는 원칙이다. 즉 재판관이 특정사건을 맡아 판결을 내리기 전에 순니 이슬람의 4대 법학파의 견해를 비교하여 그 장단점을 알고 난 뒤에 가장 적절한 것을 선택해야 한다는 것이다. 궁극적으로 라쉬드 리다는 이슬람 국가의 바탕은 바로 법체계이고 이를 지켜주는 파수꾼이 곧 이슬람 신학자들인 울라마로 생각했다. 그들은 허용과 절제의 화신(ahl al-hall wa' l-' aqd)으로서 진정한 이슬람공동체의 대표들이어서 이들과 상의하여 국정을 이끌어 나가는 것이 곧 민주주의적인 것으로 확신했다.

그의 주장을 종합적으로 평가해 보면 그의 개혁사상은 초창기 이슬람으로 완전 복귀를 의미하는 것은 아니다. 그가 원하고 실현하고 싶은 것은 세속에 물들어 인종적, 파벌적 이해 관계에서만 생각하는 현실을 초월하기 위해서는 초창기 무슬림들의 움마에 대한 희생적 봉사정신을 되찾는데 있었다. 따라서 그가 구현하고 싶었던 이슬람 국가의 헌법은 쿠란과 하디스에 바탕을 두어야 하며 더 나아가 예언자의 직계 제자이며 계승자인 4명의 정통 할리파(아부 바크르, 우마르, 우스만, 알리)의 역사적 경험을 참조하여 제정되어야 한다고 보았다. 특히 이러한 헌법에 따라서 정치, 경제, 사회 문제가 해결되어야 이슬람의 얼이 20세기에 실현된다고 믿었다. 더욱 나아가 쿠란과 하디스를 독자적으로 명확하게 풀이할 수 있는 무즈타히드(mujtahid, 이슬람 법률해석가)가 모든 울라마를 대표하여 국가원수가 되어 실권을 장악함으로써 이슬람국가가 성립된다고 믿었다. 또 국가원수의 칭호가 할리파 또는 이맘이든 관계없으며 중요한 것은 울라마들에 의해서 선출되어야 하다고 강조했다. 라쉬드 리다는 국가원수의 자격 요건에 관해서는 특별히 제시하지는 않았고 또 그의 권위와 통치 권한에 대해서도 모호하게 언급했다. 분명한 것은 국가원수는 임기에 구애받는 세속적 통치자는 아니며 입법에도 관여하여 중추기능을 맡아야 한다는 것이다.

국가 원수는 이슬람의 여러 종파(순니, 쉬아 등)를 대표하는 사람들에 의해서 선출되어야 한다고 보고 종파간의 교리상 차이점은 그대로 인정해 줌으로써 다양성을 원칙으로 삼아야 한다고 믿었다. 또 국가원수의 결정은 이슬람의 기본 원칙과 공동체의 공익과 일치되어야 하며 만일 그렇지 않을 때에는 각 구성원은 대표자를 통해서 그 결정에 항거할 권리를 가지고 있다고 라쉬드 리다는 논했다. 또 각 구성원은 쿠란과 하디스 구절의 올바른 이해를 도모하기 위해 필수적인 교육과 논법을 배워야 마땅하다고 생각했다. 이슬람에서는 결코 한 신자가 다른 신자에게 종교적 우월권(al-sultat al-diniyya)을 행사할 수 없다고 본 것이다(Rida, 1922:124-5, Enayat, 1982:81). 그의 저서가 출간된 지 50여년 지난 후 이란의 이슬람 혁명이 성공하자 울라마의 역할은 라쉬드 리다가 언급한 것처럼 매우 중요시되었다.

라쉬드 리다의 이슬람국가 개념은 종파를 초월하여 모든 무슬림이 다 받아들일 수 있는 것이 특색이었다. 이것은 무슬림의 단결을 도모하기 위해서 필수적이었다. 그는 또 이슬람 율법학자에게 이즈타히드(ijtihad, 이슬람 율법의 독자적 해석)의 문을 열 것을 주장하여 쉬아파와의 화음에 커다란 도움이 되었고 순니파의 법해석에 새로운 활기를 불어넣었다. 더구나 그의 새로운 이슬람 국가 개념은 범이슬람주의자에게는 새로운 이론적 바탕을 마련해 주었다. 더구나 이 이념에 따라서 제 1차 세계대전 후 아랍인 거주지역이 대부분 신탁통치령으로 변하자, 아랍 민족주의자들과 범이슬람주의자는 다함께 반식민지 투쟁이라는 공동목표를 향하여 연합하여 공동전선을 펼 수 있었다.

무슬림 형제단(al-Jam'yyat al-Ikhwan al-Muslimin)

라쉬드 리다는 주로 이론적으로 이슬람 원리주의를 주장하여 선전에 몰두했으나, 단체를 조직하지는 않았다. 이슬람 원리주의 운동을 최초로 조직적으로 전개한 사람은 이집트의 청년교사 하산 알 반나(Hasan al-Bann ', 1949죽음)였다. 그는 한발리 법학파의 교육을 받은 청년교사로서 1928년 이집트의 이스마일리야(Isma' iliya)에서 처음으로 이 형제단을 조직하였고 점차 스웨즈 운하 지역으로 그 지부를 설치하다가 결국 이집트 전역으로 확대했다. 특히 1933년에는 본부를 카이로로 옮기고 조직을 재정비했다. 이 때부터 창립자 하산 알 반나는 최고지도자(al-murshid al-' amm)란 칭호를 사용했고 선교원(da' i, 복수 du' at)들을 각 지역으로 보내 모스크와 공공장소 등에서 선전에 종사했다. 그후 1936년까지 그 활동 영역은 단순히 종교와 정치에만 국한하지 않고 다방면으로 확대했다. 특히 형제단은 여러 등급의 각종 학교 창설, 각종 종교 교육과정 조직, 문맹 퇴치운동 전개, 병원과 진료소의 개설과 더불어 사업체도 만들어 농촌 빈민의 생활 수준 향상에도 기여했다.

1936년에 영국-이집트 협정이 체결되어 19세기말부터 영국의 사실상 보호령이 된 이집트가 입헌군주제로 바뀌어 처음으로 선거가 실시되었다. 이 때 유대인의 시온주의(Zionism)운동이 활발하게 전개되어 팔레스타인 땅에 그들의 귀환이 추진되고 있었다. 하산 알 반나는 이에 정면 반대하여 팔레스타인 아랍인의 이익을 대변했다. 그 결과 무슬림 형제단 운동은 전 중동지역 특히 시리아로 퍼져 나갔고 또 이집트 내에서도 그의 위신은 한층 더 고양되었다. 그러나 곧 제 2차 세계대전이 발발하자 그의 반영(反英)구호는 더욱 높아갔다. 그 결과 1941년에는 한동안 옥살이를 했다. 1952년 7월에 왕정타도에 성공한 자유장교단과 형제단의 우호관계가 성립된 것도 이 시기로 추정하고 있다. 그러나 이 두 단체는 서로 독자성을 유지하면서 활동했다.

또 1941년에 풀려난 알 반나는 정치단체와 청년 조직뿐만 아니라 심지어 비밀리에 준군사조직도 만들어 경우에 따라서는 무력에 의한 정권 탈취도 배제하지 않은 것 같다. 형제단은 기회를 엿보면서 교육과 사회봉사활동을 계속하여 이집트에서 그 정치적 비중을 드높였다. 그러나 의회에는 진출하지 않았다. 1943년 이후 형제단은 집권 와프드(wafd, 대표, 파견)당의 좌파와 결합한 공산당과 경쟁 관계에 들어갔다. 공산당도 학생과 대중의 정치의식 함양에 몰두했기 때문이다. 이집트의 좌파들은 형제단이 반영투쟁보다는 반좌파 투쟁에 더 적극적이어서 심지어 폭력 행위와 테러도 서슴치 않는다는 비난을 퍼부었다. 1948년 이스라엘의 건국과 더불어 벌어진 제 1차 아랍-이스라엘 전쟁 중에 형제단은 자원자를 보내어 아랍군을 지원했다. 그러나 전쟁에 진 후 형제단은 그 책임을 부패한 아랍각국 정부에 돌렸고 스스로 무장 세력으로 재조직하여 이집트 정부에 도전할 정도로 강화되었다.

알 누크라쉬(al-Nuqrash) 수상 정부는 형제단 조직의 해체 명령과 더불어 그 재산 몰수를 명령하고 상당한 수의 단원을 체포 구금했다. 이에 불만을 품은 한 단원이 1948년 말에 알 누크라쉬 수상을 암살했다. 그러나 두달 후에 창시자 알 반나도 암살당했지만 형제단의 활동은 지하에서 계속되었다. 새로운 최고 지도자로 하산 이스마일 후다이비(Hasan Isma'il al-Hudayb)라는 한 판사가 선출되었으나 그 권위는 확립되지 못했다. 1951년 4월 사회 단체에 관한 법의 갱신으로 형제단은 이론상으로는 금지되어 있었으나 사실상 거의 공개적으로 그 활동을 재개했다. 형제단은 스웨즈 운하 지역의 영국 군사기지 철수를 요구하는 시위에 참여하는 등 노골적인 반 정부 반 외세 운동도 서슴치 않았다(EI.[2] al-Ikhwan al-Muslimun 참조).

1952년 7월에 낫셀(Gamal Abd al-Nasser, 1970 죽음)의 영도 아래 자유 장교단이 쿠테타를 일으켜 혁명 정권을 수립했다. 이 정권의 사회정책은 형제단의 그것과 대동소이했고 더구나 자유장교단원의 상당한 수도 형제단의 단원 내지 그 동조자였다. 그래서 혁명정권은 수립초에는 형제단의 지지와 협조를 구했다. 1953년 초에 이 정권이 모든 정당의 해체 명령을 내렸을 때에도 형제단만은 정당으로 취급하지 않아 그 조직과 활동이 건재했다. 그러나 형제단의 최고 지도자 알 후다이비는 정부의 모든 정책 결정에 관여권과 거부권을 요구하면서 자신의 지위를 혁명의 정신적 스승으로 예우 받으려 했으나 거절당했다. 그 후 형제단은 혁명 정권의 정강이 이슬람의 이상에 맞지않고 그 업적도 부진하다고 비난했다. 결국 1953년 한해 동안 정권과 형제단은 겉으로는 조용했으나, 속으로는 피나는 투쟁을 벌리고 있었다. 결국 형제단이 학생들과 노동조합을 향하여 반정부 선전을 강화하고 군부와 경찰의 지지자를 통하여 음모를 꾀하자 1954년 초에 형제단은 해체 명령을 받았고 지도급 인물을 포함하여 수백명이 체포 구금당했다. 그러나 얼마후 혁명정권내 무함마드 나기브(Muhammad Naqib) 장군과 낫셀과의 갈등으로 체포된 인사들은 석방되었고 형제단은 비정치단체로 계속 허용되었다.

1954년 10월에 영국-이집트 협약이 체결되자 형제단은 그것이 영국에게 너무 유리한 것이라고 비난했고 또 낫셀의 암살을 시도했으나 실패했다. 그 결과 혁명정권은 형제단을 불법화했으며 또 단원 수천명을 체포했다. 곧이어 그 지도급 인사 6명을 처형했고 최고 지도자 알 후다이비에게는 사형을 선고했으나 종신형으로 감형시켜 주었다. 그후 일부 단원은 형제단의 테러 행위를 비난하고 혁명정권에 지지를 보냈고 사실상 그 조직은 사라진 것 처럼 보였다. 그러나 형제단의 일부는 지하 비밀 조직으로 남아 있었다. 결국 1965년 여름에 그들의 낫셀 정권 전복 음모가 탄로나 수백명이 체포되었다. 1여년의 재판 과정이 끝난 후 형제단의 최고 이론가 사이드 쿠틉(Sayyid Qutb)을 포함한 3명이 처형되었다. 그 나머지도 중노동 내지 장기형을 받았다. 그후 그들의 활동은 1970년대 초까지 더욱 비밀리에 진행되었다.

이집트 밖에서의 형제단 활동은 설명하기가 매우 힘들다. 몇몇 아랍국가에서는 이집트의 형제단과 유사한 단체가 생겨서 존속했으나 그들의 관계가 주종관계였는지 또는 독자적이었는지 또는 그 의존도가 어느 정도였는지 잘 알려져 있지 않다. 시리아에서는 1937년에 이미 무슬림 형제단이 창설되었으나 그 활동은 이집트의 형제단에 비하여 그 규모도 적었고 소극적이었다. 그러나 그 단원들 가운데는 시리아 의회에 진출하여 나중에는 장관을 지낸이도 있다. 그 지도자는 세이흐 무스타파 알 시바이(Shaykh Mustafa al-Siba' , 1965 죽음)였으나 시리아 민중에 대한 정신적 영향력은 크게 행사하지 못했다. 팔레스타인, 요르단, 레바논 및 이라크에도 유사한 단체가 생겼으나 단기간 존속했고 그 존재 가치가 미미했다(EI.^{2}al-Ikhwan al-Muslimun 참조).

형제단의 목적과 정강정책은 1930년에 하산 알 반나가 무슬림 국가의 통치자와 저명인사에게 보낸 서한과 1939년에 팔레스타인 아랍인의 대의를 위해서 형제단을 정치조직으로 전환하면서 그가 내세운 기본원칙 속에 잘 명시되어 있다. 이 서한에서 그는 첫째, 정치, 사법 및 행정체제의 개혁을 도모하기 위해서 모든 정당의 해체, 이슬람법 원리에 어긋난 모든 법률의 개정, 관료의 이슬람화, 군사력 강화 및 부정부패의 청산 등이었다. 둘째, 사회와 교육제도의 개혁에는 도덕의 이슬람화, 도박장과 춤사교장의 폐쇄, 이슬람 과목의 필수화 등이었다. 셋째, 경제정책에는 기술의 연마와 향상, 유휴지의 개발과 광산업의 확대발전, 이자(rib)의 금지, 종교세(zakat)의 합리적 관리등이었다(Lenczowsk , 1970: 40-41). 또 1939년의 3대 기본 원칙에는 첫째, 이슬람은 포괄적이며 스스로 발전하는 체제여서 모든 생활영역에 있어서 최종적 삶의 길이다. 둘째, 이슬람의 전거는 두가지 즉 쿠란과 하디스이다. 셋째, 어떤 곳에서도 어느 시대에도 적용될 수 있다는 것이다(Enayat, 1982:85).

위와같은 하산 알 반나의 지도노선에 맞추어서 형제단의 정치이론가 무함마드 갓잘리(Muhammad Ghazzal)는 1948년에 출간한 그의 저서 『여기서 우리는 배운다(Min huna na' lim)』에서 이슬람 국가에 대한 언급에서 라쉬드 리다와 견해를 달리하고 있다. 라쉬드 리다는 신의 입법과 인간의 입법을 다같이 언급했으나 갓잘리는 인간의 입법은 논하지 않고 그 대신 이슬람 성법 샤리아는 인간의 일상 생활의 전 영역 - 정치, 경제, 사회, 종교, 문화 등 -을 관장할 수 있다는 점을 강조하고 있다. 따라서 라쉬드 리다는 인간 경험의 다양성과 복합성이 법원의 자료로 활용할 수 있다고 보았으나 갓잘리는 쿠란과 예언자의 언행록에 따른 획일적인 신법의 지배를 강조했다. 즉 라쉬드 리다의 법체계에는 종교적 법규와 정치적 법규는 갈등없이 병존할 수 있으나 갓잘리의 이론에서는 양자가 이슬람 성법의 영역에 흡수된 것이다(Ghazzali, 1948;258 & Enayat, 1982:89). 또 갓잘리는 개인의 종교의무 가운데 단순히 독실한 신앙심으로 행할 수 있는 예배, 단식(saum) 및 성지 순례보다 사회성이 짙은 지하드(jihad, 聖戰), 보복(qiyas) 및 종교세(zakat)의 중요성을 더 강조했다. 그래서 사우디 아라비아는 반제국주의 투쟁은 도외시하고 예배의식만 강조한다고 비난했다.

그러나 1949년 창시자 알 반나의 암살과 1954년 형제단이 불법화 된 후 지하로 들어가자 점차 과격화되었다. 즉 합법적으로 정권이 장악할 가망이 사라지자 폭력활동 이외에는 그 존재를 알릴 방법이 없었기 때문이다. 특히 1970년대의 과격화 현상과 더불어 형제단의 추종자들은 이슬람 원리주의를 새로운 국면으로 발전시켰다.

최근의 이슬람 원리주의

1970년대에 들어와서 이슬람에 대한 무슬림들의 열기가 이슬람 세계 전역에서 일어나는데, 그 원인은 지역에 따라서 다양하다. 1967년 제 3차 아랍-이스라엘 전쟁에서의 패배, 1969년 말레이시아에서의 말레이족과 중국 화교간의 인종분쟁, 1971년에는 방글라데쉬의 파키스탄으로부터의 분리 독립, 1970년대 중반에 레바논 내전등이 촉매 작용을 한 것이다. 이러한 사건의 결과로 무슬림들은 허탈감과 무기력감에 빠지고 나아가 이러한 사태에 적절히 대처하지 못한 자신들의 정부와 그 뒷받침을 한 서방측에 환멸을 느끼게 된다. 더구나 1967년 무슬림 형제단의 이론가 사이드 쿠틉(Sayyid Qutb)이 처형되었다. 그의 이론은 비밀결사조직의 필요성을 강조했는데 이것이 결국 이슬람원리주의자들의 정치적 테러 행위에 대해 이론적 밑바탕이 되었다. 그후 테러 조직의 확산과 더불어 정치테러가 계속 일어나고 있는 것이다(ME & NA, 1998:14). 그러나 1973년의 제 4차 아랍-이스라엘 전쟁에서 부분적 성공과 아랍측의 석유금수조치(Arab oil embargo) 및 1978-9년의 이란의 이슬람 혁명 성공으로 무슬림들의 자긍심은 고양되었다. 이와 같은 긍정적 요인과 더불어 부정적 요인도 무슬림 대중의 이슬람 열기의 고양에 크게 이바지했다. 특히 산업의 현대화와 함께 농촌 인구의 이농(離農)과 도시로의 이동현상이 일어나 도시의 인구과밀과 슬럼화가 일어났다. 그와 함께 전통적 가족제도의 파멸과 종교적 사회적 가치관의 붕괴가 진행되어 서유럽식의 생활 여건 구비를 현대화의 상징으로 여겨 열정적으로 추구하게 되었다. 또한 일상생활의 서유럽화를 도덕과 윤리의 타락, 정신적 혼란, 부패, 실업률의 상승 및 소득 분배의 불균등의 원인으로 규탄되었다(EB, 1994:377).

1970년대 이슬람 세계에는 커다란 사건이 연이어 일어났다. 예를 들면 1969년에 리비아에서는 독실한 신자 무암마르 카다피(Muammar al-Qaddafi)의 권력장악과 뒤이어 이슬람 사회주의와 국제적 유대를 강조하는 『녹색 책(Green Book)』의 출간, 1973년에 제 4차 아랍-이스라엘 전쟁의 발발과 더불어 이집트의 안와르 사다트(Anwar al-Sadat) 대통령에 의한 이슬람의 정치적 중요성 강조, 1977년에 파키스탄에서 지아 울 하크(Zia ul-Haq)장군의 쿠테타 성공과 더불어 이슬람식 정부체제의 확립을 촉구, 1978-9년에는 아야톨라 호메이니(Ayatollah Khomeini, 1989 죽음)의 지도 아래 이란의 이슬람 혁명 성공, 1979년에 사우디 아라비아에서는 이슬람 과격파의 메카 대성원 점령과 사우디 왕가에 대한 반란, 1981년에는 사다트의 암살, 아프가니스탄에서는 1970년 말에서 1980년대에 걸쳐 소련군의 침입과 점령에 대한 무자히딘(Mujahidin, 성전의 용사)의 줄기찬 저항 등이다. 이 모든 사건은 무슬림들의 종교적 자각심을 일깨우는 역할을 한 것이다.

이러한 무슬림 대중의 종교열의 폭발적 증대와 더불어 1970년대의 이슬람 세계에는 이슬람의 상징적 표현, 구호, 정치 이념 및 종교적 모임이 정치의 필수 메뉴로 변했다. 따라서 무슬림 각국의 여당과 야당은 둘 다 이슬람을 자신의 편으로 활용하려 애썼다, 즉 여당과 야당은 다같이 대중적 지지 획득과 정당성의 확립을 도모하려고 이슬람 원리주의적 측면을 강조했다. 또 대다수 무슬림 대중에게 이러한 종교적 열기는 문화적 정체성의 강화, 종교 의례의 준수, 가족적 가치의 중시 및 이슬람 적 도덕관의 진실성을 의미했다. 즉 이슬람 공동체 확립에는 개인뿐만 아니라 사회의 변형이 요구되었다. 이것이 진정한 이슬람 정부 수립의 전제 조건으로 보였다 이 변형은 하층 무슬림들의 각성과 이슬람법의 시행이 효과적이라 보고 점진적으로 추진하면 달성가능하다고 생각되었다(EB, 1994:377).

반면에 무슬림형제단을 비롯한 소수파들은 무슬림국가들의 정부와 사회는 부패 무능하여 재기불가능하다고 보았다. 이 소수파는 이렇게 부패한 사회의 정치.경제계 지도자들은 이교도와 다를 바 없고 또 심지어 기성종교 지도층조차 부패한 정부의 입김에 따라 임명되고 있다고 믿었다. 따라서 기성 지도계층은 전복되어야 하고 그 자리에 새로운 이슬람적 지도층이 선임되어 이슬람법을 시행해야 된다고 믿었다. 이 소수파를 대변하는 극단, 혁명 단체의 구성원은 극소수일지라도 정치적 선동, 여론분열 및 주요 인사의 암살등을 통하여 그 활약상이 매우 효과적이었다. 그러나 이들은 아직 대중을 시위에 동원하는데는 성공하지 못하고 있다.

1980년대에는 이란의 이슬람 혁명의 여파로 이슬람 원리주의 운동의 바람이 무슬림세계 전체에 다시 휘몰아치는 기간이었다. 무슬림국가의 집권층과 상류층은 이란의 혁명 수출에 위협을 느꼈고 과격파 조직들이 인질극, 폭력 및 테러를 서슴치 않았다. 특히 이슬람 지하드(Islamic Jihad), 헤지브 알라(hijib Allah, 알라의 당), 이슬람해방전선(Islamic Liberation Front) 및 알 자마아 알 이슬람미야 (al-Jama'a al-Islamiyya, 이슬람 집단)등의 이름을 가진 소수 극단파들이 무슬림 세계 전역에서 활약하고 있었다. 무슬림 형제단에서 분리해 나온 이집트의 알 자마아 알 이슬람미야는 정부와의 전쟁을 선포하고 그리스도교계의 곱트

교도와 심지어 외국 관광객까지 공격, 살해했다.

1990년대에 들어와서는 이 현상은 지속되고 있으며 1980년대와 다른 점은 이들 과격파의 활약상이 더 이상 무슬림 세계에 국한되지 않고 다른 지역으로 확산된 점이다. 그 좋은 예가 1993년 뉴욕의 세계 무역센터 건물과 더불어 1998년 켄야와 탄자니아의 미국대사관 건물의 폭파는 온 세계를 놀라게 했다. 불법적인 극단과격파의 밑바탕에는 합법적인 이슬람주의자들과 그들의 조직이 무슬림 각국의 사회체제내에 건재하고 있다. 이들 합법파들은 극단과격파와는 조직상으로는 아무런 관계도 맺지 않고 있지만 이념상으로는 매우 동조적이다. 합법파 등은 순수한 이슬람 자선 기구를 설립하여 학교, 병원, 은행 및 출판사등을 운영하면서 사회복지와 봉사활동에 매진하고 있다. 이들의 대부분은 거의 정치색이 없으나 서유럽 문물에 매우 비판적이다. 이들의 대부분은 서유럽식 학교에서 교육받았으나 세속적이기보다는 종교적이다. 그들의 직업도 매우 다양하여 의사, 약사, 변호사, 기술자, 교사 및 사회사업가들이어서 그들의 사회를 개선하여 이슬람화 내지 이슬람적 대체 방법을 강구하고 있다(EB, 1994:378).

이슬람 각국의 대응책

1990년대에는 이슬람 각국 정부는 제나름대로 이슬람을 정치적으로 내세우는 모든 이슬람주의자들과 그들의 정치조직에 대한 정책은 탄압, 부분적 묵인, 부분적 합법화, 전체적 합법화 등 다양하다. 정치의 민주화에 대한 민중의 욕구가 거세어지자 일부 국가에서는 이슬람 정당과 사회단체가 합법화되어 정치활동을 허용했다. 이러한 국가의 이슬람주의자들은 선거에 참가하여 야당으로 의회에 진출하고 있다. 이집트, 튀니지 및 요르단이 그 좋은 예이다. 반면에 시리아에서는 전국 제 4위의 도시 하마(Hama)에서 1982년에 시리아 무슬림 형제단이 선동한 반란이 일어나자 하피즈 알 아사드(Hafiz al-Asad) 정부는 가혹한 진압 작전을 통하여 약 5,000-20,000명의 생명을 앗아갔고 상당액수의 물질적 피해를 입었다. 그후 현재까지 계속 가혹한 탄압정책을 고수하고 있다. 또 합법화하여 정당활동을 허용한 뒤 불리해지자 탄압으로 돌아선 국가도 있다. 그 좋은 예가 알제리와 튀니지이다. 알제리에서는 1990년대 초에 이슬람 구국전선이 국회의원 총선거와 지방선거에 압승하여 집권의 기회가 오자 군부가 개입하여 비상사태를 선포하고 이슬람구국전선을 불법화하여 해체시켰다. 그 이후 현재까지 내란에 방불하는 정치적 테러의 결과로 약 7만명의 인명피해가 발생했다. 더구나 튀니지와 이집트에서도 이슬람 정당이 선거에서 약진하자 집권층은 종교적 극단주의자들에 의한 민주체제의 납치 즉 민주선거를 이용하여 권력을 장악한 후 이슬람 체제의 도입을 시도하여 사회를 혼란시킬 위협이 있다고 비난하면서, 온갖 수단을 동원하여 탄압하고 있다. 그러나 정당으로서 그 명맥만은 유지시키고 있는 것이다. 이란과 수단은 이슬람원리주의자들이 집권하고 있는 국가여서 민주주의와 그 필수 조건인 다당제가 허용되지 않고 오직 이슬람적 소신을 가진 사람만이 정치활동을 할 수 있다. 이 두 나라에서는 인종적, 종교적 소수파와 여성의 인권이 제한받고 있다.

튀니지에서는 안기부장을 역임한 벤 알리(Zine al-Abidine Ben Ali) 대통령은 알제리의 전철을 밟지 않으려고 총선거에 들어가기 전에 주된 이슬람 정당인 나흐다(Nahda, 부흥)당과 그외의 종교적 정당을 불법화시킨 후 그 당원을 무자비하게 탄압하여 국제 인권단체(Amnesty International, UN 인권위원회 등)에 의하여 비난받고 있다. 모로코 정부는 빈곤과 심각한 사회문제에도 불구하고 이슬람주의자에 대하여 비교적 유화적이다. 이슬람주의자의 지도자 압둘 살람 야신(Abdul Salam Yassin)은 이슬람적인 정의와 자선당(al-' Adl wa' l Ihsan)의 당수인데 현재 연금 상태에 있다. 모로코의 이슬람주의자들은 다른 아랍국가에서처럼 대학교 구내에서 활동적이지만 비교적 온건한 정책로선을 취하고 있다. 특히 정부와의 정면대결을 피하고 있으며, 국왕의 권위에 대해 직접적 도전을 자제하고 있다. 국왕은 예언자 무함마드의 후손이란 점을 이용하여 300년 역사의 모로코 왕조를 이슬람식으로 운용하고 있다고 자부하기 때문에 이슬람주의자들이 직격탄을 날리기에는 쉽지 않다.

역시 무함마드의 후손이라고 주장하는 요르단 국왕 후세인은 1993년 11월 36년만에 처음 실시한 자유로운 총선거에 9개의 정당이 참여했는데 이슬람주의자들의 승리가 예측되었으나 선거법 개정에 의하여 이슬람주의 정당인 이슬람 행동전선의 의석은 22석에서 16석으로 줄였다. 즉 이슬람주의자들의 도전을 의회에 진출시켜 억제하는데 성공하였다. 레바논에서는 쉬아파의 헤즈볼라(알라의 당)는 80년에 정치적 테러와 납치로 악명이 높았다. 90년대에 들어와서 이 당은 이스라엘과의 투쟁에는 여전히 열을 올리고 있으나 국내 정치에서는 의회에 진출하려고 목소리를 낮추고 있다.

이집트 정부도 요르단 정부처럼 대체로 비슷한 정책을 시행하고 있다. 즉 무슬림 형제단 계열 가운데 온건파는 의회에 진출시켜 논쟁과 회유를 통하여 국정을 의논하는 반면에 과격파는 경찰을 통하여 제거하고 있다. 그러나 아직 이슬람 지하드와 자마아 알 이스라미야 등의 단체는 대학구내에서 1970년대 이후 계속 활동하고 있으며 때때로 산발적이지만 정부와의 소모적 지구전을 계속하고 있다. 1994년에는 이슬람주의자들이 지배하고 있는 전국적 규모의 전문직(의사, 건축기사, 변호사) 협회와 법인(학교, 병원)의 이사 선거법과 운영법규를 개정하여 50% 이상의 절대다수의 찬성을 얻어야 당선 또는 중요 안건의 결의가 이루어지도록 했다. 결국 세속주의자들이 장래에 이러한 사회단체를 움직이도록 하여 이슬람주의자들이 설 땅을 위축시키려 했다(ME & NA, 1998:21). 예멘의 이슬람 정당은 이슬라 당(Islah Party)인데 주로 북예멘의 하세드(Hashed) 부족 출신으로 구성되어 있다. 이 당은 무슬림 형제당의 지지도 받고 있다. 1994년 남예멘과의 내전 이후 그 지위가 향상되었다.

이슬람국가 가운데 가장 전통적이며 종교적인 사우디 아라비아도 이슬람주의자들로부터 비판을 받고 있다. 예를 들면 네즈드(Nejd) 주의 울라마들은 정부로부터 충분한 상담을 받고 있지 않다고 불평하는 성명서를 1992년에 발표했는데 그 속에서 사우디 정부는 부패, 비능률적이고 시대에 뒤떨어져 있다고 혹평했다. 사우디 정부는 소수 쉬아파의 비협조 탓으로 돌리고 이슬람율법의 시행을 강화하고 있다. 걸프연안국가도 사우디 아라비아에서 처럼 석유가의 하락으로 세입이 줄어들고 또한 재야 반대세력을 달래기 위한 돈이 부족해졌다. 이에 대한 불만이 이슬람의 이름으로 종교인들로부터 나오고 있다. 아랍에미레이드 연합(United Arab

Smirate)의 정부는 이러한 불평을 피해가려고 이슬람율법 재판소 (Sharia Court)를 강화하여 살인, 절도, 간통 및 아편 흡입 등을 엄격히 다스리고 있다.

중동각국의 정권은 수립시 그 정당성이 박약함으로 주로 정권의 바탕을 정보활동에 종사하는 보안군에 의존하는 경향이 많다. 따라서 이러한 정권에 의해 채택된 자유화와 개방화 정책도 그 한계가 너무나 분명하다. 즉 자신들의 정권유지에 위험이 되지 않고 오히려 도움이 된다는 계산에서 나온 것이다. 즉 야당을 허용했다는 근거로 국민들에게 좋은 선전자료가 되어 반체제파의 지하활동을 예방 내지 축소하는데 공헌하기 때문이다. 또한 이슬람주의자들을 무자비하게 탄압하면 오히려 그들을 더욱 과격하게 만들어 더욱 극단적 행동을 취할 것이기 때문이다. 일부 전문가는 이슬람원리주의자 모두를 중동각국 사회의 안정과 세계정치에 커다란 위험물로 보고 있으나 다른 일부 전문가는 체제에서 허용되는 합법적 활동을 통하여 정권을 쟁취하려는 대중적 운동파와 폭력으로 정권을 타도하려는 반체제파를 구분하여 전자는 수용해야 된다고 보고 있다.

Ⅲ. 현대 이슬람 국가간의 유대기구

1930년대에 시작된 팔레스타인 아랍인과 유대인간의 분규는 이슬람원리주의와 같은 아랍민중운동의 촉진제도 되었지만, 아랍 또는 비아랍계 이슬람국가간의 유대강화와 공동대처방안 탐색의 기폭제 역할도 했다. 20세기초부터 유대인 선각자들은 유럽의 유대인들에게 옛 조상의 땅 시온동산 즉 팔레스타인으로 돌아가자는 시온주의 운동을 일으켰다. 그들은 1800년 동안 나라 없는 서러움을 뼈져리게 느낀 나머지 옛 고향에 새로운 유대국을 건설하고 싶었다. 그 결과 1930년대에 들어와 유대인들은 영국의 신탁령 팔레스타인으로 돌아오기 시작했다. 점차 이민자의 수가 늘어가자 팔레스타인 아랍인들은 자극 받아 유대인의 정착에 반감을 표시하여 분규가 일어났다. 그러나 영국의 식민당국은 외면상으로는 중립을 표방하고 질서유지만을 강조했다. 이 중립정책은 결과적으로 유대인 정착에는 커다란 도움이 된 것이다.

1940년대에는 제 2차 대전의 소용돌이 속에서 독일의 유대인들이 제 3 제국 히틀러 정권의 박해에 못이겨 대거 팔레스타인으로 돌아와 이스라엘 건국 운동을 일으키자, 이집트를 비롯한 아랍국가들은 더 이상 방관하고 있을 수 없었다. 즉 아랍인과 유대인간의 팔레스타인 분규는 아랍 및 무슬림의 민중운동의 성장과 국제화에 커다란 계기가 되었을 뿐만 아니라 무슬림 또는 아랍국가의 정부와 민간기구 차원에서도 국제적 협력을 이끌어 내는 원동력이 되었다. 아랍 또는 비아랍계 이슬람 각국 정부는 자국 국민에게 팔레스타인 문제의 해결에 최선을 다하고 있다는 구체적 실례(實例)를 제시하고 싶었다. 더구나 아랍각국이 연합하면 유대인 세력을 꺾을 수 있다고 믿었고 또 그렇지 못하더라도 최소한 대 국민 홍보용으로 이용할 목적에서 국제기구의 창설이 절실했다. 이에 부응하여 1945년에 창설된 것이 곧 아랍국가연맹(Al-Jami' a al-Arabiyah, Arab League)이다.

더구나 제 2차 세계대전 후 과학과 기술의 급속한 발전으로 국제간의 항공, 수송 등 교통수단과 더불어 무선과 유선 전신, 전화 등 정보 수단의 효능이 크게 향상됨에 따라 국제관계도 다면화되었고 또한 무역량과 관광사업의 증대로 더욱 긴밀해졌다. 더 나아가 국제 정세도 미 · 소 양대 초강국의 대립으로 세계는 자유민주권과 공산권으로 양분화 내지 양극화 현상이 두드러졌다. 이에 제 3세계 국가들은 중립을 표방하여 어부지리를 취하려는 움직임도 있었다. 그와 더불어 아랍국가들과 이스라엘은 1947년, 56년, 67년 및 73년에 네 차례의 전쟁이 일어나 중동지역은 세계대전의 새로운 화약고로 등장하였다. 이와 같은 첨예한 대립상태가 지속되는 가운데, 1969년에 메카와 메디나에 뒤이어 이슬람의 제3성지인 예루살렘의 대성원(大聖院)에서 방화사건이 일어났다. 이에 놀란 이슬람 국가들은 이슬람의 문화유적의 보호차원에서 이스라엘 정부에 대한 경고와 동시에 상호관계의 공고화와 공동대처를 목적으로 1969년에 이슬람 국가정상회담을 모로코의 라바트에서 열어 이슬람회의기구(Organization of the Islamic Conference, OIC)를 창설했다.

아랍 및 이슬람 국가의 정부들로 구성된 아랍국가 연맹과 이슬람 회의

기구와는 달리 이슬람의 가르침과 포교를 목적으로 또한 전세계 무슬림들의 우호 증진과 복지향상들을 목적으로 비정부 차원에서 창설된 수많은 국제적 무슬림 단체들도 등장했다. 이러한 비정부차원의 단체들은 일부 이슬람국가의 지원을 공개적 또는 비공개적으로 받고 있는 점이 무슬림 대중운동에서 나온 이슬람 원리주의적 무슬림 형제단과는 질적으로 다르다. 그 좋은 예가 사우디 아라비아 정부 후원으로 1962년에 창설된 무슬림 세계연맹(Muslim World League, 약칭 Rabita) 은 그 재정적 뒷받침이 좋은 관계로 그 활약상이 두드러져 있으나, 이 논문에서는 국가차원의 연합기구인 아랍연맹과 이슬람회의기구만 논하겠다. 이 두 국제기구의 산하에도 수많은 민간 단체가 있어서 서로 비교하기가 매우 어렵기 때문이다. 또 걸프만 협력협의회(GCC)를 비롯한 다른 국가차원의 기구는 그 지역성이 강해 본논문에서는 취급하지 않았다.

아랍연맹(Al-Jami' a al-Arabiyah, Arab League)

이 연맹의 공식 명칭은 아랍국가연맹(Al-Jami' a al-Arabiyah, League of Arab States)이다. 이 연맹은 아랍국가들의 평화와 안전을 확보하고 또 주권과 독립을 수호하기 위해 창설된 지역협력기구이다. 이 기구의 원가맹국은 이집트, 시리아, 레바논, 이라크, 요르단, 사우디 아라비아 및 예멘 등 7개국이며 1945년 3월 22일에 카이로에서 결성되었다. 연맹의 상설본부와 사무국은 현재 카이로에 있다. 그후 여러 다른 아랍국가가 식민지 상태에서 독립함에 따라 이 연맹에 가입했는데 그 순위별로 보면 1953년에 리비아, 1956년에 수단, 1958년에 튀니지와 모로코, 1961년에 쿠웨이트, 1962년에 알제리, 1967년에 남예멘, 1971년에 바레인, 오만, 카타르 및 아랍에미라트연합, 1973년에 모리타니아, 1974년에 소말리아, 1976년에 팔레스타인 해방기구(PLO), 1977년에 지부티, 1981년에 코모로 등이 가입하여 총 23개국이 되었으니 1992년에 남북예멘이 통일됨에 따라 현재는 총 22개국이다. 물론 팔레스타인 해방기구는 주권과 영토가 없음에도 독립국가로 인정되어 연맹의 정회원 국가로서의 권리와 의무를 다하고 있다.

이 연맹의 헌장은 1945년 3월 22일 창설시에 만장일치로 채택되었는데 현재까지 개정없이 그대로 유지되고 있으며, 1992년에 몇 개의 부칙이 첨가되었다. 이 헌장에 따르면, 모든 가맹국들은 상호평등하여 최고의 결기관인 의회(Council)에서 각국대표는 일국 일표의 원칙에 따르고 있다. 의회의 정기회의는 반년마다 개최되고 주요 문제에 대해서는 만장일치의 결정만이 구속력을 가지며 그 외의 다수회원국의 결정사항에는 동의하는 국가들에게만 구속력이 있다. 두 회원국이 요청하면 특별회의도 개최된다. 의회의 회의는 사무총장의 초청에 의하여 소집되며, 그 사회는 각 회원국의 대표들이 순번제로 맡게 된다. 연맹의회는 재정, 행정분야, 정보분야, 법률문제 등에 대해서는 기술. 전문위원회의 도움을 받는다. 그 외에도 회원국의 공동대응책을 마련하기 위해서는 회원국들의 당해 업무 담당장관 모임도 가진다. 특히 정보, 내무, 법무, 보건, 주택, 사회복지, 교통, 청소년, 체육, 환경 및 통신 업무 분야의 협력과 규제를 마련하기 위한 공동정책을 입안하기 위해서 장관급의 특별모임도 종종 개최되었다.

연맹의회를 뒷받침하는 기구로는 사무국이 있는데 연맹의회의 결정사항을 수행하며 연맹의 직원들에게 재정, 행정 등 업무를 부여한다. 사무국의 조직은 사무총장실을 필두로 아랍권내 업무, 경제, 국제, 팔레스타인 업무, 법무, 군사, 사회문화, 정보, 재정과 행정업무 담당 부서로 나뉘어져있다. 그 외에 사무국 산하에는 내부의 회계감사와 발전을 담당하는 국과(局課), 문서보관과, 정보센터가 있으며 튀니스에는 아랍연맹센터, 베이루트에는 법률사법연구센터, 다마스커스에는 이스라엘 보이코트 사무소가 있다. 사무총장은 연맹의회에서 회원국의 3 분의 2 이상의 찬성으로 임명되며 그 임기는 5년이며, 연임할 수 있다. 그는 산하의 각 부서에 부사무총장과 주요국과의 관료를 임명하며 대사급의 예우를 받으며 부사무총장은 공사급의 예우를 받는다(ME & NA, 1998:195 & Macdonald, 1965:47).

연맹은 1950년 4월에 헌장을 보완하기 위해 “공동방위 및 경제협력조약”을 체결하여 군사적 방어조치에 대한 조정권도 갖게 되었다. 그래서 1950년에 합동방어회의를 만들어 이 조약의 집행을 도모하며 그 참석 자격자는 각국의 외무와 국방장관이었다. 그 산하에는 각국의 육군 참모로 구성된 상설군사위원회를 두어 합동방어계획을 수립하도록 했다. 더구나 1976년 6월에 연맹의회는 아랍제지군(Arab Deterrent Force)의 창설을 결정하여 레바논 내전에서 그리스도교파와 무슬림 간의 대결을 완화시키려 노력했다. 1976년 10월에 개최된 아랍연맹가맹국 정상회담에서 아랍제지군의 주둔 비용을 다음 비율로 분담하기로 결정했다. 사우디아라비아와 쿠웨이트는 각각 20%; 아랍에미라트연합은 15%; 카타르는 10% 및 기타 아랍국가가 35%를 부담했다(The Middle East and North Africa, 1998: 248). 그 외에도 아랍연맹의 부설 또는 대행기관은 기술과 문화교류, 원자력, 노동금융은행, 교육, 해운, 석유, 농업, 방송, 투자를 다양한 분야에 설립되어 아랍국가와 민간기구 상호간의 협력을 지도하고 있다. 심지어 1951년에는 시리아의 다마스커스에다 이스라엘 보이코트 특별국(Special Bureau for Boycotting Israel)을 설립하여 이스라엘에 본점이나 지점을 둔 외국회사와의 무역과 커뮤니케이션에 대한 아랍국가의 총불매동맹을 관리했다.

아랍연맹은 문화, 교육 및 커뮤니케이션과 같은 비정치적 분야에서 교류가 비교적 잘 이루어진 셈이며 경제협력은 주로 쌍무적인 기반 위에서 순조롭게 진행되었으나 정치문제에 있어서는 가맹국들간에 서로 날카롭게 대결하여 공동대처가 힘들었다. 특히 팔레스타인 문제로 대 이스라엘 정책에는 강경로선을 취하는 급진아랍공화국들과 보수왕정국들간의 대립은 한동안 심각할 정도였다. 특히 1979년 3월 이집트와 이스라엘간에 평화조약이 체결되자 연맹은 이집트의 회원자격을 일시중단시키고 연맹본부를 튀니스로 옮기도록 결정했다. 그러나 이집트는 1989년 다시 아랍연맹회원국 자격을 되찾았으며 연맹본부도 1990년에 카이로에 돌아왔다. 또 1990년 이라크의 쿠웨이트 병합으로 이란-이라크 전쟁에서 보여온 친서방적 아랍국가의 협조는 송두리채 무너졌다. 이집트, 사우디아라비아, 시리아 등 12개국은 쿠웨이트에서 이라크군의 철수를 요구했으나 리비아, 알제리, 요르단 등 나머지 아랍국가들은 신성한 사우디아라비아 영토에 외국군의 주둔을 비난했다.

아랍연맹 창설이래 수없이 많은 정상회담이 열렸다. 특히 1980년대까지는 매년 한번씩의 정기회담 외에도 긴급회담, 특별회담의 이름으로 자주 열렸다. 1990년대에 들어와서 정상회담은 거의 성사되지 않고 있다. 더구나 대 이스라엘 정책을 비롯하여 비아랍국가에 대한 공동보조를 제외하고는 거의 합의 사항이 채택되지 않았다. 유일한 예외는 테러행위에 대해 규제를 가한 1995년 9월의 정기의회의 결의였다. 이것은 다분히 알제리 정부의 이슬람 원리주의자에 대한 지지를 표명하기 위한 것이었다(ME & NA, 1998:198). 심지어 GCC 6개국도 1994년 11월에 범죄와 테러행위에 대한 안보협정을 체결했으나 쿠웨이트는 서명하지 않았다(ME & NA, 1996:219). 여기서는 테러행위에 대한 명백한 개념정의도 내리지 않았다. 각 회원국은 자의적으로 해석할 수 있고 일부회원국은 합의사항에 동의는 했어도 매우 소극적이었다.

지난 50년간의 아랍연맹 역사를 돌이켜 보면, 가맹국가들간의 갈등과 협력은 각국의 이해와 대두되는 문제에 따라서 교차되고 있다. 이 연맹은 창립초에는 100년 이상 분열되어온 아랍민족의 통일국가를 도모하는 첫 걸음으로 인식되어 마치 이 꿈이 가까워 오는 것처럼 보였다. 그러나 각 회원국가의 주권은 신성불가침이고 대다수의 결정도 동의하는 국가에만 효력이 있기 때문에 아랍연맹은 지난 50년 동안 통일국가로의 접근에 관한한 아무런 성과도 거두지 못하고 있다. 이 아랍통일운동도 범아랍주의자와 아랍민족주의자로 나뉘어져 있다. 전자는 범아랍 단일국가 창립을 내세우고 있는 반면 후자는 점진적인 아랍연합(confederation) 내지 아랍 연방(federation)의 수립을 목표로 삼고 있다. 연맹은 아직 이에 대해 입장 표명을 유보하고 있다(송민호, 1992:236) 더구나 연맹은 아랍국가간의 전쟁도 예방 내지 방지하는데 한번도 성공하지 못하였다. 단지 국제문제화 되지 않는 아랍권 내부의 갈등을 해소하는데 주역으로 만족하고 있다.

이슬람회의기구
(Organization of the Islamic Conference, 약칭 OIC)

1969년 8월에 예루살렘에 있는 알 악사 모스크(al-Aqsa Mosque)에

한 미치광이 그리스도교인에 의한 방화사건이 일어났다. 이 성원은 메카와 메디나의 모스크에 이어 무슬림에게 세 번째로 중요한 성소이다. 이에 경악한 무슬림들의 노여움을 대변하는 뜻에서 그 다음달에 모로코의 라바트에서 24개 이슬람국가의 제 1차 정상회담이 열렸다. 이 회담에서 경제, 과학, 문화 분야는 물론 불멸의 이슬람적 가르침에서 나온 정신분야에서도 긴밀한 협력과 상호원조를 도모하자는 뜻에서 함께 논의하기로 결정했다. 그후 이에 관심을 둔 이슬람국가들의 외무장관들이 1970년 3월에는 사우디아라비아의 젯다에서 또 같은 해 12월에는 파키스탄의 카라치에서 연이은 회담의 결산물로 나온 원칙을 기조로 각국 실무자들의 논의를 거쳐 1972년 젯다에서 열린 외무장관 회담에서는 이슬람회의기구 헌장(the Charter of the Organization of the Islamic Conference)을 채택했다.

헌장에 나타난 이 기구의 목적은 ① 회원국간의 이슬람적 유대증진 ② 경제, 사회, 문화, 학문 및 다른 중요 분야에서 회원국간의 협력강화와 다른 국제기구에 속하는 회원국간의 협의 조정 ③ 인종적 분리와 차별제거를 비롯하여 모든 형태의 식민주의 근절에 노력경주 ④ 정의에 바탕을 둔 국제 평화와 안전의 유지에 필요한 대책 마련 ⑤ 성지보호에 대한 모든 노력의 공동조정과 팔레스타인 민중의 투쟁에 대한 지지와 더불어 그들의 권한 재획득과 그들의 조국해방 투쟁에 대한 도움 ⑥ 모든 무슬림 대중의 투쟁강화와 더불어 그들의 품위, 독립 및 국권(National Rights)유지 ⑦ 회원국들과 다른 여러 국가들간의 협력과 이해증진을 위한 적절한 분위기 창출 등이 그 골자다(ME & NA 1998: 224)

이 헌장이 채택된 후 24개 창설회원국 외에 다른 이슬람국가들도 참여하기 시작하여 현재는 총 54개국에 달하고 있다. 아랍연맹의 22개 회원국은 모두 참여했으며 그외에도 32개국이 추가된 것이다. 여기서 비아랍 이슬람국가의 명단을 가나다순으로 보면 가봉, 감비아, 기니, 기니 비사오, 니제르, 나이제리아, 말디브, 말레이시아, 말리, 모잠빅, 방글라데쉬, 벤닌, 부르나이, 부르키나 파소, 세네갈, 소말리아, 수리남, 시에라 레오네, 아프가니스탄, 알바니아, 아제르바이잔, 우간다, 우즈베키스탄, 이란, 인도네시아, 차드, 카메룬, 카자흐스탄, 키르기즈스탄, 타지키스탄,

터키, 투르크메니스탄, 파키스탄 등이다. 이 가운데 나이제리아는 1991년에 OIC 가입을 취소했으나, 아직 OIC는 이것을 인정하지 않고 있다. 그 외에도 옵저브 자격으로는 보스니아, 중앙아프리카 연방, 귀야나, 토고, 남부 필리핀의 모로민족해방전선(MNLF), 국제연합(UN), 비동맹운동(The Non-Aligned Movement), 아랍연맹, 아프리카 연합기구 등이 있다.

이 기구의 최고의결기관은 정상회담(The Conference of Heads of State)인데, 1969년 모로코 수도 라바트에서, 1974년 파키스탄의 라호르에서, 1981년에는 사우디 아라비아의 메카에서 열렸다. 이 메카회담에서 지난 10년간의 경험을 근거로 하여 자체분석과 평가를 한 결과 대체로 만족하고 제 1차, 제 2차의 정상회담에서 채택한 이 기구의 목표를 재확인하고 앞으로는 3년마다 정기적으로 열기로 결정했다. 그래서 1984년에는 모로코의 카사블랑카와 1987년에는 쿠웨이트에서 제 4차와 제 5차 정상회담이 열렸다. 제 6차 회담은 이라크의 쿠웨이트 침공으로 다소 늦어져 1991년 세네갈의 다카르(Dakar)에서, 제 7차 회담은 1994년 모로코의 카사블란카에서, 제 8차 회담은 1997년 이란의 테헤란에서 열렸고 제 9차 회담은 2000년에 카타르의 도하에서 열었다. 정상회담을 뒷받침하는 외무부장관 회담은 해마다 개최하기로 되어 있는데 이 기구의 기본정책을 수행하는 임무를 맡고 있다. 이 장관회담은 필요할 때 수시로 열려 합의점을 도출하고 있다. 이 기구의 집행기구로는 사무국이 있으며 사무총장이 이끌고 있다. 총장은 임기가 4년이며 장관회담에서 선출되며 1회에 한해서 연임할 수 있다. 그의 휘하에는 4명의 사무차장이 있는데, 역시 총장의 선출방식에 따라 선정된다.

이 기구는 정치문제에 매우 활동적이다. 창립초부터 현재(1999)까지 30여년 동안 많은 정치문제를 다루었지만 그중 중요한 것은 팔레스타인, 이란-이라크 전쟁, 이라크의 쿠웨이트 침공, 보스니아, 카슈미르, 아프가니스탄 및 국제테러문제 등 여섯가지이다. 팔레스타인 문제는 바로 이 기구의 창설계기를 마련해 준 것이어서 창립초부터 다음 네가지 사항을 이스라엘에게 요구했다. ① 아랍영토에서 철수 ② 팔레스타인 아랍인의 권리존중 ③ 팔레스타인 해방기구(PLO)를 팔레스타인 사람의 유일합법적 대표성 인정 ④ 예루살렘의 아랍통치 등이다. 1981년 정상회담에서는 지하드(jihad, 성전: 반드시 군사적 의미만은 아님)의 감행을 도모하면서 예루살렘과 이스라엘 점령지역의 해방을 요구했는데 이것에는 이슬람 국가의 이스라엘에 대한 경제 보이코트가 포함되어 있다. 이 보이코트 조치를 실행하기 위해서 1982년 외무장관 회담에서는 이스라엘에 대한 경제 보이코트와 PLO와의 군사적 협력에 필요한 이슬람 사무소를 각각 설립하기로 결정했다.

1981~88년 사이 약 7년간 지속된 이란-이라크 전쟁과 1990년 8월에 감행된 아라크의 쿠웨이트 침공은 OIC는 물론 아랍연맹까지도 완전히 분열시켰다. 이란-이라크 전쟁중에는 시리아, 리비아 및 알제리 등은 아랍형제국인 이라크보다는 친이란적 입장을 고수했다. 이 현상은 1984년과 1987년의 제 4차와 제 5차 정상회담에서 잘 나타났다. 특히 제 5차 정상회담에서는 이슬람 평화위원회를 만들어 교전 당사국인 이란과 이라크 양국에 무기 판매를 미리 방지하도록 노력하자는데 합의했다.

이라크의 쿠웨이트 침공은 이슬람국가들간의 유대관계에 더욱 깊은 상처를 입혔다. 그 때문에 아랍연맹 자체도 분열의 위기를 맞았다. 걸프전쟁이 끝난 직후인 1991년 8월에 개최된 OIC외무장관 회담에서 이라크는 자국에 대한 경제 봉쇄의 철회를 요구하는 결의만을 제출했으나 채택되지 못했고 연이어 1991년 세네갈의 다카르에서 개최된 제 6차 정상회담에서는 아랍국가간의 갈등이 노골화되었다. 특히 이라크를 지지한 요르단과 PLO의 참석에 항의하여 12개 회원국의 국가원수는 참석치 않고 그 대리인을 보냈다.

OIC는 이슬람국가 사이에 일어난 분규에는 회원국들의 입장이 달라서로 편을 들거나 중립적 태도를 취하기 때문에 단합된 모습을 보일 수 없지만 이슬람 국가와 비이슬람국가 사이의 분규 특히 비이슬람국가내에 살고 있는 무슬림소수파의 독립 또는 자치권 획득 투쟁에는 단결된 힘을 과시하고 있다. 그 좋은 예가 유고연방의 한 공화국인 보스니아-헤르체고비나의 자주독립투쟁이다. 유고연방의 분열은 1980년 5월에 그 창립자 티토 대통령의 죽음과 1989년에 시작된 소연방의 붕괴로 동유럽에서 공산주의의 몰락과 함께 예측된 문제였다. 1990년초부터 보스니아-헤르체고비나 공화국에는 무슬림이 총인구의 약 43%를 점유하고 있어서 그리스 정교도인 세르비아인(약 30%)과 로마 카톨릭인 크로아티아인(약 25%)보다는 수적으로 절대다수는 아니었지만 그래도 상당히 우월했다. OIC는 1992년 8월 UN총회에 비록 구속력은 없지만 하나의 결의안을 제출하여 UN안전보장이사회가 보스니아-헤르체고비아의 비세르비아계 주민 즉 무슬림과 크로아티아인을 방어할 목적에서 무력사용을 포함하여 필요한 조치를 취하도록 요구한 것이다. 이 요구는 1992년 12월 사우디 아라비아의 젯다에서 개최된 OIC 외무장관 회담에서 다시 UN안전보장 이사회에 요청했다.

더구나 1993년 7월에는 보스니아-헤르체고비아에 관한 특별장관급 회담에서 OIC 회원국 가운데 7개국은 17,000명의 군대를 이 지역에 UN 평화군의 일부로 파견하기로 결정하였다. 즉 UN을 도와서 이 지역의 전쟁 피해자에게 적절한 구호와 보호차원의 봉사를 맡았다. 심지어 1994년 12월에 모로코에서 개최된 제 7차 OIC 정상회담에서는 각회원국이 50만 내지 500만 미국 달러를 각출하여 보스니아 무슬림들을 인도적 경제적 차원에서 지원했다. 1995년 7월에 들어와서 OIC의 이 지역 분규담당국인 8개국(이집트, 이란, 말레이시아, 모로코, 파키스탄, 사우디아라비아, 세네갈 및 터키)은 제네바에서 별도로 만나 UN의 이 지역에 대한 무기 판매 금지 조치의 무효를 선언하였다. 이 시점에서는 NATO가 보스니아의 세르비아족 군대에게 폭격을 하고 있었다. 그 다음 달에 개최된 외무장관 회담에서 이 조치를 재확인하고 더 나아가 노골적으로 보스니아의 재건을 위해서 국제사회의 인도적, 경제적, 기술적 원조를 아끼지 말아야 할 것을 요청했다.

OIC 회원국은 1947년 인도와 파키스탄의 분리독립 당시 분규의 대상인 카슈미르 문제에서는 한결같이 반인도 친파키스탄 정책을 추구하여 무슬림 형제국의 단결된 모습을 과시했다. 최근에도 이 입장은 변함이 없다. 1990년대에 들어와서 인도군은 자무와 카슈미르(Jammu & Kashmir) 거주 무슬림의 자치권 내지 독립 요구 시위와 게릴라전이 자행되자 그들에 대한 박해와 인권침해가 빈번해졌다. 그래서 1994년 9월의 외무장관 회담은 파키스탄의 수도 이슬라마바드에서 개최되었는데,

이 때 다시 OIC의 진상조사단을 비롯하여 다른 여러 국제 인권단체들의 카슈미르 방문을 통한 진상규명과 카슈미르인의 자율권 허용을 인도정부에 요구했다. 그해 12월 모로코의 카사블랑카에서 개최된 정상회담에서도 인도보안군의 카슈미르인에 대한 인권침해를 비난하는 결의안을 채택했다. 그러나 이러한 요구와 결의는 1947년 이후 빈번히 인도정부에 의하여 거절되었다.

아프가니스탄에서 1960년대초에 소련군이 진주하여 친소정권을 지지할 때까지는 OIC회원국의 입장은 대체로 반소적 입장을 취했고 또 반공적 반란군에 대해 지원과 성원을 아끼지 않았다. 그러나 1980년대 후반에 소련군의 철수와 곧이어 공산권의 붕괴와 함께 아프가니스탄의 친소정권도 무너졌다. 그 이후 아프가니스탄이 내란에 빠지자 OIC 회원국과 본부측에서는 중재적 입장을 취했다. 그래서 1994년 7월에 OIC 사무총장이 아프가니스탄을 방문하여 아프가니스탄 국민 대화합을 모색할 수 있는 예비장치를 설립할 것을 각 분쟁 파벌에게 제시했다. 특히 반소 투쟁시 반공적 반란군에 가장 많은 지원액을 내놓은 사우디아라비아는 1995년 중반쯤에 OIC의 대표국으로서 내란 종결을 목적으로 젯다에서 각파벌지도자의 회담과 협상을 주선했으나 커다란 성공은 거두지 못했다.

위의 다섯가지 문제는 어느 한 지역에 국한된 문제여서 국지적(局地的) 특성이 뚜렷하다. 반면에 비행기 납치와 같은 국제테러는 어느 한 지역에 국한되지 않고 세계 어느 곳에서나 일어날 수 있는 문제였다. 특히 국제테러의 주된 원천이 이슬람원리주의와 연관되어 있어서 이 문제를 OIC 정상회담에서 논의한 사실만으로도 그 성과가 높다 할 것이다. 1987년의 제 5차 정상회담에서는 UN주체의 회의를 열어 국제테러주의자를 자유를 찾으려 싸우는 합법적 투쟁과는 정반대의 개념으로 정의내리자고 요구했다. 그 후 1994년 모로코의 카사블랑카 정상회담에서는 이슬람 과격파를 통제하려고 국제테러저지 투쟁 행위규범(Code of Conduct for Combating International Terrorism)을 채택했는데, 그 요지에 의하면 각국은 테러행위의 직접적 지원 또는 참여를 삼가고 나아가서 과격파가 테러행위를 계획 또는 실행하는데 각 회원국의 영토를 이용하지 못하도록 한 점이다(ME & NA, 1998:255).

이 규범의 채택에 있어서 이란과 수단과 같은 이슬람원리주의 국가나 또는 리비아와 알제리 같은 자주독립외교를 표방하는 국가의 반대나 이의가 없었다는 점이 특이하다. 그러나 이 규범은 구속력이 있는 것도 아니고 또한 국제테러는 서방국가뿐만 아니라 전세계인의 규탄대상이어서 그 후견국가로 비쳐지는 것은 이 나라들도 원치 않았기 때문일 것이다. 또 이 네 국가에서는 反체제세력이 활발하게 테러를 자행하고 있기 때문에 이 규범에 동의하는 것이 그 국익에 도움이 될 것으로 본 것도 그 근거 가운데 하나일 것이다. 결국 이 규범이 만장일치로 통과된 것은 OIC 회원국 모두의 국익과 상충되지 않고 또 테러행위의 개념을 각 회원국이 자의적으로 내릴 수 있기 때문일 것이다.

이와 같이 각 회원국은 정치적 협력 외에도 경제적 문화적 협력을 추진하여 상당한 성과를 거두고 있다. 예를 들면 1981년부터 유효하게 된 경제 · 기술 · 통상에 대한 일반 협정에 따라서 공동 투자계획의 수립과 상호 무역협력과 조정이 이루어졌는데 같은 해 정상회담에서 재확인되었다. 1993년 5월에는 OIC의 경제 · 통상위원회가 이스탄불에서 열려 1981년의 활동계획을 재음미하고 다시 최신화했다. 그러나 OIC회원국은 경제적 기술적 수준이 엇비슷하여 서로 협력분야가 적은 것이 흠이다. 문화분야에서는 작가 살만 루쉬디(Salman Rushdie)의 "악마의 시"와 같은 불경스러운 책은 각 회원국에서 유통의 금지에 합의했다. 그러나 무엇보다 각 회원국은 천재지변의 화를 입을 때 인도적 차원에서 서로 잘 협력하고 있다(ME & MA, 1998:225)

Ⅳ. 평가와 전망

이슬람을 정치에 활용하는 주체는 개인, 사회단체, 국가 및 국제기구로 나뉘어 볼 수 있다. 이 가운데 개인으로는 이슬람국가 건설에 대한 명확한 이론을 제시한 학자 또는 행동주의자를 몇 사람 선정하여 그 업적을 논하였다. 그들은 범이슬람주의운동을 내세운 인물로 18세기 후반에서 19세기를 거쳐 20세기에 활동했다. 예를 들면 압둘 이븐 와합, 알 아프가니, 라쉬드 리다, 하산 알 반나 및 사이드 쿠틉 등이었다. 사회단체로는 20세기 중엽에 활약한 이집트의 무슬림형제단을 중심으로 하여 그 이전과 그 이후의 이슬람주의운동을 음미하였다. 국가공동체로서는 현재 이슬람을 국시로 삼고 있는 나라는 이란과 수단뿐이다. 이 두나라의 이슬람주의자들은 이 운동의 선구자들이나 다른 나라의 이슬람적인 사회단체와는 직접적인 관련은 없지만 간접적으로는 서적이나 강연을 통하여 많은 영향을 받았든 것이다.

이란은 잘 알려진 바와 같이 호메이니 옹이 팔레비체제에 반대하는 민중운동의 선봉에 서있으며, 이란의 쉬아 이슬람 전통을 잘 활용하여 1978-9년의 이슬람 혁명에 성공하였다. 그 후 20년간 이슬람국가 창조에 매진하고 있다. 또 수단에서는 니메이리 독재가 1985년에 무너진 후 정치적 혼란이 야기된 틈을 타, 1989년 6월 오마르 알 바쉬르(Omar al-Bashir)장군이 쿠데타를 성공시켜 이슬람 신학자 하산 알 투라비(Hassan al-Turabi)를 비롯한 이슬람주의자들과 연합하여 정권을 잡고 지난 10년간 통치하고 있다. 이 두 나라의 이슬람주의자들은 오랜 투쟁을 거쳐 정권을 장악한 것은 아니다. 물론 국민적 정서의 밑바탕에는 이슬람적 요소가 다른 이슬람국가에서 보다는 더 진하다고 보는 것이 정권장악의 요인이라고 언급할 수는 있다. 그러나 무슬림 형제단과 같은 사회단체가 이 두 나라에서는 장기간 활동하지 않았기 때문에 사회운동의 연속선상에서 보기가 어려웠다. 따라서 이 두 나라의 이슬람 운동은 국제성이 미약하기 때문에 이 논문에서 제외한 것이다. 그 외의 이슬람 국가에는 전통적 무슬림 즉 이슬람을 대중정치에 활용하지 않고 있기에 역시 이 논문에서 다루지 않았다. 물론 사우디 아라비아 같은 나라에서는 이슬람을 국시로 내세운다고 말할 수 있지만 대중운동에 또는 정치에 활용하지 않고 단지 전통으로 받아들이고 있을 뿐이다. 이러한 다양성 때문에 국가공동체는 그 수도 많고 또 그 정책에는 획일성이 없기 때문에 이 논문 즉 사회정치운동의 범주에 넣지 않고 각 국의 이슬람주의자들에 대한 대응책으로 대신한 후 바로 국제기구로 논점을 옮긴 것이다.

1990년대에 들어와서 팔레스타인과 알제리에서 이슬람주의자들의 반체제 활동은 테러행위로 점철되고 있다. PLO(팔레스타인 해방기구)와 이스라엘간의 평화협정을 중단시킬 목적으로 이슬람주의자의 단체인 하마스(Hamas), 이슬람 지하드(Islamic Jihad)는 1994년에서 96년에 이르기까지 수없이 많은 테러행위로 많은 인명을 앗아갔고, 그 이후도 폭탄투철행위를 계속하고 있으며 알제리의 이슬람 구국전선도 역시 테러행위로 조직의 건재를 과시하고 정부의 권위를 무시하고 있다. 또 이집트와 다른 나라에서도 이 경향은 보이고 있으나 각국 정부의 대응책도 매우 향상되고 있다. 무슬림들에게 이슬람이 정치적 관심사가 되자 집권세력과 반체제세력은 다같이 충실한 신자임을 자처하고 있다. 그 결과 이슬람화 정책이 정부로부터 부과되었든 또는 민중운동에서 나왔든 관계없이 여성과 소수파의 권한 축소로 이어지고 있다. 즉 이슬람 교훈에 대한 이슬람식 현대주의자들의 해석이 전통주의자들의 그것에 더 가까워지기 때문이다.

대부분의 후진국에서 처럼 이슬람 세계에도 시골출신의 인구가 도시로 집중되고 있다. 따라서 정치적 목적을 이슬람 용어로 표현해야 이들 신입도시인의 입맛에 맞는 경향이 두드러지고 있다. 이들 신입도시인들은 여전히 시골환경에 맞는 울라마류의 호소에 이끌리고 있는 것이다. 그렇지만 이들은 압두, 반나, 쿠틉 등의 이슬람 원리주의 즉 개혁주의적 현대주의 보다는 전통주의적 성향에 더 휩싸여 있는 것이다.

이슬람세계의 중심부에는 오늘날 현대화가 급격히 진행되고 있으나 대부분의 무슬림들은 이 사실을 아직 인정하지 않고 있으며 또 비록 변화를 시인하더라도 그것을 개념화하여 공식적인 사회의 틀속에 받아들이지 않고 있다. 이 현대화는 농촌인구의 도시로의 이동, 외국으로의 이민, 소비의 증가, 출산률 저하 등 가정의 변화뿐만 아니라 영화, 음악, 의복, 위성안테나 등으로 문화의 세계화를 통하여 일어나고 있다. 따라서 가치관의 혼란이 야기되어 여성의 지위에도 상당한 영향을 미치고 있다. 종전까지만 해도 여성들은 전통적 무슬림 사회에서는 남성가족들의 보호대상이었으며 또 가족이나 가까운 친척이 아닌 남성의 눈에 잘 띄지 않는 그늘진 절반이었다. 또한 경제의 현대화와 산업화는 세계의 다른 곳에서 처럼 이곳에서도 대가족 제도를 붕괴시켰고 나아가서 상당수의 여성들도 직업전선에 뛰어들어 봉급쟁이로 변모시켰다. 이 현상은 이슬람성법(Shari'a)의 가부장적 성격과는 모순이며 또 적어도 일부여성은 더 이상 남성의 보호대상이 아니었다.

제 2차 세계대전후에 서유럽 식민지에서 독립한 대부분의 이슬람국가는 그 통치권자의 합법성이 문제가 되고 있었다. 그는 이슬람의 바탕에서 통치권을 획득한 것이 아니고 서유럽식민 당국으로부터 통치권을 물려받은 것이다. 또 그 국민의 대부분은 당시 공공기관에 대한 존중의 개념이 약하고 혈연에 대한 애착이 훨씬 강하였다. 따라서 국가의 통치권은 혈연이나 지연 또는 종파적 충성심에 바탕을 둔 파벌간의 농간에 좌지우지 되었다. 심지어 군부가 권력을 장악했을 때에도 권력의 핵심을 지탱해 주는 힘은 특정한 가문이나 종파 또는 부족 출신의 정예군이 도맡게 되는 것이었다. 탈식민지화와 독립화의 과정에서 지도자는 민족주의적 목적을 호소하여 자신의 권력을 합법화했다. 그러나 그후 상당한 세월이 흘렀으나, 경제적 향상도 이루지 못하고 이스라엘의 이웃인 경우 군사적으로도 승리를 거두지 못하자 인기가 떨어져 일부 국민들은 결국 이슬람적 형태의 정부를 갈망하게 되었다. 결국 이러한 분위기를 틈타 이슬람주의자들이 정권에 도전하자 이슬람 각국의 독재 정권은 이들을 무참히 짓밟아 가혹한 고문을 가한 후 군사 또는 특별 재판에 회부하여 처벌하는 것이었다. 이것은 이슬람주의자의 눈에는 단지 압제와 부패의 상징인 현대판 파라오와 다름이 없었다.

더구나 1990년대의 시작과 함께 공산권이 몰락하자 이슬람주의는 중근동의 이슬람국가에서 상당한 기간동안 반체제적 정치 이념으로 자리잡을 것이다. 그러나 문명충돌론과 같은 우려에도 불구하고 이러한 반체제 운동이 가까운 장래에 성공을 거둘 것 같지 않다. 대부분의 이슬람 국가는 오늘날 미국 내지 서방측 주도의 국제관계 속에 억메여 있다. 비록 알제리가 교란에 빠져 있고 이집트에는 폭력이 난무하고 있지만 1970년 이후 20년간 중동 각 국의 정권은 여러 색깔의 민족주의가 난무한 그 이전의 20년에 비하여 폭력에 의하여 붕괴된 회수가 훨씬 줄어들었다. 또 동시에 이슬람주의자들과 세속주의자들간의 분쟁으로 야기된 파키스탄의 정치적 불안정과 아프가니스탄의 내전에서 알 수 있는 것은 이슬람이 현재의 정치적 이념적 형태로는 인종적, 종파적 분파 현상을 극복 할 수 없다는 점이다(ME & NA, 1998:22)

더구나 1993년의 아랍 각 국의 내무장관 회담과 1994년의 OIC 정상회담에서 다같이 테러행위에 대한 근본 대책을 공동으로 강구토록 한 것과 이슬람주의 국가인 이란과 수단도 이에 동의한 것은 중요한 의미가 있는 것이다. 이 두 국가는 더 이상 이슬람 원리주의를 다른 이슬람 국가에 수출할 수 없다는 점을 인식하고 나아가서 이 두 국가내에서 반 이슬람주의자들의 반 정부 테러행위에 대한 발본색원작업에 정당성과 합법성을 부여하자는 의도가 다분히 이 정상회담의 합의문 속에 들어있기 때문이다(ME&NA, 1995:235 과 ME&NA, 1998:255).

아랍국가들은 모두 아랍연맹과 OIC의 회원국이 되어있지만 1990년대 즉 이라크의 쿠웨이트 침공과 걸프전 이후에는 후자에 더 성의를 보이고 있는 것 같다. 그것은 이 두 국제기구의 정상회담과 외무장관 회담의 빈도 수에서도 잘 나타나 있다. 1990년대에 아랍연맹의 정상회담은 1996년에 단 한번 있었지만 OIC 정상회담은 3번이나 열렸다. 또 2000년에 제 9차 회담이 열릴 예정이나 아랍연맹의 정상회담은 아직 그 일정이 잡혀있지 않은 상태이다. 더구나 이 경향은 앞으로도 지속될 것으로 보인다.

이슬람 국가의 전통적 종교기구

- 울라마의 형성과정과 역할 연구 -

Ⅰ. 서 론

이슬람이라는 건물 속에는 어떤 사람이 살고 있고 또 그들은 어떠한 일을 하고 있는지 또 그 관리인은 누구인지 밝혀 보는 것이 이 논문의 목적이다. 따라서 이 건물을 다른 종교의 구조와 서로 비교하는 것은 그 목적이 아니다. 단지 각 건물의 거주자를 부분적으로 서로 견주어 보는 것이 개념설명에 도움이 될 때만 예외로 할 것이다. 더 구체적으로 표현하면 오로지 이슬람을 믿는 무슬림 가운데 종교를 그 본업으로 삼고 살아가는 종교인 즉 성직자들의 출현과정을 역사적으로 조명해보고 그 기능을 밝히는데 이 글의 목적이 있다. 또한 경우에 따라서는 이 종교인들의 역할이 이슬람의 각 종파마다 차이가 있을 때는 서로 비교해 보는 것도 이 글의 한 몫을 차지할 것이다.

이슬람의 모든 개념은 이슬람이라는 건물 속에서만 올바르게 통용되기 때문에 탐구자는 그 속에 일단 들어가 보아야한다. 즉 그 이해에는 탐구자 자신이 일단은 그 거주자 즉 무슬림이 되어 생각해 보아야 한다는 뜻이다. 그러나 다시 이 건물밖에 나왔을 때는 세계인 내지 한국인이 되어 그것에 상응하는 보편개념과 비교 검토하는 자세가 필요하다. 즉 문화가 다를 때는 그 가치관과 세계관이 다른 것은 너무나 당연하다. 따라서 이슬람에 종사하는 종교인의 조직 기구와 명칭을 밝힐 때는 이러한 기본입장에서 출발해야 할 것이다.

이 논문의 전제 조건으로 제시하고 싶은 점은 이슬람에는 적어도 이론상으로는 종교인과 세속인의 구분은 없다는 점이다. 예를 들면 불교의 스님이나 보살 또는 천주교의 신부나 수녀는 결혼이 허용되지 않지만 이슬람의 실질적 종교인에게는 이와 같은 제약은 없다. 여기서 실질적 종교인이란 말을 사용한 뜻은 이슬람에도 종교의례가 거행되는 성원(모스크)

건물을 관리하고 또 신자들의 집단예배를 인도하는 전문인은 있다는 뜻이다. 단지 일상생활상의 금기나 의무사항은 종교인과 세속인의 신분과 관계없이 무슬림 모두에게 적용된다는 뜻이다. 이슬람의 이러한 특색은 종교인의 다양한 명칭을 밝힐 때 다시 언급할 것이다.

이슬람(Islam 순종)의 추종자를 무슬림(Muslim 순종자)이라고 부른다. 이 세속 무슬림을 이끌고 이슬람을 지키는 파수꾼 역을 담당하고 있는 종교계층을 보통 울라마(ulama)라고 지칭 하지만 호칭은 아니다. 그 원 뜻은 지식인 즉 학자이다. 아랍어로 본래 일름(ilm 지식, 학식)이란 말에서 나온 두가지 파생어 ālim과 alim (지식인, 학자인)의 복수가 울라마이다. 단수는 두 가지 철자로 쓰여져 있는데 둘 다 쿠란에 나오고 있지만 그 뜻의 차이는 없다. 둘 다 전지전능하신 절대신 알라(Allah)와 인간을 지칭하는데 사용되어 있다. 복수 울라마는 쿠란에서 두 번나오는데 두 곳 다 인간을 지칭하고 있다.(26장 197절) 또 다른 복수 alimun은 네 번 나오는데 두 번(21장 51절과 81절과 35장 28절)은 알라를 또 두 번(12장 44절과 29장 43절)은 인간을 지칭하고 있다. 이 말이 생성된 이슬람의 초창기 300년(서기 632-1000년) 동안에는 종교인이 지식을 대표했다. 그 외의 것은 모두 기술에 지나지 않았다. 오늘날의 의학, 화학, 물리학 등은 의술과 연금술이라 불렀다. 그 때문에 종교에 관한 지식을 쌓아 올린 사람을 지식인 즉 울라마라 부르게 된 것 같다. 그러나 오늘날 울라마는 이슬람의 종교학자와 이슬람의 종교의례를 주로 거행하거나 건물을 관리하는 종사자 전체를 일컫는 뜻으로 아랍어를 비롯한 무슬림 들의 여러 언어에 사용되고 있다.

울라마는 '예언자의 상속자' 라는 중동지역의 격언처럼 그들이 이슬람 공동체의 노른자위로 등장한 시기는 예언자 무함마드의 작고와 더불어 계시가 끝난 이후이다. 더구나 쿠란의 수없이 많은 구절에서 학자층의 필요성과 중요성이 언급되었을 뿐만 아니라 더 나아가 일름(ilm 지식)의 미덕을 칭찬하고 있다. 울라마라는 말은 쿠란 35장 28절에 명시되어 있는데 그 의미는 후에 일상화된 것과는 다르다. 그 외에도 "지식에 뿌리를 깊이 내린 사람"(3장7절), "기억되는 사람들"(16장43절), "지식을 부여받은 사람들"(58장11절) 등도 울라마를 지칭하는 구절로 풀이되고 있다. 또 예언자의 언행(hadith)에는 울라마의 목적과 신분에 관한 언급이 더 많이 있다. 예를 들면 예언자의 상속자라는 말에 덧붙여 "그들은 나의 추종자 가운데서 최선의 인물들", "예언자의 신탁자" (예언자께서 공포한 법률의 저장소라는 뜻에서), "절대신의 창조물을 관할하는 신탁자", "지상의 등불"(즉 울라마들은 학식을 통하여 무지와 같은 어둠을 거두는 사람이란 뜻에서) 또는 "이스라엘 자손들 가운데서 나온 예언자들에 버금가는 이"(신분과 지위에서)로 묘사되어 있다. 이러한 언행의 진위 여부는 논란의 대상이 되고 있으나 그 내용은 무슬림공동체내에서 울라마의 자화상과 그 역할을 잘 설명해 주고 있다.

울라마의 임무는 이슬람의 신학, 교의 및 율법을 지키고 또 후대에 전수하고 풀이 할 뿐만 아니라 이슬람공동체의 정신적 문화적 명백을 이어가는 주된 보증인 역 즉 이슬람이라는 건물의 경비역을 하는데 있는 것이다. 이 용어는 매우 일반적이어서 종교로서의 이슬람을 공부하는 모든 사람도 포괄하고 있다. 즉 군인이란 말이 육해공군 모두와 또 계급과 직급에 관계없이 모든 장병에게 적용되듯이 울라마라는 말도 넓은 의미에서는 이슬람에 종사하거나 또 그것을 배우는 모든 이를 지칭하는 것이다. 즉 일반신자인 무슬림과 대조되는 말이다. 울라마의 형성과정과 역할을 여기서 논하는 것은 순수한 이슬람공동체(ummah)를 전제로 하여 그 속에서 울라마가 맡고 잇는 지위, 임무, 기능을 역사적으로 분석해 보자는 것이지 결코 어떤 구체적 이슬람국가의 상황을 오늘날의 시점에서 분석하는데 있지 않다. 그것은 각국의 종교적 현황과 종교정책을 다루는데서 논의 될 것이다. 따라서 이 글은 다른 여러 공동연구원의 글에 서론적 역할을 하는데 만족할 것이다. 단지 여기서는 이슬람국가의 정부가 맡는 임무를 밝혀두는 것이 이해에 도움이 될 것 같아 그것을 서술할 뿐이다. 전통적으로 이슬람국가의 정부는 세가지 임무를 맡고 있다. 첫째, 이 정부는 무슬림백성의 일상생활을 이슬람 율법에 따라 영위하도록 지휘 편달해야 한다. 즉 이슬람력(曆)에 명시되어 있는 금요일, 명절, 기념일등을 무슬림들이 준수할 수 있도록 주선해야 됨을 뜻한다. 또한 정부는 무슬림들이 상호 접촉과 거래를 할 때 이슬람 율법에 맞게 처신하고 나아가서 분규가 일어나면 그것에 따라 공평하게 해결되어야 함을 의미한다. 둘째,

정부는 이슬람국가에 거주하고 있는 비무슬림 백성에게도 절대신이 그들에게 허용한 자유와 인권을 존중하여 그들의 자치권과 재판권의 테두리 안에서 생활할 수 있도록 보호해야 한다. 셋째, 정부는 모든 인류가 절대신에게 귀의하여 신법(神法)을 따르도록 포교해야 한다(Faruqi, 1986: 161). 이세가지 임무가운데 둘째만 제외하고 나머지 둘의 시행에는 울라마의 지도, 자문 및 협력이 필요한 것이다. 물론 초창기 또는 이상적 형태의 이슬람 공동체는 단일 이슬람국가를 형성해야 함이 당연한 것이다. 또 이 연구는 전반적으로 이슬람법이 시행되지 않고 있는 비이슬람 영역의 울라마와 무슬림은 전혀 언급하지 않는다는 사실을 첨가하고 싶다.

이슬람을 세계관내지 인생관으로 삼고 그 바탕에서 형성된 이슬람 공동체의 주역을 맡은 집단 즉 계층이 울라마이기 때문에 그 속에는 그 직급과 맡은 업무에 따라 명칭도 다양하고 또 각 명칭의 뜻도 시대와 지역에 따라 변화가 무상하다. 특히 언어가 다를 때는 비록 아랍어에서 유래했지만 그 용법이나 의미가 변하는 것이다. 따라서 이 글에서는 종교인의 명칭 하나 하나를 역사적으로, 지리적으로 또는 언어적으로 다루기보다 현재 어느 지역에서 어떤 뜻으로 사용되고 있다는 설명에 국한시키고 종교인 즉 울라마 전체의 기능과 역할을 주과제로 연구할 것이다. 단지 이해의 혼란을 방지하고 오해의 소지를 제거하기 위해서 울라마로 분류되는 수많은 종교인의 명칭에 대한 설명을 먼저 제시하고 그 다음 그들의 사법적 기능과 교육자적 기능을 역사적 접근법에 의해서 이 연구를 이끌어 갈 것이다.

또한 결론 부분에서는 울라마와 수피(이슬람 신비주의자)와의 관계는 물론 국가 기구와의 관계도 개략적으로 기술하였다. 그 목적은 울라마의 기능과 역할에 초점을 맞추어서 이 연구를 진행하였는데 종교인으로 자처하는 수피주의자들과의 관계가 명확해야 울라마에 대한 이해가 더욱 용이 할 것이기 때문이다. 또 국가기구와 무관한 수피주의자와는 대조적으로 울라마는 국가 권력에 참여하고 있기 때문에 그 한계를 명확히 할 필요가 있다. 덧붙여서 현재 이슬람세계에서 그들의 상황을 제시하여 이해의 도움을 주려고 시도했다.

Ⅱ. 울라마의 기원과 명칭

울라마의 선구자 역을 맡은 계층은 흔히 아홀 알 수파(ahl al-suffa 긴 의자에 모인 무리)에서 찾고 있다. 이 무리에 속한 사람들은 메디나의 성원(모스크)밖에 있는 긴 의자에 주로 모여서 종교지식을 함양했다. 결국 그들은 쿠란 구절의 해설, 예언자의 언행(hadith) 및 이슬람성법(sharia')등에 관한 최초의 권위자로 알려졌다. 따라서 그들은 이러한 이슬람 학문을 후대에 전수한 최초의 연결고리(isnad)역을 수행한 셈이 되었다. 또한 이러한 선구자들 가운데 몇몇은 이슬람학의 어느 한 분야에서 뛰어난 명성도 누렸다. 예를 들면 이븐 압바스(Ibn Abbas 예언자와 나이 비슷한 삼촌)는 당대 쿠란 해설의 제 1인자로 손 꼽혔다.

학자 층이 울라마라는 명칭으로 구분되어 나타난 시기는 9세기였다. 이슬람에 관한 지식이 다듬어져 정교화되고 또 다양화되자 전문가 집단이 필요한 사회 분위기가 조성된 것이다. 더구나 같은 시기에 이슬람 영역은 아라비아반도를 넘어 광활한 중근동, 중앙아시아 및 북아프리카로 확장되었고 또 비아랍계 민족이 대거 이슬람에 개종하였기에 울라마에 대한 사회적 수요가 증대했다. 더구나 울라마 가운데 이란인의 비중이 높은 것도 이슬람 학의 형성기에 간과해서는 안될 특징이다. 하지만 울라마 계층을 출현시킨 가장 중요한 촉진제는 이슬람 성법의 규정을 편찬해야 하는 이슬람 공동체의 욕구이다. 울라마는 법과 씨름하는 것이 일차적 과업이고 그 외의 분야 즉, 쿠란 해설, 이슬람신학, 예언자의 언행 등의 연구는 부수적이기 때문이다. 이 전통은 지금도 이어져 법률의 체계 확립과 해석이 오늘날까지 울라마의 교육과정에서 핵심으로 남아있다.

무슬림의 집단 예배를 인도하는 사람을 이맘(imam)이라 부른다. 그 원 뜻은 "앞에 선 사람" 또는 "지도자"란 뜻이다. 집단 예배시 맨 앞에 서서 종교의례를 집전하는 사람을 뜻한다. 이슬람 역사상 최초의 이맘은 바로 예언자 무함마드 자신이다. 무함마드의 공적 임무는 무엇인가? 그는 이슬람 공동체의 지도자로서 정치, 경제, 사회, 문화 등 모든 일에 관여했다. 따라서 예언자도 이맘의 임무를 수행했다. 즉, 지도자로서의 임무를 수행한 것이다. 그 결과 우리말의 지도자란 뜻이 광범위하듯 여러 가지 의미가 포함되어 있다. 즉 국가를 커다란 교회로 볼 때 그는 분명 국가의 우두머리이다. 또 이슬람 공동체의 우두머리로 볼 때 그는 최고 종교지도자이다. 또 단순히 집단예배 인도자로 볼 수도 있는 것이다. 더구나 종파를 교회로 볼 때 최고 종교 지도자도 그 파의 이맘인 것이다.

이처럼 이 용어의 뜻은 매우 광범위하고 다양하여 그 쓰임새도 문맥에 따라서 파악해야 할 것이다. 심지어 이 명칭은 한 사람의 이슬람 봉직자를 지칭할 수도 있으며 그렇지 않을 수도 있는 것이다. 즉 무슬림은 종교인이냐 세속인이냐에 관계없이 누구나 집단예배를 인도할 수 있다. 또 세속인이 집단 예배를 인도하면, 그 순간에는 세속인도 이맘이다. 이슬람에는 집단예배를 권장하고 있다. 따라서 단 세 사람이 함께 있어도 예배 시에는 한 사람은 이맘이 되고 다른 두 사람은 그를 따라서 예배하는 것이 세 사람이 따로따로 예배보는 것 보다 더 권장되고 있다. 심지어 예언자의 전승에는 세사람의 모임에도 쿠란 낭송을 제일 잘하는 사람이 이맘이 되어야 한다고 언급하고 있다(Hughes, 1885, 204). 즉 예배의례의 절차를 제대로 알면 무슬림은 누구나 이맘이 될 수 있는 것이다. 이론상으로나 실제상에도 이슬람에는 종교인과 세속인의 구분은 없는 것이다. 이것이 이슬람의 생김새이다. 이 생김새는 이슬람 발생 시부터 오늘 날까지 아무런 변화도 없다. 이와같은 이슬람의 특색은 이맘이라는 호칭에도 잘 나타나 있는 것이다.

울라마란 용어와 마찬가지로 종교로서의 이슬람에 몸담은 사람 전체를 물라(mulla)라고도 부른다. 이 용어는 아랍어의 명사 마울라(mawla 주인, 어르신) 와 동사 말라아(mala' a, 채우다)에서 나온 파생어로 보는 두 가지 설이 있다. 대체로 전자를 더 타당성이 있는 것으로 본다(EI^2 Molla 참조). 물라(mulla)에서도 소유대명사를 첨가하여 여러 다른 명칭이 나왔는데 예를 들면 마울라이(mawlay, 나의 주인, 그 변형 mulay. 주로 모로코에서 활용), 마울라나(mawlana, 우리의 주인: 이란, 터키에서는 옛날, 인도 및 파키스탄에서는 오늘날도 활용) 및 마울라위(mawlawi, 나의 주인) 등이 있다. 마울라위(mawlawi)는 페르시아어에서는 유명한 서정시인 물라나 잘랄 알 딘 루미(Mawlana Jalal al-Din Rumi 1273죽음)의 수피종단 추종자를 지칭하기도 한다. 말라아

(mala' a) 유래설은 물라(mulla)가 지식으로 가득찬 사람을 뜻하는 파생어라는데 근거를 두고 있다.

물라라는 말은 이맘과 달리 이슬람 공동체의 종교 계층 전체를 뜻하는 점에서는 울라마와 거의 같아서 본래 무슬림들의 언어에서는 두 용어가 서로 혼용되고 있다. 그러나 요즈음의 일상회화에서 물라는 주로 하위 급의 울라마를 통칭할 때 사용되고 있다. 예를 들면 초등학교 급의 종교학교(maktab)를 마친 11세 내지 15세사이의 소년들은 중등학교 급의 마드라사(madrasah)의 신입생이 되어 학생(tullab)신분으로 15년 내지 18년을 보내야 전 과정을 마치는데 대부분은 중도에 포기하게 된다. 이 중퇴자들에 대한 호칭이 물라이다. 이 물라라는 명칭은 이란에서 널리 사용되고 있는데 현재는 이슬람법을 독자적으로 해석 할 수 있는 능력을 어느 정도 갖추었다고 인정되지만 후자트 알 이슬람(hujjat al -Islam 이슬람의 증표)과 무즈타히드(mujtahid)급에 미치지 못하는 학자를 지칭하는데 주로 사용하고 있다. 물라는 아랍어에서 유래한데 비하여 그것에 상당하는 순수한 페르시아어로는 아훈드(akhund 이 말에서 중국어의 阿宏 ahung 유래)라고도 언급 하지만 이 용어는 호칭으로는 사용하지 않고 있다. 또 이란과 이라크의 열두이맘 쉬아파에서는 무즈타히드급에 미치지는 못하지만 정식 종교학교(madrasah 아래1.3.3참조)과정을 마친 후 상당한 정도의 종교학식을 연마한 이를 높여 후자트 알 이슬람이라고 칭하고 있다. 이 칭호는 물라 보다는 훨씬 더 품위가 있는 것이다. 그들 가운데 상당한 수는 후에 아야톨라(Ayatollah 즉 알라의 징표) 되고 있다. 쉬아파에서는 넓은 의미에서 무즈타하드는 후자트 알 이슬람과 아야 톨라를 다 포함하고 있다. 무즈타히드는 일반 명칭이지만 쉬아파에서는 호칭으로 사용하지 않고 있다. 그 호칭으로 아야톨라를 사용하고 있다. 또 무즈타히드는 순니와 쉬아파 등 이슬람의 모든 종파에서 이슬람법의 해석에 일가를 이룬 사람을 지칭하고 있다.

울라마, 이맘, 몰라 다음으로 흔하게 사용되는 용어로 파키(faqih)가 있다. 그 일반적인 뜻은 어떤 일, 물건 또는 분야에 깊은 지식이 있는 사람을 의미했다. 이러한 의미로 예언자 무함마드의 전승에 여러번 언급되어 있다. 당시에는 울라마와는 유사어로 사용되었다. 즉 알림(alim, 지식인 복수, ulama)이 일름(ilm, 지식, 학문, 앎)에서 파생된 것과 유사하다. 그러나 피크(fiqh)는 점차 이슬람법(sharia) 특히 그것과 연관된 자상한 실증법(furu)을 연구하는 학문을 지칭하게 되었고 파키는 이슬람법학 전문가내지 법학자를 의미하게 된 것이다. 그러나 이렇게 그 의미가 확정되기 전에도 파키(faqih)는 알림(alim)과는 대조되었다. 앞의 것은 추론적, 조직적인 법학자를, 뒷것은 이슬람법의 전통적 요소에 대한 박학다식한 사람을 의미했다.(EI[2] fiqh참조). 파키의 유사어로는 무타파키(mutafaqih)와 무즈타히드(mujtahid)가 있는데 앞의 것은 피크(fiqh)를 전공하는 학생을, 뒷 것은 피크에 일가를 이룬 대학자를 의미한다. 특히 무즈타히드는 이미 확립된 판례에 따라 재판하기 보다 이슬람법을 독창적으로 응용해 판결을 내려도 전혀 하자를 범하지 않는 권위자를 뜻한다. 순니파에게는 10세기경에 이르러 이즈티하드(ijtihad 독창적 판결)는 필요 없을 정도로 그 법체계가 확립되었다. 그 결과 옛날 대가들의 판례를 적용 즉, 따르기(taqlid 모방)만 하면 되었다. 그러나 우술리 학파의 쉬아파에게는 어떠한 사례가 비록 그 이전의 사례와 유사하여 똑같은 판결을 내릴 경우라도 이즈티하드가 가능하고 필요하다고 보았다. 즉 시대 상황이 바뀌었으니까 그 변화를 법해석에 참조해야 된다는 논리다. 특히 20세기에 들어와 일부 무즈타히드들에게는 추종자가 생겨 추앙과 재정적 지원도 받아 그 세력이 강성해졌다. 따라서 이 쉬아파는 아무리 훌륭한 무즈타히드라 하더라도 죽으면 그만이고 더 이상 추종해서는 안된다고 역설한다. 쉬아파에서는 아야톨라 가운데 명성이 드높은 이를 아야톨라 알 우즈마(Ayatollah al-uzma 즉 큰 아야 톨라)라 부르는데 이란 이슬람 공화국의 창시자 호메이니(Khomeini 1998죽음) 같은 이도 그 중에 한 사람이다.

그 외에도 이슬람법을 전공하는 사람에 대한 칭호로는 무프티(mufti)와 카디(qadi)가 있다. 둘 다 그 기능의 특이성에서 나온 명칭이다. 앞의 것은 이슬람 법의 응용에 관한 구체적 사안에 대한 법적 견해 즉 파트와(fatwa)를 공표할 자격이 있는 사람을 무프티라고 부른다. 예를 들면 콜롬버스의 아메리카대륙 발견이후 담배와 같은 생소한 기호물이 이슬람세계에 도입되었을 때 흡연에 대한 파트와를 무프티는 공표하는 것이다. 즉 금지시킬 것인가 혹은 허용할 것인가에 대한 파트와를 발표하는 사람이 무프티인 것이다. 특히 19세기말에 영국이 이란 정부로부터 담배 독점권(제조, 판매등)을 양도받았을 때 당시 이란 최고 종교지도자 미르자 쉬라지(Mirza Muhammad Hasan Shirazi)는 이 담배를 보이콧트 하도록 파트와를 내놓은 것이다. 이 경우 그의 기능은 무프티인 것이다. 이 파트와의 구속력은 법적이기 보다 도덕적으로 그의 추종자에게만 국한되는 것이다. 특히 아야톨라 가운데서 한 사람이 특출하여 그의 파트와를 따르고 자신의 파트와를 삼갈 때 그 특출한 아야톨라를 마르자 에 타클리드(marja-e taqlid 모방의 원천)라 부르고 있다. 즉 쉬아파에서는 무즈타히드를 후자트 알 이슬람, 아야톨라, 아야톨라 알 우즈마 및 마르자에 타클리드 등으로 등급화 시켜 놓은 것이다. 무프티는 파트와를 내놓은 사람을 지칭하는 용어니까 무즈타히드 가운데 다수의 추종자를 지니면 그런 역을 맡게 된다. 물론 어떤 아야톨라가 상당한 수의 추종자를 확보해 있으면 그 자신은 추종자의 마르자에 타클리드라고 할 수 있다. 여기서는 아야톨라 즉 무즈타히드들이 모두 다른 한 아야톨라를 그들 자신보다 우수하다고 인정할 때 최고위 마르자에 타클리드로 인정받는 것이다.

오스만 터기시대(1300-1922)에 들어와서 무프티 가운데 최고위직에 있는 사람을 세이흐 알 이슬람(shaykh al-Islam)이라 불렀다. 그는 주로 최고 통치자인 술탄의 법률상담역을 담당하였으며 또한 오스만제국 영역 안의 모든 이슬람신학도 즉 울라마의 행정수반 겸 최고 종교지도자였다. 대체로 세이흐 알 이슬람직은 수도 이스탄불의 무프티가 겸임하였다. 이 칭호는 10세기 후반에 동부 이슬람영역 즉 셀죽이란에서 처음 사용되었다. 그후 아나톨리아, 맘룩시대의 이집트와 시리아, 인도의 델리술탄조(the Dehli Sultanate of lndia), 사파위조의 이란, 티무르조의 트란스옥시아나 등지에서 종교관료들이 이 칭호를 사용했다. 물론 이 모든 지역과 시대에서 세이흐 알 이슬람은 똑같은 임무와 기능을 한 것은 아니고 오직 명칭만은 그렇게 사용한 것이다. 다만 이 칭호는 주로 정부기구에서 종교업무를 맡은 관료를 지칭하는 점은 공통적이다. 하지만 후자트 알 이슬람, 아야톨라, 마르자 에 타클리드등은 관직이 아니고 단지 종교인 계층의 직급일 뿐이다.

오스만 터기제국에서 최초의 세이흐 알 이슬람은 셈셋딘 알 페나리(Semseddin al-Fenari 1431 죽음)인데 그는 고명한 신학자였다. 1453년에 이스탄불이 정복된 후 제국의 수도가 되었다. 그후 수도의 저명한 이슬람 법학자 가운데서 세이흐 알 이슬람이 발탁되어 무프티들의 우두머리로 활동했다. 다른 무프티와 마찬가지로 세이흐 알 이슬람도 서면으로 된 파트와를 발표하는데 그것은 특정 문제에 대한 전문가적 법적 견해를 기존의 확립된 권위적 해석에 바탕하여 작성한 것이다. 이러한 파트와는 법적 구속력이 있는 것은 아니다. 더구나 특정 문제의 제기자인 탄원인 조차 무프티나 세이흐 알 이슬람의 파트와를 따라야 할 법적 의무는 없다. 그럼에도 이 파트와는 상당한 도덕적 부담감을 가지고 있는 것은 사실이다. 즉 세이흐 알 이슬람은 학자로서의 명성뿐만 아니라 인격의 고결성 때문에 주로 통치자가 선임한다. 그래서 이 최고 종교지도자는 통치자의 뜻에 거슬리는 파트와 뿐만 아니라 심지어 폐위를 요청하는 파트와도 공포하는 것이다. 즉 일반 무슬림들의 공감도가 높은 편이다. 통치자도 그를 대면 할 때는 항상 예우를 갖추어 맞이하는 것이 일반적이다.

이와는 대조적으로 카디(qadi)는 이슬람법의 활용을 책임지는 재판관이다. 이 직책은 우마이야조(Umayyah朝, 661-750)초에 처음 도입되었다(EI²Qadi참조). 당시 총독들은 대부분 장군출신이었는데 점증하는 격무 때문에 생소한 사법업무를 제대로 수행할 수 없어서 그것을 카디에게 넘겼다. 그후 이슬람의 사법체계가 점차 발전 확립된 것이다.

Ⅲ. 울라마의 기능

울라마는 이슬람공동체의 전통과 성격을 보존하는데 선봉역을 담당하고 있다. 그들의 기본 목적은 공동체내에서 이슬람 율법을 모든 무슬림들이 준수하도록 인도하는데 있는 것이다. 이 임무를 수행하기 위해서 울라마는 다양한 기능을 하고 있다. 그 기능은 종교적, 사법적, 교육적 및 관리적 분야로 대별 할 수 있다. 종교적 기능은 이슬람 성원에서 신자들의 예배를 인도하는데 있다. 사법적 기능은 이슬람 법원에서 법관으로 임무를 수행하는데 있고 교육적 기능은 이슬람 교육기관인 막탑(maktab)과 마드라사(madrasah)에서 교육자로서의 임무수행에 있는 것이다. 관리자적 기능은 주로 독지자들이 위탁한 재산을 관리하는 것이 주된 임무이다. 대체로 재산관리를 도맡아 하는 특별 기관으로 와크프(waqf, 종교재단)를 별도로 설립하여 이 임무를 수행하고 있다. 여기서는 이 기능에 따라 세목별로 분리하여 분석한다. 이 기능이 모두 이슬람 공동체의 성격유지에 필수적이기 때문에 통치자들도 그들을 중시한다. 즉 울라마는 통치자와 피통치자 사이에 윤활유 역할을 하는데 이것이 그들의 정치적 기능으로 볼 수 있지만 그 기능이 막연하여 이 글에서는 별도로 취급하지 않겠다.

종교적 기능

울라마의 본분은 신자들과 함께 절대신 알라를 예찬하는 예배를 인도하는데 있다. 이 임무는 주로 이슬람 성원에서 이루어지는 것이 너무나 당연하다. 성원도 마을의 작은 규모에서 대도시의 주된 성원(jami 편의상 중앙성원으로 번역)등 다양하다. 따라서 그 규모에 따라서 성원에 종사하는 울라마도 그 직급이 구분되고 또 맡은 임무에 따라 그 명칭도 다르다. 대체로 중앙성원을 비롯한 큰 규모의 성원에서 이맘 (imam juma), 하팁(khatib 설교자) 및 무엣진(영어 Muezzin, 아랍어 muadhdhin, 예배하러 오라는 부름의 낭송자) 및 보조사무원들이 있다. 대체로 이맘이 소정의 금요일 집단예배를 인도한 후 직접 설교도 함으로 이맘과 하팁은 겸임되기도 한다.

초창기의 이맘은 통치자였다. 그는 예배(salat)의 지도자로서 전쟁시에는 군사령관, 정부수반 및 집단예배의 인도자였다. 또한 각 주의 총독도 집단예배의 인도자 겸 토지세(kharaj)징수의 우두머리였다. 그러나 후에 재무관료가 각 주에 배속되어 토지세 징수업무를 수행하자 총독은 예배와 전쟁의 지도자(ala al-salat wa al-harb)로 임명받았다. 그는 주로 의례적 예배 특히 금요일 집단예배를 인도했고 또 이 경우 후트바(khutba, 설교)도 함으로써 하팁역도 한셈이다(EI^2masdjid 참조). 그에게 사정이 있어 집단예배를 인도하지 못할 경우 경찰 책임자(sahib al-shurta)가 대행했다. 그러나 750년에 압바시야조의 권력 장악과 더불어 할리파와 총독의 정기적인 금요일 집단예배 인도는 거의 중단되었다. 그 대신 재무부서(bayt al-mal)에서 보수를 받는 이맘이 집단예배 인도업무를 대행했다. 하지만 할리파와 총독은 여전히 공식적으로는 예배의 인도자였다.

그러나 지방의 여러 성원에서는 가장 저명한 인사가 집단예배를 인도하는 것이 일반적이었다. 예언자의 언행록(hadith)에 의하면 쿠란에 대한 지식이 가장 깊은 사람을 이맘의 적격이라 추천했다. 그러나 여의치 못하면 연장자가 이맘역을 맡도록 천거하고 있다. 이맘이 성원에서 집단예배를 인도할 경우 그의 위치가 미흐랍(mihrab, 성원 안바닥의 움푹들어간곳)옆이다. 또 이 경우 그는 집단 예배의 대표자이며 예배문 낭송자이다. 또한 이맘직의 정치적 색깔이 흐려지면서 각 성원에서는 정기적 집단예배를 인도하는 이맘이 상주하게 되었다. 그는 또한 성원건물의 최고관리 책임까지도 맡게 되었다. 그 결과 이맘은 건물의 관리와 신자들의 접대에 필요한 인원을 그의 손아래 두게 되었다. 금요일 집단 예배는 큰 성원의 최고 이맘이 직접 인도하나 그 외 다른 요일의 1일 5회의 예배는 이맘을 보좌하는 보조 이맘인 물라가 집행하고 있다. 그러나 작은 성원의 경우에는 이맘 혼자서 일상예배를 인도하고 있다. 이맘의 업무 수행에 대한 보상은 와크프 재산이나 독지가의 헌금에서 지불된다(Hughes, 1885, 204).

매주 금요일 정오경과 두명절(단식종료제 id al-fitr와 희생제id al-azha)의 오전 10시경에는 집단예배를 집전한후 이맘은 설교(khutbah)를 해야한다. 대체로 이 집단예배는 전통적으로 한 도시의 중앙성원에서 집전되었지만 최근에 들어와서는 번거러움과 혼잡을 피하기 위하여 대부분의 이슬람국가에서는 성원마다 금요일 집단예배가 집행되고 있고 명절의 집단예배만이 한곳에 모여 진행되고 있다. 그러나 이란 이슬람공화국의 경우 금요일과 명절의 구분없이 그 도시에서 가장 넓고 또 교통이 편리한 중심지에서 집단예배가 행해지고 있다. 이때 설교를 하는 사람을 하팁(khatib)이라 부르고 있다. 그러나 이 어휘의 기원은 이슬람 등장 이전의 아랍부족 공동체의 대변인을 뜻했다. 즉 그는 공개적으로 부족의 명예와 이익을 대변했으므로 달변이었다. 예언자 무함마드도 630년에 메카를 정복한후 기념으로 추종자들에게 공식적으로 집단예배와 후트바(khutba 설교, 연설)를 했으므로 보통 하팁역을 행한 것으로 보았다. 단지 부족공동체시대에는 자기 부족의 자랑스러움과 상대 부족의 허점을 꼬집는 일이 주된 업무였으나 이제부터는 무슬림의 긍지를 심는데 그 목적이 있었다. 즉 통치자가 이슬람 성원에서 스스로 집단예배의 인도(imam)역과 설교자(khatib)역을 한셈이다. 정통 할리파시대(632-661)와 우마이야조 시대(661-750)까지 통치자는 설교대(minbar)의 단상에 올라가 명령과 결정의 배경설명 뿐만 아니라 정치 사회 문제에 대한 자신의 견해를 밝혔다. 또 통치자가 임명한 지방의 총독들을 비롯한 예하 행정기관장도 금요일의 집단예배시 신자들이 많이 모인기회를 이용하여 이맘역과 하팁역을 동시에 행하면서 심지어 적대세력에 대한 통렬한 비난도 서슴치 않았다. 하팁역의 상징으로는 이슬람 이전의 대변인처럼 지팡이를 짚으면서 연설을 한 것이다. 그러나 압바시야조의 할리파 하룬 알 라쉬드(Harun al-Rashid 786-809 재위)는 금요일에 집단예배만 인도하고 설교는 카디에게 맡겼다. 이것이 하팁직의 시작이었다(EI^2 khatib 참조).

이집트의 파티마조(Fatimah 朝 909-1171존속)의 할리파도 금요일 집단예배에서 종종 직접 설교를 하여 하팁역을 하였다. 즉 하팁역은 매우 명예로운 것이어서 심지어 고급 예복을 입고 하는 것이 보통이었다. 결국 금요일 집단 예배시에 행하는 이맘-하팁역은 이론 상으로는 최고 이맘 즉 최고 통치자의 대리인 역이었다. 더구나 규모가 크고 신자가 많이 모이는 중요한 성원의 하팁직은 매우 영광스러운 것이어서 그 지역의 고위급 카디가 설교하는 것이 하나의 관례가 되었다. 즉 금요일 집단예배를 이끄는 성원의 관리 책임자인 이맘역보다 하팁역을 하는 것이 더 자랑거리인 셈이었다. 또 각 성원의 관리 책임자인 이맘은 일반적으로 금요일 집단예배시에는 이맘과 하팁역을 동시에 한다. 하루 다섯번씩 하는 보통 예배에는 자신이 이끌기도 하나 대리인을 통하여 대행시키기도 한다. 또한 평일의 보통 집단예배에는 후트바를 생략하는 것이 보통이다. 하지만 공식적 의례가 아닌 일반 모임 즉 자유로운 모임에서는 집단예배를 마친 후 와이즈(waiz 설교자)나 카스(qass 이야기꾼)가 하팁역을 맡기도 한다. 즉 하팁은 금요일 집단예배시나 특별한 모임에서 주로 초청되어 이맘과 하팁역을 함께 하는 것이 요즈음의 일반관행이다. 따라서 대부분의 작은 성원에는 하팁역만 하는 상임 하팁은 없고 그 역은 각 성원의 관리담당 이맘이 행하고 있다. 그러나 큰 성원에는 여러 명의 하팁이 있어서 서로 교대하여 근무하고 있다.

성원의 관리담당 이맘 다음으로 중요한 직책은 무엣진이다. 그의 임무는 하루 다섯번의 예배시간(즉 해뜨기 직전, 정오, 낮잠을 즐기고 일어난 오후4시경, 해진 직후인 오후7시경 및 잠들기전인 9시경)을 신자들에게 알리는 말 즉 아단(adhan, 알림 즉 예배로의 부름)을 큰 소리로 외쳐서 집단예배 참석에 늦지 않도록 하는데 있다. 그는 이 임무를 수행하기 위해서 예배시간보다 보통30분 전에 뾰족탑(minaret, 아랍어 manar 또는 manarah)에 올라가서 아단을 외치는 것이다.

무엣진의 아단 외침은 세가지 뜻이 있다. 즉 신자의 집합, 이맘의 임석 및 예배 개시의 알림이다. 또한 이 외침은 단순히 신자들을 집단예배에 참여토록 권장하는데만 그 목적이 있는 것이 아니고 오늘 날은 그 자체가 예배의례의 한 부분으로 확정되었다. 최초의 무엣진은 빌라(Bilal)이라고 하는데 그는 아비시니아 사람으로 예언자 무함마드의 하인이었다. 후에 그는 노예 신분에서 해방되었고 또 그의 음성이 좋아 무엣진으로 발탁되었다. 당시 성원건물의 지붕위에 올라서서 아단을 외쳤다. 그러나 성원건물의 전형이 우마이야조때 완공되자 그리스도교의 교회건물처럼 뾰족탑이 몇개 부설되어 그위에 올라가서 아단을 부르게 되었다. 뾰족탑이 2~4개가 있는 큰 성원에는 10여명의 무엣진이 번갈아 가면서 하루 다섯번의 예배때마다 아단을 20세기초까지 불렀다. 그러나 최근에는 확성기와 녹음기를 이용함으로써 전통적 육성의 무엣진은 사라졌다. 무엣진직은 전통적으로 그 직계자손에게 세습되었다. 그들은 주로 이맘의 대행 즉 보조이맘 격인 라이스(rais 복수 ruasa)의 지휘감독을 받았다(Eliade, 1986, 123) 그외에도 큰 성원에는 건물의 관리, 청소 및 경비등 여러가지 잡일을 맡은 종사원이 있다.

사법기관과 울라마

이 카디직의 발전과정이 이슬람의 사법체계의 변화를 대표한다해도 과언이 아니다. 우마이야조때 새로운 이슬람 제국의 군출신 총독들은 관할 영역 내에서 거주하고 있는 무슬림들 사이에 일어나는 수많은 분쟁을 아랍 전통적 중재인을 선정하여 임시 방편적으로 해결 할 수 없었기 때문에 이 업무를 울라마 가운데 재판을 전담하는 카디(qadi, 법관)에게 넘기기 시작했다. 따라서 카디는 지방총독으로부터 재판권을 위임받아 무슬림들 간의 분쟁을 해결하는 특수 임무를 맡게 되었다. 초창기의 카디는 재판업무만 전담하지도 않았다. 717년에 이집트에서 카디 직위를 받아 재판업무를 담당한 이야드(Iyad)는 본래 군량미의 관리를 맡은 관료였다. 더구나 우마이야조 말기까지 카디는 재판업무만 전담하지 않고 다른 업무와 겸임하였다. 더구나 당시의 카디는 총독의 예하 관료였기 때문에 그의 명령에 따르지 않을 수 없었다. 그러나 일반적으로 우마이야조의 할리파와 총독들은 법률문제를 카디에게 맡기는 추세였다. 그 결과 공법분야 (회계법과 비무슬림 처우법)는 중앙정부의 조정 대상이기 때문에 획일적이나 사법(私法)분야(혼인법, 상속법, 민법등)에서는 이슬람영역의 확장으로 민족적, 전통적, 언어적으로 특이하고 송사마다 서로 비교하기가 복잡하기 때문에 다양했다. 예를 들면 아라비아 반도의 메디나는 아랍전통에 따라 여성의 결혼은 당사자보다는 보호자의 의사가 결정적이었다. 반면에 이란전통이 강한 이라크의 쿠파에서는 당사자의 의사가 더 결정적이었다. 또한 카디마다 자신의 견해(ray)에 따라 재판하고 아무런 제한과 통제도 받지 않았기 때문에 판결은 다양화 될 수밖에 없었다. 결국 우마이야조 말기에 이르러서 카디들은 아랍전통의 중재자적 지위에서 벗어나 행정기구의 필수 불가결한, 일부분으로 발전했다. 더구나 그들은 재판업무에서는 외부의 간섭을 받지 않고 자율적이었다(Coulson : 1964, 29-33)

또한 당시는 이슬람식 사법제도의 형성초기였으므로 이슬람식 실증법 자체가 존재하지도 않았다. 그래서 초기의 카디는 모든 송사(訟事)를 판결할 때 그들이 입수할 수 있는 필요한 일반자료 모두 즉, 아랍관행법,

피정복지의 법, 쿠란의 가르침 및 그들 자신의 형평감각을 활용했다. 그러나 우마이야조 말기(705-750)에 이르러 무슬림 법학자(파키와 무프티)계층이 등장하고 점차 그 수가 늘어나 이슬람법 체제에 필요한 법이론과 사례연구를 하여 카디들의 업무수행을 뒷받침했다. 결국 750년에 압바시야조의 등장 시까지 이슬람법 체제는 그 윤곽이 어느 정도 잡히게 되었다. 예언자 무함마드의 삼촌 압바스의 후손인 압바시야조가 반우마이야조 운동을 전개 할 때 활용한 비판론에는 두 가지 논리가 있었다. 즉 우마이야조의 정통성은 정치적으로도 이슬람법 차원에서도 온당치 않다는 것이었다. 우마이야조는 종교적 권위에 바탕을 두었다기 보다 군사력에 의존하고 있었으며 또 예언자 무함마드와 그의 후계자인 4명의 정통할리파와도 아무런 혈연적 또는 교우적 관계가 없으니까 할리파위(位)에 대해서는 아무런 연고권도 없다는 주장이다. 그후 750년에 압바시야조가 권좌에 오르자 새로운 할리파조의 정통성을 법차원에서 주장하는 사람들이 법학자로 인정받아 이슬람국가와 공동체의 설계사로 자리 잡은 것이다. 따라서 이 초창기의 법학자들은 대부분 이슬람적 이상을 실현하겠다는 관점에서 신생 할리파조를 지원했기 때문에 카디 출신이라기 보다는 종교인 출신이었다. 그래서 그들은 종교의례 체계의 정교화에 더 관심을 기울였고 또 그들의 정치적 법적 입장도 이상주의적이었고 학문적 사색은 결국 우마이야조의 실용적 입장과는 매우 대조적이었다(Schacht, 1966, 24~26 & 50~52)

그 결과 법학자들이 내세운 법이론과 카디들의 관행사이에는 어느 정도 차이가 있었으나 압바시야조후기에 이 두 입장의 통합조치가 점진적으로 진행되었다. 즉 법학자들이 카디로 임명받거나 정부기구의 법률자문으로 등용되었기 때문이다. 그 좋은 예가 당대의 저명한 법학자 아부 유수프(Abu Yusuf 799죽음)의 최고 카디 qadi al-qudah(카디중의 카디)직 임명이었다. 그는 할리파 하룬 알 라쉬드(Harun al-Rashid 786-809)의 요구에 응하여 조세법과 형법에 관한 저서를 남겼다. 그후 할리파는 그의 자문을 받아 지방의 카디를 임명하게 되었다. 그 결과 압바시야조에 들어와서 카디직은 중앙정부의 권위아래 독자적 직종으로 발전했다. 이제 카디는 더 이상 지방총독의 명령을 이행하는 법적 대행자가 아니고 오직 절대신의 법인 샤리아(sharia)에만 충성하는 직업이 된 것이다. 이 최고 카디직은 후에도 이슬람국가에서 이 최고법관직으로 지속되었다. 일부 왕조에서는 최고 카디가 자신의 이름으로 지방의 카디를 임명하는 권한을 부여받았다. 이집트와 시리아를 통치한 맘룩국가(1250-1516)는 4명의 최고 법관제를 처음 도입했는데 이 네명은 순니의 4대 법학파를 대표했다. 그러나 이것은 결코 샤리아 법정이 압바시야조를 조종한다는 뜻은 아니었다. 이 할리파조는 국가의 통치권을 확고하게 장악하고 있었다. 최고 카디는 결코 정치세력으로부터 독립된 직위는 아니었기 때문이다.

카디는 최고통치자 즉 할리파나 할리파체제가 1258년에 종식된 후에도 각 지역의 통치자로부터 권한을 위임받아 대행하는 재판관으로 그 법적 지위가 지속되었다. 이 대행적 성격은 권력 즉 사법권과 행정권의 분리가 이루어지지 않고 최고통치자 한 사람에게 권력이 집중되었음을 의미했다. 그럼에도 카디는 어느 정도의 자율권을 향유하고 있었는데 그것은 그가 응용하는 이슬람법이 최고 통치자의 입법 또는 의지의 표현이 아니고 절대신 알라(Allah)의 법이었기 때문이었다.

카디가 되는 자격요건은 각국과 각 시대의 규정에 명시되어 있지만 획일적이지는 않았다. 하지만 모든 법학자들의 의견이 일치되는 최소한의 자격요건에 따르면 카디는 법정에 선 증인과 똑같은 자격요건을 갖추어야 한다는 것이다. 그 조건은 곧 카디는 정신상태가 건전한 무슬림으로 성인이며 또 자유인이어야 한다는 것이다. 그러나 법학자들 사이에는 카디는 법률에 정통해야 되느냐 또는 그렇지 않아도 되느냐 하는 문제로 의견차이가 있다. 뒷것은 법률을 잘 알지 못해도 법관으로서의 직무수행에는 아무런 지장이 없다는 뜻이다. 그 전제조건으로 법률전문가의 자문과 상의를 받을 수 있다는 점을 제시한다. 특히 법률에 정통한 사람도 오판을 내릴 수 있기 때문에 상의는 필수적이라고 강조한다. 그러나 상의나 자문에 응한 사람은 결코 카디의 최종 판결에 간섭해서는 안된다고 본다. 이러한 관점에서 볼 때 이슬람법정은 엄격한 일인 재판관 체제여서 최종 판결은 어디까지나 각 카디 혼자만의 어깨에 달려있다.

각 카디의 재판권은 그가 응용하는 이슬람법의 한계와 이론적으로는 일치한다. 즉 이 법은 근본적으로 무슬림에게만 적용되는 것이다. 따라서 이슬람국가의 영역에 살고 있는 그리스도교도나 유대교도등 비 무슬림(dhimmi)공동체의 내부문제는 카디의 재판관할권 아래 있는 것이 아니고 그들 각 공동체의 재판관할권에 속한다는 입장이다. 그 결과 이슬람법이 비 무슬림들을 다룰 경우는 그들이 무슬림이나 이슬람국가와 관련되는 일에 한정된다.

최고 카디 자신도 통치자의 은총이 있는 동안 그 직위가 보전되었으며 언제든지 경질될 수 있었다. 이와 같이 정치권력 아래 최고 카디직이 좌우되기 때문에 사법적 관할권에도 상당한 제한이 있었다. 이 때문에 카디들은 국가의 고급관료의 비리에 대한 규탄과 같은 송사는 효과적으로 취급할 수가 없었다. 이 비리 관료를 재판하는 법원을 마잘림(mazalim 항소)이라고 했는데 후에는 주로 카디의 판결에 불만이 있는 원고나 피고측에서 카디를 상대로 이 항소를 제기했다. 이 사실은 곧 최고의 사법관은 통치자 자신이란 사실을 증명하는데 불과하다. 이 처지는 법학자(fuquha)들에게는 못마땅하였다. 그래서 일부 법학자는 카디로 임명되는 것을 달갑지 않게 생각했고 때로는 거절하는 사례도 있었다. 787년에 압둘라 이븐 파룩(Abd Allah ibn Faruk)이라는 학자는 튀니지의 카이르완 카디로 임명받았으나 거절하다가 철창신세를 지게 되자 결국 수락했다(Coulson : 1964, 123). 이 법학자들은 법이론과 체제를 확립할 때 그 이전에 카디들이 내린 재판의 사례를 자료로 활용했다. 물론 일부 판례는 이슬람 교리에 배치된다 하여 내버렸지만 대부분은 수용하였다. 그 결과 초기 카디들이 이슬람의 실증법 기초를 마련한 셈이다. 일단 이 실증법의 틀이 잡히자 카디의 역할에 커다란 변화가 일어났다. 즉 더 이상 위에 언급한 일반 자료를 따를 수 없고 오직 이슬람법에만 집착하지 않을 수 없었다. 그 여파로 이 집착성이 카디직의 특성이 되었다.

카디의 재판권은 경쟁관계에 있는 마잘림(mazalim)과 슈르타(shurtah)법정의 재판권에 의하여 그 한계가 정해진다. 마잘림 법정이라함은 최고 통치자나 각 주의 총독이 손수 재판관역을 맡는 경우이다. 특히 억울한 일을 당한 백성들이 통치자나 총독에게 직접 호소하는 방식으로 이 법정은 이루어지는 것이다. 더구나 이슬람법은 항소법원에 대해서 어떠한 언급도 없기 때문에 카디의 판결은 최종적이고 되돌릴 수 없는 것이다. 따라서 억울한 판결을 받았다고 생각하는 백성은 통치자나 총독에게 호소할 수밖에 없었다. 따라서 마잘림 법정은 일종의 항소 법원에 해당한다고 볼 수 있다. 이 법정의 재판관은 이슬람 법규나 또는 다른 체제의 법규에 구속받지 않고 자신의 양심에 따라 공평 공정한 판결을 내릴 수 있는 것이다. 따라서 카디가 자유롭게 헤아릴 수 없는 단점을 이 마잘림 법정이 메워 주고 있는 셈이다. 즉, 이슬람법의 미흡함을 보완해주고 있다. 또한 마잘림 법정은 관료에 대한 불평도 청취하여 시정해 주고 있다. 이 법정의 기원은 압바시야조 초기나 또는 그 이전에 이란의 사산조(Sasan朝 226-651존속)에서 행한 통치자나 총독이 직접 심문하는데서 유래된 것으로 본다(Schacht : 1966, 51).

이와는 반대로 슈르타 법정은 형사재판을 관할하는 국가기관이다. 이 법정은 형사법의 미흡함과 그 시행상의 경직성과 같은 단점을 보완해 주고 있다. 물론 카디도 이론상으로는 형사재판권을 행사할 수 있지만 관행상 이 재판권은 그의 관할에서 벗어나 전적으로 슈르타법정에 넘어갔다. 슈르타가 경찰권과 검찰권을 행사하고 나중에는 형사재판권까지 행사하게 된것이다. 이 법정은 스스로 형벌조항과 소송절차를 발전시켜 나갔다(Schacht : 1966, 50). 즉 마잘림 법정과 슈르타 법정은 울라마의 사법영역에서 벗어난 것이다. 결국 카디에게 남은 것은 상속, 결혼과 이혼과 같은 개인의 신분, 소유권과 같은 민법과 상거래법 관련 사항뿐이었다. 심지어 특정 카디의 재판권에도 그를 재판관으로 임명한 상관의 명령이나 지휘를 받는 경우가 있어 입지는 더욱 좁아졌다. 이 재판권의 위임원칙은 통치자에게만 주어진 권한은 아니다. 심지어 카디도 다른 이에게 이 재판권을 위임할 수 있다. 즉 이 위임의 연결고리에는 원칙상 아무런 한계가 없다. 이 연결고리에 있는 모든 사람은 카디라는 명칭을 지니게 된다. 단지 그 예외가 통치자와 총독이다.

카디의 임명에는 이론상으로는 임명권자의 선언적인 말 한마디로 그 효력이 발생하지만 일반적으로는 서면형태의 임명장이 주어진다. 이 임명장의 전달에는 피임명자가 임명권자 앞에 직접 나타나지 않아도 되는 장점이 있었다. 옛날에는 교통수단이 발달하지 못했기 때문이었다. 또 임명은 상사가 일방적으로 단행하는 것이지 상호 협의나 계약에 의해서 이루어지는 것은 아니었다. 더구나 피임명자의 동의는 필요치 않았다. 임명권자는 임명을 언제든지 취소할 수도 있었다.

카디의 주 임무는 사법적인 것이지만 그는 또한 비사법적 임무도 수행했다. 예를 들면 종교재단(waqf)의 관리나 통치자의 즉위와 폐위의 합법화, 유언의 집행, 증인의 채택, 보호를 필요로 하는 고아와 정신적 육체적 장애자를 돌보는 일, 공중 도덕과 질서(hisbah)의 유지와 감독 등이다.

교육기관과 울라마

울라마를 양성하는 기구는 마드라사(Madrasah)인데 그것의 유래에 대해서는 여러 가지로 설명 할 수 있지만, 일단 등장하여 이슬람세계로 보급된 이후 이 기구는 다른 어느 기구보다 안정되어 왔고 또 사회적 변화를 막아주는 방파제 역을 해왔다. 즉 울라마는 사회적 전통을 고수하는데 마드라사를 가장 중요한 보루로 삼아 온 것이다.

11세기 전반기에만 해도 마드라사는 동부 이란에 국한되어 있었으나 교육전담기관으로 기능했다. 당시에는 수피신앙과 예언자의 전승 즉 하디스도 이슬람 율법과 같은 비중으로 강의 되었다. 그러나 점차 이슬람법이 교과과정의 주류를 차지했다. 그 결과 마드라사는 이슬람법을 공부하는 곳으로 변할 정도였다. 셀죽조의 초기인 11세기 중엽은 마드라사의 발전에 있어서 전환기였다. 이때부터 독실한 신자는 사재를 털어 마드라사 건물의 건축, 또는 그 운영 및 장학기금으로 내놓았다. 또 술탄을 비롯한 고위 관료들도 마드라사에 관심을 기울였다. 그 대표적인 예가 셀죽조의 창시자 투그릴 베그(Tughril Beg)가 이란의 동북부 도시 니샤푸르의 마드라사를 지원했다. 그 후 그의 두 후계자 밑에서 거의 반세기간 재상을 역임한 니잠 알 물크(Nizam al-Mulk)가 니샤푸르(1058)와 바그다드(1067)에 각각 자신의 이름을 딴 니잠미야(Nizamiyah)라는 마드라사를 세웠다. 이것이 이슬람 공공교육기관으로서는 최초이며 또 이때부터 마드라사는 완벽하게 공공성을 띄게 되었던 것이다. 그러나 그 보다 앞선 972년에 파티마조(Fatimah朝 909-1171)가 창설한 알 아즈하르(Al-Azhar)가 있는데 그것의 설립 목적은 일곱이맘파 교의를 보급하는 데 있었다. 하지만 이것은 다른 지역에 영향을 미치지 못했다. 그러나 이 학교는 이집트가 12세기에 다시 순니화 된 후부터 가장 오래된 대학으로 명성을 얻어 오늘날까지 남아있다. 본래 이 니자미야를 비롯한 마드라사에서 가르친 주된 과목은 순니법학파 특히 그 중에서도 샤피법학파의 법학이론과 해석이었다. 그 후 이 과목외에 다른 순니 법학파의 이론과 해석도 함께 비교하면서 가르쳤다.

교육기관으로서의 니자미야는 그 존립근거가 매우 다목적이다. 첫째, 순니파 관료들로 하여금 시아파 관료를 대체하는 훈련기관이었다. 순니파의 셀죽조는 열두이맘 시아파계의 부와이흐조(Buwaih 朝 932-1062 존속)를 멸망시킨 후 등장했으므로 행정기구에는 시아파 관료들이 많이 남아 있었다. 둘째, 이 기관의 종사자와 학생들은 정부와 유력 인사들로부터 파격적인 지원을 받았는데 그 목적은 순니교리의 선교에 있었다. 셋째, 이 기관은 또 이러한 지속적 지원 과정에서 그 영향력을 행사하여 정부로 하여금 종전까지 자유로웠던 정예 신학자들을 통제하도록 주선했다. 하지만 당시에 관료들이 이 교육기관에 수학하고 있었다는 물적 증거는 없다. 특히 이 시대에 이 학교의 기금은 그 액수가 얼마나 되었고 또 어떤 형태로 운영되었는지 거의 알려져 있지 않다. 하지만 니잠 알 물크를 비롯한 마드라사의 창시자들은 공직자의 차원에서 이 학교를 창시한 것이 아니라 개인적인 차원, 즉 사재를 털어 이 학교를 세운 것이어서 국가 정책상 이 학교를 세웠던 것은 아니었다.

바그다드의 니잠미야는 가장 영향력이 있었는데 그곳이 셀죽 술탄조의 수도였을 뿐만 아니라 또한 이란의 서쪽에 세워진 최초의 마드라사였기 때문이다. 이 마드라사가 창설되기 전에 바그다드의 교육은 주로 이슬람 성원(모스크), 사당, 상점 등에서 이루어졌다. 이 니잠미야 마드라사가 전형이 되어 12세기부터 서부 이슬람세계에 보급되었고 그 결과 마드라사라는 용어는 이슬람 고등교육기관을 의미하는 동의어로 사용되었다.

후대에 완벽한 형태로 발전된 전형적인 마드라사는 주로 독지가의 기부금에 의해서 창립되었다. 독지가는 자신의 재산을 종교 교육이란 숭고한 목적을 위해 종교 재단(waqf)에다 헌납하여 마드라사를 창립했다. 이 창립자는 평민이든지 또는 귀족이든지 관계없이 생존시에는 이 재단을 통하여 마드라사의 운영, 즉 교과과정의 작성 또는 교직원의 고용 등에 상당한 정도로 관여했다. 그러나 그가 죽은 후 마드라사와 그 재산에서 나오는 소득의 관할권은 이슬람 재판소의 법관(qadi)이 위임한 종교인에게 넘어 갔다. 대체로 마드라사의 발전과정을 3단계로 구분하고 있다. 제 1 단계는 금요집단 예배(juma)의식을 거행하지 않는 이슬람성원을 마드라사로 이용했던 시기이고 제 2 단계는 거리 관계상 이슬람 성원에 매일 등교하기가 어려운 농어촌 학생을 위하여 기숙사를 제공하여 가르치는 시기였다. 제 3 단계가 곧 이슬람 성원에서 떨어져 나와 별개의 독자적 마드라사를 세운 시기였다. 이 단계에서는 마드라사 속에 기숙사와 이슬람 성원이 부설되었던 것이다(EI²Madrasa참조).

마드라사에는 여러 계층의 직위가 있었다. 즉 학생으로는 초학자(muftadi), 중급자(mutawassit), 완료자(muntahl)등이 있고, 교사로는 강사(mufid), 복습시키는 이(muid), 부교사(naib mudarris) 및 교사(mudarris)등이 있다. 요즈음은 교사를 우스타드(ustad 교수)란 명예스러운 이름으로도 호칭한다. 마드라사 교육에는 두가지 요점이 있는데 하나는 교재에 대한 공부와 연구이며 또 하나는 학생과 교사간의 인간관계 확립이다. 11세기에 이르기까지 법체제 상의 중요점이 거의 정리되었으므로 울라마의 강의 요목에서 중점은 교과목의 명칭보다는 오히려 어느 대가의 원전이 교재로 채택되는지에 있었다. 이슬람 학자들은 이 원전을 논의하여 정교하게 다듬거나, 또는 주석을 달거나, 또는 비평도 하였다. 따라서 울라마의 저서에는 상당한 부분이 이 원저에 대한 주석과 논평이 차지했다.

교사와 학생사이에는 단순히 학문의 전수에만 국한되지 않고 세계관, 특유의 사고방식 및 일체감등이 심어졌다. 따라서 교사와 학생간의 사귐에는 수많은 예법책에 성문화된 윤리적 도덕적 기준이 있을 정도였다. 즉 스승과 제자의 밀접한 인간 관계가 이루어 졌다. 즉 원전과 스승이라는 한 쌍의 요소는 이자자(ijazah)로 알려진 수료증서 속에도 뚜렷이 나타났다. 즉, 그 속에는 어떠한 원전을 가르칠 수 있는 능력을 증명해 주고 나아가서 권위자의 연결고리를 밝히는 사나드(sanad)에 자신의 이름에 뒤이어 그 제자의 이름을 추가하도록 밝혔다.

울라마는 종교지식의 함양과 전수를 전담하는 집단으로 정의될지라도 다양한 기능을 수행하고 있다. 그 결과 그들의 존재는 이슬람 전통사회에는 필수적이 되었다. 더구나 이슬람에서는 지식(ilm)은 항상 실행(amal)되어야 의미가 있는 것으로 보기 때문에 무슬림은 누구나 배운 것을 일상생활에 활용해야 하는 것이다. 그래서 울라마는 일반신자에게 자문과 충고를 하는 도우미인 셈이다.

또 그들은 이슬람성원에서 집단예배의 인도와 설교를 행하는 업무 외에도 재판관의 기능도 수행한다. 이 경우 울라마는 중요한 민법적, 상법적 거래의 공증인 또는 증인의 역을 맡기도 한다. 더 나아가 그들은 미성년자의 재산을 관리하는 위탁인이나 또는 대부분의 민간 분쟁을 조정하는 역할도 맡고 있다. 이와 같은 여러 일을 함으로써 울라마는 공동체의 다른 구성원들 특히 도시의 상인층과 수공업자층과도 밀접하게 되었다. 그 결과 울라마는 권력자와 백성들과의 소원한 관계를 이어주는 교량역을 담당하게 되었다.

형성기의 울라마는 초창기의 수피와 마찬가지로 수행하는 임무의 대가로 고정된 급료나 사례비를 받지 않았다. 이 전통은 현재까지 일부 울라마 특히 시골의 울라마에 의해 지켜지고 있다. 그들은 다른 업무에 종사하여서 생계비를 꾸려가고 있다. 그러나 대부분의 울라마들은 공증업무 수행이나 법적 견해(fatwa)의 발표대가로 사례를 받는 것이 처음에는 우려됐으나 곧 관례화 되었다. 더구나 성원(모스크)의 종교연구 기관에 기증된 자산으로부터 나오는 수익으로 고정봉급을 받는 것도 당연시되었다. 하지만 이 봉급이 넉넉하지 못한 까닭에 다른 재원에서 나오는 수익금으로 보충할 필요가 있었다. 울라마들의 자서전에는 생활고에 얽힌 이야기로 가득차 있었다. 하지만 일부 특정 울라마는 학식과 덕망을 높이 쌓아 올린 결과 그 명성도 높이 올라가 자선금과 부동산의 관리를 위탁받아 상당한 재산을 축적했다는 사료도 많다. 그 결과 이 재산과 명성이 일부 울라마 가문에는 여러 대에 걸쳐 세습화되기도 했다.

관리자적 기능

울라마의 종교적, 사법적, 교육적 기능속에도 관리자적 기능이 함축되어 있다. 예를 들면 중앙성원의 집단예배 인도자인 이맘(imam juma)도 이 성원의 관리책임자이다. 그는 성원건물과 여러 부속 건물의 관리에 필요한 인력을 고용하여 그 임금을 지불하는 총 책임자이다. 상당한 수의 보조 이맘, 하팁, 무엣진 및 종사원들을 거느리고 있다. 특히 종사원들은 대부분 청소부, 경비원 및 경리담당 직원들이다. 그들에 대한 임금지불의 재원은 정부, 공공단체, 기업체등에서 보내주는 지원금과 신자들의 헌금으로 충당된다.

정부기구 가운데 사법적 기능을 맡은 법원에서 일하는 최하급 카디들도 혼자서는 임무를 수행할 수 없으므로 상당한 수의 법원 서기들에 대한 인사권도 장악하고 있다. 즉 여러 사람을 거느리고 일하는 카디들에게 예하직원들에 대한 관리는 필수적이다. 이슬람 신학교인 쿠탑(kuttab, 초등학교)과 마드라사(madrasah, 중고등학교)의 교사로 일하는 울라마도 학생들을 돌보고 또 이 학교의 장이 되었을때는 관리자로서의 기능을 발휘해야 함은 당연하다.

종교적, 사법적, 교육적 기능에는 부수적인 관리적 기능도 있다는 사실을 밝히려 이 구절을 설정한 것은 아니다. 울라마에게는 와크프(waqf)라는 자선기구를 운영해야 할 막중한 책임도 가지고 있기에 여기서는 새로운 구절을 만들어 그들의 관리자적 기능을 분석하는 것이다. 울라마의 관리자적 기능도 그들이 수행해야 할 임무가운데 중요부분이란 뜻이다. 또한 절대 신 알라의 뜻을 가장 잘 알고 있는 울라마가 그것을 관리하는 것은 너무도 당연하다. 즉, 울라마는 위탁된 자산을 운용해야 할 책임이 있다는 뜻이다. 또한 이 구절에서는 와크프의 개념과 생성과정을 비롯하여 울라마들의 관리기능을 탐구해 보는데 있는 것이다.

와크프는 무슬림 자선재단에 재산을 기탁하는 행위를 의미 하지만 와크프의 아랍어 원뜻은 중단 또는 중지이다. 즉 기탁된 재산은 다른 일반사유 재산으로서의 성격이 상실되어 중단되었다는 뜻에서 와크프로 이름 붙여졌다. 순니파에 속하는 말리키(maliki)법학파가 지배적인 북서 아프리카인 마그립(maghrib)지역, 즉 리비아, 튀니지, 알제리 및 모로코에서는 와크프 대신 하비스(habis), 또는 후브스(hubs), 또는 그 복수 아흐바스(ahbās)라는 용어를 사용하는데 그 뜻은 보류 또는 유보이다.

와크프를 만들려면 일정한 재산의 합법적 소유자가 절대신에게 그 재산을 바치겠다는 문서로 된 서약을 울라마 특히 카디에게 제출함으로써 이루어진다. 이 헌납은 절대신에게 찬양과 순종을 표시하는 행위여서 그 것을 취소하여 다른 사람에게 결코 양도할 수 없다. 즉 대부분의 이슬람 신학파의 의견에 따르면 이러한 절차를 밟아 기증된 재산은 모두 절대신 알라의 재산이다. 단지 말리키 법학파에 따르면 그 재산은 그 와크프의 창립자와 그 상속자의 것으로 인정하지만 다른 재산처럼 매매할 수 없다고 본다. 와크프의 소득이나 용익권은 기증자나 창립자의 뜻에 따라 모두 사용되어야 한다. 예를 들면 소득은 학교, 수도원, 병원 및 성원의 지원금으로 사용되어야 한다고 명시했다면 그렇게 시행되어야 하고 학생 기숙사등을 지웠다면 학생들만이 이용할 수 있다는 뜻이다. 20세기 후반에 들어와서 이슬람국가의 와크프는 주식, 채권 및 증권도 받아들이고 있다 (Eliade, 1986, waqf 참조).

와크프에는 두 종류가 있다. 하나는 자선목적으로 설립된 것이데 보통 하이리(khayri, 자선)라 한다. 예를 들면 길 잃은 동물의 보호, 가난한 학생의 장학금, 고아가 된 소녀들의 결혼비용 보조, 생활이 어려운 과부들의 생계비 보조와 같은 자선을 목적으로 설립된 것이다. 또 하나는 아흘리(ahli 가족), 또는 두리(dhurri 자손)라 부르는 것인데 와크프의 설립자가 자신의 가족 또는 후손을 위하여 설립한 것이다. 이 설립자는 보통 국가공무원 출신이 많았는데 재산보호 차원과 후손에 대한 배려에서 와크프를 설립한 것이다. 즉 자신의 생존시나 사망후에 부정축재라는 구실아래 국가에 의해 몰수되는 사태를 어느 정도 배제하고 또 그 재산에서 나온 소득을 자손에게 주려는 의도에서였다. 또 일부는 두 가지 성격을 모두 갖추고 있었다. 즉 하이리이면서 동시에 아흘리였다. 예를 들면 어떤이는 학교를 세운후 자신의 자손들에게는 학비와 기숙사비용을 무료로 해주는 조건으로 와크프를 만들면 그것은 하이리 겸 아흘리여서 그 운영자인 울라마는 그 뜻을 받아 들여야 하기 때문이다.

물론 초창기의 와크프는 이렇게 개인이 만들어 성원의 이맘이나 또는 카디 등에게 그 관리를 맡겼다. 또한 재산의 소유자가 사망한 후 상속자도 없거나 또는 찾을 수 없을 때 그 자산은 절대신의 것 즉 와크프의 소유가 되었으며 또한 세월의 흐름과 더불어 독지가의 수도 늘어나 성원이나 법원 또는 명망 높은 울라마가 맡은 와크프의 자산은 증대했다. 따라서 성원의 여러 건물중 하나에는 또는 방에는 와크프의 자산을 관리하는 사무실이 설치된 것이다. 이 사무실의 와크프 재산 관리 담당 서기들은 이 성원 또는 그 성원의 관리책임자인 이맘에게 맡긴 재산을 관리하고 그 수입을 기탁자의 유지에 따라 사용하는데 실무 책임을 맡았던 것이다. 물론 기탁자는 그 관리인(nazir)을 몸소 임명할 수도 있다. 그러나 일반적으로 울라마의 양심을 믿고 그들을 관리인으로 택하는 것이 관행이 되어 있다. 와크프는 가난한 사람에 대한 도움, 독실성의 향상 및 학구자의 장학등 여러 가지 관점에서 매우 유익한 제도며 기관이다. 그러나 역사적으로 볼 때 이 기관은 부패와 재산 남용의 온상이 되었다.

예를 들면 와크프의 설립자가 명망있는 울라마 가운데 한 사람을 택하여 일정액의 수당을 제시한 후 관리인으로 지정한다. 당시 재산은 주로 농토였기 때문에 상당한 규모의 농토가 기탁되었다. 이 관리인은 와크프 농토는 토지세가 면제 된다는 점을 이용하여 그때부터 상당한 영향력을 행사하였다. 동시에 그가 임무를 온당하게 수행하든 말든 수당은 챙기게 되는 것이다. 더구나 관리책임을 맡은 울라마는 기탁된 자산의 생산성 제고나 현상유지를 위해서도 그 수입의 일부를 재투자해야 하나 그것에 무관심 또는 사정을 잘 몰라 이를 등한시하여 수익감소를 초래하기도 한다. 더구나 관리권을 둘러싸고 부정부패 행위도 자행되어 그 피해가 심각한 경우도 있었다. 오스만 터키는 19세기초에 경작농지 가운데 4분의3이 와크프의 소유가 되어 토지세를 부과 할 수 없게 되자 국가 재정마저 어렵게 되었다. 결국 1840년에 와크프 재산을 관할하는 정부 부서 즉 와크프성(省)을 설립하여 그 주무장관으로 하여금 그 관리 책임을 맡겨 와크프토지를 정부관할 아래 두었다.

오늘날 대부분의 이슬람국가에서는 아홀리 즉 가족을 위한 와크프는 해체되어 상속인의 자산으로 바뀌었고 하이리 와크프도 해체되어 정부관할 아래 들어갔다. 그러나 이란 이슬람 공화국에서는 팔레비 시절에 행한 토지 개혁을 무효화 시켜 이슬람 성원은 잃었던 토지를 회복하고 있다. 울라마는 또한 별안간 양친을 잃고 또 가까운 친척이 없는 고아들이나 정신이상자들의 재산도 관리해 줄 임무를 맡고 있다. 오늘날 이러한 임무는 국가가 맡게 되고 대체로 카디가 그 관리책임자가 되는 것이 보통이다.

Ⅳ. 결　　론

공화국적인 면모를 갖춘 이슬람정통 할리파제(632-661)가 몰락하고 정권이 세습화되자 순니파 학자들이 다듬어 놓은 이슬람 정치이론은 왕조적 성격으로 변모했다. 이 왕조적 정권은 보통 군사력으로 집권했는데 이러한 정권이 10세기부터 이슬람영역을 통치했다. 그 결과 이 정권은 종교와 밀접히 결합되어 있었다. 따라서 이 정권에 대한 반란은 곧 무신앙 내지 반종교적으로 낙인 찍히게 마련이었다. 즉 울라마는 집권세력과 밀접한 관계에 있었지만 그들은 또한 민중의 불평을 대변하는 역할도 동시에 수행했다. 게다가 울라마는 일반적으로 국가의 옹호론자가 되어 그 관료들과 한 무리가 되어서는 안된다는 확고한 신념을 가지고 있었다. 그 이유는 다른 계층보다 우위의 독실성을 유지해야하고 더 나아가 그들은 종교학문을 더욱 더 연마해야 고매한 인품을 갖추고 만인의 존경을 받게 된다고 믿었다. 특히 울라마는 예언자의 정신적 상속인이라는 하디스(예언자의 전승)의 언급처럼 자신의 신분에 자부심을 가지고 있었기 때문에 술탄(sultan 권력자)과의 제휴는 한정적으로 될 수밖에 없었다. 그래서 저명한 신학자 가잘리(al- Ghazali 1111 죽음)는 권력과 결탁한 울라마는 "세속적 학자"(ulama al-dunya) 또는 "악의 학자"(ulama al-su')라 규정했고 그렇지 않은 울라마를 "내세를 위한 학자"(ulama al-akhirah)로 이름 붙였다. 그러나 재판관과 같은 국가의 직책을 맡은 울라마가 국가기관과 결속되는 상황은 불가피했다. 오스만 터키 제국시절에 울라마들은 집단적으로 국가관료 체제의 일부가 되었으므로 그 자율권을 잃게 된 것이다.

울라마와 수피(이슬람 신비주의자)사이에는 또 근본적으로 일관된 적대관계가 있는 것으로 이해되고있다. 수피는 이슬람공동체에 있어서 울라마와는 다른 별개의 종교집단이다. 하지만 이 두 집단 사이에는 대립적인 면만 있는 것이 아니고 공생적 측면도 상당히 많은 것이다. 울라마는 두뇌활동 즉 정신적 노력을 통하여 획득한 구체적 지식(ilm)을 연마하는데 반하여 수피는 마음의 정결을 통하여 나오는 내적 지식(marifah)을 추구하는 것이다. 그래서 울라마는 현재적(顯在的)또는 외적 학자(ulama al-zahir)로, 수피는 신비적 또는 내적 학자(ulama al-batin)으로 규정되기도 한다. 그 결과 종교의 차원에서는 이 두 집단의 관심사를 조화롭게 포괄하는데 있는 것으로 무슬림들은 보고 있다. 그 때문에 수피신앙의 교의는 종종 마드라사의 교과목으로 채택되기도 하며 또 반대로 수피들도 이슬람법(sharia)의 문제점에 관해서는 울라마의 권위도 인정하고 있다. 15세기부터 특히 인도와 오스만 터키제국에서는 울라마도 수피종단 가운데 하나인 낙시반디야(naqshbandiyah)와 제휴하는 것이 일반적이었다. 이런 식으로 수피신앙과 외적 즉 구체적 지식을 겸비한 학자는 두 날개의 소유자(dhu al-janahayn)로 지칭되기도 했다.

울라마란 이름아래 수행되는 기능에는 여러 가지가 있다. 물론 종교의례의 집전이 그들에게 주어진 기본임무임은 명백하다. 그 외에도 이슬람신학(쿠란, 하디스, 역사, 어학)의 연구도 종교인으로서 빠뜨릴 수 없는 중요임무임은 말할 것도 없다. 또한 사법관으로서 민사법과 관련된 업무와 교육자로서의 종교교육 기능을 전담해왔으며 그 외에 공증인과 위탁재산의 관리를 맡고 있다. 그러나 그들의 생계비에 대해서는 일률적으로 확정된 것은 아니지만 때로는 종교재단(waqf)에서 급료를 받을 경우도 있고 때로는 신자들의 헌금가운데 일부를 보수로 받기도 한다.

근대에 들어 와서 서양문명의 이슬람세계 진출과 더불어 무슬림 공동체에서 누리는 울라마의 위상은 대체로 사양길에 접어들고 있다. 특히 법과 교육제도가 점차 세속화됨에 따라 울라마가 전통적으로 맡아온 사법과 교육분야에서의 역할이 축소되어 거의 미미한 처지에 놓여있다. 이제 그들의 임무는 종교 의례적 분야에만 한정되어 있고 그것도 국가의 재정지원을 받아 연명하고 있는 셈이다. 의욕과 포부에 넘치는 젊은이들은 이

제 울라마가 되겠다는 꿈을 거의 품고 있지 않다. 게다가 이슬람주의 운동이 20세기초부터 등장하여 지금까지 지속되고 있지만 이 운동의 주창자들은 대체로 국가와 사회개혁에 중점을 둔 사람들이지 울라마출신은 소수를 점하고 있을 뿐이다. 심지어 이 주창자들은 울라마들이 이슬람신학 발전의 정체와 사회개혁에 대해 소극적이라 규탄하고 있다. 그 결과 울라마의 위상이 상당한 상처를 입고 있다. 물론 일부국가에서는 울라마도 이슬람주의 운동에 협조하고 있다. 20세기 중엽에 시리아에서는 저명한 울라마들이 무슬림 형제단운동에 적극 참여했다. 또 인도네시아의 나흘다틀 울라마(nahdatul ulama)와 파키스탄의 자미아트 알 울라마(jamiat al-ulama)와 같은 울라마 주축의 정당도 출현하여 정치에 참여하였으나 이렇다 할 성과는 거두지 못하였다. 유일한 예외가 이란이다. 이 나라에서는 울라마가 국가기구의 세속화를 무시하고 혁명운동을 이끌어 1979년에 이슬람공화국을 창립하는데 성공했다. 이 성공은 이란 울라마 조직의 전통적 자율성과 호메이니와 같은 카리스마스적 인물의 호소력이 크게 작용한 것 같다. 그 결과 다른 이슬람국에도 그 영향이 미쳐 울라마의 위상을 상승시켰다.

이슬람 문명의 성격

Ⅰ. 서 론

현재 세계인구 60억 가운데 약 10억 내지 12억의 무슬림이 살고 있다고 한다. 물론 그들 모두가 이슬람 신조에 따라 살고 있다고는 보지 않지만 그 주류는 여전히 이슬람적 전통속에 살고 있다. 그러나 그들도 지난 몇 세기 동안 서유럽의 문물을 많이 받아들이고 있어서 이미 무슬림의 생활이상대로 생각하지도 살고 있지도 않다. 따라서 이 글에서는 현재 무슬림들이 지니고 있는 의식구조나 생활 현황이 아니라 그들이 이룬 문명의 고유한 성격을 찾아보는데 있다.

이슬람은 서기 7세기경에 예언자 무함마드가 창시한 종교이다. 이 종교의 추종자들을 무슬림(Muslim, 영어 Moslem)이라 부르는데 이들은 무함마드를 완전한 인간으로 또 그가 세운 이슬람 공동체(Ummah)를 완전한 공동체로 보고 있다. 이 공동체의 구성원이 된 무슬림들은 개인적으로는 무함마드의 일생을 거울로 삼고 집단적으로는 그와 그의 후계자들이 이끈 초기 공동체의 실상(사실은 이상화됨)을 본보기로 삼아 그대로 지키려 했다. 이 공동체의 특징은 정교일체(政教一體)라는 사실이다. 사실 무함마드가 예언자이면서 동시에 정치가였듯이 이 공동체에는 정치와 종교의 분리가 아니라 합일(合一)되어 있었다. 따라서 국가기구는 이 세상을 지상의 낙원으로 만드는 임무와 동시에 무슬림들을 다음 세상에 천국으로 이끌어야 했다. 즉 국가는 종교의 보존과 더불어 선교를 주된 업무로 보았다.

그 결과 이 공동체는 인생과 우주를 수직적으로는 밀접히 결속되나 수평적으로는 느슨하게 얽어매어 놓은 개체의 집합체라는 특징도 가지게 되었다. 즉 개체가 연합되었거나 우연한 묶음이지 결코 개체가 상호작용하여 결합된 조직체는 아니라는 것이다. 그 결과 사회구조와 문화생활도 집단주의(collectivism)적 면모를 띠게 되었다. 또한 국가기구의 종교적 성격은 곧 신학상의 교리 확립을 촉진시켰다. 즉 632년에 예언자 무함마드가 죽은지 300년도 못되어 이 교리가 확립된 것이다. 이 확립은 자유로운 사생활과 창의력의 포기를 의미하는 것이다. 이 교리는 결정론적, 권위주의적이어서 이슬람 율법과 계시를 무조건 받아들일 것을 요구하고 있다.

이상과 같이 이슬람공동체의 특징 속에서 이슬람 문명에 대한 비판을 엿볼 수 있다. 그러나 이 글의 목적은 이슬람 문명의 성격을 이해하는데 있기 때문에 무슬림들이 그들 자신의 종교, 문명 또한 신학에 대한 견해를 별다른 비평없이 소개하는데 그치겠다.

이슬람 문명의 본질은 이슬람(절대신에 대한 순종)이고 또 이슬람의 본질은 타우히드(tawhid)라는 전제를 무슬림들은 자명한 사실로 받아들인다. 타우히드는 아랍어로 하나 또는 하나가 된다는 뜻인데 여기서는 알라(Allah, 아랍어 神)는 유일자, 절대적 초월적 창조주 및 우주만물의 주인임을 시인하는 행위이다. 단지 최근에 들어와서 이슬람권에 파견된 그리스도 선교사, 구미 등 비이슬람권의 이슬람 및 중동연구가들이 이 두가지 전제에 의문을 제기하고 있다.

타우히드는 이슬람문명에게 그 정체성을 부여하여 모든 구성요소들을 하나로 묶어 불가분의 유기체 즉 문명을 이룩한 것이다. 이슬람 문명의 본질은 전혀 공통점이 없는 수많은 이질적 요소들을 끌어모아서 그 색깔을 묶게 한 후 개개 요소에게 이슬람의 낙인을 주는 것이다. 이 본질은 이 요소들을 재 조형하여 다른 요소들과 조화를 이루고 또 서로 의지가 되도록 하는 것이다. 이 본질은 반드시 각 요소의 자연바탕을 변화시키지도 않은체 단순히 변형시켜 하나의 문명을 형성하여 구성요소로서의 성격을 새롭게 주입하는 것이다. 따라서 변형의 정도는 본질과 여러 다른 요소와의 상관성이 어떠하며 또 이 요소들의 기능에 따라 어떤 것은 약간 또 어떤 것은 심하게 나타난다. 이 상관성은 이슬람 문명현상을 보는 무슬림 관측자들의 마음속에 뚜렷이 자리잡고 있다. 그래서 무슬림들은 타우히드를 기본원칙으로 삼아 다른 모든 원칙을 그 아래두고 있으며 또 그 속에서 이슬람 문명의 모든 현상을 결정하는 원천으로 받들고 있다.

전통적으로 무슬림들은 "알라외에 다른 신은 없다"고 확신하고 있다. 또 이 간단한 부정문은 이슬람 전체 속에 가장 크고 풍부한 의미를 가지고 있다. 그들은 좀 과장되지만, 이 간단한 문장 속에 전체문화, 전체 문명 또 전체 역사가 함축되어 있다고 본다. 따라서 이 글에서는 타우히드를 이슬람문명의 결정적 본질로 보고 그것을 분석 내지 부연해 보겠다.

세계관으로서의 타우히드

타우히드는 실재, 진실, 세계, 공간과 시간 및 인류역사에 대한 종합적 견해이다. 따라서 다음과 같은 원칙을 포괄하고 있다.

1) 이원성(duality)

실재(reality)는 두가지로 大別된다; 절대신과 비절대신 즉 창조주와 피조물이다. 전자에는 전지전능하신 알라만 유일한 구성원이다. 그 분만이 절대신이며 창조주이고 또 영원하며 초월적이다. 후자에는 인간, 동물, 식물, 하늘과 땅, 진(jinn, 불로된 도깨비류)과 천사, 천당과 지옥 등이 있다. 창조주와 피조물은 본질적으로 다른 존재여서 서로 결합, 혼합, 혼재될 수 없을 뿐만 아니라 전자가 후자로, 후자가 전자로 변형하여 자리바꿈을 할 수 없다.

2) 관념의 구상성(ideationality)

이 두가지 실재 즉 창조주와 피조물의 관계는 관념 속의 구상(具象)이다. 피조물 가운데 인간은 이해력을 부여받았다. 그래서 인간은 신의 뜻을 언어를 통한 신의 직접적인 표현 또는 피조물을 관찰하여 파악한다. 이해력에는 기억, 상상, 추리, 관찰, 직관, 판단 등이 있다.

3) 목적성(teology)

우주의 본 바탕은 목적적이다. 특히 창조주의 목적에 봉사하는데 있다. 세상은 헛되이 또는 장난삼아 창조된 것이 아니다. 실존하는 것 모두는 각자에 합당한 대로 실존하며 맡은 바 우주 목적을 달성하고 있다. 세상은 바로 우주이며 또 질서정연한 것이지 결코 혼란한 것은 아니다. 그 속에 신의 뜻이 항상 실현되고 있다. 인간을 제외한 피조물은 신이 정한 대로 행동하고 실존한다.

유독 인간만은 신의 뜻에 동의하는 경우에만 실현하는 유일한 피조물이다. 인간의 육체적 심적 기능은 자연과 불가분의 관계가 있기 때문에 다른 모든 피조물과 꼭 같이 신의 자연법칙에 순종적이다.

4) 인간의 능력과 자연의 유연성

만물은 제각기 목적을 가지고 창조되었기에 그 목적의 실현은 공간과 시간 속에서만 가능하다. 신께서 인간을 창조한 목적은 역사 속에서만 가능한데 그 역사는 우주 창조와 최후의 심판사이에 끼여 있는 시간의 진행과정이다. 또 인간은 신에게 도덕적 의무(taklif)를 지니고 있다. 도덕적 행위의 주체로서의 인간은 자신을 동료 즉 사회 및 자연 즉 환경을 변화시켜 신의 계획 즉 계명을 자신 속이나 주변에서 실현하는 것이다. 또한 도덕적 행위의 객체로서의 인간은 주체적인 인간의 효과나는 행위를 받아들일 수 있는 것이다. 즉 창조는 유연적, 변형적이어서 그것의 밑바탕, 구조, 조건 및 관계를 변화시켜 결국 인간의 계획 즉 목적을 실현하는 것이다. 즉 모든 창조는 신의 계획 즉 뜻을 실현할 수 있는 것이다.

5) 책임성과 심판

도덕적 의무는 책임 즉 심판없이는 불가능하다. 심판은 책임의 마무리 작업인데, 신에 대한 인간의 도덕적 의무감이 있다면 필수적이다. 신의 계명에 순종하는데서 인간은 행복과 성공에 이를 것이고 불복종은 인간을 죄와 불행으로 인도할 것이다.

Ⅱ. 이슬람 문명의 본질 타우히드

타우히드는 두가지 차원 또는 측면을 가지고 있다. 즉 방법적 차원과 내용적 차원이다. 전자는 이슬람 문명의 기본원리를 이행 내지 적용하는 형식이고 후자는 이 기본 원리 자체를 결정하는 것이다.

가. 방법적 차원

방법적 차원에는 세 가지 원칙을 포괄하고 있는데 곧 통합성(융화력), 관용성, 및 합리성(우월성)이다. 이 세 원칙이 이슬람문명의 모양새를 결정해 준다. 이 모양새가 바로 이 문명의 각 분야에 속하는 개개 요소에 스며들고 있는 것이다.

1) 통합성(융화력)

문명이 융화력이 없다면 장기간 존속하기 어려울 것이다. 또 이슬람처럼 그 출발이 늦은 종교는 그 문명의 구성요소를 다른 문명의 구성요소에서 가져오지 않을 수 없었다. 즉 아라비아반도에서 나온 무슬림 아랍인들은 정복과 더불어 피정복민이라는 이질적 요소들을 소화시켜 그들의 모양새를 재조형하여 동질적으로 만든 것이다. 아랍인들은 8세기초에 동쪽으로는 인도와 중국의 경계선 지역에서 서쪽으로는 그리스, 이태리 및 프랑스의 변경지역에 이르는 방대한 지역을 정복했다. 이 방대한 지역을 일정기간 동안 군사력과 정치력을 통하여 통치했다. 그러나 현재에 이르기까지 그 보다 더 오랜 기간을 신앙을 통하여 한 덩어리로 묶어 놓았다. 즉 수없이 많은 인종적, 종교적, 언어적 이질요소를 변형하여 이슬람 문명체계에 통합한 것이다.

이슬람의 물질적, 구조적 기본 요소들은 온통 하나의 지고한 원칙 즉 타우히드에 의해 결합되어 있는 것이다. 그것이 곧 무슬림들의 궁극적 잣대이다. 즉 타우히드가 다른 종교와 문명과 접촉할 때 그들의 판단 기준이 되는 것이다. 무슬림들은 알라의 유일성, 초월성 및 궁극성을 믿기 때문에 그분만을 믿는 것이다. 독실한 신자는 바로 이 원칙 아래서 한 평생을 보내는 것이다. 그는 자신의 행동을 이 원칙에 맞도록 처신함으로써 알라가 그를 이 세상에 내보낸 목적을 달성한다고 본다.

2) 관용성

방법적 차원의 원칙으로서의 관용성은 현재가 거짓임을 판명될 때까지 그대로 받아들인다는 뜻이다. 따라서 관용성은 인식론과 윤리학과 관련이 있다. 무슬림들의 인식과 윤리가 현상황을 받아들인다함은 곧 세상을 등지지 않고 살며 또 삶과 새로운 경험을 긍정적으로 수용한다는 뜻이다. 역사적으로 보면 전성기의 이슬람 국가에서 무슬림들(이슬람 교도)은 이슬람을 非무슬림에게 강요할 필요성을 느끼지 못했다. 무슬림들은 그리스도교와 꼭같이 다른 신앙을 가진 사람들은 때가 되면 지옥에서 고난을 받을 것이라는 확신을 가지고 있었다. 그러나 그리스도교도와는 달리 이승에서 신의 간섭을 예상하지는 않았다. 대체로 무슬림은 여러 신앙가운데 지배적인 신앙으로 군림하는데 만족했다. 그 결과 우위의 표시로서 무슬림은 비이슬람교도에게 일정한 사회적 및 법적인 차별정책을 시행하였고 또 그들이 자신의 신분을 잊어버린 듯이 보이면 유효적절한 수단으로 그들의 신분을 일깨워 주었다. 그렇지 않은 경우에는 그들에게 종교적, 경제적, 문화적 자유를 주어 이슬람 문명창조에 공헌토록 했다.

3) 합리성(우월성)

이 합리적 측면에는 세 가지 법칙이 있는데 첫째는 실재와 일치하지 않는 것은 모두 거부한다는 것이다. 이것은 무슬림들을 검증이 안된 지식으로부터 보호하자는 것이다. 둘째는 계시와 이성간의 궁극적 모순을 부정한다는 것이다. 합리성은 이성의 계시에 대한 우위를 의미하지 않고 양자의 조화 내지 단일성을 내세우는데 있다. 셋째는 새로운 증거나 반증에 대한 개방성인데 이것은 무슬림들을 문헌위주나 광신 또는 극단보수주의로부터 보호한다고 본다. 즉 사람들을 지적으로 겸손하게 만든다. 무슬림들은 현명한 이교도로부터 많은 것을 배울 수 있다고 보았지만 인생관의 표준은 이슬람 율법(Shari' a)이라 믿었다.

나. 내용적 차원

1) 형이상학의 기본원리; 타우히드

절대신은 만물의 창조주이며, 만사(萬事)의 궁극적 원인이며 결과이다. 따라서 신은 처음이자 끝이며 원인이자 결과 즉 전지전능하시다. 결국 우리 주변에 일어나는 모든 변화는 바로 신의 행위이다. 이 행위는 바로 신의 뜻의 성취이다.

자연속의 신의 이니시아팁은 신이 자연에게 부연한 바로 다름 아닌 불변의 자연법칙이고 그것의 추구가 자연과학이다. 인간이나 인간사회 속에서 신의 이니시아팁을 관찰하는 것이 곧 인문과학과 사회과학의 탐구이다. 무슬림의 눈에는 우주 전체가 바로 자연법칙의 전시무대이며 실현무대인 것이다. 그 법칙이 또한 신의 계명인 것이다. 따라서 타우히드라는 것은 신 이외에 자연과 인간 사회 속에 작용하는 힘의 제거를 의미한다. 즉 마술, 주술, 정령 등의 제거이다.

2) 윤리학의 기본원리; 타우히드

지상에 인간의 실존목적은 신에게 복종하는데 즉 신의 계명을 성취하는데 있다. 따라서 이 목적 달성에는 인간에게 부여된 임무가 있다. 인간은 지상에서 신의 대리인이며 이 사실을 타우히드가 확인시켜주고 있다(쿠란 33장 72절). 대리인의 역할은 신이 인간에 대한 두터운 신임을 뜻한다. 이 신임이 신의 뜻 가운데 윤리적 부분을 성취하는데 있다. 이 성취는 자유롭게 실현되어야 하는데 인간만이 그렇게 할 수 있는 유일한 피조물이다. 인간은 신의 대리인으로서 이 계명을 시행할 책임(taklif)을 맡고 있다. 이 책임의 한계는 무한이다. 즉 온 인류가 곧 각자의 도덕적 행위의 대상이며 우주는 곧 각자의 무대이다.

이 책임감이 인간성의 바탕, 의미 및 내용이다. 인간이 이러한 짐을 맡았기 때문에 천사를 비롯한 다른 피조물 보다 더 우위에 있다. 고대그리스 문명은 강력한 인본사상(humanism)을 발전시켰고 그것을 서구가 이어 받았다. 그러나 이 인본사상은 과장된 자연주의 사상에 바탕을 두고 있기 때문에 사람을 신격화 또는 악마화로 변모시키고 있다. 이와 반대로 그리스도교는 인간에게 원죄의 굴레를 씌어서 스스로 품위를 떨어트리게 했다. 인간은 스스로의 노력으로는 원죄에서 헤어날 수 없었다. 그 결과 신 자신만이 인간으로 변형하여 인간의 손에 십자가에서 못박혀 죽음으로서 이 원죄에서 벗어나는 시범을 보여 주었다. 그 결과 이 궁지를 벗어나려했다. 힌두교는 인간의 신분을 카스트로 나뉘어 절대다수를 천민으로 만들었다. 살아서는 이 카스트의 굴레를 벗어날 수 없고 죽은 후에야 가능하다. 불교에서는 인생살이를 고해로 봄으로써 인간의 실존 자체를 불행 또는 악으로 보고 유일한 구제방법은 이 악순환의 굴레에서 벗어나는 길이라 풀이한다. 이와는 달리 이슬람의 타우히드식 인간사상은 사람을 사람 즉 피조물로 보기에 신격화도 악마화도 시도하지 않는다. 그것만이 삶의 미덕과 이상을 인간의 자연적, 생물적 조건 아래 긍정적으로 정의한다.

3) 가치관의 기본원리; 타우히드

세상을 긍정적으로 본다. 세상은 신이 인간을 위해 창조했으므로 좋은 곳이다. 따라서 해와 달을 비롯한 우주 만물은 인간에게 복종한다. 즉 모든 것은 인간이 윤리적 행위를 수행하는 무대이고 신의 뜻을 실현하는 공간이다. 인간은 그 자신의 본능과 욕구를 충족시킬 책임뿐만 아니라 다른 동료 인간의 복지 향상에도 책임이 있다. 즉 자연과 인적자원의 개발에 긍정적이다.

이러한 긍정적 태도가 하나의 독창적 문명을 창조하게 되었다. 그 결과 문명의 중요 요소 뿐만 아니라 또 그 문명을 성장 발전시켜 나갈 세력도 창출했다. 그러나 이 긍정적 태도는 세상과 자연을 있는 그대로 무조건 받아들인다는 뜻은 아니다. 타우히드는 수도원적, 고립적, 세상부정적 및 금욕적 생활에 반대한다. 인간의 행동을 평가할 기준도 없이 세상을 긍정적으로 본다는 것은 자칫 잘못하다가는 하나의 가치요소 또는 세력만 추구하여 다른 사람을 배제할 우려가 있다. 따라서 인간의 추구는 균형과 규율이 있어야 모든 가치, 요소 및 세력의 조화를 실현할 수 있다.

고대 그리스 문명은 지나친 세속적 추구와 자연주의적 열정에 취하였고 근대 서유럽 문명은 자연을 초자연적 조건으로서의 도덕적 제약도 없이 그대로 받아들이는 극단으로 흐르고 있다. 즉 과학을 이용하여 교회에 반대하여 그 굴레에서 해방되었다고 본다. 그러나 표준적 실에 꿰어있지 않는 자유방임적 자연주의는 언젠가 자멸할 것이다. 진정한 문명은 현세를 긍정적으로 보아야 하며 또 선험적, 초자연적 도덕성에 의해 규율되어야 한다. 이 도덕성의 알맹이는 또한 삶과 세계에 또한 역사와 이성에 적대적이지 않아야 한다. 이러한 도덕성은 인간에게 알려진 모든 세계적 사상 가운데 오직 타우히드에 의해서만 제공될 수 있다.

4) 사회공동체의 기본원리: 타우히드

모든 무슬림들은 신을 섬기는 형제여서 서로서로 사랑하며 또 협력하는 하나의 공동체 움마(Ummah)를 이루고 있다. 이 움마는 인류의 보편적 형재애를 바탕으로 하며 구성되었기 때문에 인종차별은 있을 수 없고 모두가 서로 평등하나 그 우열은 오직 각자의 독실성에 따라 측정될 뿐이다. 지식과 정보는 물론 심지어 음식과 안락도 나누어 가지는 것이 서로의 의무이다. 즉 움마가 없이 타우히드도 있을 수 없다. 움마는 곧 지식, 윤리, 인간의 대리권, 세상긍정의 수단이다. 움마는 보편적 체제로서 심지어 비무슬림도 관장하고 있다. 즉 이슬람식 평화(Pax Islamica)의 질서이다. 이 이슬람식 평화의 질서는 예언자 무함마드가 메디나로 이주한 직후 세운 메디나 헌상에서 구현되어 있다. 그 속에는 무슬림은 물론 유대교도와 그리스도 교도의 문화적, 종교적, 사회적 정체성이 보장되어 있는 것이다. 즉 움마는 사회질서이며 또한 세계질서여서 이슬람 문명의 바탕이다. 타우히드는 바로 움마 중심의 신앙, 사상 및 주의이다.

5) 심미관의 기본원리: 타우히드

타우히드는 자연의 영역에서 신적인 것을 제외함을 의미한다. 또 타우히드는 어떠한 피조물도 신과 같을 수 없으며 또한 비슷할 수도 없음을 의미한다. 그러나 눈으로 볼 수 있는 대상은 그 본질에 가까이 갈수록 더욱 더 아름답다. 즉 예술이란 자연속에서 초자연적 본질을 찾아내어 그것을 눈으로 볼 수 있는 형태로 나타내는 과정이다. 사진은 예술작품으로써 가치가 없는 것은 초자연적 본질이 그 속에 나타나 있지 않기 때문이다.

다시 말하면 미술을 초자연적인 본질을 자연속에서 읽고 그 본질에 알맞은 형태로 볼 수 있게 만드는 작업이다. 이 초자연적 본질이 곧 이상적인 것이며 또 신이 부여한 것이며 선험적인 것이다. 이슬람 역사에는 조형미술(회화, 조각)이 거의 발달되지 않았는데 그것은 이슬람이 유일신 종교여서 자연속에 육신으로 변하거나 내재하는 신의 개념이 없기 때문이다. 즉 우상숭배란 개념의 싹도 잘라버리겠다는 철저한 이슬람의 유일신적 입장에서 연유된 것이다. 그러나 신의 초월성, 무한성, 지고성 등 예술로서 표현할 수 없는 것을 표현하기 위해 아라베스크류의 무늬가 발달한 것이다. 모든 방향으로 무한히 펼쳐나가는 모자이크 등은 곧 신의 무한성을 표현하는 것이다. 또한 아랍어의 서예체도 유사하게 응용되었다. 즉 이슬람 예술의 분모는 타우히드이고 그것은 곧 이슬람의 세계관이기 때문이다.

■ 문헌목록

이슬람 역사와 사회 제도에 대한 일반 소개서

Becker, C.H. *Islamstudien*. Leipzig, 1924~1932.

Eliade. M. eds. the Enyclopadia of Religion, NewYork & London,1986

Gibb, H.A.R. *Modern Trends in Islam*. Chicago, 1947.

── *Mohammedanism : An Historical Survey*. London, 1949

── *Studies in the Civilization of Islam*. Ed. Shaw, S.J. and Polk, W.R. Chicago, 1962.

Goitein, S.D. *A Mediterranean Society*. Vol. I. Berkeley and Los Angeles, 1967.

Goldziher, I. *Muhammedanische Studien*. Halle, 1889~1890 ; Hildesheim, 1961. Eng. tr. of Vol. I, ed. S.M. Stern, *Muslim Studies*. London, 1967.

── *Vorlesungen über den Islam*. 1st edn. Heidelberg, 1910. (French tr. by Arin, F. *Le dogme et la loi de l 'Islam*. Paris, 1920.)

Grunebaum, G.E. von, *Medieval Islam : A Study in Cultural Orientation*. 2nd edn. Chicago, 1953.

── *Islam : Essays in the Nature and Growth of a Cultural Tradition*. London, 1995. Hurgronje, C.S. *Verspreie geschriften*. Bonn, Leipzig, Leiden, 1923~1927.

── *Selected Works*. Ed. Bousquet, G.-H. and Schacht, J. Leiden, 1957.

Macdonald, D.B. *Development of Muslim Theology, Jurisprudence and Constitutional Theory*, New York. 1903 ; Beirut, 1964.

── *The Religious Attitude and Life in Islam*. Chicago, 1906 ; Beirut, 1965.

Schaht, J. *The Origins of Muhammadan Jurisprudence*. Oxford, 1950.

Wellhausen. J. *Skizzen und Vorarbeiten*. 2nd end. Berlin, 1897.

Watt, W. *Montgomery, The Majesty that was Islam*. London, 1974.

이슬람 이전의 아라비아반도

Aigrain, R. 'Arabie,' in *Dictionnaire d' histoire et de géographie ecclésiastique*. Vol. Ⅲ. Paris, 1924.

Altheim, F. and Stiehl, R. *Die Araber in der alte Welt*. Berlin, 1964~1968.

Caskel, W. *Das altarabische Königreich Lihjan*. Krefeld, 1950.

── *Die Bedeutung der Beduinen in der Geschichte der Araber*. Cologne, 1953.

—— *Entdeckungen in Arabien*. Cologne, 1954.

—— *Lihyan und Lihyanisch*. Cologne, 1954.

F vrier, J.G. *Essai sur l' histoire politique et econmique de Palmyre*. 1931.

Gabrieli, F. (ed.). *L' antica società beduina*. Rome, 1959.

Grohmann, A. 'Arabien', in *Kulturgeschichte des alten Orients*. Munich, 1963.

Guidi, M. *Storiae cultura degli Arabifino alla morte di Maometto*. Florence, 1951.

Hourani, G.F. *Arab Seafaring in the Indian Ocean in Ancient and Early Medieval Times*. Princeton. 1951.

Lammens, H. *Le berceau de l' Islam*. Rome, 1941.

—— *L' Arabie occidentale avant l' Hégire*. Beirut, 1928.

Levi Della Vida, G. 'Pre-Islamic Arabia,' in Faris, N.A(ed.), *The Arab Heritage. Princeton*, 1944.

Moscati, S. *The Semites in Ancient History*. Cardiff, 1959.

Nielsen, D. *Handbuch der altarabischen Altertumskunde*. Copenhagen, 1927.

Noldeke, Th. *Die ghassânischen Fursten aus demHause Gafna' s*, Berlin, 1887.

Olinder, G. *The Kings of Kinda of the Family of Akil al-Murār*. Lund, 1927.

Rothstein, G. *Die Dynastie der Lahmiden in al-Hîra*. Berlin, 1899.

Ryckmans, G. 'Les religions préislamiques,' in *L' histoire générale des religions*. Paris, 1960

Ryckmans, J. *L' institution monarchique en Arabie méridionale avant l' Islam*. Louvain, 1951.

—— ' Le Christianisme en Arabie du sud préislamique, '*in Atti del Conuegno Internazionale sul tema : L' Oriente cristiano nella storia della civiltà*. Rome, 1964.

Starcky, J. *Palmyre*. 1952.

Welhausen, J. *Reste arabischen Heidentums*. 2nd edn. Berlin, 1897. 3rd. end. Berlin, 1961.

Wissmann, H. von and Hofner, M. *Beitrâge zur historischen Geographie des vorislamischen sudarabien*. Wiesbaden, 1953.

예언자 무함마드

Ahrnes, K. *Muhammed als Religionsstifter*. Leipzig, 1935.

Andrae, T.J.E. *Mohmmed, the man and his faith*. London, 1936 (tr. from

Swedish).
—— *Die Person Muhammeds in Lehre und Glauben seiner Gemeinde*. Stockholm, 1918.
—— *Les origines de l' Islam et le Christianisme*. Paris, 1955 (tr. from German).
Arberry, A.J. *The Koran Interpreted*. London, 1955.
Archer, J.C. *Mystical Elements in Mohammed*. New Haven, 1924.
Bell, R. *The Origin of Islam in its Christian Environment*. London, 1926.
Blachère R. *Le problème de Mahomet*. Paris, 1952.
Buhl, F. *Das Leben Muhammads*. Leipzig, 1930 (tr. from Danish).
Caetani, L. *Annali dell' Islam*. Vols. Ⅰ, Ⅲ. Milan, 1905.
—— *Studi di storia orientale*. Milan, 1911~1914.
Hamidullah, M. *Le prophète de l' Islam*. Paris, 1959.
Katsh, A.I. *Judaism in Islam*. New York, 1954. (New edn. *Judaism and the Koran*. New York, 1962)
Muir, W. *The Life of Muhammad*. Revised edn. Edinburgh, 1923.
Nöldeke, Th. *Geschichte des Qorâns*. 2nd edn. Leipzig, 1909~1938.
Paret, R. *Mohammed und der Koran*. Stuttgart, 1957.
Rodinson, M. *Mohomei*. 2nd edn. Paris, 1968.
Watt, W. M. *Muhammad at Mecca*. London, 1953.
—— *Muhammad at Medina*. Oxford, 1956.
—— *Muhammad, Prophet and Statesman*. London, 1961.
Wellhausen, J. *Skizzen und Vorarbeiten* Ⅳ. Berlin, 1897.

정통 할리파시대와 우마이야조

Becker, C.H. *Islamstudien*. Vol. Ⅰ. Leipzig, 1924.
Butler, A.J. *The Arab Conquest of Egypt*. Oxford, 1902.
Caetani, L. *Annali dell' Islam*, Milan, 1905~1926.
—— *Chronographia Islamica*. Paris, Rome, 1912~1923.
Dennett, D. C. *Conversion and the Poll-tax in Early Islam*. Cambridge, Mass., 1950.
Eickhoff, E. *Seekrieg und Seepolittik zwischen Islam und Abendland*. Berlin, 1966.
Gabrieli, F. *Muhammad and the Conquests of Islam*. London, 1968.
—— *Il Califfato di Hishâm. Studi di storia omayyade*. Alexandria, 1935.

Gib, H.A.R. *the Arab Conquests in Central Asia*. London, 1923.

—— 'Arab-Byzantine relations under the Umayyad caliphate,' in Shaw, S.J. and Polk, W.R. (ed), *Studies on the Civilization of Islam*, Boston, Mass., 1962

Goeje, M.J. de. *Memoire sur la conquete de la Syrie*. 2nd edn. Leiden, 1900.

Honigmann, E. *Die Ostgrenze des byzantinischen Reiches von 363 bis 1071*. Brussels, 1935.

Lammens, H. *Etudes sur le règne du calife omaiyade Mo'âwiya Ier*. Paris, 1908

—— *Le califat de Yazid Ier*. Beirut, 1910~1921.

—— *Etudes sur le siecle des Omayyades*. Beirut, 1930.

Lokkegaard, F. *Islamic Taxation in the Classical Period*. Copenhagen, 1950.

Petersen, E.L. *'Ali and Mu'awiya in early Arabic tradition*. Copenhagen, 1964.

Vloten, G. van. *Recherches sur la domination arabe, le Chiitisme et les croyances messianiques sous le khalifat des Omayades*. Amsterdam, 1894.

Wellhausen, J. *Skizzen und Vorarbeiten VI : Prolegomena zur altesten Geschichte des Islams*. Berlin, 1899.

—— *The Arab Kingdom and its Fall*. Calcutta, 1927 (tr. from German).

압바시야조朝

Abbott, N. *Two Queens of Baghdad*. Chicago, 1946.

Arendonk, C. van. *Les débuts de l'imāmat zaidite au Yemen*. Leiden, 1960.

Barthold, W. *Turkestan Down to the Mongol Invasion*. 3rd edn. London, 1968.

—— *Histoire des Turcs d'Asie centrale*. Paris, 1945.

Bosworth, C.E. *The Ghaznavids*. Edinburgh, 1963.

Bowen, H. *The Life and Times of 'Ali ibn 'Isa*. Cambridge, 1928.

Busse, H. *Die Buyiden im Irak*. Beirut, 1968.

Gabrieli, F. *Al-Ma'mūn e gli 'Alidi*. Leipzig, 1929.

Goeje, M.J. de. *Mémoire sur les Carmathes du Bahrain et lets Fatimides*. 2nd edn. Leiden, 1886.

Herzfeld, E.E. *Geschichte der Stadt Samarra*. Hamburg, 1948.

Hodgon, M.G.S. *The Order of Assassins*. The Hague, 1955.

Kabir, M. *The Buwayhid Dynasty of Baghdad, 334/946~947/1055*, Calcutta, 1964.

Khadduri, M. the Islamic Conception of Justice, Johns Hopkins

Univ.Press,1984
Laoust, H. *Les schismes dans l'Islam*, Paris, 1965.
Le Stange, G. *The Lands of the Eastern Caliphate*. 2nd edn. Cambridge, 1930.
— *Baghdad During the Abbasid Caliphate*. Oxford, 1924.
— *Palestine under the Moslems*. London, 1890.
Lewis, B. *The Origins of Ismāilism*. Cambridge, 1940.
— *The Assassins*. London, 1967.
— *Race and Color in Islam*, New York, 1971.
Makdisi, George. The Rise of college: Institutions of Learning in Islam and the West, Edinburg,1981
Minorsky, V.F. *La domination des Dailamites*. Paris, 1932.
Muir, W. *The Caliphate, its Rise, Decline and Fall*. Revised edn. by Weir, T.H. Edinburgh, 1924.
Nazim, M. *The Life and Times of Sultan Māhmud of Ghazna*. Cambridge, 1931.
Nöldeke, Th. *Sketches from eastern History*. London, 1892 (tr. from German).
Pellat, C. *Le milieu basrien et la formation de Gāhiz*. Paris, 1953.
Sadighi, G.H. *Les mouvements religieux iraniens au IIe et au IIIe Siècle de l'Hégire*. Paris, 1938.
Schwaz, P. *Iran in Mittelalter nach den aragischen Geographen*, Leipzig, 1910.
Sourdel, D: *Le vizirat 'abbāside de 749 à 936*. Damascus, 1959~1960.
Spuler, B. *Iran in früh-islamischer Zeit*. Wiesbaden, 1952.
— *The Muslim World, a Historical Survey I : The Age of the Caliphs*. Leiden, 1960 (tr. from German).
Vasilev, A.A. *Byzance et les Arabes*. Burssels, 1935~1968.
Weil, G. *Geschichte der Chalifen*. Mannheim, Stuttgart, 1846~1862.

오스만조朝 정복 이전의 이집트, 시리아 및 몽고 치하의 이란

Atiya, A.S. *The Crusade in the Later Middle Ages*. London, 1938.
Ayalon, D. *L'esclavage du mamelouk*. Jerusalem, 1951.
— *Gunpowder and Firearms in the Mamluk Kingdom*, London, 1956.
Becker, C.H. *Beiträge zur Geschichte Agyptens unter dem Islam*. Strassburg, 1902~1903.
Cahene, Cl. *La Syrie du Nord à l'époque des croisades*. Paris, 1940.
Canard, M. *Histoire de la dynastie des H'amdanides de Jazîra et de Syrie*. Paris, 1953.

Darrag, A. *L'Egypte sous le règne de Barsbay 825~841/1422~1438*. Damascus, 1961.

Elisséeff, N. *Nūr al-Din, un grand prince musulman de Syrie au temps des Croisades(511~569/1118~1174)*. Damascus, 1967.

Gaudefroy-Demombynes, M. *La Syrie àl'époque des mamelouks*. Paris, 1923.

Gottschalk, H.L. *al-Malik al-Kāmil von Egypten und seine Zeit*. Wiesbaden, 1958.

Hassan, Z.M. *Les Tulunides : ètude de l'egypte musulmane á la fin du IVe siécle. 868~905*. Paris, 1933.

Kraemer, J. *Der Sturz des Konigreichs Jerusalem*. Wiesbaden, 1952.

Lammens, H. *La Syrie, précis historique*. Beirut, 1921.

Lane-Poole, S. *History of Egypt in the Middle Ages*. 2nd edn. London, 1914.

Lapidus, I.M. *Muslim Cities in the Later Middle Ages*. Cambridge, Mass.,1967.

Munier, H. and Wiet, G. *L'Egypte byzantine et musulmane*. Cairo, 1932. (Vol. Ⅱ of *Précis de l'histoire d'Egypte*.)

Runciman, S. *A History of the Crusades*. Cambridge, 1951~1954.

Saunders, J.J. *Aspects of the Crusades*. Christchurch, N.Z., 1962.

—— *The HIstory of the Mongol Conquest*. London, 1971

Setton, K.M. and others (ed.). *A History of the Crusades*. Vols. Ⅰ, Ⅱ, Philadelphia, 1955, 1962.

Stevenson, W.B. *The Crusaders in the East*. Cambrige, 1907.

Wiet, G. *L'Egypte arabe* (Vol. Ⅳ of Hanotaux, G. ed. *Histoire de la nation égyptienne*). Paris, 1937.

—— *Les marchands d'épices sous les sultans mamelouks*. Cairo, 1955.

Ziadeh, N.A. *Urban Life in Syria under the Early Mamlūks*.. Beirut, 1953.

오스만조朝(셀림 1세 이전)

Atiya, A.S. *The Crusade in the Later Ages*. London, 1938.

Babinger, F. *Mehmed der Eroberer und seine Zeit*. Munich, 1953.

Bratianu, G.I. *Le commerce genois dans la Mer Noire au XⅢe siecle*. Paris, 1929.

Cahen, Cl. *Pre-Ottoman Turkey*. London, 1968 (tr. From French).

Chalandon, F. *Alexis I Comnène*. Paris, 1910.

— *Jean II Comnène et Manuel I Comnène*. Paris, 1912.

Fisher, S.N. *The Foreign Relations of Turkey*, 1481~1512. Urbana, Ill., 1948.

Flemming, B. *Landschaftsgeschichte von Pamphylien, Pisidien und Lykien in Spatmittelalter*. Wiesbaden, 1964.

Gabriel, A. *Monuments turcs d'Anatolie*. Paris, 1931~1932.

— *Voyages archéologiques dans la Turquie orientale*. Paris, 1936.

Halecki, O. *Un empereur de Byzance a Rome*. Warsaw, 1930.

Hammer-Purgstall, J. von. *Geschichte des osmanischen Reiches*. Pest, 1827~1835 ; 2nd edn. 1834~1836. French tr. *Histoire de l'empire ottoman*. Paris, 1835~1843.

Heyd. W. *Histoire du commerce du Levant au mouen-âge*. Paris, 1936.

Iorga, N. *Geschichte des osmanischen Reiches*. Gotha, 1908~1913.

— *Histoire des Roumains et de la Romanite orientale*. Bucharest, 1937~1945.

Jireček, K. *Geschichte der Serben*. Gotha, 1911, 1918.

Koprulu, M. F. *Les origines de l'empire ottoman*. Paris, 1935

Laurent, J. *Byzance et les Turcs seldjoucides jusqu'en 1081*. Nancy, 1913.

Lemerle, P. *L'rémirat d'Adin, Byzance, et l'Occident*. Paris, 1957.

Mas Latrie, L. de. *Relations de l'ǔle de Chypre avec l'Asie Mineure au moyen-âge*. Paris, 1879.

Melikoff, L. *Le geste de Melik Danismend* I. Paris, 1960.

Minorsky, V.F. *La Perse au XVe si cle entre la Turquie et la Venise*, Paris, 1933.

Runciman, S. *A History of the Crusades*. Cambridge, 1951~1954.

— *The Fall of Constantinople 1453*. Cambridge, 1965.

Setton, K.M. and others (ed.). *A History of the Crusades*. Vols. I, II, Philadelphia, 1955, 1962.

Vaughan, D.M. *Europe and the Turk. A Pattern of Alliances, 1350~1700*. Liverpool, 1954.

Wittek, P. *Das Furstentum Mentesche*. Istanbul, 1934.

— *The Rise of the Ottoman Empire*. London, 1938.

Zinkeisen, J. W. *Geschichte des osmanischen Reiches in Europa*. Hamburg, 840~1863 ; reprinted, 1962.

오스만조朝(셀림 1세 이후).

Anderson, M.S. *The Eastern Question*. London, 1966.

Baer, G. *A History of Landownership in Modern Egypt, 1800～1950*. London, 1962.

Bailey, F.E. *British Policy and the Turkish Reform Movement*. Cambridge, Mass., 1942.

Blaisdell, D.C. *European Financial Control in the Ottoman Empire*. New York, 1929.

Bodman, H.L. *Political Factions in Aleppo, 1760～1826*. Chapel Hill, North Carolina, 1963.

Braudel, *F. La Mediterranee et le Monde mediterraneen a l'epoque de Philippe* Ⅱ. Paris, 1949.

Combe, E., Bainville, J. and Driault, É. *L'Égypte ottomane, l'expédition francaise et le rêgne de Mohammed Aly (1517～1849)*. Cairo, 1933. (Vol. Ⅲ of *Précis de l'histoire d'Égypte*).

Davison, R.H. *Reform in the Ottoman Empire, 1856～1876*. Princeton, 1963.

Devereux, R. *The First Ottoman Constitutional Period*. Baltimore, 1963.

Dodwell, H. *The founder of Modern Egypt*. Combridge, 1931.

Douin, G. *Histoire du règne du khédive Ismail*. Cairo, 1933～1941.

Emin, A. *Trukey in the World War*. New Haven, Conn., 1930.

Engelhardt, E. *La turquie et le Tanzimat. Paris,m* 1882～1884.

Gibb, H.A.R. and Bowen, H. *Islamic Society and the West Ⅰ: Islamic Society in the Eighteenth Century*, Parts Ⅰ and Ⅱ. London, 1950, 1957.

Hammer-Purgstall, J. von. *Geschichte des osmanischen Reiches*. Pest, 1827～1835 ; 2nd edn., 1834～1836. (French tr. *Histoire de l'empire ottoman*. Paris, 1835～1843.)

—— *Die osmanischen Reichs Staatsverfassung und Staatsverwaltung*. Vienna, 1815.)

Herrold, J.C. *Bonaparte in Egypt*. London, 1963.

Heyd, U. *Ottoman Documents on Palestine, 1522～1615*. Oxford, 1960.

——'The Ottoman 'ulemā and westernization in the time of Selīm Ⅲ and Māhmud Ⅱ,' in Heyd, U. (ed.). *Studies in Islamic History and Civilzation*. Jerusalem, 1961.

Holt, P.M. *Egypt and the Fertile Crescent, 1516～1992*. London, 1966.

—— (ed.). *Polittical and Social Change in Modern Egypt*. London, 1968.

Hourani, A.H. 'The Fertile Crescent in the eighteenth,' in *A Vision of History*. Beirut, 1961.

Hurewitz, J. C. *Diplomacy in the Near and Middle East ; a Documentary Record; 1535~1914, 1914~1956*. Princeton, 1956.

Iorga, N. *Geschichte des osmanischen Reichs*. Gotha, 1908~1913.

Ismail, A. *Histoire du Liban*. Vols. Ⅰ, Ⅳ (all so far published), Paris, 1955; Beirut, 1958.

Kedourie, E. *England and the Middle East*. Cambridge, 1956.

Kerr, M.H. *Lebanon in the Last Years of Feudalism, 1840~1868*. Beirut, 1959.

Lammens, H. La Syrie, *précis historique*. Beirut, 1921.

Landau, J.M. *Parliaments and Parties in Egypt*. Tel Aviv, 1953.

Landes, D.S. *Bankers and Pashas*. London, 1958.

Lewis, B. *The Emergence of Modern Turkey*. 2nd edn. london, 1968.

— *Istanbul and the Civilization of the Ottoman Empire*. Norman, Oklahoma, 1963.

Longrigg, S.H. *Four centuries of Modern Iraq*. Oxford, 1925.

— *Iraq, 1900 to 1950*. London, 1953.

Lybyer, A.H. *The Government of the Ottoman Empire in the time of Suleiman the Magnificent*. Cambridge, Mass., 1913.

Mantran, R. *Istanbul dans la seconde moitié du XⅧe siècle*. Paris, 1962.

Ma'oz, M. *Ottoman Reform in Syria and Palestine 1840~1861*. Oxford, 1968.

Marlowe, J. *Anglo-Egyptian Relations, 1800~1953*. London, 1954.

— *The Making of the Suez canal*. London, 1964.

Masson, P. *Histoire du commerce francais dans le Levant an XⅧe siècle*. Paris, 1896.

— *Histoire du commerce francais dans le Levant au XⅧe siècle*. Paris, 1911.

Philby, H. St J. *Sa'udi Arabia*. London, 1955.

Polk, W.R. *the Opening of South Lebanon, 1788~1840*. Cambridge, Mass., 1963.

Rafeq, A-K. *The Province of Damascus*, 1723~1783. Beirut, 1966.

Ramsaur, E.E. *The Young Turks*. Princeton, 1957.

Rivlin, H.A.B. *The Agricultural Policy of Muhammad 'Ali in Egypt*. Cambridge, Mass., 1961.

Salibi, K.S. *The Modern History of Lebanon*. London, 1965.

Sammarco, A. *Les régnes de 'Abbas, de Sa'id et d'Isma'il*. Rome, 1935. (Vol. Ⅳ of *Précis de l'histoire d'Égypte*.)

Serjeant, R.B. *The Portuguese off the South arabian Coast*. Oxford, 1963.
Shaw, S.J. *The Financial and Administrative Organization and Development of Ottoman Egypt*, 1517~1574. Urbana, Ⅲ., 1942.
Temperley, H.W.V. *England and the Near East, the Crimea*, London, 1936.
Tibawi, A.L. *British Interests in Palestine 1800~1901*. London, 1961.
—. American Interests in Syria *1800~1901*. Oxford, 1966.
Tignor, R.L. *Modernization and British Colonial Rule in Egypt, 1882~1914*. Princeton, 1966.
Ubicini, A. *Lettres sur la Turquie*. Paris, 1853~1854.
Ursu, J. *La politique orientale de Francois Ier*. Paris, 1908.
Wiljson. A.T. *The Persian Gulf*. London, 1928.
Wood, A.C. *A History of the Levant Company*. London, 1935.
Zeine, Z.N. *The Emergence of Arab Nationalism*. Beirut, 1966.
Zinkeisen, J.W. *Geschichte des osmanischen Reiches in Europa. Hamburg, 1840~1863* ; reprinted 1962.

현대 아랍국가와 아랍 민족주의

Ahmed, J.M. *the Intellectual Origins of Egyptian Nationalism*, London, 1960.
Antonius, G. *The Arab Awakenin*. London, 1938.
Atiyah, E. *The Arabs*. London, 1955.
Brown, L.C. *The Surest Path*. Cambridge, Mass., 1967.
Choueiri, Youssef M. Islamic Fundamentalism,Boston,1990.
Don Peretz, *The middle East Today*, New York, 1971.
Edmonds, C. J. *Kurds, Turks and Arabs*. London, 1957.
Gendzier, I.L. *The Practical Visions of Ya' qub Sanu'*. Cambridge, Mass., 1966.
Goldschmidt(Jr.) A. *A Concise History of the Middle East*. Folkestone, 1979.
Haim, S. *Arab Nationalism, An Anthology*. Berkeley, Cal., 1962.
Holt, P.M. (ed.). *Political Social Change in Modern Egypt*. London, 1968.
Hourani, A.H. *Syria and Lebanon*. London, 1946.
—'Race, religion and nation state in the Near East' in *A Vision of History*. Beirut, 1961.
—*Arabic Thought in the Liberal Age*, 1798~1939. London, 1962.
Ireland, P.W. *'Iraq, a Study in Political Debelopment*. London, 1937.
Karpat, K.H. *Polittical and Social Thought itnhe Contemporary Middle East*. London, 1968.

Keddourie, E. *The Chatham House Version*. London, 1970.
Khadduri, M. *Independent Iraq 1932~1958*. 2nd edn. London, 1960.
Kirk, G.E. *The Middle East in the War*. London, 1953.
── *The Middle East*, 1945~1950. London, 1954.
Laqueur, W. Z. (ed.). *The Middle East in Transition*. London, 1958.
── Syria and Lebanon under French Mandate. London, 1956.
Roy, Oliver. The Failure of Political Islam,London,1984
Safran, N. *Egypt in Search of Political Community*. Cambridge, Mass., 1961.
Salibi, K.S. *The Modern History of Lebanon*. London, 1965.
Sisk, Timothy D. Islam and Democracy Washington,1992.
Toynbee, A. J. *Survey of International Affairs 1925 I : The Islamic World Since the Peace Settlement*. London, 1927.
Vatikiotis, P.J. *Politics and the Military in Jordan*, London, 1967.
Warriner, Doreen. *Land Reform and Development in the Middle East.* 2nd edn. London, 1962.
── *Land Reform in Principle nd Practice*. Oxford, 1969.
Zeine Z.N. *The Struggle for Arab Independence*. Beirut, 1960

사파위조朝 이후의 이란과 그 민족주의

Alavi, B. *Kampfendes Iran*. Berlin, 1955.
Arasteh, R. *Education and Social Awakening in Iran*. Leiden, 1962.
Avery, P.W. *Modern Iran*. London, 1965.
Banani, A. *the Modernization of Iran, 1912~1941*. Stanford, 1961.
Bellan, L.L. *Chah 'Abbas I*. Paris, 1932.
Binder, L. *Iran : Polittical Development in a Changing Society*. Berkeley and Los Angele, 1962.
Browne, E.G. *The Persian Revolution of 1905~1909*. Cambridge, 1910.
── *The Press and Poetry of Modern Persia*. Cambridge, 1914.
── *Materials for the Studies of the Babi Religion*. Cambridge, 1918.
Cottam, R.W. *Nationalism in Iran*. Pittsburgh, 1964.
Curzon, G.N. *Persia and the Persian Question*. London, 1892.
Ellis, C.H. *The Transcaspian Episode, 1918~1919*. London, 1963.
Entner, M.L. *Russo-Persian Commercial Relations, 1828~1914.* Gainsville, Fla., 1965.
Geyer, D. *Die Sowjetunion und Iran*, Tubingen, 1955.
Greaves, R.L. *Persia and the Defence of India, 1884~1892*. London, 1959.

Hamzavi, A. H. *Persia and the Powers*. London, 1946.

Hinz, W. *Irans Aufstieg zuin Nationalstaat im Funfzehuten Jahrhundert*. Berlin and Leipzing, 1936.

Horst, H. *Timūr und Hogā 'Ali*, Wiesbaden, 1958.

Kazemzadeh, F. *Russia and Britain in Persia, 1864~1914*. New Haven and London, 1968.

Kelly, J.B. *Britain and the Persian Gulf*, 1795~1880. Oxford, 1968.

Lambton, A. K.S. *Landlord and Peasant in Persia*. London, 1953.

Lenczowski, G. *Russia and the West in Iran, 1918~1946*. Ithaca, N.Y., 1949.

Lockhart, L. *Nadir Shah*, London, 1938.

— *The Fall of the Safavi Dynasty and the Afghan Occupation of Persia*. Cambridge, 1958.

Millspaugh, A.C. *the American Task in Persia*. New York. 1925.

— *Americans in Persia*. Washington, D.C., 1946.

Minorsky, V.F. (ed. and tr.) *Tadhkirat al-Mūlūk*. London, 1943.

Momen, Moogan. An Introduction to shi' a Islam, New Haven & London,1985.

Motter, T.H.V. *The Persian Corridor and Aid to Russia*. Washington, D.C., 1952.

Ramazani, R.K. *The Foreign Policy of Iran...1500~1941*. Charlottesville, Va., 1966.

Roemer, H.R. *Der Niedergang Irans nach dem Tode Isma' il' s des Grausamen 1577~1581*. Würzburg-Aumuhle, 1939.

Sarwar, Gh. *The History of Shāh Isma' il Safawi*. Aligarh, 1939.

Sheil, Lady. *Glimpses of Life and Manners in Persia*. London, 1856.

Shuster, W.M. *The Strangling of Persia*. News York, 1912.

Sykes, C. *Wassmuss, 'the German Lawrence.'* London, 1936.

Sykes, P.M. *A History of Persia*. 3rd edn. London, 1930.

Thomas, L.V. and Frye, R.N. *The United States and Turkey and Iran*. Cambridge, Mass., 1951.

Upton, J.M. *The History of Modern Iran*. Cambridge, Mass., 1960.

Watson, R.G. *A History of Persia*. London, 1866.

Wilber, D.N. *Contemporary Iran*. London, 1963.

Wilson, A.T. *The Persian Gulf*. London, 1928.

Zabih, S, *The Communist Movement in Iran*. Berkeley and Los Angeles, 1966.

■ 역대왕조연표

할리파朝와 술탄朝

∵연대는 취임시를 가리킴.
앞쪽은 히지라(이슬람력)를 뒤쪽
은 西曆을 표시함

Ⅰ. 쿠라이쉬 부족

- 압드 마날
  - 하쉼
    - 압둘 물탈립
      - 압둘라
        - 무함마드
          - 파티마 = 알리 → 알리계 (표 Ⅴ)
      - 이부 탈립
        - 알리
      - 알 압바스
        - 압바스계 (표 Ⅵ)
  - 압드 샴스
    - 우마이야
      - 우마이야계 (표 Ⅲ)

Ⅱ. 정통할리파

11~40/632~661

1 아부 바크르
11/632

2 움마르
13/634

3 우스만
23/644

4 알리
35~40/656~661

Ⅲ. 우마이야 할리파
41~132/661~750

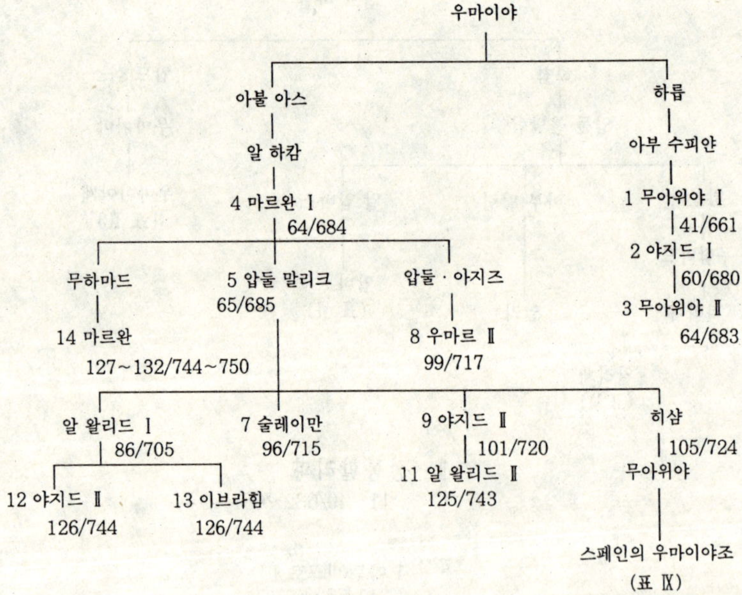

Ⅳ. 압바시야 할리파
132~656/749~1258

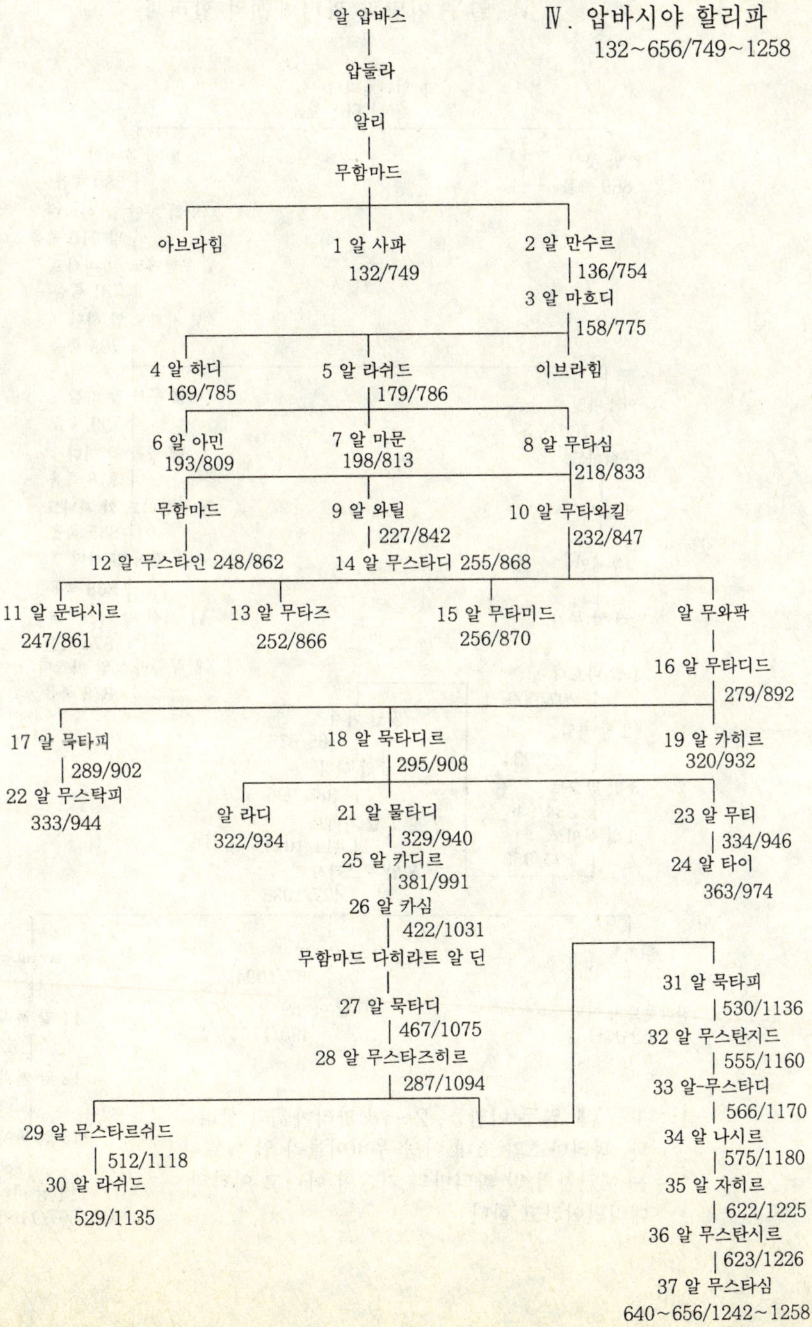

Ⅴ. 열두 이맘과 파티마朝의 할리파

- Ⅰ 알리=파티마 (661 죽음)
  - Ⅱ 알 핫산 (669 죽음)
  - Ⅲ 알 후세인 (680 죽음)
    - Ⅳ 알리 자인 알-아비딘 (약 710 죽음)
      - Ⅴ 무함마드 알 바키르 (731 죽음)
        - Ⅵ 자파르 알 사딕 (765 죽음)
          - 이스마일 (760 죽음)
            - 무함마드
              - 아흐마드
                - 후세인
                  - 알리 알 무일
                    - ⋮ 1 알 마흐디 297/909
                      - 2 알 카임 322/934
                        - 3 알 만수르 334/946
                          - 4 알 무이쯔 341/953
                            - 5 알 아지즈 365/975
                              - 6 알 하킴 386/996
                                - 7 알 자히르 411/1021
                                  - 8 알 무스탄시르 427/1036
                                    - 니자르
                                      - 알라무트의 이맘 (암살단파)
                                    - 9 알 무스타리 487/1094
                                      - 10 알 아미르 495/1101
                                    - 무함마드
                                      - 11 알 하피즈 525/1131
                                        - 12 알 자피르 544/1149
                                          - 13 알 파이즈 549/1154
                                            - 14 알 아디드 555~567/1160~1171
          - Ⅶ 무사 알 카짐 (799 죽음)
            - Ⅷ 알리 알 리다 (818 죽음)
              - Ⅸ 무함마드 알 자와드 (835 죽음)
                - Ⅹ 알리 알 하디 (868 죽음)
                  - ⅩⅠ 하산 알 아스카리 (874 죽음)
                    - ⅩⅡ 무함마드 알 마흐디 (878 죽음)

註 : Ⅰ~ⅩⅡ 열두 이맘들, 2~14 파티마朝의 할리파. 파티마조의 초대 이맘 우바이둘라 알 마흐디는 예언자의 딸 파티마의 자손이 아니고 이맘의 대리인이라고 한다.

Ⅵ. 오스만朝

1 오스만
680/1281

2 오르한
약 724/ 약 1324

3 무라드 Ⅰ
761/1360

4 바예지드 Ⅰ
791/1389

술레이만

5 메흐메드 Ⅰ
805/1403

무사

6 무라드 Ⅱ 첫번째 통치 824/1421~848/1114
두번재 통치 850/1446/~855/1451

7 메흐메드 Ⅱ 첫번째 통치 848/1444~850/1446
두번째 취임 855/1451

8 바예지드 Ⅱ
886/1481

9 셀림 Ⅰ
918/1512

10 술레이만
926/1520

11 셀림
974/1566

12 무라드 Ⅲ
982/1574

13 메흐메드 Ⅲ
1003/1595

14 아흐마드 Ⅲ
1012/1603

15 무스타파 Ⅰ
첫번째 통치 1026/1617~1027/1618
두번째 취임 1031/1622

16 오스만 Ⅱ
1027/1618

17 무라드 Ⅳ
1032/1623

18 아브라힘
1049/1640

19 메흐메드 Ⅳ
1058/1648

20 술레이만
1099/1687

21 아흐마드 Ⅱ
1102/1691

22 무스타파 Ⅱ
1106/1695

23 아흐마드 Ⅲ
1115/1703

24 마흐무드 Ⅰ
1143/1730

25 오스만 Ⅲ
1168/1754

26 무스타파 Ⅲ
1171/1757

27 알둘 하미드 Ⅰ
1187/1774

28 셀림 Ⅲ
1203/1789

29 무스타파 Ⅳ
1222/1807

30 마흐무드 Ⅱ
1123/1808

31 압둘 마지드
1255/1839

32 압둘 아지즈
1277/1861

33 무라드 Ⅴ
1293/1876

34 압둘 하마드 Ⅱ
1293/1876

35 메흐메드 Ⅴ
1327/1909

36 메흐메드 Ⅵ
1336/1918~1340/1922

Ⅶ. 사파위朝

- 사피 알 딘
  - 사드르 알 딘 무사
    - 호와자 알리
      - 이브라힘
        - 주나이드
          - 하이다르
            - 알리
            - 1 이스마일 Ⅰ 907/1501
              - 2 타흐마습 930/1524
                - 3 이스마일 Ⅱ 984/1576
                - 4 무함마드 후다 반다 985/1578
                  - 5 압바스 Ⅰ 996/1588
                    - 사피 미르자
                      - 6 사피 1038/1629
                        - 7 압바스 Ⅱ 1052/1642
                          - 8 술레이만(일명 사피 Ⅱ) 1077/1666
                            - 9 후세인 1105/1694
                              - 10 타흐마습 Ⅱ 1135/1722
                                - 11 압바스 Ⅲ 1145/1732(명목상의 통치자)

Ⅷ. 무함마드 알리의 왕조(이집트)

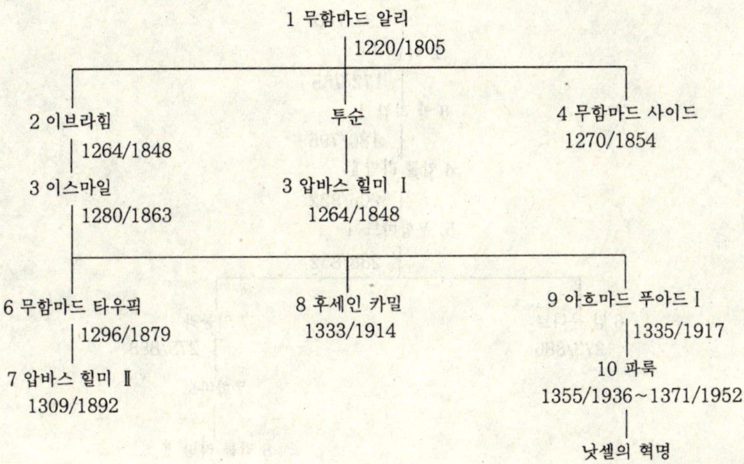

Ⅸ. 스페인의 우마이야朝

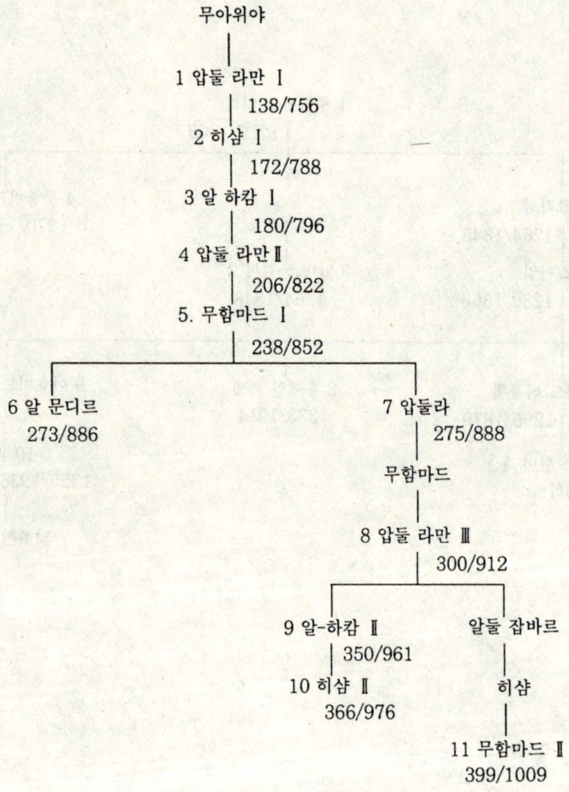

註 : 1009년 이후 우마이야朝는 권력을 잃어서 명목 상의 통치자로 1031년까지 지속되었음.

찾아보기

【 ㄹ 】

【 ㅁ 】

【 ㅇ 】

【ㅈ】

【 ㅊ 】

【 ㅋ 】

저자약력

부산사범학교 졸업

고려대학교 경제학과 졸업(학사)

파키스탄 카라치대학교 이슬람역사학과 졸업(석사)

서독 Bochum대학교 이슬람중동학과 졸업(박사)

이란 쉬자즈대학교 연수

現 서울대학교 강사, 한국외국어대학교 교수

주요저서와 역서

이슬람 사상사, 이슬람 철학사(역)등 다수

이슬람문화사 값 13,000 원

1989年 3月 1日 初版發行
2002年 3月 3日 再版發行

著 者 김 정 위
發行者 洪 錫 禹
發行處 探 求 堂

서울特別市 龍山區 漢江路 1街 158番地
電 話 (02)3785－2211 · 2212
FAX (02)3785－2272
登 錄 1950. 11. 1 서울 第 03-00993 號

* 落張本 및 破本은 바꾸어 드립니다.